Dr. Will Tuttle

ERNÄHRUNG UND BEWUSSTSEIN

Warum das, was wir essen, die Welt nachhaltig beeinflusst

aus dem Amerikanischen von
Stefan Gutwin

Crotona

1. Auflage 2014

© der deutschen Ausgabe:
Crotona Verlag GmbH & Co.KG
Kammer 11 • D-83123 Amerang

Titel der amerikanischen Originlausgabe: *World Peace Diet*
© 2005 Will Tuttle
Published by Lantern Books, 128 Second Place, Garden Suite,
Brooklyn, New York, NY 11231 – 4102, USA

Übersetzung: Stefan Gutwin

Umschlaggestaltung: Annette Wagner unter Verwendung
von © Sarunyu_foto/157734173 – shutterstock.com

ISBN 978-3-86191-053-4

Druck: C.H. Beck • Nördlingen

DANKSAGUNG

Ich bin allen Personen dankbar, die mit ihren Ideen und ihrer Energie zum Entstehen dieses Buchs beigetragen haben. Mein herzlicher Dank gilt auch jenen, die das Manuskript in seinen verschiedenen Stadien gelesen und hilfreiche Kommentare beigesteuert haben. Insbesondere möchte ich Judy Carman, Evelyn Casper, Reagan Forest, Lynn Gale, Cheryl Maietta, Laura Remmy, Veda Stram, Beverlie Tuttle, Ed Tuttle und Madeleine Tuttle erwähnen. Dr. Michael Greger und Dr. John McDougall lieferten wertvolle Anregungen für Kapitel fünf sowie Dr. Michael Klaper für die Kapitel fünf bis sieben. Ich danke auch Doug Davis, Joel und Michelle Levy, Howard Lyman, Norm Phelps, Zach Shatz, Jerry Simonelli und Zoe Weil für ihr Interesse am Manuskript und ihre nützlichen Kommentare sowie allen vorher genannten Personen für die Ermutigung und den Zuspruch, die sie mir haben angedeihen lassen. Sarah Gallogly und Martin Rowe bin ich dankbar für ihr kompetentes Lektorat, das die Verständlichkeit des Manuskripts deutlich verbessert hat.

Darüber hinaus haben zahlreiche weitere Menschen durch die Diskussionen, die wir geführt haben, und durch ihre Schriften, Vorträge und sonstigen kreativen Bemühungen, mit denen sie dazu beitragen, das menschliche Bewusstsein zu erweitern, ebenfalls eine indirekte Rolle bei der Entstehung dieses Buchs gespielt. Ich möchte mich bei ihnen allen für ihren Beitrag bedanken! Ein dickes Dankeschön gilt meiner Frau Madeleine, die mich mit ihrer Liebe und Herzensgüte, mit wunderbaren Mahlzeiten und mit spirituellen Diskussionen über all die Jahre, die dieses Buch zu seiner Entstehung brauchte, unterstützt hat.

Schließlich gilt mein tiefer Dank auch den Tieren, mit denen wir uns diesen wunderschönen Planeten teilen, für ihre fröhliche Präsenz und ihre geheimnisvolle Zusammenarbeit mit den Kräften des Lebens, die alles um uns herum überhaupt erst möglich machen. Möge das Leid, das wir ihnen zufügen, unsere Herzen für mehr Mitgefühl öffnen!

DANKSAGUNG DES ÜBERSETZERS

Ein Leser des Originals bemerkte zurecht, er sehe die Besonderheit von *The World Peace Diet* darin, dass es mit "unendlicher Liebe geschrieben" sei. Ich habe mich bemüht, es mit ebensolcher unendlicher Liebe zu übersetzen. Den Lebewesen, die mich darin auf verschiedenste Art unterstützt haben, möchte ich von Herzen danken. Allen voran dem Autor, Will Tuttle, der immer für meine Fragen zur Verfügung stand und mich bei meiner Aufgabe ermutigt hat, sowie seiner Frau Madeleine für wertvolle Anregungen. Der Kontakt mit der Gemeinschaft von anderen *WPD-Facilitators* in den USA, die um das Buch herum entstanden ist, war ebenfalls auf vielfältige Art förderlich für die Qualität der Übersetzung – ich danke euch allen! Meine besondere Dankbarkeit gilt Shrek, dem Kater, der mir auf seine Weise geholfen hat, den richtigen Rhythmus zu finden, um die Übersetzung fertigzustellen. Dem Crotona Verlag danke ich dafür, dass er den Mut aufbringt, zu diesem Thema, das noch weitgehend tabu ist, ein Buch zu veröffentlichen. Und schließlich danke ich Mutter Erde und dem Universum, die in dieser Zeit für mich gesorgt haben.

INHALT

KAPITEL NEUN ◎ DIE REDUKTIONISTISCHE WISSENSCHAFT UND RELIGION

KAPITEL ZEHN ◎ DAS DILEMMA DER ARBEIT

KAPITEL ELF ◎ VON DER ZERSTÖRUNG PROFITIEREN

KAPITEL ZWÖLF ◎ EINIGE ANTWORTEN AUF EINWÄNDE

KAPITEL DREIZEHN ◎ ENTWICKLUNG ODER ZERFALL

VORWORT

Unsere Mahlzeiten: Der verborgene Schlüssel des Verstehens

Dieses Buch ist ein Versuch, Licht in unsere Kulturgeschichte zu bringen und den Ansatz für ein besseres Verständnis unserer Welt zu liefern, das uns unsere Macht, unsere Autonomie und unsere Verantwortung zurückgibt. Der Schlüssel zu diesem Verständnis liegt darin, die weitreichenden Auswirkungen der Wahl unserer Lebensmittel zu durchschauen sowie die Weltanschauung zu verstehen, die dieser Wahl zugrundeliegt und die sie widerspiegelt. Auf den ersten Blick mag es einem unwahrscheinlich vorkommen, dass ein derart mächtiger Schlüssel in etwas so Banalem wie unserer Nahrung versteckt sein soll. Bei näherem Hinsehen beginnen wir jedoch zu verstehen, dass unsere gemeinsame kulturelle Realität zutiefst von Einstellungen, Glaubenssätzen und Praktiken geprägt ist, die allesamt mit dem Essen zu tun haben. Unsere Mahlzeiten haben erstaunliche soziale, psychologische und spirituelle Auswirkungen, die – obschon unerkannt – alle Aspekte unseres Lebens durchdringen.

Nahrung ist unsere innigste und bedeutsamste Verbindung zur natürlichen Ordnung und zu unserem lebendigen kulturellen Erbe. Indem wir die Pflanzen und Tiere dieser Erde essen, nehmen wir sie buchstäblich in uns auf. Durch den Akt des Essens haben wir auf einer ursprünglichen und unbewussten Ebene an den Werten und Paradigmen unserer Kultur teil. Als Kinder waren wir fortwährend den komplexen Glaubensmustern ausgesetzt, die das ausgeklügelte Gruppenritual unserer Mahlzeiten umgeben, und haben dadurch die Werte und ungeschriebenen Gesetze unserer Gesellschaft wie kleine Schwämme aufgesaugt. Wir haben aufgepasst, gelernt, mitgemacht. Wir sind „gesellschaftsfähig" geworden, d.h. wir haben uns an die Regeln und Traditionen unserer Kultur angepasst. Als Erwachsene finden wir uns in einem von Stress geprägten Leben

wieder, in dem wir uns mit zahlreichen gewaltigen Problemen herumschlagen, deren Ursache bei uns selbst liegt. Es ist nur allzu verständlich, dass wir uns danach sehnen, den Grund für unsere frustrierende
Unfähigkeit, ein harmonisches Leben auf Erden zu führen, herauszu-
finden. Wenn wir genau hinschauen, entdecken wir eine störende Kraft,
die entscheidend dazu beiträgt, uns in Krisen und Dilemmata zu stürzen.
Diese Kraft ist in Wahrheit überhaupt nicht verborgen, sondern starrt uns
täglich von unseren Tellern entgegen! Unbemerkt und unentdeckt befand
sie sich die ganze Zeit über an einem absolut augenfälligen Ort. Die Rede
ist von unserer Nahrung.

Während heutzutage ausgiebige Debatten darüber geführt werden,
welche Diät am förderlichsten für die Gesundheit und für ein langes Leben ist, befasst sich dieses Buch nicht mit einer Diät im üblichen Sinne,
sondern erkundet die tiefgreifenden und weitreichenden kulturellen und
spirituellen Auswirkungen unseres Essverhaltens und die ihm zugrunde
liegende Mentalität. Indem sie den Menschen an die Spitze der Nahrungskette gestellt hat, hat unsere Gesellschaft seit jeher eine ganz bestimmte Weltanschauung propagiert und bewahrt, die von ihren Mitgliedern
verlangt, ihre wesentlichen Gefühle und ihr essenzielles Bewusstsein zu
reduzieren. Genau diesen Prozess der Herabsetzung der menschlichen
Empfindsamkeit gilt es zu begreifen, um die zugrunde liegenden Ursachen der Unterdrückung, der Ausbeutung und der fehlenden spirituellen Verbindung zu verstehen. Indem wir einen Ernährungsstil pflegen,
der die spirituelle Gesundheit und soziale Harmonie fördert, stellen wir
bestimmte wesentliche Zusammenhänge wieder her, die wir unter dem
Einfluss unserer kulturell bedingten Essensrituale normalerweise von
unserem Bewusstsein ausblenden. Eine solche Ernährungsweise ist eine
wesentliche Voraussetzung für die Entwicklung unseres Bewusstseins
auf einen Stand, der Frieden und Freiheit ermöglicht.

Wir befinden uns inmitten eines tiefgreifenden kulturellen Umbruchs.
Es wird immer offensichtlicher, dass der alte Mythos, auf den unsere
Kultur aufbaut, im Zusammenbruch begriffen ist. Wir werden gewahr,
inwiefern seine Grundthesen überholt sind, und dass, wenn wir ihnen
weiter folgen, dies nicht nur zur Verwüstung der empfindlichen und
komplexen Ökosysteme unseres Planeten führt, sondern auch zur Selbstzerstörung der Menschheit. Ein neuer Mythos, der Zusammenarbeit,
Freiheit, Frieden, Leben und Einheit proklamiert, ist schon im Entste-

hen begriffen und wird den alten Mythos ablösen, der auf Wettbewerb, Isolation, Krieg, Ausgrenzung und die Macht des Stärkeren gegründet ist. Unsere Nahrung ist ein entscheidender Faktor für die Entstehung dieses neuen Mythos, denn unsere Ernährungsgewohnheiten konditionieren unsere Mentalität ganz entscheidend. Unsere Mahlzeiten sind das maßgebliche Instrument, mit dem das Wertesystem unserer Gesellschaft verbreitet und bewahrt wird. Ob die Geburt des neuen Mythos, die mit der Weiterentwicklung unserer Spiritualität und unseres Bewusstseins einhergeht, erfolgreich verlaufen wird, hängt davon ab, ob es uns gelingt, unser Nahrungsverständnis und unser Essverhalten zu ändern.

Zusammenhänge herstellen

Die Zwangslage, in der sich unsere Gesellschaft befindet, offenbart sich durch eine Reihe von scheinbar unlösbaren Problemen, die uns von allen Seiten bedrängen: Allgegenwärtige Kriege, Terrorismus, Genozide, Hungerkatastrophen, Ausbreitung von Krankheiten, Umweltzerstörung, Artensterben, Tierquälerei, Konsumrausch, Drogensucht, Entfremdung, Stress, Rassismus, Unterdrückung der Frau, Kindesmissbrauch, Ausbeutung durch die Konzerne, Materialismus, Armut, Ungerechtigkeit und soziales Elend. Diese Problempalette lässt sich auf einen wesentlichen Ursprung zurückführen, der so offensichtlich ist, dass er bislang nahezu vollkommen übersehen wurde. Indem wir versuchen, die gesellschaftlichen und individuellen Probleme sowie die Umweltprobleme, denen wir gegenüberstehen, zu lösen, aber dabei deren grundlegende Ursache außer Acht lassen, behandeln wir Symptome, ohne die Wurzel der Krankheit anzupacken. Derartige Bemühungen sind letztlich zum Scheitern verurteilt. Stattdessen ist es notwendig, ein Netzwerk des Verstehens und des Bewusstseins aufzubauen, das uns dabei unterstützt, die Zusammenhänge zu erkennen, die zwischen unserer Ernährungsweise, unserer individuellen und gesellschaftlichen Gesundheit, der weltweiten Ökologie, unserer Spiritualität, unseren Überzeugungen und Glaubensgrundsätzen und der Qualität unserer Beziehungen bestehen. Wenn wir dies tun und entsprechend der so gewonnenen Erkenntnis handeln, tragen wir zur Entstehung einer harmonischeren und freieren Lebensgemeinschaft auf unserem wunderschönen und missverstandenen Planeten bei.

Wir müssen willens und fähig sein, einen Zusammenhang herzustellen zwischen dem, was wir essen, und dem, was getan werden musste, um es auf unseren Teller zu bekommen. Wir müssen auch verstehen, welche Wirkung es auf uns hat, wenn wir es kaufen, auftischen und essen. Erst dann werden wir fähig sein, die Zusammenhänge herzustellen, die es uns erlauben, in Weisheit und Harmonie auf dieser Erde zu leben. Wenn wir keine Zusammenhänge herstellen können, können wir nicht verstehen und sind in unserer Freiheit, unserer Intelligenz, unserer Liebe und unserem Glück eingeschränkt. Die allerwichtigste Aufgabe, vor der sich unsere Generation gestellt sieht, unsere kollektive Mission auf Erden, könnte man sagen, ist es, die entscheidenden Zusammenhänge herzustellen, die unsere Eltern und andere Vorfahren größtenteils nicht herstellen konnten. Dadurch bauen wir eine gesündere menschliche Gesellschaft auf, die wir guten Gewissens unseren Kindern hinterlassen können. Wenn wir hingegen den Zusammenhang zwischen unseren täglichen Mahlzeiten und der gesellschaftlichen Lage nicht ziehen, werden wir als Spezies nicht auf der Erde überleben. Indem wir uns weigern, diesen wesentlichen Zusammenhang herzustellen, verurteilen wir uns selbst und andere zu großem Leid – ohne jemals zu begreifen, aus welchen Gründen.

Der Aufruf zur Weiterentwicklung

Obwohl ich während der ersten zweiundzwanzig Jahre meines Lebens Unmengen an tierischer Nahrung verspeist habe, wie es in unserer Gesellschaft üblich ist, habe ich die letzten dreißig Jahre damit zugebracht, die faszinierenden Zusammenhänge und Ursache-Wirkung-Beziehungen zu erkunden, die zwischen unserer individuellen und kulturellen Angewohnheit, Tiere zu essen, und dem Stress und den Problemen bestehen, denen wir uns und andere aussetzen. Ich habe herausgefunden, dass die Gewalt, die wir im Zusammenhang mit unserer Ernährung ausüben, einen beachtlichen Bumerang-Effekt hat.

Jedoch wird unmittelbar klar, dass unser kollektives Schuldgefühl hinsichtlich der Misshandlung von Tieren, die zu unserer Ernährung dienen, es uns sehr schwer macht, diesen grundlegenden Zusammenhang zu erkennen. Der Verzehr von tierischen Lebensmitteln ist ein Hauptgrund für die Dilemmata, in denen wir uns befinden, doch wir drehen und winden uns, um uns nicht damit auseinandersetzen zu müssen. Dies ist bei uns allen der entscheidende blinde Fleck und das wesentliche fehlende Teil im Puzzle, das zusammengesetzt ein Bild des Friedens und der Freiheit für die Menschen ergibt. Aufgrund unserer kulturell ererbten Gewohnheit, die Tiere, die unserer Ernährung dienen, zu misshandeln und diese Misshandlung zu verdrängen, weigern wir uns, hinter den Vorhang unserer Verleugnung zu schauen, über die Folgen unserer Ernährungsweise zu sprechen und unser Verhalten dementsprechend zu ändern. Diese Weigerung stößt in unserer Gesellschaft auf breite Anerkennung und Unterstützung und wird dadurch nachhaltig gefestigt.

Unser Verhalten ist ein Abbild dessen, was wir verstehen, und umgekehrt bestimmt unser Verhalten das Verständnislevel, das wir erreichen können.

Der Ruf, den wir gegenwärtig vernehmen, ist der beharrliche Aufruf, uns weiterzuentwickeln. Er ist Teil eines umfassenderen Gesangs, an dem wir alle teilnehmen. Dieser Gesang erklingt in unseren Zellen und in der grundlegenden Natur des Universums, aus dem wir entstanden sind. Es ist letztlich ein Gesang der Heilung, der Freude und des Feierns, denn wir alle – menschliche wie nicht-menschliche Wesen – sind Ausdruck eines wunderschönen, wohlwollenden Universums. Es ist ein Gesang, der auch von tiefem Schmerz und furchtbarer Gewalt kündet, die unserer gesellschaftlich anerkannten Praxis der Beherrschung, Kommerzialisierung und Tötung von Tieren und Menschen zuzuschreiben sind. Damit wir in der Lage sind, Tiere für unsere Ernährung in Gefangenschaft zu halten und zu töten, müssen wir unser natürliches Mitgefühl unterdrücken. Dadurch wenden wir uns von der Intuition ab und dem Materialismus, der Gewalt und der Illusion des Getrenntseins zu.

Der Gesang des neuen Mythos, der mit unserer Hilfe entstehen will, verlangt von unserem Geist, liebend und lebendig genug zu sein, um das Leid zu hören und zu erkennen, das wir durch unsere überholten Ernährungsgewohnheiten verursachen. Wir sind dazu aufgerufen, unsere angeborene Barmherzigkeit und Güte erstrahlen zu lassen und die gewaltfördernden Anschauungen zu überwinden, die wir mit der Muttermilch aufgesogen haben. Obwohl wir in Abhängigkeit unserer Zugehörigkeit zu einer Spezies, einer Rasse, einer gesellschaftlichen Klasse und einem Geschlecht über unterschiedliche Abstufungen von Privilegien verfügen, haben wir eines gemein: Wird einem von uns geschadet, so schadet dies jedem von uns. Leid ist letztendlich ein vernetztes Phänomen, denn wir sind alle miteinander verbunden. Sozial bedingte Privilegien dienen einzig und alleine dazu, uns von der Wahrheit unserer Verbundenheit fernzuhalten.

Dieses Buch richtet sich an Leser aller religiösen Traditionen, aber auch an Personen, die sich mit keinerlei Tradition identifizieren. Vergleichbar der Goldenen Regel, die ein Prinzip formuliert, das sämtliche Weltreligionen verkünden und das intuitiv von Menschen aller Kulturkreise und Glaubensrichtungen anerkannt wird, sind die Prinzipien, die in diesem Buch vorgestellt werden, universelle Prinzipien, die von jedermann verstanden und angewandt werden können, unabhängig von jedweder religiöser Zugehörigkeit oder Nichtzugehörigkeit. Eine gewisse geistige Aufgeschlossenheit und der Wille, Zusammenhänge herzustellen, sind die einzigen Voraussetzungen, um die vorgestellten Prinzipien zu verstehen und um zu erkennen, dass diese niemals im Widerspruch zu den tieferen religiösen Lehren oder unseren spirituellen Sehnsüchten stehen, sondern erstere erhellen und letztere stillen.

Der Gesang, der uns zur Weiterentwicklung und zum unverzichtbaren Erwachen aufruft, ist nicht zu überhören. Dieser Gesang fordert uns auf, unser Verständnis zu vertiefen und Zusammenhänge offenzulegen, die bisher verschleiert oder fortwährend ignoriert wurden. Wir sind aufgerufen, eine Reise anzutreten, und es ist dieses Abenteuer der Erkenntnis, das uns erwartet.

KAPITEL EINS

DIE MACHT DER NAHRUNG

„Dem gehört die Welt, der ihre Ansprüche durchschauen kann. Die Taubheit, die stockblinde Gewohnheit, der überwucherte Irrtum, die Ihr erblickt, sie existieren nur, weil sie geduldet werden – weil Ihr sie duldet. Entlarvt sie als eine Lüge und schon habt Ihr ihnen den Todesstoß versetzt."

– Emerson –

„Die gewaltsamste Waffe der Welt ist die Essgabel."

– Mahatma Gandhi –

Nahrung als Metapher

Seit alters her halten uns Sozialreformer und spirituelle Lehrer dazu an, unser besonderes Augenmerk auf unsere Einstellungen und Praktiken im Zusammenhang mit unserer Nahrung zu richten. Dies kann über zweieinhalbtausend Jahre zurückverfolgt werden, bis zu Pythagoras in Griechenland, zu den Propheten des Alten Testaments im historischen Morgenland, zu Mahavira und Gautama Buddha in Indien sowie zu nachfolgenden geistigen Autoritäten wie Platon, Plotin und den frühen christlichen Kirchenvätern. Der Umstand, dass diese Lehren über die Jahrhunderte mit aggressiven Mitteln ignoriert, in Verruf gebracht und verschleiert wurden, ist höchst bedeutsam. Wenn wir uns mit den Verletzungen und Geisteshaltungen befassen, die für diese Vertuschung verantwortlich sind, entdecken wir befreiende Wahrheiten über unsere Gesellschaft und uns selbst sowie einen Weg zu positiver Veränderung auf persönlicher und planetarer Ebene. Was verleiht unserer Nahrung eine solche Macht? Und warum ist diese Macht immer noch weitgehend unerkannt? Um eine Antwort auf diese Fragen zu finden, müssen wir lernen, auf eine uns neue Art aufmerksam zu sein, und Zusammenhänge herstellen, die man uns verboten hat, herzustellen.

Nahrung ist nicht nur eine grundlegende Notwendigkeit für uns, sondern auch ein wesentliches Symbol innerhalb des kollektiven Lebens einer jeden menschlichen Kultur, inklusive unserer eigenen. Es ist nicht sonderlich schwer zu bemerken, dass Nahrung eine Quelle und eine Metapher des Lebens, der Liebe, der Großzügigkeit, des Feierns, des Vergnügens, des Gefühls der Sicherheit, des Erwerbs und des Konsums ist. Und doch ist Nahrung ironischerweise auch eine Quelle und eine Metapher der Kontrolle, der Beherrschung, der Grausamkeit und des Todes, denn oftmals töten wir, um zu essen. An jedem Tag unseres Lebens, von der Wiege bis zur Bahre, treffen wir Entscheidungen, die unsere Ernährung betreffen, oder diese Entscheidungen werden von jemand anderem an unserer Stelle getroffen. Die Qualität des Bewusstseins, aufgrund dessen diese unausweichlichen Entscheidungen fallen – und ob wir sie selbst fällen oder anderen dies überlassen –, beeinflusst in entscheidendem Maße unsere Fähigkeit, Zusammenhänge herzustellen. Diese Fähigkeit, sinnvolle Zusammenhänge herzustellen, entscheidet darüber, ob wir Freunde und Beschützer des Lebens oder unfreiwillige Verursacher von Grausamkeit und Tod sind.

Ich glaube, dass wir uns alle auf den tiefsten Ebenen unseres Bewusstseins danach sehnen, eine wahrhaftige spirituelle Vereinigung mit der Quelle allen Seins zu erreichen und unsere wahre Natur direkt zu erfahren. Es ist dieses Verlangen nach Ganzheit, Wahrheit und Freiheit von der schmerzhaften Illusion der grundlegenden Getrenntheit, das uns dazu antreibt, die uns täglich umgebenden Geheimnisse zu erforschen und zu hinterfragen. Wir erkennen, dass eine eingehende Beschäftigung mit uns und dem, was uns umgibt, uns mit unseren spirituellen Wurzeln und Kräften verbindet. Die eingehende Beschäftigung mit unserer Nahrung, mit der Frage, warum und wie wir essen, mit den Einstellungen, Tätigkeiten und Glaubenssätzen, die um unsere Nahrung kreisen, ist eine Abenteuerreise in das Herz unserer Kultur und zum Kern unserer selbst. So erstaunlich dies auch scheinen mag: Wenn wir diese überaus profanen und notwendigen Aspekte unseres Lebens mit dem Licht des Bewusstseins beleuchten, dann erblicken wir im Lichtschein unbemerkte Ketten, die unseren Körper, unseren Geist und unser Herz fesseln, Gitterstäbe an Käfigen, die wir noch nie richtig wahrgenommen haben, und einen leuchtenden Pfad, der zu Veränderung und zu der Möglichkeit von wahrer Liebe, Freiheit und Freude in unserem Leben führt. Angesichts derart weitreichender Behauptungen lacht vielleicht so mancher. Nahrung? Unsere alte Bekannte, die Nahrung? Da haben wir doch wohl größere Aufgaben und wichtigere Probleme, mit denen wir uns befassen müssen. Nahrung ist so trivial. Wir essen in aller Eile. Wir essen, um uns zu trösten oder zu unterstützen bei dem, was wir im Leben so tun. Wir essen, ohne darauf zu achten, in Gesellschaft oder vor dem Fernseher. Nahrung ist nichts weiter als Nahrung, werden manche vielleicht sagen. Es ist nichts Besonderes daran!

Heilige Festmahle

Wenn wir uns näher damit beschäftigen, erkennen wir, dass Nahrung eine universelle Metapher für Intimität und Nähe ist. Wir kennen vermutlich fast alle das Gefühl, etwas oder jemanden so sehr zu lieben, dass wir ein Teil dieser Sache oder Person sein und sie uns „einverleiben" möchten. Es kann sich dabei um einen herrlichen Sonnenaufgang handeln, den wir förmlich mit den Augen trinken, oder um eine Melodie, die unser Herz öffnet und etwas in uns zum Schmelzen bringt, oder um die geliebte Person, mit der wir verschmelzen und einswerden möchten. Jegliche Art von Kunst ist ein Mittel, diese tiefe menschliche Sehnsucht nach Einheit auszudrücken, doch nur in der Kunst der Nahrungszubereitung und des Essens kann diese Einheit tatsächlich im physischen Sinne erreicht werden. Dieser Umstand trägt dazu bei, dass Essen eine derart mächtige Erfahrung und Metapher ist: Die kulinarische Kunst wird aufgegessen und *wird* ich, ein Teil von mir. Sie kommt als Objekt in unseren Körper und *wird* zum Subjekt. Das „Nicht-Ich" wird in „Ich" verwandelt. Welch alchemistisches Wunder! Es ähnelt dem Wunder der spirituellen Erleuchtung, der Vergebung und der Liebe. Das „Nicht-Ich", der „Andere" oder sogar der potenzielle Feind wird auf wundersame Weise verwandelt und wird zum „Ich" bzw. „Wir". Dies geschieht ganz einfach, indem wir uns für den anderen öffnen und ihn annehmen oder aufnehmen. Dabei geschieht eine Heilung, ein Erwachen zu einer größeren Ganzheit, in der die ehemals getrennten Einheiten „Ich" und „Nicht-Ich" nunmehr vereinte „Kooperateure", Elemente und Akteure der „Ko-Konstruktion" sind.

Die Nahrungsaufnahme ist somit eine umfassende Metapher für Heilung, spirituelle Transformation, Vergebung und transzendente Liebe. Auf einer tieferen Ebene wissen wir um diese Dinge. Die Nahrungszubereitung ist die einzige Kunstform, die es uns ermöglicht, uns unsere Kreationen im wörtlichen Sinne einzuverleiben, und es ist gleichzeitig die einzige Kunstform, die alle fünf Sinne anspricht. Sie stützt sich außerdem in starkem Maße auf das, was die buddhistische Lehre als den sechsten Sinn bezeichnet: Das Denken, die mentale Aktivität, die unsere äußeren Sinneswahrnehmungen in einen Zusammenhang stellt. Wir verfügen in Bezug auf Nahrung über unglaublich komplexe und miteinander verwobene Schichten in unserem Denken und Fühlen, die eine wichtige Rolle für unser Erleben von Essen spielen. Unsere Familie und die uns umgebende Gesellschaft tragen entscheidend zum Entstehen dieser Gedanken und Gefühle bei, und es sind diese Erinnerungen und Identifikationsmöglichkeiten, die unseren Mahlzeiten einen Sinn verleihen.

Essen ist somit die intimste aller menschlichen Handlungen. Während wir essen, vollziehen wir die komplexe und ersehnte Vereinigung des Selbst mit dem anderen, des Subjekts mit der Welt. Daher wurde Essen stets kulturübergreifend als die heiligste menschliche Tätigkeit angesehen – und als die am stärksten gesellschaftlich konditionierte. Wir können uns nicht auf intimere Weise mit jemandem oder etwas verbinden, als indem wir diese Person oder Sache aufessen. Sie wird im wörtlichen Sinne zu uns selbst. Ein derart intimer Vorgang verdient, dass wir ihm höchste Aufmerksamkeit widmen und ihn mit größtmöglicher Hingabe, Liebe und Ehrfurcht ausführen. Andernfalls zeigt dies an, dass etwas ernsthaft aus dem Lot geraten ist.

Die Zubereitung und der Verzehr von Nahrung symbolisieren Intimität und spirituelle Transformation. Sobald wir dies erkennen, können wir verstehen, wieso heilige Festmahle essenziell zu den Religionen und zum sozialen Leben einer jeden Kultur gehören. Die Essensmetapher steht im Zentrum der spirituellen Verbindung mit der göttlichen Präsenz. Es ist allgemein anerkannt, dass die Nahrungsaufnahme im wörtlichen und symbolischen Sinne eine heilige Handlung darstellt, durch die wir die unendliche Ordnung, die unser endliches Leben übersteigt, in uns aufnehmen.

Obwohl wir scheinbar nicht mehr als endliche essende Wesen sind, erkennen wir von einer anderen Perspektive das Unendliche, das sich ewig von sich selbst ernährt. Durch die Nahrungsaufnahme öffnen wir uns für die unendliche Ordnung, umschlingen sie und verkörpern sie schließlich als der einzigartige Ausdruck ihrer selbst, der wir sind, wir, die essenden menschlichen Wesen. Dies ist ein Ausdruck tiefster Liebe. Wenn wir essen, sind wir geliebt von der ewigen und mysteriösen Macht, die alles Leben hervorbringt, die jene gegenwärtig macht, die uns vorausgingen, die sich durch uns äußert und das Leben durch uns erfährt. Wir werden von dieser Macht mit einer bedingungslosen Liebe geliebt, die sich uns hingibt – und gleichzeitig sind wir selbst diese Macht. Unser Herz kann diese Liebe intuitiv spüren, erwidern und wertschätzen; unser rationaler Verstand jedoch vermag sie noch kaum zu erfassen.

Nahrung, Leben und Tod

Was gibt es einfacheres, als einen Apfel zu essen? Und doch ist dies eine der heiligsten und tiefgreifendsten menschlichen Handlungen. Wenn wir einen Apfel essen, essen wir nicht nur einen Apfel als eigenständiges Ding. Der Apfel wird von uns aufgenommen, löst sich in uns auf, trägt zu unserer Existenz bei und wird zu einem Teil von uns. Und jeder Apfel ist nicht nur ein Ausdruck seiner selbst, sondern von wesentlich mehr! Wir essen vom Regen und von den Wolken und von allen Bäumen, die vorher existiert haben und diesen einen Baum hervorgebracht haben, der den Apfel trug. Wir essen von den Tränen, dem Schweiß, den Leibern und dem Atem von zahllosen Generationen von Tieren, Pflanzen und Menschen, die sich in den Regen und den Erdboden und den Wind verwandelt haben, die den Apfelbaum ernährt haben.

Wenn wir in einen einzigen Apfel schauen, sehen wir das gesamte Universum. Alle Planeten und Sterne, die Sonne und der Mond, die Ozeane, Flüsse, Wälder, Felder und Lebewesen sind in diesem Apfel. Der Apfelbaum ist Ausdruck eines grenzenlosen Netzwerks des Lebens. Für die Existenz des Baums ist jeder einzelne Bestandteil des Netzes notwendig. Der Apfel ist ein Geschenk des Baums und des unendlichen Universums, das sich mithilfe des Apfels ausdehnt und zelebriert. Die Samen fallen mitsamt dem Apfel zur Erde und werden zu neuen Bäumen, oder sie werden von Menschen oder Bären oder Vögeln gegessen und dadurch weiter verbreitet, was dem Apfel zugute kommt und auch dem gesamten System, das sich in seiner unendlichen Größe, Komplexität und Perfektion entfaltet.

Wenn wir uns dessen bewusst sind, während wir einen Apfel essen, wird uns klar, dass wir geliebt und genährt werden und Teil eines größeren Ganzen sind, eines Mysteriums, so groß und wohlwollend und aufregend, dass wir von seiner Heiligkeit überwältigt sind. Die Momente, in denen wir innehalten, um uns an die Quelle unseres Lebens zu erinnern und uns bewusst mit dem großen Mysterium zu verbinden, sind in praktisch allen Kulturen der Welt dieselben: Bei Beerdigungen und bei Mahlzeiten – beides Anlässe, dankzusagen und zu beten. Das bewusste Essen eines Apfels kann ein heiliges Mahl sein, doch tun wir es oft beiläufig, während wir mit anderen Dingen beschäftigt sind.

Wir Menschen, die Äpfel essen, sind in Wirklichkeit Äpfel, die Äpfel essen. Das gesamte Universum findet sich in jedem Apfel und in jedem von uns wieder. Durch den Akt des Essens können wir erkennen, dass es in Wahrheit keine voneinander getrennten Dinge in der Welt gibt, sondern lediglich Prozesse. Ein jedes Ding ernährt sich vom anderen, alles ist in ständigem Wandel begriffen und wird letztendlich vom Prozess und von der Zeit verschlungen, dem großen Vertilger. Nahrung ist die Quelle und die Metapher des Flusses vom Leben zum Tod und vom Tod zum Leben.

Es zeigt sich, dass Nahrung enorme mythische und spirituelle Bedeutung hat. Die Mythen und religiösen Traditionen vieler Kulturen, einschließlich unserer eigenen, sind davon geprägt. Neben der symbolischen Bedeutung der heiligen Kommunion, die in den christlichen Kirchen praktiziert wird, um die Wandlung des Todes Jesu zu feiern, verdient auch die Geschichte seiner Geburt Erwähnung: Jesus wurde in einer Krippe geboren! Welch eindrucksvolles Zeichen, in jemandes Futtertrog geboren zu werden! Er wurde geboren, um spirituelle Nahrung für andere zu sein. Die tiefgehende symbolische Verbindung zwischen der Krippe und dem letzten Abendmahl deutet auf die ungebrochene Kraft der Metapher der Nahrung hin, die für das spirituelle Mysterium steht, das Leben und Tod umfasst und über beide hinausgeht.

Wenn wir uns spirituell weiterentwickeln und unser Potenzial entdecken, können wir jeden Tag Nahrung für andere sein, indem wir unsere Liebe und unser Verständnis, unsere Zeit und unsere Energie mit ihnen teilen. Dadurch werden wir selbst und die anderen ernährt. Es ist dabei nicht nur unsere eigene Liebe, Energie oder Zeit, die wir teilen. Wie der Apfel, so geben auch wir, indem wir etwas von uns selbst geben, die Geschenke weiter, die wir von unseren Familien, Lehrern und Freunden, von der Erde und ihren Geschöpfen, von Sonne, Mond und Sternen erhalten und aus all unseren Erfahrungen gewonnen haben. Im Grunde sind wir das Leben, das sich selbst schenkt und beschenkt – es ernährt, erkundet, erfüllt und erneuert sich selbst. Wenn wir ein gutes Leben führen, ernähren wir viele andere mit der nahrhaftesten Speise überhaupt: Den Früchten des Mitgefühls und der Weisheit. Am Ende stellen wir fest, dass wir keine Nahrung für unsere Reise brauchen, sondern jeder von uns die Nahrung für die Reise der jeweils anderen ist. Wir entdecken, dass unser tiefstes Bedürfnis und unsere Freude nicht nur darin bestehen, diese nahrhafte Speise zu verzehren, sondern sie für die anderen zu sein. Wir wurden alle in einer symbolischen Krippe geboren, um spirituelle Nahrung für andere zu sein, und wir sind dazu aufgerufen, unseren eigenen einzigartigen Weg zu finden, um Teil dieses Mahls zu sein.

Ist es wirklich so verwunderlich, dass etwas scheinbar Banales wie unser Essen womöglich im Zentrum der Macht unseres kulturellen und spirituellen Lebens steht?

Die pflanzliche oder tierische Herkunft unserer Nahrung

In unserer Kultur werden die Unterschiede zwischen bestimmten Lebensmitteln tierischer und anderen pflanzlicher Herkunft absichtlich verwischt und ignoriert. Wenn wir jedoch die offensichtlichen Unterschiede offenlegen und uns ihrer bewusst sind, erlauben wir uns ein tieferes Verständnis.

Bei pflanzlicher Nahrung handelt es sich zumeist um Früchte oder Samen, die von bestimmten Pflanzen freigesetzt werden. Dazu gehören Getreide wie Weizen, Hafer, Reis, Mais, Gerste, Roggen und Hirse, die die Körnerfrüchte von Süßgräsern sind. Einige Pseudogetreide wie Quinoa

oder Buchweizen kommen dazu. Hülsenfrüchte wie Sojabohnen, Kicher-
erbsen, Linsen, Erbsen, Bohnen und auch Erdnüsse sind Früchte der Familie der Hülsenfrüchtler oder Leguminosen. Gemüse wie Tomaten, Pa-
prika, verschiedene Arten von Kürbissen, Auberginen und Gurken sind
die Früchte und Samen von krautigen Pflanzen. Früchte und Samen von
verschiedenen Bäumen und anderen Pflanzen machen die Mehrheit der
sonstigen pflanzlichen Lebensmittel aus: Äpfel, Orangen, Bananen, Pa-
payas, Avocados, Brotfrucht, Melonen, Grapefruit, Zitronen, Pflaumen,
Pfirsiche, Kirschen, Aprikosen, Oliven, Feigen, Datteln u.a. Obst; Jo-
hannisbeeren, Stachelbeeren, Heidelbeeren, Cranberries, Preiselbeeren,
Himbeeren u.a. Beerenobst; Pecannüsse, Walnüsse, Haselnüsse, Maca-
damias, Cashewkerne, Mandeln, Kokosnüsse u.a. Nüsse; sowie Sonnen-
blumenkerne, Sesam, Kürbiskerne, Kakao, Leinsamen, Pinienkerne u.a.
Samenkörner. Weitere pflanzliche Nahrungsmittel sind die Blütenstände
von Brokkoli, Blumenkohl, Rosenkohl und Artischocken; sporenbildende
Früchte wie Pilze; oder stärkehaltige Knollen wie Kartoffeln, Süßkartof-
feln und Yamswurzeln. Einige pflanzliche Lebensmittel sind Wurzeln,
z.B. Karotten und Rote Bete. Andere sind (grüne) Blätter, was bei Man-
gold, Kohl und Salat der Fall ist. Schließlich gibt es noch essbare Pflan-
zenstengel wie Spargel, Stangensellerie oder Zuckerrohr.

Hinter den Pflanzen auf unserem Teller können wir Obst- und Gemüsegärten sehen, Felder, Wälder und Jahreszeiten sowie Menschen, die
die Pflanzen hegen und pflegen. Wenn die Pflanzen aus biologischem
Anbau stammen, nach nachhaltigen Methoden und in kleinem Maßstab
produziert wurden, dann sehen wir die Schönheit und den Überfluss der
Erde, die all jenen köstlich schmeckende und gesunde Nahrung bietet,
die fürsorglich mit ihr umgehen und im Einklang mit dem Rhythmus der
Natur arbeiten.

Bei näherer Betrachtung erkennen wir, dass diese Nahrung nur wenig
Leid verursacht: Die meisten pflanzlichen Nahrungsmittel sind Früchte
und Samen, die von Gräsern, Kräutern, Bäumen oder Reben stammen.
Außerdem besitzen Pflanzen – im Gegensatz zu Tieren, die sich aktiv bewegen können und daher mit einem Nervensystem und Schmerzrezeptoren ausgestattet sind, die sie bei der Vermeidung von selbstschädigendem
Verhalten unterstützen –, keine Strukturen, die einem Nervensystem oder
Schmerzrezeptoren gleichkämen. Da Pflanzen zumeist im Boden verwurzelt und ortsgebunden sind, gibt es aus Sicht von Mutter Natur keinen

Grund, sie mit Mechanismen auszustatten, die ihnen Schmerzempfinden verleihen würden.*

Nahrung tierischer Herkunft hingegen besteht entweder aus dem Fleisch und den Organen toter Tiere oder aus tierischen Körperabsonderungen, die als lebensmitteltauglich erachtet werden. In der ersten Kategorie befindet sich das Muskelfleisch einer Anzahl von Tieren, die getötet werden, um die Nahrung herzustellen, die das Kernstück der allermeisten Mahlzeiten in unserer Gesellschaft darstellt. Das Fleisch von Fischen und Schalentieren wird normalerweise mit dem Namen der Tierspezies bezeichnet, so etwa bei Thunfisch, Wels (ein „beliebter Speisefisch" in Nordamerika, A.d.Ü.), Lachs, Hummer, Krabben und Shrimps. Obwohl Amphibien und Reptilien für gewöhnlich weniger in den USA verzehrt werden als in anderen Ländern der Welt, werden Frösche, Schildkröten und Alligatoren dennoch hier gezüchtet, um Froschschenkel und Schildkröten- bzw. Alligatorenfleisch für den menschlichen Konsum zu erzeugen. Das Fleisch von Vögeln wird ebenso mit dem Namen der Tierart bezeichnet, wenn wir beispielsweise Huhn, Pute, Emu und Fasan essen. Oft wird hierbei zwischen verschiedenen Fleischarten und -farben unterschieden, wie z.b. zwischen Brust und Schenkel oder weißem Fleisch und dunklem Fleisch. Im Gegensatz zu dem oben Gesagten wird das Fleisch von anderen Säugetieren nur selten nach dem Namen der jeweiligen Tierspezies bezeichnet, sondern trägt Bezeichnungen, die bestimmten „Zuschnitten" entsprechen, wie Karree, Rumpsteak, Lappen, Schale, Schulter, Hochrippe, T-Bone-Steak, Brust. Andere Bezeichnungen sind Schweinefleisch, Speck, Rippchen, Kalbfleisch, Lammkotelett, Wildbret, Hammelfleisch, Hackfleisch, Hamburger, Hotdog, Fleischwurst, Würstchen und Schinken. Einige innere Organe werden ebenfalls verzehrt, insbesondere Nieren und Leber von jungen Säugetieren, die verfettete Leber von Enten und Gänsen (in Form von Stopfleber) und, wenngleich seltener, das Magengewebe (Pansen oder „Kutteln") sowie Herz, Zunge, Hirn und Füße von bestimmten Tieren, ggf. zu sogenanntem „Presssack"

---

* Nun mag eingewandt werden, dass Pflanzen dennoch leidensfähig sind. Dies spricht nur umso mehr gegen den Verzehr tierischer Nahrung, denn es erfordert gewaltige Mengen an Getreide, um Fleisch, Eier, Milchprodukte und Zuchtfisch zu erzeugen. Die Produktion tierischer Lebensmittel fördert außerdem die Zerstörung von Wäldern, Wiesen und Lebensräumen der Wildtiere. Diese Flächen werden in Weideland verwandelt oder dienen zum Anbau des erwähnten Futtergetreides. Hinzu kommt die Zerstörung der Meeresökosysteme. Vgl. Kapitel 11 für mehr Details.

(Sülze) verarbeitet. Die Milch von stillenden Mutterkühen, -schafen und -ziegen wird getrunken und in Form von Butter, Joghurt, Sahne und verschiedenen Käsesorten verspeist. Käse wird hergestellt, indem man Lab aus der Schleimhaut von Kälbermägen gewinnt und dieses zum Koagulieren der Milch verwendet. Die Eier verschiedener Vogelarten gelten gleichfalls als für den menschlichen Verzehr geeignet, ebenso Honig, ein Körpersekret der Bienen.

Im Gegensatz zu Pflanzen, die auf natürliche Weise gesunde und nahrhafte Nahrung produzieren, die kein oder wenig Leid verursacht, werden Tiere systematisch unterjocht und angegriffen, um das Fleisch, die Milch und die Eier zu erhalten, die wir Menschen verzehren. Dies bringt Leid mit sich, denn wie wir alle mit absoluter Sicherheit wissen, ist es etwas vollkommen anderes, ein Messer zu nehmen und in die Haut eines Hundes, einer Kuh, einer Katze, eines Huhns, eines Kaninchens oder eines Menschen zu schneiden als in die Haut einer Tomate oder einer Grapefruit. Genauso wissen wir, dass es nicht dasselbe ist, ob wir in das Bein eines Schweins beißen oder in einen knackigen Apfel. Der angesehene Verhaltensforscher Konrad Lorenz hat einmal angemerkt, dass derjenige, der keinen Unterschied erkennen kann zwischen dem Vorgang, wenn wir einen Hund in Scheiben schneiden oder wenn wir einen Salat in Streifen schneiden, zum Wohl der restlichen Menschheit Selbstmord begehen sollte. Wie wir heute wissen, sind sämtliche Wirbeltiere mit einem zentralen Nervensystem mit Rezeptoren ausgestattet, die gegenüber verschiedenen Schmerzreizen empfindlich sind, wie sie bei Schnitten, Verbrennungen, Quetschungen, Eingepferchtsein und Elektroschocks auftreten. Des weiteren befähigt ihr Nervensystem diese Tiere dazu, Kälte und Hitze, giftige Dämpfe, Prellungen und Hautabschürfungen wahrzunehmen. Wie wir können sie psychischen Schmerz empfinden, wenn sie ihrer Freiheit beraubt werden, wenn ihnen ihre Babys gestohlen werden oder wenn das Ausleben ihrer angeborenen Instinkte systematisch unterbunden wird.

Die Kultur der Verleugnung

Umso angestrengter wir etwas verleugnen, desto mehr Macht hat es über uns und desto stärker sind wir davon beeinflusst. Bei schonungsloser Betrachtung der tierischen Nahrungsmittel, die mit modernen Methoden produziert werden, stoßen wir unausweichlich auf Elend, Grausamkeit und Ausbeutung. Aus genau diesem Grund vermeiden wir es tunlichst, uns näher mit unserer Nahrung zu beschäftigen, wenn sie tierischen Ursprungs ist. Diese Strategie der Vermeidung und Verleugnung, die wir beim Essen anwenden, das unsere hauptsächliche menschliche Beschäftigung und unser wesentliches Ritual ist, übertragen wir automatisch auf sämtliche Lebensbereiche. Tief in unserem Inneren wissen wir, dass wir nichts in dieser Welt genauer in Augenschein nehmen können, denn täten wir dies dennoch, so stießen wir auf das unermessliche Leid, das von den Entscheidungen, die wir hinsichtlich unserer Ernährung treffen, direkt verursacht werden. So lernen wir, oberflächlich zu bleiben und absichtlich blind zu sein gegenüber den Zusammenhängen, die wir herstellen könnten. Die Reue und das Schuldgefühl, die wir andernfalls empfinden müssten, wären unerträglich schmerzhaft. Würden wir die Wahrheit anerkennen, würde dies auch zu einem sehr starken Konflikt mit unserem Selbstbild führen, der eine schwerwiegende kognitive Dissonanz und emotionale Störungen mit sich brächte. So ziehen wir es vor, die Augen vor all dem zu verschließen, und entscheiden uns somit dafür, Ignoranten und Schlafende zu sein.

Wir sind unwillens und unfähig, den verborgenen Ozean des Horrors anzuschauen, den unsere Hauptbeschäftigung genauso empfindsamen und verletzlichen Wesen, wie wir es sind, auferlegt. Wir wollen dem Leid nicht ins Auge sehen und keine Verantwortung dafür übernehmen. Daher haben wir uns in eine Schizophrenie der Höflichkeit und des feinen Benehmens aufgespalten, die nur schwer mit der unerbittlichen Grausamkeit in Einklang zu bringen ist, die immer dann aufscheint, wenn wir tierische Lebensmittel kaufen oder verzehren. Diese Aufspaltung ist meiner Ansicht nach *die* verkannte psychische Wunde schlechthin, an der der moderne Mensch krankt. Sie zieht automatisch und zwangsläufig viele andere Verwundungen und Spaltungen nach sich. Sie sitzt derart tief und ist so entsetzlich, dass es tabu ist, darüber öffentlich zu sprechen.

Indem wir uns dafür entscheiden, blind zu sein für das, was wir in Wahrheit anrichten, wenn wir Lebensmittel kaufen, zubereiten und essen, werden wir nicht nur blind für die Gräuel und das Leid, die wir verursachen und verzehren, sondern auch für die Schönheit der Welt, die uns umgibt. Erst diese erlernte Unfähigkeit, die überwältigende, herrliche Schönheit der Erde wirklich zu sehen und wertzuschätzen, macht es überhaupt möglich, dass wir ihre Wälder und Ozeane verwüsten und die natürliche Welt systematisch zerstören. Indem wir unempfänglich für das tägliche Leid der Tiere werden, dessen Verursacher wir sind, werden wir auch unempfänglich für die Schönheit und Pracht der Schöpfung, von der wir uns mit jeder Mahlzeit trennen und sie unterdrücken.

Vor dem Hintergrund des Verzehrs Millionen geschundener Tiere täglich kann man davon ausgehen, dass Millionen Kinder und Erwachsene ihrer Empfindsamkeit beraubt werden oder sich dieser selbst berauben. Dies sät unzählige Saaten der menschlichen Grausamkeit, des Krieges, der Armut und der Verzweiflung. Es sind dies unvermeidliche Folgen, denn es ist unmöglich, Freude, Frieden und Freiheit für uns selbst zu ernten, indem wir die Saat des Leids und der Versklavung anderer Lebewesen säen. Wir können viel über Liebe, Güte, Freiheit und eine bessere Welt reden. Doch es sind unsere Taten und insbesondere jene, die gewohnheitsmäßig begangen werden, die darüber bestimmen, in welcher Welt wir zukünftig leben. Die Gewaltspirale, die in der Geschichte und bis heute die Menschen in Schrecken gehalten hat, ist in der Gewalt unserer täglichen Mahlzeiten verwurzelt. Die Tiere selbst können, im Unterschied zu uns Menschen, keine Vergeltung üben, und doch rächt sich unsere Gewalt ihnen gegenüber an uns.

Das Erbe der Grausamkeit

Mit dem Einsperren und Töten von Tieren haben wir die Gewalt in unseren Körper und unsere Seele eingelassen, wodurch eine tiefgreifende und komplexe Störung der physischen, emotionalen, mentalen, sozialen und spirituellen Dimensionen unseres Selbst stattgefunden hat. Unsere Mahlzeiten verlangen von uns, dass wir wie Raubtiere essen. Folglich verstehen wir uns als Raubtiere. So kommt es, dass wir raubtierhaftes Verhalten ausbilden und räuberische Institutionen rechtfertigen, die im strikten Gegensatz zur Güte und zum Zusammengehörigkeitsgefühl stehen, die mit spiritueller Entwicklung einhergehen. Grausamkeit gehört unweigerlich zum Einsperren, Verstümmeln und Schlachten von Tieren, die unserer Ernährung dienen, dazu. So werden wir von Kindheit an in die Rolle der abgelenkten und unachtsamen Täter gedrängt, die Akte der Grausamkeit begehen.

Niemand entscheidet sich bewusst und freiwillig dafür, Tiere zu essen. Dieses Verhalten ist unser kulturelles Erbe und Ergebnis unserer Erziehung. In der Abteilung für Babynahrung im Supermarkt wird dies ganz offensichtlich: Dort gibt es Babynahrung mit Rindfleischgeschmack, Babynahrung mit Huhn, Kalb oder Lamm und sogar Käse-Lasagne-Babynahrung. In einem Alter, an das wir uns nicht erinnern können, haben gutmeinende Eltern, Großeltern, Freunde und Nachbarn uns das Fleisch und die Sekrete von Tieren aufgezwungen. Als Kleinkinder haben wir keine Ahnung, was „Kalb", „Pute", „Ei" oder „Rind" tatsächlich ist oder woher diese Dinge stammen. Wir wissen nichts von dem Grauen, das über wehrlose Kreaturen gebracht wird, damit die überall verfügbaren Mixturen hergestellt werden können, die in unseren kleinen zahnenden Mund gelöffelt werden. Wir finden es erst mit der Zeit heraus, doch dann ist die damit verbundene Grausamkeit und Perversität längst normal und natürlich für uns geworden. Man sagt uns nicht, dass wir Menschen nicht dafür gemacht sind, die Unmengen an tierischer Nahrung zu uns zu nehmen, die in unserer Gesellschaft typischerweise verzehrt werden. Man erzählt uns nichts von der extremen Beengtheit, in der die Tiere leben müssen, von den Kastrationen ohne Betäubung und anderen Verstümmelungen, von den brutalen und oftmals verpfuschten Schlachtungen. All diese Schrecknisse starren uns täglich von unserem Teller entgegen, und wir kauen gedankenlos darauf herum, während wir fernsehen, lesen oder uns unterhalten.

So wurden unsere täglichen Mahlzeiten, die unsere tiefste und heiligste Verbindung mit der Erde und mit dem Mysterium des unendlichen spirituellen Bewusstseins sind, zu einem Ritual der Zerstreuung und unterdrückten Empfindsamkeit und Schuld, anstatt ein Ritual der Dankbarkeit und Verbundenheit, des Segens und der Liebe zu sein, die unsere Herzen öffnen. Wir bezahlen dafür einen unermesslich hohen Preis. Er beinhaltet unter anderem die Abstumpfung unserer natürlichen Intelligenz und unseres angeborenen Mitgefühls sowie den daraus folgenden Verlust unseres inneren und äußeren Friedens, unserer Freiheit und unserer Lebensfreude.

Die Verkümmerung der Intelligenz

Intelligenz ist die Fähigkeit, sinnvolle Zusammenhänge herzustellen. Dies gilt für alle lebenden Systeme: Menschen, Tiere, soziale Gemeinschaften und ganze Gesellschaften. Die Teilnahme an täglich praktizierten Ritualen, durch die unsere Fähigkeit, Zusammenhänge herzustellen, unterdrückt wird, hemmt unsere Intelligenz erheblich, sogar inmitten des aktuellen Überangebots an sogenannter Information, und zerstört unsere Fähigkeit, die gravierenden Probleme zu bewältigen, die wir verursachen. Da wir erfahren darin sind, uns von dem Leid zu distanzieren, das wir Tieren aufbürden, gewöhnen wir uns wie selbstverständlich und unweigerlich daran, uns von dem Leid zu distanzieren, das wir über hungernde Menschen, lebendige Ökosysteme, kriegsgeschüttelte Regionen und zukünftige Generationen bringen. Unser Geschick darin, jegliches Feedback gewaltsam zu blockieren, führt ebenfalls dazu, dass wir leicht ablenkbar und manipulierbar im Sinne der Interessen der Großkonzerne sind, deren Profite mit unserer Unfähigkeit, Zusammenhänge herzustellen, stehen und fallen.

Mitgefühl ist ethische Intelligenz: Es ist die Fähigkeit, Zusammenhänge herzustellen, und das daraus entstehende Bedürfnis, zu handeln, um das Leid anderer zu lindern. Ebenso wie kognitive Intelligenz wird ethische Intelligenz durch das Essen tierischer Nahrung gehemmt. Die Fähigkeit, sich emotional zu distanzieren, die wir bei jeder Mahlzeit anwenden, findet ihren eiskalten Ausdruck im modernen Wissenschaftler, der Hunde langsam erfrieren lässt, um Erkenntnisse über die menschliche Physiologie zu gewinnen, in heutigen Soldaten, die den ihnen hilflos ausgelieferten Zivilisten in die Augen schauen, bevor sie sie töten, in Jägern, die wehrlose Tiere irreführen, verfolgen und sie als Sport töten, und in zahllosen weiteren legalen und angesehenen kulturellen Aktivitäten.

Solange unsere Gesellschaft in ihrem Kern Tiere lediglich als Waren und als Nahrung betrachtet, gibt es wenig Hoffnung, was unser Überleben angeht. Das systematische Ignorieren, Unterdrücken und Ausgrenzen, das grundlegend für unsere täglichen Mahlzeiten ist, trennt uns von unserer inneren Weisheit und vom Gefühl der Zugehörigkeit zu einem wohlmeinenden und gesegneten Universum. Wenn wir die Tatsache unserer Eingebundenheit in ein größeres Ganzes absichtlich ignorieren, begehen wir unausweichlich Genozid und Suizid. Derart entsagen wir unserer angeborenen Intelligenz und unserem natürlichen Mitgefühl, die uns leiten könnten.

Ich-Du vs. Ich-Es

In den Zwanziger Jahren des 20. Jahrhunderts formulierte der Philosoph Martin Buber eine wesentliche Unterscheidung in unseren zwischenmenschlichen Beziehungen und in unserer Identität. Die Bedeutung dieser Unterscheidung wird zunehmend anerkannt. Seinem Ansatz zufolge bildet der Mensch sein Selbstverständnis nicht isoliert von seiner Umgebung aus, sondern vielmehr durch seine Beziehungen zu anderen. Er führt weiter aus, dass, wenn wir die anderen als bewusste Wesen wahrnehmen, die Gefühle, Wünsche und Absichten haben und Erfahrungen machen, wir eine „Ich-Du"-Identität entwickeln. Betrachten wir sie hingegen als Objekte ohne nennenswerte Wünsche und Begierden, Absichten oder ein eigenes Bewusstsein, dann entwickeln wir eine „Ich-Es"-Identität. Indem wir eine Ich-Du-Identität ausbilden, nähren wir unseren Respekt und unsere Empfindsamkeit gegenüber anderen und uns selbst. Bilden wir hingegen eine Ich-Es-Identität aus, dann neigen wir dazu, andere als Mittel zum Zweck anzusehen, die von uns benutzt werden können. Die Ich-Es-Mentalität führt zu einer zunehmend sterilen und entpersönlichten Sicht auf die Natur, die Tiere und andere Menschen und zu einer inneren Verhärtung, die uns davor abschirmt, den Schmerz und das Leid von wem oder was auch immer zu empfinden, der oder das von uns benutzt, konsumiert und ausgebeutet wird. Buber zufolge erfordert und fördert das Ich-Es-Selbstverständnis eine innere Abstumpfung, die eine unstillbare und sich stetig verschärfende Konsumsucht nach sich zieht. Diese ironische und vergebliche Suche nach Glück und Erfüllung wird von einem objektivierten, isolierten, ängstlichen Selbst unternommen, das andere als Mittel zum Zweck einstuft, die für sein Streben nach Gewinn und Vergnügen nach Belieben benutzt werden können. Diese absurde Suche steht als eine wesentliche treibende Kraft hinter dem Konsumstreben und der rasanten Industrialisierung, hinter dem Konzernkapitalismus, hinter der Umweltzerstörung und hinter dem sozialen Raubbau. Dies sind sämtlich Erscheinungen, die von der Ich-Es-Mentalität zwangsläufig in die Welt gesetzt werden.

Zwar sind Bubers Erkenntnisse zweifellos provozierend und aufschlussreich, doch wie es scheint, hat er die tiefere Dynamik verkannt, die für das Ich-Es-Selbstverständnis verantwortlich ist: Unsere Ernährungsweise, die wir von Geburt an erlernen und durch die geheimnisvolle, empfindsame und intelligente Wesen kontinuierlich und unhinterfragt auf den Status von bloßen Esswaren herabgesetzt werden, die wir benutzen, töten und verzehren dürfen.

Es ist bemerkenswert, könnte man meinen, dass Buber in den über vierzig Jahren seines Ausarbeitens der Ich-Du- und Ich-Es-Mentalitäten diesen relativ offensichtlichen Zusammenhang nicht herstellen konnte. Doch noch viel bemerkenswerter ist, dass unter den Tausenden von führenden Autoren und Forschern in Natur- und Geisteswissenschaften, die das letzte Jahrhundert hervorgebracht hat, so gut wie keiner auch nur einen Satz diesem Thema gewidmet hat! Viele dieser großen Geister gehörten zu den innovativsten und mutigsten ihrer Zeit. Sie nahmen die Gefahr einer Kontroverse in Kauf und wagten es, der Welt vielfältige neue Ideen in Soziologie und Sozialwissenschaften, Psychologie, Philosophie, Systemtheorie, Naturwissenschaft, Ökonomie, Geschichte, Politik, Anthropologie, Theologie, Vergleichender Religionswissenschaft und Spiritualität näherzubringen.[1] Wie konnte da etwas so Zentrales und Offensichtliches in unserem Leben und Denken – die Art, wie wir Tiere behandeln, die unserer Ernährung dienen –, von so vielen und so lange übersehen und ignoriert werden? Es ist erschreckend, die Berge von Büchern, Artikeln, Essays, Vorträgen und Dokumentarfilmen zu betrachten, die von den großen Geistern der Moderne oder über diese produziert wurden, und zu konstatieren, in welchem Maße dieses Thema tabu ist. Der Gedanke, dass unsere alltägliche Gewalt gegenüber Tieren, die unserer Ernährung dienen, die treibende Kraft hinter menschlichem Leid und Krieg sein könnte, konnte bis zum heutigen Tage nahezu undenkbar und unaussprechlich bleiben.

Sogar die radikaleren und zeitgenössischen Stimmen waren unwillig oder unfähig, dieses Thema ernsthaft anzugehen. Gleiches gilt für nahezu sämtliche derzeitige Autoren und Köpfe des *Human Potenzial Movement*, spiritueller Bewegungen, der Bewegungen für soziale Gerechtigkeit, der Friedensbewegungen und der Bewegungen für Ganzheitsmedizin.[2] Dies soll in keiner Weise eine Kritik dieser wunderbaren Menschen oder ihres Schaffens und ihrer Ideen darstellen. Es geht mir vielmehr darum, auf den erstaunlichen Widerstand hinzuweisen, den unsere gesamte Kultur an den Tag legt, wenn es darum geht, dem Verhalten ins Auge zu sehen, über das sie sich definiert. Dieses Schlüsselverhalten ist so allgegenwärtig präsent wie Cheeseburger-Werbung und gebratene Hähnchen und doch gleichzeitig vollkommen unsichtbar und auf unheimliche Weise unerreichbar.

Der Grund dafür ist darin zu sehen, dass wir alle eine Übereinkunft getroffen haben, dass diese Wahrheit unter allen Umständen ignoriert werden *muss*. Ein beachtenswerter Beitrag C.G. Jungs besteht darin, dass er den Charakter des Schatten-Archetyps beschrieben hat: Er steht für das, was das Selbst ist und beinhaltet, jedoch von diesem verleugnet und verdrängt wird. Trotz dieser Verdrängung verschafft sich der Schatten zwangsläufig Gehör und wird ausnahmslos auf schädliche und eventuell heimtückische Art projiziert (in psychosomatische Beschwerden oder auf Personen der Umgebung). Die Misshandlung von Tieren für die Nahrungsgewinnung ist bei weitem der größte Schatten in unserer Gesellschaft. Unsere Kollektivschuld veranlasst uns dazu, die Gewalt, die wir essen, verborgen zu halten. Sie veranlasst uns andererseits auch dazu, diese Gewalt auszuleben: In unserer aggressiven Lebensweise, in Filmen, Büchern, Spielen und anderen Medien sowie mittels der Gewalttaten, die wir direkt oder indirekt aneinander verüben.

Wir alle sind geheimnisvolle Wunder

Unsere fortgesetzte Praxis, Tiere als Handelsware zu betrachten und uns ihrer zu Ernährungszwecken zu bedienen, verletzt die natürliche Ordnung in tiefgreifender Weise und verursacht unsägliches verkanntes Leid bei Mensch und Tier. Es macht uns außerdem blind gegenüber dem, was wir und die anderen Tiere in Wirklichkeit sind.[*] Wir irren, wenn wir uns auf den Status von rein materiellen Einheiten reduzieren, die geboren

---

[*] Es ist wichtig, hier von „anderen Tieren" zu sprechen, denn die grundsätzliche Unterscheidung, die wir für gewöhnlich zwischen ihnen und uns treffen, ist eine Ausgrenzungstaktik, die dazu führt, dass wir die Ausbeutung dieser Wesen und die Grausamkeit ihnen gegenüber endlos fortsetzen. Sie verstärkt außerdem die absurde Vorstellung, wir Menschen seien keine Tiere – wo wir doch Säugetiere sind, mit einem Körper, einem Gehirn, Drüsen, Trieben, einem Fortpflanzungsapparat und einem Nervensystem. Wir empfinden Schmerz und Behagen, wie andere Tiere, und wir fühlen, träumen und haben soziale Beziehungen zu den Angehörigen unserer Spezies, genau wie andere Tiere auch.

werden, eine gewisse Weile leben und dann sterben. Gleich den anderen Tieren, sind wir im Grunde keine physischen Wesen; wir sind im Wesentlichen Bewusstsein. Wir alle sind Ausdruck der unendlichen geheimnisvollen schöpferischen Kraft, die die Universen in ihren Erscheinungsformen gebiert und am Leben erhält. Unser Körper und unser Geist sind heilig, so wie der Körper und Geist aller Kreaturen. Wie wir, haben Tiere Gefühle und Wünsche; sie bauen Nester, paaren sich, haben Hunger und sind die bewussten Subjekte ihres eigenen Lebens. Sie streben – genauso wie wir auch – danach, Schmerz und Tod zu vermeiden und zu tun, was ihnen Glück und Erfüllung bringt.

Was wir Menschen im Grunde sind, ist ein großes Mysterium. Wissenschaftliche und religiöse Einrichtungen, Bildungswesen und Staat haben letzten Endes sehr wenig dazu beigetragen, uns in einer tiefgreifenden oder transformativen Weise zu offenbaren, was wir Menschen im Wesentlichen *sind*. Womöglich sind wir für uns selbst immer noch genauso geheimnisvoll wie zu Buddhas, Moses, Konfuzius oder Jesu Zeiten. Mancher mag als Argument anführen, dass wir über mehr Wissen verfügen und uns zweifellos weiterentwickelt haben. Andere wiederum mögen einwenden, dass wir weniger Wissen über das haben, worauf es wirklich ankommt, und dass wir zerstreuter und umnachteter sind als jemals zuvor. Niemand jedoch kann bestreiten, dass wir trotz all unserer wissenschaftlichen und theologischen Forschung Mysterien für uns selbst geblieben sind. Genauso wie wir eigentlich nicht wissen, was ein Mann oder eine Frau wirklich ist, wissen wir nicht, was eine Stute oder ein Hengst ist, oder ein Hund, ein Elefant, ein Adler, ein Delphin, ein Huhn, ein Schwertfisch, ein Hummer, ein Alligator, eine Maus, ein Schmetterling, ein Regenwurm, eine Biene oder eine Stubenfliege. Sie alle sind zutiefst geheimnisvoll für uns, vielleicht mehr noch als wir selbst es für uns sind. Sie sind im wahrsten Sinne „andere", und diese grundlegende Erkenntnis sollte in uns ein Gefühl der Demut, des Staunens, der Verwunderung und des Respekts hervorrufen.

Leider erfinden wir stattdessen mentale Kategorien, in die wir die unendlich geheimnisvollen Wesen, auf die wir treffen, einordnen: „Schwarze", „Sklaven" und „Heiden", oder eben „Schlachtvieh", „Wild", „Schädlinge" und „Labortiere". Diese Kategorien und die Gewalt, die wir den derart in Schubladen gepressten prächtigen Wesen antun, ändern oder mindern nicht im Geringsten deren heilige und geheimnisvolle Natur.

Sie vernebeln und versklaven lediglich unseren eigenen Geist mittels des entstellten, verzerrten Denkens, das aus unserer diskriminierenden und egoistischen Haltung entsteht. Das Licht der unendlichen geistigen Quelle allen Lebens scheint in allen Geschöpfen. Indem wir dieses Licht in anderen sehen und wertschätzen, befreien wir sie und gleichzeitig uns selbst. Das ist Liebe. Falls wir dieses Licht nicht sehen können, zumeist weil uns die Erfahrung mangelt, dass es andere in uns sehen, dann machen wir uns selbst zu Gefangenen und verwechseln die Beengtheit eines Tümpels mit der Freiheit der Hochsee.

Indem wir andere Tiere lediglich als Objekte ansehen, die uns als Nahrung dienen und zu diesem Zweck ausgebeutet werden können, haben wir das Gewebe der essenziellen Harmonie so stark zerrissen, dass wir eine Kultur geschaffen haben, die sich selbst versklavt, oftmals ohne sich dessen bewusst zu sein. Die Herrschaft von Menschen über Menschen ist eine zwangsläufige Folge der Herrschaft von Menschen über andere Tiere, die wir zu Ernährungszwecken ausüben. Wie Jim Mason in *An Unnatural Order*** ausgeführt hat, besteht ein historischer Zusammenhang zwischen der Versklavung von Menschen durch Menschen und der Versklavung von Tieren durch Menschen zu Ernährungszwecken. Diese mit Unterwerfung und Ausgrenzung einhergehende versklavende Mentalität ist das Fundament, auf das die krankhafte Störung unserer Spiritualität aufgebaut ist, die dafür verantwortlich ist, dass wir Krieg gegen die Erde und gegen einander führen.

Liebe ist Verstehen

Als ich jung war, fragte ich mich oft, ob unsere Gesellschaft so sein müsse, wie sie ist. Ich habe herausgefunden, dass dies nicht der Fall ist. Wir alle können einen entscheidenden Beitrag zur gesellschaftlichen Veränderung und zum Weltfrieden leisten – mit unserer Ernährung, die unsere wichtigste Verbindung zu unserer Kultur und zur Natur darstellt.

Indem wir uns bemühen, unser Bewusstsein zu entwickeln und hinter die Fassade der höchst wirksamen Sozialisation zu blicken, die wir durchlaufen haben, erreichen wir größeres Verstehen. Aus dem Verstehen entstehen Heilung, Gnade und Freiheit. Liebe versteht. Vom Ver-

---

* Noch nicht ins Dt. übersetzt, A.d.Ü.

stehen ausgehend, können wir Verantwortung übernehmen und uns in eine für die Welt segensreiche Kraft verwandeln, anstatt die Illusion des Getrenntseins aufrechtzuerhalten und die Grausamkeit fortzusetzen, die wir andere an unserer statt ausführen lassen. Mithilfe des größeren Bewusstseins verändert sich zwangsläufig unser Verhalten. Diese Veränderungen in unserem individuellen Verhalten pflanzen sich durch das Netz unserer Beziehungen fort und können zu sozialen Veränderungen führen, die neue Dimensionen von Freiheit, Freude und Kreativität für jeden von uns bereithalten. Am Anfang steht unsere intimste und weitreichendste Verbindung mit der natürlichen Ordnung, unser ursprünglichstes spirituelles Symbol und unser elementarstes soziales Ritual: Essen.

KAPITEL ZWEI

DIE WURZELN UNSERER KULTUR

„Was soll ich mit euren vielen Schlachtopfern?, spricht der Herr. Die Widder, die ihr als Opfer verbrennt, und das Fett eurer Rinder habe ich satt; das Blut der Stiere, der Lämmer und Böcke ist mir zuwider. [...] Eure Hände sind voller Blut. Wascht euch, reinigt euch! Lasst ab von eurem üblen Treiben! Hört auf, vor meinen Augen Böses zu tun!"
– Jesaja 1:11, 15-16 –

„Grausamkeit gegenüber Tieren ist, als ob die Menschen Gott nicht lieben. [...] Es liegt etwas so Schreckliches, so Teuflisches darin, diejenigen zu peinigen, die uns nie verletzt haben, die sich nicht wehren können, die uns völlig ausgeliefert sind."
– Kardinal John Henry Newman –

Die Hirtenkultur

Die meisten Menschen würden die Kultur, in der wir leben, nicht als eine Hirten- oder Viehzüchterkultur bezeichnen. Wenn wir uns umschauen, erblicken wir hauptsächlich Autos, Straßen, Vororte, Städte und Fabriken. Zwar gibt es riesige Kornfelder und weidende Rinder in unserer Landschaft, doch sind wir uns wahrscheinlich nicht bewusst, dass fast alles angebaute Getreide als Viehfutter dient und die unzähligen Milliarden Vögel, Säugetiere und Fische, die wir verbrauchen, zum größten Teil vor unseren Augen verborgen in sogenannten Tierfabriken – riesigen Konzentrationslagern – eingesperrt ihr Leben verbringen. Obwohl es für uns heutzutage nicht so offensichtlich sein mag wie für unsere Vorfahren vor einigen Tausend Jahren, ist unsere Kultur dennoch – genau wie die ihre – im Wesentlichen eine Hirtenkultur, die auf den Besitz, die Kommerzialisierung und den Verzehr von Tieren ausgerichtet ist.

Vor schätzungsweise zehntausend Jahren begannen Nomadenstämme im kurdischen Hügelland des nordöstlichen Irak, Schafe zu domestizieren, und lösten damit eine Revolution mit erheblichen Folgen aus.[1] Anthropologen zufolge handelte es sich dabei um eine Nebenerscheinung der Jagdpraktiken dieser Stämme, die sich enger an bestimmte Herden von wilden Schafen anschlossen, Zuchtauslese betrieben und zunehmend deren Wandertrieb, Ernährung und Fortpflanzung unter ihre Kontrolle brachten. Schließlich lernten sie, männliche Tiere zu kastrieren oder zu eliminieren, so dass die Herde im Wesentlichen aus Weibchen mit einigen wenigen Böcken bestand. Darauf aufbauend, lernten sie selektive Zuchtverfahren und waren imstande, Tiere mit gewünschten Eigenschaften zu erzeugen. Ziegen wurden offenbar bald nach den Schafen domestiziert, zweitausend Jahre später, gefolgt von Rindern, weiter im Westen und Norden, sowie Pferden und Kamelen weitere zwei- bis viertausend Jahre später.[2] Nach und nach kamen höchst bedeutungsschwangere Konzepte von Besitz und männlichen Blutlinien sowie der Reinheit von Blutlinien auf. Zu Beginn der Geschichtsschreibung, vor etwa viertausend Jahren, gibt es bereits eine Vielzahl an Nachweisen hierfür.

Unsere westliche Kultur hat im Wesentlichen zwei Wurzeln: Das antike Griechenland sowie die Levante, das sogenannte „Morgenland" (die Länder um das östliche Mittelmeer und der Nahe Osten). Bei der Lektüre der frühesten überlieferten, etwa dreitausend Jahre alten Schriften dieser Kulturen – wie Homers Ilias und Odyssee oder die alttestamentarischen Darstellungen der antiken Könige und ihrer Kriegszüge – kann man feststellen, dass sie auf Fleischessen, Herdenhaltung, Sklaverei, gewalttätige Eroberung, männliche Überlegenheit und Tieropfer für ihre vorwiegend männlichen Gottheiten ausgerichtet waren.

In diesen alten Hirtenkulturen bedeutete der Viehbestand nicht nur eine Nahrungsquelle, sondern war zugleich Sinnbild für Reichtum, Sicherheit und Macht. Schafe, Ziegen und Rinder stellten das allererste Geld und Kapital dar, denn nur diese hatten als verzehrbare Güter einen reellen Wert.[3] Der heutige Begriff „Kapital" leitet sich von lateinisch *capita* ab, der Kopf, wie in dem Ausdruck „der Viehbestand zählt 240 Köpfe". Die allerersten Kapitalisten waren die Hirten, die um Land und „Kapital" gegeneinander kämpften. Sie erbauten die ersten Königreiche, in denen es Sklavenhaltung und reguläre Armeen gab und eine Macht, die in den Händen einer wohlhabenden Elite von Viehbesitzern lag. Unser heutiges Fremdwort *pekuniär* (auf Geld bezogen, finanziell; im Engl. u. Frz. recht gebräuchlich, A.d.Ü.) leitet sich vom lateinischen *pecus* ab, was Vieh bedeutet.[4] In den alten Hirtenkulturen war der Viehbestand ausschlaggebend für die Gold- und Silberpreise, oder anders gesagt: Nutztiere waren Maßstab für Wohlstand und Macht. Dieser Umstand erleichtert uns das Verständnis der politischen Macht der Fleisch- und Milchindustrie, die bis heute fortbesteht.

Mit der Verwandlung großer, kraftvoller Tiere in Sklaven und Konsumgüter haben die Stammväter der westlichen Kultur einen grundlegenden Mythos und eine Weltanschauung geschaffen, die bis heute im Kern unserer Kultur weiterleben. Riane Eislers Buch *Kelch und Schwert: von der Herrschaft zur Partnerschaft* und Jim Masons *An Unnatural Order* leisten die Zusammenfassung und Aufarbeitung der Arbeiten einer Vielzahl von Historikern und Anthropologen. Sie gewähren faszinierende Einblicke in die grundsätzlichen Werteverschiebungen, die stattfanden, als die damaligen Menschen große Tiere zu Nahrungszwecken domestizierten, und in die Einflüsse, die diese Entwicklung auf uns heutige Menschen ausübt.

Man muss sich darüber im Klaren sein, dass die Erforschung und Interpretation der Geschichte eine höchst subjektive Angelegenheit ist. Wir können anhand unseres eigenen Lebens feststellen, dass sich unser Verständnis der Vergangenheit in dem Maße ändert, wie wir uns weiterentwickeln. Dies trifft ganz offensichtlich auch auf die umfangreiche und komplexe kollektive Vergangenheit von Millionen Menschen zu. Umso mehr wir in der Zeit zurückgehen und versuchen, die Prähistorie – unsere kulturelle Vergangenheit vor jeder schriftlichen Aufzeichnung – zu erkunden, umso mehr begeben wir uns auf das Gebiet subjektiver Auslegung. Wie die Historikerin Cynthia Ellen schreibt: „Die Urgeschichte ist nach wie vor eine riesige und größtenteils weiße Leinwand. Folglich können, je nach den Vorlieben des jeweiligen Forschers, unvorstellbar verschiedenartige Szenarien darauf gemalt werden."[5]

Riane Eisler stützt sich auf die Arbeiten zahlreicher Anthropologen und Autoren, insbesondere Marija Gimbutas, Jacquetta Hawkes und Merlin Stone, um nachzuweisen, dass es seit jeher im Wesentlichen zwei Gesellschaftsformen gibt, die sie Partnerschaft und Herrschaft nennt. In partnerschaftlich ausgerichteten Gesellschaften sind Männer und Frauen grundsätzlich gleichberechtigt und arbeiten kooperativ zusammen. Eisler versucht, den Nachweis zu liefern, dass dies die Norm über Zehntausende von Jahren menschlicher Existenz darstellte, vor der Ausbreitung der patriarchalischen „beherrschenden" Kulturen, die auf Viehhaltung basierten. Dieses relativ späte Ereignis, das vor fünf- bis siebentausend Jahren stattfand, war bedingt durch die von Gimbutas so genannte Kurgan-Invasion durch kriegerische Hirten, ausgehend von Zentralasien nach Osteuropa und in den Mittelmeerraum. Die Kurgan-Invasion brachte eine Kultur mit sich, in der Frauen als Eigentum der Männer angesehen wurden. Diese Invasion soll sich in drei Wellen über zweitausend Jahre erstreckt haben, wobei die älteren, stärker partnerschaftlich ausgerichteten Kulturen gewaltsam erobert und zerstört oder grundlegend verändert wurden.[6]

Eisler, Gimbutas und anderen zufolge war es in den älteren Kulturen Brauch, sich von gesammelten oder angebauten Pflanzen zu ernähren, Fruchtbarkeitsgöttinnen anzubeten, Ansiedlungen in fruchtbaren Tälern zu errichten, Metalle für die Herstellung von Geschirr anstatt von Waffen zu verwenden und sich nicht auf kriegerische Handlungen einzulassen. Die einfallenden Kulturen vom beherrschenden Typus hingegen züchteten Vieh und verzehrten hauptsächlich Fleisch und Milch, beteten zu wilden männlichen Himmelsgöttern wie Enlil, Zeus und Yahweh, siedelten sich auf Anhöhen an, die sie befestigten, verwendeten ihr Metall zur Waffenherstellung und waren fortwährend in Konkurrenzkämpfe und Kriege verwickelt. Wenn man Eisler Glauben schenken darf, gehören weder gewaltsame Auseinandersetzung noch Konkurrenzkampf, weder Unterdrückung der Frau noch Klassenkampf zur menschlichen Natur, sondern sind relativ moderne Erscheinungen – das Ergebnis des gesellschaftlichen Drucks und der sozialen Konditionierung, die wir den einfallenden Hirtenkulturen zu verdanken haben, deren auf Herrschaft ausgerichtetes Wertesystem von uns übernommen wurde.

Woher kamen die Invasoren der patriarchalischen Kulturen, und was hatte sie zu dem gemacht, was sie waren? In einem späteren Buch, *Sacred Pleasure**, zitiert Eisler die Forschungsergebnisse des Geographen James DeMeo, der die expansionistischen Wanderungen der Kurgankultur und anderer Hirtennomaden schwerwiegenden klimatischen Veränderungen zuschreibt, die „eine komplexe Serie von Ereignissen in Gang setzten, wie Hungersnöte, soziale Unruhen, Aufgabe von Ländereien und Massenmigration, die schließlich zu einer grundlegenden Verschiebung

---

* Noch nicht übersetzt, A.d.Ü.

führten" – einer gewaltigen Veränderung in der Entwicklung der menschlichen Kultur.[7] Viehzucht, so Eisler, „bringt tendenziell Dürre mit sich" und „erzeugt einen Teufelskreis aus Raubbau an der Umwelt und verstärkter wirtschaftlicher Konkurrenz um die stetig knapper werdenden Weideflächen – und damit eine Tendenz zu gewalttätigen Auseinandersetzungen um territoriale Grenzen".[8] Sie fügt hinzu, dass die Praxis der Viehzucht für die psychologische Verhärtung in den Beherrscher-Kulturen verantwortlich ist:

> [...] Herdenhaltung beruht auf dem Prinzip der Versklavung von Lebewesen – Wesen, die um ihrer Produkte willen ausgebeutet werden [...] und die am Ende getötet werden. [...] Dies könnte auch zum Verständnis der psychologischen Verhärtung (oder Abstumpfung von „weichen" Emotionen) beitragen, von der DeMeo glaubt, dass sie die Kulturen des patristischen, beherrschenden Typus auszeichnet. [...] Wenn man daran gewöhnt ist, zum eigenen Überleben fast ausschließlich von versklavten Tieren abzuhängen (für Fleisch, Käse, Milch, Häute etc.), ist man außerdem umso leichter dazu bereit, auch die Versklavung anderer Menschen zu akzeptieren.[9]

Ob es tatsächlich frühere Kulturen gegeben hat, die friedliebender und stärker am Prinzip der Partnerschaftlichkeit und der Gleichberechtigung orientiert waren, wie Eisler und viele andere behaupten, oder ob die sozioökonomischen Strukturen der menschlichen Kultur schon immer von gewalttätigen Auseinandersetzungen, von Männern und von Konkurrenzdenken beherrscht wurden, ist nach wie vor ein höchst umstrittenes Thema unter Gelehrten. Als unumstritten kann jedoch die Wirkung der Versklavung und Kommerzialisierung der großen Tiere auf das menschliche Bewusstsein gelten. Jim Mason geht in dieser Hinsicht über Eislers Arbeiten hinaus und legt bestimmte historische und psychologische Zusammenhänge zwischen der Unterjochung der Tiere und der Beherrschung anderer Menschen offen. Er macht deutlich, dass die Neolithische Revolution, die erste landwirtschaftliche Revolution, tiefgreifende Veränderungen in den alten Sammlerkulturen hervorgerufen hat, indem sie ihren Bezug zur Natur veränderte – von einem Verständnis des Eingebettetseins in die Natur zu einem Gefühl der Getrenntheit von der Natur und einem Wunsch nach Kontrolle über alles Natürliche. Aus dieser Trennung gingen zwei verschiedene Arten von Landwirtschaft hervor: Ackerbau und Viehzucht. Der Unterschied zwischen beiden ist maßgeblich. Aufzucht von Pflanzen, Gemüse- und Obstanbau sind weibliche Aufgaben; es wird sich um die Pflanzen gekümmert und für sie gesorgt, und da man hierbei im Einklang mit den Kreisläufen der Natur arbeitet, ist man Teil eines Prozesses, der das Leben fördert und stärkt. Es ist eine lebensbejahende und bescheidene Arbeit (das englische Wort für „bescheiden", „*humble*", leitet sich etymologisch von „*humus*", „Erde, Erdboden" ab), die unseren Platz im Gefüge des Lebens wahrt. Demgegenüber war die Zucht und Haltung von Großvieh von jeher Männern vorbehalten und erforderte schon immer die Anwendung von Gewalt, um die kraftvollen Tiere zu bändigen, sie unter Kontrolle zu halten, zu bewachen, zu kastrieren und am Ende zu töten.

Mason unterstreicht außerdem den bedeutenden Einfluss, den Tiere offensichtlich auf die psychologische Entwicklung und Gesundheit der Menschen haben. Er weist auf die gewaltrelevanten psychosozialen Besonderheiten hin, die Forscher weltweit bei der Beobachtung von Kulturen feststellen können, die Großvieh züchten. Er zitiert die Anthropologen Anthony Leeds und Paul Shepard und sagt über letzteren:

> [Er] identifiziert die Eckpfeiler der Viehzuchtkulturen weltweit: ‚Aggressive Feindseligkeit gegenüber Fremden, bewaffnete Familien, Kämpfe und Plünderungen innerhalb einer männlich zentrierten hierarchischen Organisation, die Jagd als Kriegsersatz, ausgeklügelte Methoden der Tieropferung, wahnhafter Stolz und Argwohn.'[10]

Mason hebt die diesbezüglichen Gemeinsamkeiten zwischen den Wüstenstämmen des Nahen Ostens, den Tschuktschen, Rentierzüchtern im östlichen Sibirien, die „sich mit ‚ihrer körperlichen Stärke, ihren Kraftakten, ihrem gewalttätigen und heldenhaften Benehmen, ihrer exzessiven Ausdauer und ihrem Kraftaufwand' brüsten" und der amerikanischen Cowboy- und Rodeo-Kultur hervor.[11]

Aufgrund der Arbeiten von Eisler, Mason und anderen können wir festhalten, dass die Kultur, in der wir heute leben, eine moderne Fortsetzung der Hirtenkultur ist, die im Nahen Osten und im östlichen Mittelmeerraum ihren Ursprung hat, und dass der zentrale Glaubenssatz dieser Kultur noch derselbe ist: Tiere sind Waren, die man besitzen, benutzen

und essen kann. Im weiteren Sinne werden auch die Natur, das Land, die
natürlichen Ressourcen und die Menschen als Waren gesehen, die man
besitzen, benutzen und ausbeuten kann. Während dies heutzutage für
uns als moderne Bewohner einer Tiere konsumierenden kapitalistischen
Viehzüchterkultur einer gewissen Logik nicht zu entbehren scheint, handelt es sich doch um eine Sichtweise mit enormen Auswirkungen: Die
Herabsetzung von Tieren auf den Status von Handelsgütern markiert die
letzte wirkliche Revolution in unserer Kultur, die die Beziehungen der
Menschen untereinander, zu den Tieren, zur Natur und zum Göttlichen
von Grund auf umdefiniert hat.

In den alten Hirtenkulturen verwandelten sich die Tiere nach und nach:
Aus geheimnisvollen und faszinierenden Mitbewohnern unseres gemeinsamen Planeten wurden reine Besitzobjekte, die man benutzt, verkauft,
handelt, einsperrt und tötet. Da sie nicht mehr wild und frei waren, be-
handelte man sie zunehmend respektlos und gewalttätig. Schließlich waren sie in den Augen der Mitglieder der aufstrebenden Hirtenkultur ver-
achtenswert und minderwertig geworden.[12] Wilde Tiere wurden nur mehr
als potenzielle Gefahr für das Kapital, das der Viehbestand darstellte,
angesehen; desgleichen sah man in anderen Menschen eine Bedrohung
für den eigenen Viehbestand oder, falls sie Tiere besaßen, mögliche Ziele
für Plünderungen. Andere zu bekämpfen, um ihre Rinder und Schafe zu
erbeuten, war die Hauptstrategie, um das eigene Kapital zu vergrößern.
Das alte vedische Sanskrit-Wort für Krieg, *gavyaa*, bedeutet wörtlich
„das Verlangen nach mehr Vieh".[13] Offensichtlich besteht eine Verbindung zwischen Kriegsführung, Viehzucht, Unterdrückung des femininen
Prinzips, Kapitalismus und der Gier nach mehr Kapital/Vieh, seit diese
Phänomene mit der Reduzierung von Tieren zu Waren aufgekommen
sind.

Umso größer und stärker die gehaltenen Tiere waren, umso kämpferi-
scher, grausamer und gewalttätiger mussten die Kulturen sein, um diese
erfolgreich zu bezwingen und sie vor umherstreifenden wilden Tieren
und anderen Menschen zu beschützen.[14] Die größten Tiere waren Rinder
und Pferde, und die im Nahen Osten und im östlichen Mittelmeerraum
angesiedelten Kulturen, die sie züchteten, waren über Jahrtausende in unvorstellbar grausame Kriege miteinander und gegen schwächere Völker
verwickelt, wobei sie schrittweise und gewaltsam ihre Kultur und ihre
Viehzüchterwerte über ganz Europa und fast überall in Asien verbreite-

ten. Von Europa breitete sich diese Viehzüchterkultur schließlich nach Amerika aus. Ihre Ausbreitung setzt sich mithilfe global agierender Konzerne wie ConAgra, Cargill, Smithfield oder McDonald's ungehindert bis zum heutigen Tag fort. Auch von der Weltbank und der UNO subventionierte Projekte, religiöse Missionsgesellschaften und Wohlfahrtsverbände, die Tierversklavung fördern, wie *Heifer International*, tragen ihren Teil dazu bei.

Im Kern dieser alten Kultur, aus der unsere heutige westliche Kultur entstanden ist, stand die Überzeugung der absoluten Überlegenheit der Menschen gegenüber den Tieren, die durch die täglichen Mahlzeiten gefestigt wurde. Wohlstand und Ansehen eines Mannes wurden zunehmend daran gemessen, wie viel Vieh er besaß und wie viel Weideland er kontrollierte. Das Vorbild für Jungen wurde der erfolgreiche Proto-Kapitalist, Macho-Viehzüchter und Krieger zugleich: Ein harter Kerl, „cool" und emotional distanziert, der unerbittlich Gewalt einsetzt. Frauen, Vieh und gefangengenommene oder besiegte Männer waren Eigentum, das zum Gesamtkapital eines Mannes gerechnet wurde. Zwar waren Kriege schreckliche Ereignisse für die Kämpfenden und die Bevölkerung allgemein, doch stellten sie für die wohlhabende Aristokratie potente Mittel dar, um noch mehr Vieh/Kapital, Land, Macht und Ansehen anzuhäufen.

Es ist wichtig, zu verstehen, dass die Mentalität der Beherrschung, die die Kultur auszeichnet, in die wir hineingeboren wurden, erst durch die Hervorhebung von Unterschieden und das Ignorieren von Gemeinsamkeiten zur vollen Entfaltung gelangt. Ohne diese Einstellung wären wir nicht fähig, an der Versklavung und Tötung von Tieren mitzuwirken. Die Rolle der Viehzüchter und Herrscher über Tiere erfordert von uns, dass wir uns ständig als getrennt und verschieden von den Tieren erfahren, als ihnen überlegen und als „etwas Besonderes". Unser natürliches menschliches Mitgefühl kann unterdrückt werden, indem wir lernen, andere auszuschließen und sie als essenziell verschieden von uns zu betrachten. Auf dieses Ausgrenzungsdenken gründen sich Rassismus, Elitarismus und Krieg, denn um anderen Menschen zu schaden und sie zu beherrschen, müssen wir die Bindung zerstören, die unser Herz natürlicherweise zu ihnen fühlt. Die Mentalität der Beherrschung ist zwangsläufig eine Mentalität der Ausgrenzung.

Bei näherem Hinsehen ist es offensichtlich, dass zahlreiche Grundüberzeugungen und Hauptbeschäftigungen der alten Hirtenkulturen nach wie vor unsere heutige Kultur prägen. Die prägendste Beschäftigung dieser alten Kulturen war, nicht anders als für uns heutzutage, der regelmäßige Festschmaus mit Nahrung, die von den Körpern unterjochter und ausgegrenzter Tiere stammt. Eine wohlhabende weiße Elite bereichert sich nach wie vor durch Kriege, während Millionen von Menschen den Preis dafür bezahlen müssen. Die Reichen der Welt ernähren sich von Tieren, die mit Korn und Fisch gemästet werden, während die Armen Hunger leiden. Unser kapitalistisches Wirtschaftssystem und die politischen Institutionen sowie Rechts- und Bildungsinstitutionen, die es stützen, legitimieren weiterhin die Kommerzialisierung und Ausbeutung der Natur, der Tiere und der Menschen. Sie legitimieren die Beherrschung der sozial Benachteiligten und der Ausländer. Und sie legitimieren die ungleiche, ungerechte Verteilung von Gütern, die auf Raubtierkapitalismus (euphemistisch als „Wettbewerb" und „Freihandel" bezeichnet), Unterdrückung und Krieg beruht. In dem Maße, wie sich unsere Gesellschaft entwickelt hat, haben wir einige unbestreitbare Fortschritte gemacht, indem wir bestimmte Auswüchse korrigiert haben und den Schwachen und Hilfsbedürftigen einen gewissen Schutz zugestehen. Im Großen und Ganzen müssen wir uns jedoch fragen, warum sich unser Fortschritt so schleppend und mühsam gestaltet. Die Antwort auf diese Frage befindet sich auf unserem Teller. Von dort führt die Spur zu den Mastbetrieben, Schlachthäusern, Forschungslaboren, Rodeos, Zirkussen, Rennbahnen und Zoos, zu Jagd, Fischerei und Fallenstellerei, in die Gefängnisse und Ghettos, an die Kriegsschauplätze, zum Militär- und Industrie-Kartell und zu unserer fortwährenden Schändung und Zerstörung der lebendigen Natur.

Das Pythagoreische Prinzip

„Solange der Mensch Tiere schlachtet, werden die Menschen auch einander töten.
Wer Mord und Schmerz sät, kann nicht erwarten, Liebe und Freude zu ernten."
– Pythagoras –

Vor zweieinhalbtausend Jahren hat Pythagoras im antiken Griechenland die Notwendigkeit einer positiven Revolution, die sich auf unser Mitgefühl für Tiere gründet, klar erkannt und in aller Deutlichkeit formuliert.

Obschon er heute den Ruf eines Genies genießt und seine Entdeckungen nach wie vor von herausragender Bedeutung sind, bleibt Pythagoras doch ein Rätsel für uns. Einige seiner Erkenntnisse werden begierig aufgenommen und angewandt, wohingegen andere vollkommen ignoriert werden. Seine Lehrsätze haben wesentliche Grundlagen in Mathematik und Geometrie gelegt und den anschließenden Fortschritt in Architektur, Design, Bauwesen, Kartographie, Navigation und Astronomie ermöglicht. Pythagoras und seine Schüler haben darüber hinaus die Prinzipien der Harmonik, die den Intervallen zugrunde liegen, entdeckt und zur Anwendung gebracht, so dass Pythagoras die Erfindung der heptatonischen Tonleiter mit ihrer mathematisch präzisen Tonalität zugeschrieben wird, auf die sich die abendländische Musik gründet.

Auf all diesen Gebieten hat sich unsere Kultur eifrig die Erkenntnisse des Pythagoras zu eigen gemacht und von seinem Genie profitiert. Doch das Fundament seiner Lehren, das von ihm gelehrte und sein eigenes Leben leitende Prinzip – Mitgefühl für alles Lebendige – war weitaus schwerer für uns anzunehmen. Seine unmissverständliche Aussage, dass unser Glück davon abhängt, die Tiere gütig zu behandeln, inspirierte Platon, Plutarch, Plotin, die Gnostiker und die frühen Kirchenväter des Christentums. Bis 1850, als schließlich das Wort „Vegetarier" geprägt wurde, nannte man jemanden, der davon Abstand nahm, Tiere zu essen, einen „Pythagoreer". Das von ihm verkündete Prinzip, wonach wir niemals Freude und Liebe ernten können, solange wir mit unserer Behandlung der Tiere die Saat des Leids und des Todes säen, macht uns noch heute zu schaffen.

Zweitausend Jahre nach Pythagoras betrat der große Leonardo da Vinci die Weltbühne, ein weiteres Genie, dessen Kunst und Entdeckungen die Renaissance einleiteten. Wiederum ignorierte unsere Kultur dessen prophetische Worte hinsichtlich der schrecklichen Folgen unserer Mahlzeiten: „Ich habe schon in jüngsten Jahren dem Essen von Fleisch abgeschworen, und die Zeit wird kommen, da die Menschen wie ich die Tiermörder mit gleichen Augen betrachten werden wie jetzt die Menschenmörder."[15] Das gleiche Schicksal wurde Albert Einstein zuteil, dem folgender Ausspruch zugeschrieben wird: „Nichts wird die Gesundheit des Menschen und die Chancen auf ein Überleben auf der Erde so steigern wie der Schritt zur vegetarischen Ernährung." Auch Mahatma Gandhi, George Bernard Shaw, Emily Dickson, Albert Schweitzer u.a. erging es nicht anders: Stets nehmen wir ihren Beitrag für die Menschheit freudig an – außer in dem einen Punkt, mit dem sie das Tabu der Viehzüchterkultur brechen und die „heilige Kuh" der Ernährung mit tierischen Produkten antasten.

Die vegane Revolution

Unsere Kultur definiert sich nach wie vor über die zentralen Werte der alten Hirtenkultur sowie deren hauptsächliches Ritual: Das Essen von Tieren, die den Status von Waren haben. Unser tiefempfundener Drang, uns weiterzuentwickeln, um auf ein spirituell reiferes Niveau in unserem Verstehen und in unserem Leben zu gelangen, und eine soziale Ordnung zu erschaffen, die zu mehr Gerechtigkeit, Frieden, Freiheit, Gesundheit, Vernunft, Wohlstand, Nachhaltigkeit und Glück führt, erfordert von uns, dass wir aufhören, Tiere als „Esswaren" anzusehen, die wir nach Belieben konsumieren können. Stattdessen müssen wir uns unbedingt einer pflanzlichen Ernährungsweise zuwenden. Dies wäre ein ungeheurer Segen für uns, denn wir würden dadurch von der Gewalt befreit, die wir systematisch ausüben, leugnen und projizieren. Wir könnten Gleichberechtigung und liebende Güte in unseren Beziehungen pflegen und unsere Fähigkeit zu innerer Ruhe entwickeln. Wenn wir die Saat der Integration und Empfindsamkeit aussäen und hegen, können wir ein besseres Verständnis unserer Verbundenheit mit allem, was ist, und die Fähigkeit, in Frieden zu leben, ernten. Dazu ist ein erhebliches Maß an innerem „Unkrautjäten" erforderlich, denn die Viehzüchterkultur, in die wir hineingeboren wurden, hat in uns ganz andere Samen gesät: Konkurrenzdenken, Überheblichkeit, Angst und Getrenntheitsgefühl. Wenn wir Tiere und Menschen als „Du" sehen, anstatt als „Es", und unser Bewusstsein und unser Mitgefühl entwickeln, können wir in uns die Saat der Zusammenarbeit und der Fürsorglichkeit wachsen lassen. In dem Maße, wie wir ein Segen für andere sind, sind wir ein Segen für uns selbst. Wenn wir andere hingegen benutzen, ausgrenzen oder danach streben, sie zu kontrollieren oder zu beherrschen, verstricken wir uns in Leid und werden noch mehr zu Sklaven der Illusion der Getrenntheit, auf die die Viehzüchterkultur grundlegend ausgerichtet ist.

Wenn wir unser Bewusstsein für die Auswirkungen unserer Entscheidungen in Ernährungsfragen schärfen und aus Gewissensgründen einer pflanzlichen Ernährung den Vorzug geben, ist dies Ausdruck unserer Weigerung, an der menschlichen Herrschaft über die Tiere und an der dafür erforderlichen Abstumpfung des Bewusstseins mitzuwirken. Wir beziehen damit in einer maßgeblichen Weise Stellung. Diese Stellungnahme erwächst aus unserer Fähigkeit, Zusammenhänge herzustellen, und verstärkt andererseits diese Fähigkeit weiter. Wir verwandeln uns in eine treibende Kraft der Empfindsamkeit, der Heilung und des Mitgefühls. Wir werden zu einer Ein-Personen-Revolution und tragen mit jeder Mahlzeit zur Gründung einer neuen Welt bei. Indem wir unsere Ideen mit anderen teilen, fördern wir eine Entwicklung, die sich als die mitreißendste und heilendste Revolution herausstellen könnte, die unsere Gesellschaft jemals erlebt hat.

Wenn wir die verschiedenen Revolutionen erwähnen, die angeblich unsere Kultur tiefgreifend verändert haben, wie die Industrielle Revolution, die naturwissenschaftliche Revolution in der frühen Neuzeit Europas und die Revolution des Informations- und Kommunikationszeitalters, so ist dies eigentlich eine unzutreffende Bezeichnung. Keines dieser Ereignisse ist in Wirklichkeit eine Revolution, denn sie alle haben innerhalb des Rahmens einer Kultur der Kommerzialisierung, Ausbeutung und Beherrschung stattgefunden. Diese sogenannten „Revolutionen" haben nicht an den grundlegenden kulturellen Werten gerüttelt – eher haben sie sie noch verstärkt! Eine Revolution, die diesen Namen verdient, müsste um einiges umstürzlerischer sein.

Unser inniger Wunsch nach Frieden, Freiheit und Glück stellt die Forderung nach einer Revolution, die eine neue Grundlage für unsere Kultur aufzeigen kann, so dass sich unsere Gesellschaft von den in der Viehzüchterkultur geltenden Werten – Unterdrückung und Getrenntheit – verabschiedet und jenen einer Ära nach dem Zusammenbruch der Viehzüchterkultur zuwendet: Respekt, Güte, Gleichberechtigung, Empfindsamkeit und Zusammengehörigkeitsgefühl. Vor allem muss eine solche Revolution unsere Beziehung zu unseren Mahlzeiten – unseren am meisten praktizierten Ritualen – verändern, sowie zu unserer Nahrung, unserem mächtigsten äußeren und inneren Symbol.

Keine Handlung könnte diesen revolutionären Veränderungen in tiefgreifenderer, radikalerer und positiverer Weise entsprechen als die Umstellung auf eine pflanzliche Ernährung aus ethischen Gründen. Keine Handlung könnte für die etablierte Viehzüchter-Ordnung subversiver sein als die Anhebung des Bewusstseins mit dem Ziel, die Sichtweise zu überwinden, in der Tiere nur als Rohstoffe gelten. Wir sind in der Tat dabei, aus einem schlechten Traum aufzuwachen, in dem wir Tiere als Beute und als Handelsware betrachtet haben. Die Revolution des Mitgefühls, die in unserem Bewusstsein und unserer Gesellschaft an Fahrt gewinnt, appelliert an uns, mit dem Verzehr von Tieren nicht nur aus egoistischen Motiven, wie gesundheitlichen oder wirtschaftlichen Erwägungen, aufzuhören, sondern aus Gründen, die unserem Herzen entspringen: Aus Sorge um die Tiere, die Menschen und das weitläufige Netz aus miteinander verwobenen Leben, die durch den Verzehr tierischer Nahrung geschädigt und zerstört werden. Der 1944 in England von Donald Watson geprägte Begriff „vegan" fasst diese grundlegende Ethik und Motivation zusammen. Watson war unzufrieden mit der Bezeichnung „vegetarisch", denn diese berücksichtigt nicht die Motivation, sondern bezieht sich ausschließlich auf den Umstand, dass Fleisch von der Ernährung ausgeschlossen wird. Er bildete aus den ersten drei und den letzten zwei Buchstaben ein neues Wort und entschied, dass dieses vollkommen anders ausgesprochen werden solle, nämlich [viːgən], um seine revolutionäre Tragweite zu betonen. Als Definition im Memorandum der *Association of the Vegan Society in England* kann man lesen:

Veganismus bezeichnet eine Philosophie und Lebensweise, die versucht, so weit möglich und praktisch durchführbar, alle Formen der Ausbeutung und Grausamkeit gegenüber Tieren zu Nahrungs-, Kleidungs- oder anderen Zwecken zu vermeiden und darüber hinaus zum Wohl der Menschen, der Tiere und der Umwelt die Entwicklung tierfreier Alternativen zu fördern.[16]

Der Begriff „vegan" ist neuer und anspruchsvoller als „vegetarisch", denn er bezieht alle empfindsamen Wesen in seinen Anwendungsbereich ein und richtet sich von einem grundlegend ethischen Standpunkt aus gegen jegliche Form unnötiger Grausamkeit. Der dahinter stehende Beweggrund ist Mitgefühl, anstelle der Sorge um Gesundheit oder Reinheit. Der Begriff, obschon modern, verweist auf eine sehr alte Idee, die über viele Jahrhunderte vor allem in den spirituellen Traditionen der Welt artikuliert wurde. Er kennzeichnet eine offene, integrative Mentalität und kann in der Wissenschaft und in praktisch allen Religionen verwendet werden, denn er ist Ausdruck des Wunsches nach universellem Frieden, Gerechtigkeit, Weisheit und Freiheit.

Die gegenwärtige Veganismus-Bewegung gründet sich auf liebende Güte und achtsames Bewusstsein für die Auswirkungen unserer Taten auf andere. Sie ist revolutionär, denn sie schwört dem gewalttätigen Kern der Viehzüchterkultur, in der wir leben, ab und überwindet ihn. Sie stützt sich auf die gelebte Wahrheit, dass wir alle miteinander verbunden sind. Aus dieser Erfahrung ergibt sich folgerichtig die bewusste größtmögliche Beschränkung des Leids, das wir über die Tiere, die Menschen und die Ökosysteme bringen. Diese Bewegung befreit uns *alle* aus der Sklaverei, in der wir den Status von Handelswaren haben. Sie kündigt die Geburt eines neuen Bewusstseins an, die Wiederauferstehung der Intelligenz und des Mitgefühls sowie die prinzipielle Abkehr von Grausamkeit und Herrschaftsdenken. Sie ist die einzige wahre Hoffnung für die Zukunft unserer Spezies, denn sie setzt sich mit der Wurzel des Übels auseinander, anstatt sich nur mit den Folgeerscheinungen zu beschäftigen. Auf der Grundlage dieses neuen Bewusstseins können wir quasi alles erreichen; es stellt die wichtige persönliche und kulturelle Veränderung zum Positiven dar, nach der wir uns sehnen, und es verlangt von uns, etwas Grundlegendes zu ändern – unsere Essensgewohnheiten.

Es ist schon komisch, wie wir nach tiefgreifendem Wandel rufen, ohne uns selbst ändern zu wollen! Doch der tiefgreifende Wandel, nach dem wir verlangen, erfordert von uns selbst eine absolut tiefgreifende Änderung: Eine Änderung in unserer Beziehung zur Nahrung und zu Tieren, die wiederum zu einer Änderung in unserem Verhalten führen wird. Manche Menschen halten es für eine oberflächliche Maßnahme, vegan zu werden. Kann ein so einfacher Schritt zu wirklicher Veränderung in uns führen? Ja, absolut! Angesichts der Macht, die die Programmierung über uns hat, der wir in frühester Kindheit ausgesetzt waren, und angesichts der Trägheit und Gleichgültigkeit unserer Gesellschaft, was Gewalt gegenüber Tieren angeht, kann die authentische und engagierte Entscheidung, vegan zu werden, nur das Ergebnis eines wahrhaften spirituellen Durchbruchs sein. Dieser Durchbruch ist das Resultat einer Reifung und Anstrengung. Doch ist es keineswegs das Ende, sondern vielmehr der Beginn weiterer spiritueller und ethischer Entwicklung. Veganismus ist nach wie vor eine äußerst seltene Erscheinung, sogar bei Menschen, die sich selbst als spirituell interessiert verstehen, denn die Macht unserer frühen Sozialisierung ist schwer zu brechen. Und doch sind wir Menschen hierzu aufgerufen; andernfalls wird unsere Kultur zu nichts anderem führen als zu weiterer Zerstörung und letztlich zum Selbstmord.

KAPITEL DREI

DIE NATUR DER INTELLIGENZ

„Man sollte nicht glauben, dass alle Wesen um des Menschen willen existieren. Im Gegenteil, auch alle anderen Wesen wurden um ihrer selbst willen geschaffen und für nichts und niemanden sonst."

– Maimonides –

„Wenn man das Chaos nüchtern betrachtet, das der Mensch in seiner Geschichte angerichtet hat, kommt man nur schwer um die Schlussfolgerung herum, dass er von einer ihm eigenen mentalen Störung befallen ist, die ihn zur Selbstzerstörung treibt."

– Arthur Koestler –

Ein Tabu umgibt die Frage, wen wir essen

Es zeigt sich, dass die „dem Menschen eigene mentale Störung" von der Unterdrückung des Bewusstseins erzeugt wird, die für unsere universelle Praxis der Kommerzialisierung, Versklavung und Tötung von Tieren zu Ernährungszwecken notwendig ist. Diese Störung treibt uns zur Vernichtung nicht nur unserer selbst, sondern aller anderen lebenden Geschöpfe und Systeme dieser Erde. Da die Praxis der Ausbeutung und brutalen Behandlung der sogenannten „Nutztiere" mit der Zeit als normal, natürlich und unvermeidlich angesehen wurde, ist sie unsichtbar geworden. Obwohl es sich hierbei um eine grundlegende Praxis handelt, wird sie in der laufenden Debatte um die Ursachen der Probleme in unserer Gesellschaft und mögliche Lösungen praktisch totgeschwiegen. Dieser Mangel an Aufmerksamkeit einem so eminent wichtigen Thema gegenüber ist im klassischen Sinne des Wortes tragisch.* Die Gründe hierfür sind offensichtlich darin zu sehen, dass sämtliche an der Debatte Beteiligten, seien es Autoren, Redner, Forscher, Theologen, Mediziner, Politiker, Geschäftsleute, Wirtschaftler oder sonstige Personen, die über Macht und Einfluss verfügen, ja auch jene, die nicht darüber verfügen, ausnahmslos Nahrungsmittel verzehren, die von grausam misshandelten Tieren stammen, und die verstörenden Auswirkungen ihres Verhaltens bevorzugt kollektiv unter den Teppich kehren.

Unsere Kultur hält uns dazu an, Allesfresser zu sein. „Allesverschlingend" ist mittlerweile eine treffende Bezeichnung für unsere Kultur, insofern sie globale Ökosysteme konsumiert und verwüstet. Ironischerweise ist diese Bezeichnung auf der Ebene des Individuums ebenso zutreffend. Dank der Industrialisierung der Nahrungsmittelherstellung essen wir gefärbte, aromatisierte, raffinierte, transformierte, bestrahlte, gentechnisch modifizierte und chemisch belastete Produkte, die unsere Bereitschaft veranschaulichen, uns alles und jedes einzuverleiben, was uns vorgesetzt wird. Werbemaßnahmen großer Konzerne drängen uns unaufhörlich dazu, ihre Produkte unbedarft und kritiklos zu schlucken. Dank unserer wohltrainierten Fähigkeit, unser Bewusstsein gegen den Horror abzuschirmen, den wir regelmäßig mit unseren Mahlzeiten aufnehmen, ist es uns ein Leichtes, die chemischen Konservierungsstoffe und sonstigen giftigen Rückstände in unserer Nahrung in ähnlicher Weise zu ignorieren. Ja, wir brüsten uns vielleicht sogar damit, nicht „schwierig" in Ernährungsfragen zu sein. Abgesehen davon, dass diese Geisteshaltung der medizinischen und pharmazeutischen Industrie erkleckliche Profite einbringt, führt sie auch zu unserer gemeinsamen Erschaffung einer „alles fressenden" Kultur. In ihrer Gefräßigkeit strebt diese danach, alles und jedes zu konsumieren, und verwandelt die Schönheit und Vielfalt der Natur in eine Auswahl an Geräten, Spielzeugen und Nahrungsmitteln, nach denen wir süchtig sind und die doch niemals unseren inneren Hunger stillen können, sondern unweigerlich zu Vergnügungsstreben, Sucht, Frustration und Umweltzerstörung führen. Die in jeder Hinsicht verwundbaren Tiere zahlen den Preis für unsere Gefräßigkeit und Gier. Ihr Leid wendet sich am Ende gegen uns selbst.

---

* In der antiken griechischen Tragödie führen die Charakterschwächen des Protagonisten – hauptsächlich Überheblichkeit (Hybris) und Borniertheit – unweigerlich zu dessen Fall und Tod.

Das Essen von Tieren ist daher das verkannte Fundament des Konsumstrebens, der Pseudoreligion unserer modernen Welt. Konsumorientiertheit kann nur florieren, wenn wir uns sozial getrennt fühlen und konsumieren, um dieses Gefühl zu lindern. Unser Konsum ist ein fehlgeleiteter Versuch, uns wieder mit der höheren Ordnung zu verbinden. Da unsere schlimmste Abstumpfung mit unseren Essgewohnheiten einhergeht – Essen ist unsere heiligste, grundlegendste, wichtigste Konsumhandlung –, verwandeln wir uns zwangsläufig in abgestumpfte Konsumenten mit zunehmend unersättlichem Appetit. Mit der Kommerzialisierung von Tieren haben wir ironischerweise und unweigerlich ein System erschaffen, das uns letztlich ebenfalls zu Handelswaren macht. Unser Nettowert berechnet sich in Euro, so wie Rinder nach Gewicht verkauft werden.

Da nahezu alle Menschen „Allesfresser" sind, ist unsere Grausamkeit unsichtbar und unaussprechlich, ähnlich einem großen Familiengeheimnis. John Bradshaw, Virginia Satir und andere Autoren, die sich in den vergangenen fünfundzwanzig Jahren damit befasst haben, die psychologischen Auswirkungen von dysfunktionalen Familien zu beleuchten, stellen heraus, dass eine Familie umso dysfunktionaler ist, je mehr Familiengeheimnisse sie hat.[1] Diese Geheimnisse sind die unausgesprochenen und ungelösten Sucht- und Missbrauchsprobleme. Kindesmissbrauch, sexueller Missbrauch, Drogensucht und Alkoholismus sind kulturelle Geheimnisse, die zu ihrer Heilung ans Licht gebracht, vollkommen gebeichtet und anschließend in einer offenen Diskussion verarbeitet werden müssen. In dysfunktionalen Familien bleiben die Geheimnisse und Schatten begraben und auf schmerzliche Weise unerledigt. Sie kommen als Schamgefühle, Suizidtendenzen, Aggression, Gewalt, emotionale Distanziertheit und psychologische Abstumpfung zum Vorschein. Das größte Geheimnis, das unsere dysfunktionale kulturelle Familie verbirgt, ist unsere schreckliche Brutalität gegenüber Tieren, die unserer Ernährung dienen. Dieses Geheimnis treibt uns zu gewalttätigem und suizidalem Verhalten. Dieses spezielle Geheimnis wird in den anhaltenden Diskussionen über Dysfunktionalität niemals erwähnt oder gar anerkannt, denn als „Allesfresser" und damit Komplizen des Missbrauchs wollen wir nicht darüber sprechen. Unsere Anstrengungen, die Dysfunktionalität von Familien zu verstehen, können daher nur in sehr eingeschränktem Maße zu mehr Bewusstsein führen. Jedoch sind diese Bemühungen durchaus notwendig, denn sie sind Teil der Vorbereitung darauf, dass wir letzten Endes dem umfassenderen, tiefgehenderen, grundlegenderen und verheerenderen Schatten oder Geheimnis ins Auge blicken können: Unserem unbarmherzigen und unsichtbaren Missbrauch der Tiere für unsere Ernährung. Gewissensbisse und Trauer, die von uns unterdrückt werden, sind natürliche und gesunde Reaktionen angesichts der Gräuel, die wir systematisch und gründlich an Tieren verüben, um uns von ihnen zu ernähren. Menschen, die andere Menschen skrupellos töten oder foltern, entsetzen und empören uns; wir sperren sie als Soziopathen und Psychopathen weg. Jedoch foltern und töten wir Tiere, die – genau wie wir – Schmerz und Angst empfinden. Obwohl wir uns bemühen, das von uns verursachte Leid der Tiere zu ignorieren und herunterzuspielen, wissen wir im Grunde unseres Herzens, dass es unnötig, grauenerregend und unmoralisch ist.

Das Sprichwort sagt: Übung macht den Meister. Wenn wir viel Golf und Tennis spielen, werden wir erfahrene Golf- und Tennisspieler; Golf und Tennis werden zu einem Teil von uns und unserer Wesensart. Wenn wir uns in Musik, Kunst, Theater oder Kampfsportarten üben, werden wir geschickt in diesen Disziplinen; sie beeinflussen uns und werden Teil unseres Seins. Wenn wir Großzügigkeit, Güte und Rücksicht praktizieren, werden wir versiert in diesen Eigenschaften, und sie werden Teil unseres Seins. Wenn wir uns hingegen im Morden, Lügen und Stehlen üben, dann werden wir versiert im Morden, Lügen und Stehlen, und diese Aktivitäten werden zu einem Teil von uns und unserer Wesensart. Indem wir uns unerbittlich und fleißig darin geübt haben, die Realität eines Stücks Fleisch oder Käse oder eines Eies auf unserem Teller von der Realität des Unheils zu trennen, das über ein fühlendes Geschöpf gebracht wurde, um diese Produkte herzustellen, sind wir Meister in der Kunst geworden, fühlende Wesen auf den Status von reinen Objekten, Werkzeugen, Mitteln zum Zweck oder Eigentum zu reduzieren. Wir wurden versiert im Abstumpfen und Abschalten, im Unterdrücken des Mitgefühls für das Leid, das wir mit unserem Appetit auf tierische Nahrungsmittel verursachen. Wir wurden Meister der Verleugnung, die sich schlechterdings weigern, die Folgen ihrer Taten in ihr Bewusstsein dringen zu lassen. Diese Verleugnung entwickelt sich zu einer Art Lähmung, die wirksames und effektives Handeln unmöglich macht. Durch unsere täglichen, seit unserer frühesten Kindheit praktizierten Essrituale wurden wir höchst geschickt in der Kunst, andere zu Objekten zu reduzieren. Dies ist eine unermessliche Tragödie, derer wir uns erst ansatzweise bewusst werden. In unseren Kirchen sprechen die Priester oft davon, wie tragisch es ist, wenn wir Dinge lieben und Menschen benutzen, wo wir doch Menschen lieben und Dinge benutzen sollten. Nach dem Gottesdienst setzen sich alle zu Tisch, und die Mahlzeiten bestehen aus Tieren, die zu Dingen gemacht wurden, die man benutzt, anstatt sie zu lieben. Diese rituell wiederholte Handlung bringt uns dazu, Menschen genauso zu benutzen wie Tiere – wie Dinge. Wir alle wissen in unserem tiefsten Inneren, dass andere Tiere genau wie wir fähig sind, Gefühle zu empfinden und zu leiden. Wenn wir sie wie Dinge benutzen, werden wir zwangsläufig auch andere Menschen wie Dinge benutzen. Dies ist ein universelles Naturgesetz, und die Tatsache, dass wir es ignorieren, bringt es nicht einfach zum Verschwinden. Es operiert mit mathematischer Genauigkeit, genau wie Pythagoras lehrte: Was wir in unserer Behandlung der Tiere säen, ernten wir schließlich in unserem eigenen Leben. Da es in unserer Viehzüchterkultur ein Tabu ist, dies auszusprechen oder diesen fundamentalen Zusammenhang herzustellen, können wir beruhigt zur Kirche gehen; wir werden dort nicht mit dem unbequemen Aufruf konfrontiert werden, *alle* lebendigen Wesen zu lieben und davon abzulassen, auch nur eines von ihnen wie ein Ding zu benutzen.

Das Tabu, das unsere Behandlung von Tieren umgibt, ist derart stark, dass ich es manchmal wie ein lebendiges Kraftfeld fühlen kann. Über mehrere Jahre hielt ich am Sonntagmorgen Reden in progressiven Kirchen und Zentren, hauptsächlich Gemeinden der *Unity Church*, und ich gab auch Seminare zur Entwicklung der Intuition. Selbst wenn ich vor einem allem Anschein nach progressiven Publikum spreche, ist es, als ob ich eine unsichtbare paranormale Mauer durchbrechen müsste, sobald ich das Thema der inhärenten Grausamkeit in unserer Auffassung, Tiere seien Dinge, und der ethischen und spirituellen Auswirkungen der Praxis des Essens von Tieren in unserer Gesellschaft anschneide. Die unsichtbare Mauer steht dem Aussprechen dieser Gedanken im Weg und verhindert, dass sie Gehör finden. Es scheint sich dabei um die unbewusste kollektive Verleugnung der Zuhörergruppe zu handeln.

Es ist paradox, waren doch die beiden Gründer der *Unity Church*, Charles und Myrtle Fillmore, ethische Vegetarier. Sie prangerten die unnötige Grausamkeit gegenüber Tieren an, die daher rührt, dass wir sie als

Dinge betrachten. Sie sprachen sich gegen ledergebundene Bibeln, das Tragen von Pelzen und Vivisektion aus und allgemein dagegen, „unseren kleinen Schwestern und Brüdern der Tierwelt" irgendein Leid zuzufügen. Sie empfahlen den Menschen nachdrücklich, auf den Verzehr tierischer Nahrung zu verzichten. Charles schrieb ausgiebig über dieses Thema und äußerte sich beispielsweise im Jahr 1915 folgendermaßen: „Darum können wir im Lichte der Wahrheit, dass Gott Liebe ist und dass Jesus kam, um diese Liebe in der Welt kundzutun, nicht glauben, dass es sein Wille ist, dass der Mensch Fleisch esse, oder irgendetwas anderes tue, das über die Unschuldigen und Wehrlosen Leid bringt."[2] 1920 schrieb er: „Solange brauchen wir nicht nach universellem Frieden auf dieser Erde Ausschau zu halten, solange der Mensch nicht aufgehört hat, Tiere zu seiner Ernährung zu töten."[3] Charles und Myrtle legten zusammen den Grundstein für das *Unity Vegetarian Inn*, eine vegetarische Herberge außerhalb von Kansas City, und schrieben darüber: „Die Idee und Absicht von *Unity Inn* liegt darin, aufzuzeigen, dass der Mensch von einer fleischlosen Ernährung leben und sogar gut gedeihen kann."[4] Heute, lediglich rund siebzig Jahre später, haben tierische Lebensmittel ihren Weg auf die Speisekarte gefunden, und die vegane Ethik, die die Gründer der *Unity Church* in jeden Aspekt ihrer Lehre gewoben haben, ist unterdrückt worden und nahezu vergessen.

Was sich mit der *Unity Church* ereignet hat, ist kein Einzelfall. Wir wissen, dass Buddha Mitgefühl mit Tieren lehrte und eine vegane Ethik der pflanzlichen Ernährung propagierte, und dennoch gibt es heutzutage viele Menschen, die sich Buddhisten nennen und tierische Nahrung verzehren. Es spricht vieles dafür, dass Jesus und seine ursprüngliche Gefolgschaft eine ähnliche Lehre im Sinne des Mitgefühls für Tiere verbreiteten. Keith Akers zufolge, dem Autor von *The Lost Religion of Jesus**, wurde diese ursprüngliche Lehre von Paul und späteren Jüngern untergraben, die es nach tierischem Fleisch gelüstete.[5] Wie es scheint, haben wir ein Verlangen danach, Tiere zu essen, aber keinerlei Verlangen danach, von der Misere der Tiere zu hören, die wir essen, noch von der Misere der Menschen, die wegen unseres Appetits auf Tiere auf mannigfache Weise leiden.

---

* Noch nicht ins Deutsche übersetzt, A.d.Ü.

Intelligenz als Fähigkeit, Verbindungen herzustellen

Für ein umfassenderes Verständnis der Auswirkungen unserer Entscheidungen in Ernährungsfragen auf unser Bewusstsein und unsere Gesellschaft ist es hilfreich, die Natur der Intelligenz so weit und tiefgreifend wie möglich zu verstehen. Die Systemtheorie stellt ein anerkanntes und dienstbares Gerüst zum Verständnis von Intelligenz zur Verfügung. Obwohl sie sich der wissenschaftlichen Fachsprache bedient, sind die Prinzipien, die sie kennzeichnen, in Übereinstimmung mit den alten Weisheitslehren unserer Welt. Der Systemtheorie zufolge kann man bei allen selbstorganisierten Systemen davon ausgehen, dass sie über Intelligenz verfügen. Diese Systeme sind untereinander auf komplexe und lebensfördernde Weise verbunden. Einfachere Systeme, wie Zellen, fügen sich zu größeren und komplexeren Systemen zusammen, wie Organen oder einem Kreislaufsystem, die wiederum noch größere und komplexere Systeme bilden, wie Eichen, Enten, Thunfische, Schafe und Menschen. Daraus formen sich Baumgruppen, Schwärme, Herden und Dörfer, die wiederum Wälder, Auen, marine Ökosysteme, Prärien und Gesellschaften bilden. Diese sind zu noch größeren Systemen zusammengeschlossen, wie Planeten, die ihrerseits Teil noch größerer Systeme sind. Jedes System ist eine Einheit, die zu einer größeren Einheit gehört und gleichzeitig aus kleineren Einheiten besteht.

Einfach gesagt, ist Intelligenz die Fähigkeit eines Systems, Verbindungen herzustellen, die für das entsprechende System sinnvoll und nützlich in seinen Beziehungen mit anderen Systemen sind. Der Ökologe Gregory Bateson hat Geist definiert als ein wesentliches Organisationsmuster aller lebendigen Systeme. Geist ist nicht auf bestimmte Lebensformen beschränkt, sondern er durchzieht Ökosysteme und das Universum als das verbindende und organisierende „Muster, das vernetzt".[6] Die Systemtheorie erkennt die offensichtliche Intelligenz an, die über die individuelle Intelligenz von Menschen oder Tieren hinausgeht: die Intelligenz von Gemeinschaften, Spezies, Ökosystemen, der Erde und noch darüber hinaus. In umgekehrter Richtung erkennt sie auch die Intelligenz von Organen, Zellen und deren noch kleinerer Bestandteile an. Es ist nicht weiter schwierig, zu verstehen, dass die Realität, die wir kennen und erleben, aus Einheiten zusammengesetzt ist, die Teil größerer Einheiten sind, welche wiederum mit anderen zusammen noch größere Einheiten bilden. Jedes einzelne Element ist mit jedem anderen Element verbunden, insofern es dieses beinhaltet oder mit ihm zusammen eine größere Einheit bildet. Intelligenz besteht in der Fähigkeit einer jeden Einheit, Rückmeldungen von allen anderen Systemen, mit denen es in Beziehung steht, zu erhalten und Verbindungen zu diesen herzustellen und dadurch sein ihm innewohnendes Potenzial zu entfalten, um den größeren Einheiten zu dienen.

In einem Orchester ist es wie in einer Gemeinschaft: Intelligenz ermöglicht dem Einzelnen, seinen einzigartigen Beitrag zu leisten und gleichzeitig Rückmeldungen von den größeren Einheiten zu erhalten, um diesen auf sinnvolle Weise zu dienen und sich dabei der Verbundenheit mit ihnen voll bewusst zu sein. Aus dieser Erfahrung der intelligenten Verbundenheit mit allem entsteht Freude. Vielleicht ist Freude letztendlich der Sinn des grenzenlosen, immer blühenden und umformenden Reigens des Entstehens, der durch das universelle Zusammenspiel unzähliger ineinander verschachtelter Systeme vollführt wird, von denen ein jedes unzählige andere enthält und in unzähligen anderen enthalten ist. Daran erkennen wir, dass kein Wesen letztendlich getrennt ist; alle sind miteinander verbunden und alle gehen aus größeren intelligenten Systemen hervor, die für ihre Teile unergründbar und lebensspendend sind.

Die größte Einheit, die ein jedes Atom, eine jede Zelle, ein jedes Geschöpf, jede Gemeinschaft, jeden Planeten und Stern, jede Galaxie und jedes Universum enthält, ist für die kleineren Einheiten, zum Beispiel einen einzelnen Menschen, unfassbar und kann nur intuitiv als göttlich, unendlich, ewig, allwissend und außerhalb jeglichem Dualismus stehend erfühlt werden. Es gibt im wahrsten Sinne des Wortes nichts außerhalb der größten Einheit, nichts, dass „sie" nicht wäre. Unsere Sprache ist vollkommen ungeeignet, diese Einheit zu beschreiben, denn ihrem Wesen nach ist Sprache darauf ausgerichtet, Objekte und Dinge zu erschaffen. Doch die ultimative Ganzheit, die alle Erscheinungsformen als ineinander verschachtelte Einheiten in sich birgt, ist in keiner Weise ein Ding – sie ist von nichts getrennt. Die Intelligenz dieser universellen Ganzheit umfasst alle Einheiten, die sich in ihr befinden, bis hinab zu den kleinsten, und lebt in all ihren Teilen als deren eigene Intelligenz. Unser dualistisches Denken kann dies nicht direkt erfassen, denn es ist jenseits der Existenz und der Erfahrungen, die wir kennen. Diese universelle Intelligenz kann nur auf nicht-dualistische Weise erfahren werden, durch intuitive Empfänglichkeit in innerer Stille, die nicht von Konzepten und konditioniertem Denken vernebelt ist.

Intelligenz, *Telos* und Hühner

Alle ineinander verschachtelten Einheiten – Systeme, Planeten, Gemeinschaften, Menschen, Tiere, Pflanzen, Zellen usw. – können existieren, weil sie an der universellen Intelligenz teilhaben, die durch sie und in ihnen wirkt. Diese Intelligenz ist ihre Fähigkeit, Verbindungen herzustellen, die für ihre Existenz sinnvoll sind und die ihrem Daseinszweck oder *Telos* dienen. Der *Telos* einer jeden Teileinheit ist es, den größeren Einheiten zu dienen, innerhalb derer sie existiert. Die universelle Intelligenz, die in der Natur am Werk ist, stellt die unendlich komplexe Fortsetzung dieses Gewebes aus Verbundenheit und Rückmeldungen dar. Die Intelligenz eines bestimmten Wesens entspricht folglich seiner spezifischen Natur: Einerseits ist es eine Einheit, der die Teileinheiten dienen, aus denen es besteht, und andererseits ist es eine Teileinheit, die den größeren Einheiten dient, in die es eingebettet ist. Intelligenz ist kennzeichnend für alle selbstorganisierten Systeme. Alle haben eine einzigartige Teleologie, und ihre Intelligenz ist optimal daran angepasst, diesen spezifischen Zweck zu erfüllen.

So ist beispielsweise die Intelligenz, die sich in einem Huhn offenbart, in besonderer Weise geeignet, den Daseinszweck des Huhns zu erfüllen, und bei näherer Betrachtung stellt sich diese Intelligenz als atemberaubend komplex heraus. Sie ist verantwortlich für die Beziehungen des Huhns zu den untergeordneten Einheiten, die ihrem Zweck dienen, d.h. ihren Zellen und Körpersystemen. Diese sind für Verdauung, Ausscheidung, adäquaten Blutdruck und Kreislauf, Sehen, Hören und Reagieren auf Umweltreize, Fortpflanzung, Immunsystem, die Regulierung von Hunderten von Enzym- und Hormonspiegeln usw. zuständig. Die Intelligenz, die sich in einem Huhn offenbart, regelt auch die Beziehungen des Huhns zu anderen Hühnern und mit seiner Umwelt, wenn es auf Futtersuche ist, wenn es sich innerhalb der Hackordnung seiner Gemeinschaft behauptet, nachts auf höheren Zweigen Schutz sucht, sich mit einem Hahn fortpflanzt, sein Nest baut, seine Brut beschützt, seinen Jungen beibringt, wie sie ihr Futter finden, usw. Diese Intelligenz erlaubt dem Huhn auch, auf seine ihm eigene Weise den größeren Einheiten zu dienen, so dass es ein wertvolles Mitglied seiner Familie und seiner Hühnerschar ist und einen Beitrag zum Weiterbestand und Ausdruck seiner Spezies leistet, indem es für Nachwuchs sorgt. Es ist somit Teil der Gemeinschaft des Ökosystems des südostasiatischen Urwalds, in dem Hühner seit Millionen von Jahren gelebt und sich fortentwickelt haben, und trägt zur Entfaltung und Feier des Lebens auf dieser Erde und in diesem Universum bei.

Wir können unschwer erkennen, dass eine erhebliche Menge Intelligenz in einem Huhn am Werk ist. Neben den genannten äußeren und augenfälligen Funktionen der Intelligenz gibt es noch die innere, subjektive Welt des Huhns, die ein ebenso wichtiger Daseinszweck und Grund für die universelle Intelligenz sein mag, sich in ihm auszudrücken. Wir werden vielleicht die inneren Gefühlszustände eines Huhns niemals in vollem Umfang kennen, doch ist es offensichtlich für jeden, der mit Hühnern in Kontakt war, dass sie ein breites Gefühlsspektrum besitzen. Was für ein Gefühl mag es sein, tagelang auf einem Eigelege zu sitzen, die Eier fürsorglich zu bebrüten und sie zu wenden, um sie warm zu halten? Oder ohne zu zögern Leib und Leben zu riskieren, nachdem die kleinen Küken geschlüpft sind, um diese erbittert gegen Räuber zu verteidigen? Wir Menschen können womöglich nicht empfinden, was ein Huhn empfindet, oder wir haben die Fähigkeit verloren, uns in das Huhn einzufühlen und es zu respektieren, doch das bedeutet keineswegs, dass die unendliche Schöpferpräsenz das Huhn und sein Leben nicht kennt, es zu schätzen weiß und liebt und sich daran erfreut. Es existiert, so wie wir Menschen existieren, mit seiner ihm eigenen Intelligenz, die es leitet und ihm auf verschiedenen Ebenen dient und ihm außerdem erlaubt, seinen Platz in der größeren Ordnung auszufüllen. Wie unsere Intelligenz, so umfasst auch die des Huhns Wahrnehmung, Emotionen, Wünsche und ein zentrales Nervensystem mit Schmerzrezeptoren.

Die Zerstörung der Intelligenz und des *Telos*

Wenn wir Hühner, Fische, Schweine, Kühe oder andere Tiere gewaltsam aus ihrem natürlichen Leben herausreißen, um sie für unsere Ernährung in Gefangenschaft zu halten und zu benutzen, so hemmen und frustrieren wir ihre angeborene Intelligenz. Die universelle Intelligenz in ihnen kann sich nicht länger ungehindert entfalten und die verschiedenen Stufen der größeren Einheiten bereichern, denen sie dienen. Dies ist ein massiver und tragischer Angriff auf den Kern ihres Seins; er zerstört ihren Daseinszweck, ihren *Telos*. Indem wir Tiere für unsere Ernährung in Gefangenschaft halten, zerstören wir die Bande mit ihrer Familie und ihrer Gemeinschaft. Wir trennen ihre Verbindung zu unserer Erde und zu ihren Lebensräumen. Wir beeinträchtigen ihre intelligenten Instinkte. Damit begehen wir extreme Gewalttaten nicht nur gegen diese Geschöpfe, sondern gegen das gesamte vernetzte System der Intelligenz, das sie am Leben erhält und dem sie dienen. Durch diese Gewalt beschädigen wir gleichzeitig unsere eigene Intelligenz. Ja, wir könnten derartige Pläne und Handlungen gar nicht ausführen, ohne bereits einen Großteil unserer wahren Intelligenz und unseres Verständnis des *Telos* eingebüßt zu haben. Wie könnte es denn unser Daseinszweck sein, ein anderes Lebewesen seines Daseinszwecks zu berauben?

Da wir in der Tradition einer Viehzüchterkultur stehen, versuchen wir dies natürlich mit dem Argument wegzudiskutieren, dass die Tiere, die wir zu Nahrungszwecken züchten, ohne unsere Massentierhaltung gar nicht existieren würden. Daher sind sie nicht dazu da, ihrem eigenen Daseinszweck zu dienen, sondern unseren Zwecken. Ein dazu passender Ausspruch lautet: Hätte Gott nicht gewollt, dass wir Tiere essen, dann hätte er sie nicht aus Fleisch geschaffen. Natürlich könnte man dasselbe über Menschen sagen, um Kannibalismus zu rechtfertigen. Mit der gleichen Logik könnte man auch sagen, dass Gott die Menschen nicht mit entsprechenden Körperöffnungen ausgestattet hätte, wenn er nicht gewollt hätte, dass sie sich gegenseitig vergewaltigen. Unsere eigenen Verletzungen machen uns unfähig, die blinde Grausamkeit zu erkennen, die mit unserer Auffassung einhergeht, dass andere geschaffen wurden, um unseren Zwecken zu dienen. Die Sklavenhalter in den amerikanischen Südstaaten konnten dies genauso wenig erkennen. Stellen wir uns doch einmal vor, wir Menschen würden von Geburt an elend in Gefangenschaft leben müssen und systematisch kastriert, gebrandmarkt, vergewaltigt, mit Elektroschocks malträtiert, verstümmelt und in den Wahnsinn getrieben werden, weil wir von einer stärkeren und „intelligenteren" Spezies lediglich als schmackhaftes Fleisch angesehen würden. Hätten wir da nicht die Hoffnung, dass diese „überlegene" Spezies erkennen möge, dass wir einen höheren Daseinszweck zu erfüllen haben, der nicht darin besteht, als Rohstoff eingesperrt, getötet, eingewickelt, verkauft und gegessen zu werden? In ebensolcher Weise müssen wir unsere eigene Intelligenz wiedererlangen. Wir haben sie eingebüßt, als wir uns der unbestreitbaren Tatsache gegenüber verschlossen haben, dass wir in den Augen von Millionen verängstigter Tiere, die wir als bloße Esswaren ansehen, nichts anderes als niederträchtige Terroristen sind.

In dem Maße, wie eine Einheit ihre Intelligenz einbüßt, büßt sie ihre Fähigkeit ein, die Verbindungen herzustellen, die sie leiten, damit sie den größeren Einheiten schöpferisch dienen kann – was ihr wirklicher Daseinszweck ist. Wenn unsere Intelligenz zunimmt, wächst unsere Fähigkeit, Freude und Mitgefühl zu empfinden. Wir werden uns der Verbindung mit dem Rest der Menschheit, dem gesamten Netzwerk des Lebens und der unendlichen Quelle allen Lebens viel stärker bewusst, und wir empfinden den Drang, diesen größeren Einheiten zu dienen. Wenn sich unsere Intelligenz abschwächt, trennen wir uns von den größeren Einheiten und hören auf, ihnen zu dienen; wir werden weniger empfänglich für ihre Rückmeldungen. Wir werden egoistischer und egozentrischer. Dieser Mangel an Sensibilität verwandelt sich in Dummheit und führt zwangsläufig zu Gewalt, Krankheit, Unzufriedenheit, Leiden und Tod.

Diese Wahrheit ist weder esoterisch noch schwierig zu verstehen. Wir erkennen sie in unserem eigenen Körper, wo Zellen und Systeme mit erstaunlicher Intelligenz zusammenarbeiten, damit wir, die übergeordnete Einheit, verschiedene Tätigkeiten gleichzeitig ausführen können: Essen und Nahrung verdauen, ein Buch lesen, Geräusche, Gerüche und andere Sinneseindrücke aus unserer Umwelt empfangen, atmen, Blut durch den Kreislauf pumpen, einen Sonnenbrand heilen, verirrte Krebszellen zerstören, die Spiegel von Hunderten von Hormonen und Enzymen regulieren und womöglich sogar einen heranwachsenden Fötus nähren! Alltägliche Handlungen, wie ein Buch lesen, Klavier spielen, an einer Diskussion in einer Schulklasse teilnehmen oder Tennis spielen, wären unvorstellbar ohne die konzentrierte und dienstbare Intelligenz von Millionen kleinerer Einheiten, die zusammenarbeiten, unzählige unerlässliche Verbindungen herstellen und die Intensität des Feedbacks ständig auf unvorstellbar komplexe Weise überwachen. Falls die Zusammenarbeit und die Intelligenz in unserem Körper zusammenbrechen, sind Krankheit und Tod die sofortige und unweigerliche Folge.

Zellen, die nicht länger dem Ganzen dienen oder angemessen auf Feedback reagieren, sind in ihrem Wesen egozentrisch geworden; sie bilden gefährliche und kontraproduktive Krebstumore. Die Intelligenz unseres Körpers weiß, dass diese Zellen letzten Endes die übergeordnete Einheit zerstören würden, durch die sie leben und von der sie abhängen. Sie arbeitet daher ohne Unterlass daran, diese zu eliminieren und die Bedingungen zu korrigieren, die zu ihrer Vermehrung führen. Die Intelligenz unseres Körpers stellt Verbindungen her und dient uns, der übergeordneten Einheit. In derselben Weise ist die menschliche Intelligenz die Fähigkeit, sinnvolle Verbindungen herzustellen. Wenn wir den größeren Einheiten nicht dienen, werden es uns diese wissen lassen. Individuen, die der Gesellschaft Schaden zufügen, werden aus ihr entfernt und (hoffentlich) rehabilitiert und wieder eingegliedert. Doch was geschieht mit Gesellschaften, die auf unverantwortliche Weise der Erde Schaden zufügen? Wenn unsere Intelligenz eingeschränkt ist, verlieren wir unseren Daseinszweck aus den Augen und werden zunehmend unempfänglich für das gesunde Feedback der größeren Einheiten – dieses ist jedoch lebensnotwendig für uns als intelligente Systeme und Subsysteme. Wenn die Intelligenz unserer Gesellschaft genügend beeinträchtigt ist, verwandeln wir uns selbst in bösartige, unkontrollierbare Krebszellen, genau wie jene, die wir so sehr fürchten, wenn sie im Inneren unseres Körpers auftreten.

Intelligenz ist artspezifisch

Die Intelligenz von lebenden Systemen ist folglich durch die Quantität und Qualität des Feedbacks bestimmt, das zu empfangen sie fähig sind. Diese Fähigkeit, Feedback zu empfangen, ist eng verknüpft mit der Fähigkeit, sinnvolle Verbindungen herzustellen. Da jede Tierart einzigartig ist, ist es vollkommen klar, dass jede Tierart über eine ihr eigene Art von Intelligenz verfügt. Diese ist individuell an ihren Daseinszweck oder *Telos* angepasst, und an die Arten von Feedback, die sie empfängt, sowie die Verbindungen, die sie herstellt. Zu behaupten, dass eine Art von Intelligenz einer anderen überlegen ist, würde bedeuten, dass man diese Tatsache ignoriert und eine willkürliche Norm einführt. Diese Behauptung ist üblicherweise Teil einer Anschauung, die die menschliche Intelligenz an die Spitze einer imaginären Hierarchie stellt.

Und doch wissen wir, dass es buchstäblich unzählige Arten tierischen Bewusstseins gibt und Tiere über viele Arten von Intelligenz verfügen, die der Mensch anscheinend nicht hat. Menschen mit Haustieren, wie Hunden und Katzen, sind oft erstaunt über die intuitiven Fähigkeiten dieser Geschöpfe. Studien zeigen beispielsweise, dass diese Tiere oftmals den präzisen Zeitpunkt kennen, zu dem ihr menschlicher Gefährte kilometerweit entfernt die Entscheidung trifft heimzukehren. Es gibt zahllose weitere Beispiele für die Intelligenz nichtmenschlicher Tiere, über die wir nur verwundert staunen können. Diese Intelligenz verleiht ihnen ein unfehlbares Heimfinde- und Orientierungsvermögen. Sie erlaubt ihnen Wanderungen über Tausende Kilometer und befähigt sie, auf Arten zu kommunizieren, die von unserer materialistischen Wissenschaft nicht einmal ansatzweise erklärt werden können.[7] Es ist auf traurige Weise paradox, dass wir sehnsüchtig in den Weltraum schauen, in der Hoffnung, dort auf andere intelligente Lebensformen zu stoßen, während wir hier auf der Erde von Tausenden Arten intelligenten Lebens umgeben sind, deren Bewusstsein, Fähigkeiten und subjektive Erlebniswelt wir gerade erst begonnen haben, zu verstehen und zu würdigen.

Die Vielfalt der Intelligenz in der Natur ist erstaunlich, denn die verschiedenen Arten, Unterarten und auch die Individuen haben ihre je eigene Ausprägung der Intelligenz. Dennoch sind Wissenschaftler, wie die meisten Menschen in unserer Kultur, eher abgeneigt, die vielfältigen Formen von Intelligenz in der Natur anzuerkennen und zu respektieren, denn sie wirken – bewusst und unbewusst – an einem gesellschaftlichen System mit, das die nahezu vollständige Beherrschung der Tiere erfordert. Hier kann man eine Parallele zu den Südstaaten vor dem Amerikanischen Bürgerkrieg ziehen, als Sklaverei legal war. Schwarze, als Sklaven und Objekte der Beherrschung und Ausbeutung, waren in der herrschenden Kultur dafür „bekannt", über niedrigere Intelligenz zu verfügen.

Ironie des Schicksals: Indem wir die Intelligenz anderer Tiere ignoriert, heruntergespielt und unterdrückt haben, haben wir unsere eigene Intelligenz aktiv herabgesetzt. Dies ist das Kernproblem unserer kranken Gesellschaft und der Grund dafür, dass der Weg, den wir beschreiten, so gefährlich ist. Wir haben den Tieren ihre Intelligenz abgesprochen und ihre ausgeprägten Fähigkeiten, zu fühlen und als Subjekte ihres Lebens auf ihnen eigene Weise in der natürlichen Welt zu existieren, ignoriert. Dadurch haben wir unsere Kultur und uns selbst weniger intelligent gemacht. Trotz technischer Errungenschaften ist unsere individuelle und kulturelle Intelligenz derart schwerwiegend beschädigt, dass wir riesige Systeme der Gewalt und des Missbrauchs erschaffen, die die Erde verwüsten und unbeschreibliches Leid über Menschen und Tiere gleichermaßen bringen. Den Schaden und das Leid, das wir dabei verursachen, ignorieren wir einfach. Wenn *irgendein* lebendes System Rückmeldungen ignoriert und sich weigert, die Verbindungen herzustellen, zu denen es seine einzigartige Intelligenz befähigt, dann ist dieses lebende System weniger lebendig, weniger bewusst, weniger frei, weniger reaktions- und anpassungsfähig. Es befindet sich daher in einer gefährlichen Situation, was seine Überlebenschancen angeht. Die größeren Einheiten, denen das System aufgrund seines Intelligenzverlusts und seiner Abstumpfung Schaden zufügt, tendieren natürlicherweise dazu, es einzuschränken und zu eliminieren.

Es ist, als ob unsere Nerven abgetötet worden wären und wir nun Teile unserer Gliedmaßen abschneiden, ohne dabei Schmerz zu verspüren, so dass wir den angerichteten Schaden nicht bemerken und daher weder motiviert noch fähig sind, mit der Selbstzerstörung aufzuhören. Zum Beispiel erörtern Dan Kindlon und Michael Thompson in ihrem Buch *Was braucht mein Sohn?* die rasant ansteigende Suizidrate bei männlichen Jugendlichen und nennen die Zahl von vierzehn Prozent der Fünfzehnjährigen, die sich täglich mit dem Gedanken an Selbstmord beschäftigen.[8] Wird diese Tragödie von irgendjemandem wahrgenommen, grämt sich jemand darüber, oder interessiert sich jemand auch nur dafür? Sechsunddreißigtausend Hektar Regenwald werden täglich zerstört, wodurch Tag für Tag nahezu einhundert Pflanzen- und Tierarten aussterben.[9] Doch wir beherrschen die Kunst, uns abzukoppeln und diese und andere menschengemachte Tragödien, die gegenwärtig stattfinden, gekonnt zu ignorieren. Wie können wir nur so unerbittlich ganze Ozeane durch Überfischung verwüsten, die Lebensräume der Wildtiere durch giftige Einträge aus der Landwirtschaft unbewohnbar machen oder riesige komplexe Regenwälder abholzen, um Weidefläche für unsere Rinder zu schaffen? Wie können wir Jahr für Jahr das Aussterben vieler Tausend Arten verursachen? Wie können wir derart rücksichtslos unsere von Profitsucht getriebenen Pläne umsetzen und dabei lebende Organismen gentechnisch verändern und unsere Erde mit militärischem und giftigem Abfall verschmutzen? Es ist die sozial bedingte Handlung des Essens von Tieren, die hauptsächlich für diesen Verlust der kulturellen und persönlichen Intelligenz verantwortlich ist. Das Einsperren, Verstümmeln und Töten von Tieren für unsere Ernährung ist so abgrundtief grausam und abscheulich, dass wir weite Teile unserer persönlichen und kollektiven Intelligenz abtöten müssen, um dazu fähig zu sein. Dies gilt insbesondere für das Schlachten und den Missbrauch von Tieren im großen Stil, wie sie heutzutage praktiziert werden. Neben der kognitiven Intelligenz gibt es die ethische Intelligenz, d.h. den Drang, zu handeln, um das Leid anderer zu lindern. Tieren Leid zuzufügen, damit wir ihr Fleisch, ihre Milch oder ihre Eier konsumieren können, ist an sich zutiefst verstörend und abstoßend für uns als spirituelle Wesen. Damit wir es trotzdem tun, muss die Viehzüchterkultur von unserer Geburt an systematisch auf unsere Abstumpfung und die Herabsetzung unseres natürlichen Mitgefühls hinarbeiten. Diese Unterdrückung des gesunden Mitgefühls, das ein Grundzug unserer wahren menschlichen Natur ist, wiegt womöglich sogar noch schwerer als die Verkümmerung unserer kognitiven Intelligenz. Es zeigt sich deutlich, dass Kinder in unserer Kultur, besonders Jungen, dazu erzogen werden, hart zu sein und sich von ihren natürlichen Gefühlen, wie Einfühlungsvermögen und Beschützerinstinkt, abzukoppeln. Dieses Vorgehen ist wesentlich in einer Viehzüchterkultur, in der Jungen später als erwachsene Männer systematisch Tiere zur Nahrungsherstellung unterwerfen und töten müssen. Harte, raue Kerle, die von ihrer inneren Quelle der Intelligenz und des Mitgefühls abgeschnitten sind, sind eine beängstigende und verheerende Kraft auf unserem Planeten. Und in einer Viezüchterkultur wie der unseren dienen sie oft als Vorbild, dem Jungen natürlicherweise nacheifern.

Das Syndrom der fehlenden emotionalen Verbindung ist verantwortlich für unseren Verlust an Intelligenz und Mitgefühl. Es befällt hochbezahlte Wissenschaftler, Ärzte, Politiker und Geistliche genauso wie Arbeiter und Bauern. In jedem Fall führt es zu Engstirnigkeit, verursacht eine übermäßige Beschäftigung mit persönlichen und nationalen Eigeninteressen und erzeugt ein gewaltiges Reservoir an Schuld und Gewalt, aus dem sich Kriege, Krankheiten, Unterdrückung und Gleichgültigkeit gegenüber dem Leid anderer speisen. Alles kommt im Leben zurück. Wenn wir die Saat der Herrschaft und der Ausgrenzung säen, büßen wir unsere Intelligenz und unser Mitgefühl ein, und das Leben wird ein mühsamer und chaotischer Kampf.

Was der Mensch sät, das wird er ernten

Die universellste spirituelle Lehre, die sich kulturübergreifend in nahezu allen religiösen Traditionen der Welt findet, basiert auf der Tatsache unserer Verbundenheit mit allem, was ist. Diese Lehre ist in der sogenannten Goldenen Regel positiv so formuliert: „Behandle andere so, wie du von ihnen behandelt werden willst." Ungleich bekannter ist die negative Formulierung: „Was du nicht willst, dass man dir tu', das füg' auch keinem andern zu." Das Gesetz der Kausalität greift dieselbe Lehre in neutraler Form auf und sagt aus, dass alles, was wir anderen antun, stets auf uns zurückfällt. Einfach gesagt, können wir nicht erwarten, glücklich zu sein, wenn wir anderen Leid zufügen, frei zu sein, wenn wir andere ihrer Freiheit berauben, gesund zu sein, wenn wir über andere Krankheit bringen, wohlhabend zu sein, wenn wir andere bestehlen, oder Frieden zu finden, wenn wir gewalttätig mit anderen umgehen und sie ängstigen. Den Buddhisten zufolge wachsen die Samenkörner, die wir durch die Handlungen unseres Körpers, unserer Rede und unseres Geistes pflanzen und hegen, und wir ernten ihre Früchte in unserem Leben in Form von Überfluss, Freude, Liebe und innerem Frieden – oder in Form von Wut, Trübsal, Schmerz und Mangel. „Selig sind die Barmherzigen; denn sie werden Barmherzigkeit erlangen." (Matthäus 5:7) Wenn wir anderen ihre Freiheit schenken, werden wir selbst frei. Wenn wir andere lieben, werden wir selbst geliebt. Wenn wir anderen Mut zusprechen, werden wir selbst mutig. Wenn wir anderen unseren Segen geben, werden wir selbst gesegnet. Wenn wir anderen Freude schenken und Heilung bringen, finden wir selbst Freude und Heilung in unserem Leben. Diese zeitlose Weisheit ist das Fundament der Intelligenz und des Mitgefühls, denn sie ruht solide auf der Tatsache der Verbundenheit aller Lebewesen miteinander. Im Licht dieser Wahrheit verstehen wir, warum unsere Misshandlung der Tiere negative Auswirkungen auf uns hat. Die Ironie ist umwerfend. So sind Tiere in freier Wildbahn niemals fettleibig, doch Tiere, die für unsere Ernährung gezüchtet werden, leben eng zusammengepfercht und bekommen Spezialfutter sowie Medikamente und Hormone verabreicht, damit sie unnatürlich fett werden – schließlich werden sie nach Gewicht gehandelt. Übergewicht ist ein ernstes Problem bei menschlichen Omnivoren. Sechzig Prozent aller US-Amerikaner sind übergewichtig und sechsundzwanzig Prozent fettsüchtig.[10] Die medizinischen Kosten, die dadurch verursacht werden, gehen Schätzungen zufolge in die Milliarden, und die psychologischen Kosten, obschon man sie nicht in Geld messen kann, sind gewaltig. Wir säen Fettleibigkeit in Milliarden von Hähnchen, Puten, Schweinen und Kühen, und wir ernten sie an unserem eigenen Körper. Die Puten des amerikanischen Herstellers „Butterball" werden so gezüchtet, gefüttert und in ihrer Bewegungsfreiheit eingeengt, dass sie nicht mehr fortpflanzungsfähig sind – ein Schicksal, das immer mehr Menschen ebenso ereilt.

In freier Wildbahn leben die Tiere, die wir essen, in Familien zusammen und haben komplexe, lebensnotwendige und bereichernde soziale Bindungen mit anderen Mitgliedern ihrer Herde, ihres Schwarms oder ihrer Gemeinschaft. In der Viehzucht werden sämtliche Familienbande zerstört und Babys schnellstmöglich ihren Müttern weggenommen. Jedes Tier wird als eine separate Produktionseinheit betrachtet. Das ist es, was wir säen. Und was wir in unserer menschlichen Gesellschaft ernten, ist überall sichtbar: Der Zusammenbruch der Familienstrukturen. Was wir den Tieren antun, tun wir uns selbst an. Mehr als je zuvor brechen Familien auseinander, Eltern trennen sich, Kinder werden im Stich gelassen oder gehen ihre eigenen Wege, und die Menschen fühlen die Entfremdung und Einsamkeit, die es mit sich bringt, wenn man eine isolierte „Produktionseinheit" in einem herzlosen und wettbewerbsorientierten Wirtschaftssystem ist.

Weibliche Tiere, die für die menschliche Ernährung gezüchtet werden, zwingt man durch Hormongabe dazu, unnatürlich früh trächtig zu werden. Dies wird insbesondere in Eier-, Milch- und Schweinefarmen so praktiziert, denn es ist billiger, als für ihr Futter aufkommen zu müssen, bis sie ihre natürliche Geschlechtsreife erreicht haben. Es sind noch Kinder, wenn sie in den Tierfabriken zwangsweise befruchtet werden. Diese Praktik führt zu einem unnatürlich hohen Spiegel an Östrogen und anderen Hormonen in der Milch, dem Käse und anderen Milchprodukten, die unsere Kinder essen. So werden insbesondere Mädchen zu unnatürlich früher sexueller Entwicklung und Schwangerschaft getrieben. Dies ist ein Hauptgrund für die traumatischen Schwangerschaften und Abtreibungen bei Minderjährigen – doch hört man nur äußerst selten etwas darüber in den öffentlichen Debatten.

Ein anderes faszinierendes Beispiel dafür, dass wir uns selbst das antun, was wir den Tieren antun, ist die Genitalverstümmelung von menschlichen Säuglingen. Damit sie während der Mast und bis zu ihrer Tötung besser unter Kontrolle gebracht werden können, werden die jungen männlichen Tiere, die in unserem System der Nahrungsmittelherstellung geboren wurden, nahezu ausnahmslos ohne Betäubung kastriert. Zwar kastrieren wir offensichtlich nicht alle kleinen Menschenjungen, doch es ist aufschlussreich, dass der am häufigsten praktizierte chirurgische Eingriff in den Vereinigten Staaten heutzutage die Beschneidung von wehrlosen männlichen Säuglingen ist. Wie Ronald Goldman in seinem Buch *Circumcision: The Hidden Trauma** aufzeigt, wird dieser Eingriff nach wie vor als selbstverständlich angesehen, obwohl seine Schädlichkeit nachgewiesen wurde und er keinem praktischen Zweck dient.[11] Wie die weibliche Beschneidung, die von manchen Hirtenkulturen durchgeführt wird, setzt die in unserer Kultur praktizierte männliche Beschneidung die Empfindlichkeit des Geschlechtsorgans herab. Die Vorhaut des Penis ist eine Membran, vergleichbar den Augenlidern, die die Eichel vor Verletzung und Austrocknung schützt und bei einer Erektion für größeren Hautkontakt während des Geschlechtsverkehrs sorgt. Wird die Vorhaut beim Säugling entfernt, ist die empfindliche Eichel ungeschützt; sie bildet dann im Laufe der Zeit zusätzliche Zellschichten, die sie schützen und ihre Empfindlichkeit mindern. Die Haut eines beschnittenen erigierten Penis ist außerdem unnatürlich straff gespannt. Genau genommen wurden die meisten Männer in unserer Gesellschaft ohne ihr Einverständnis in einer Weise körperlich verstümmelt, die ihr sexuelles Empfinden beeinträchtigt. Man kann nur mutmaßen, welche Auswirkungen dies im Hinblick auf Beziehungen, sexuelle Funktionsstörungen und das sexuelle Erleben von Frauen hat, doch mit Sicherheit besteht zwischen all dem eine Verbindung.

Die Praxis der Beschneidung kann sich zum einen halten, weil Väter dazu neigen, ihren Söhnen genau das anzutun, was ihnen angetan wurde. Zum anderen wird sie häufig vom medizinischen Establishment empfohlen. Jeder chirurgische Eingriff bedeutet mehr Verdienst für Ärzte und Krankenhäuser. Und was geschieht mit all diesen Vorhaut-Stücken, die von menschlichen Penissen entfernt wurden? Sie werden nicht einfach entsorgt! Sie erzielen im Gegenteil ziemlich hohe Preise beim Verkauf an die Pharmaunternehmen, die sie in ihren Produkten verwenden. Dies ist eine frappierende Parallele zur früheren Praxis der Schlachthäuser,

---

* Noch nicht ins Deutsche übersetzt, A.d.Ü.

die die Bauchspeicheldrüsen von Schweinen an dieselbe Pharmaindustrie verkauften, damit daraus Insulin hergestellt werden konnte. Wehrlose Tierbabys werden mit Gewalt festgehalten und überfallen, damit man ihre Körperteile verkaufen kann, und wehrlose Menschenbabys werden ebenso festgehalten und überfallen, damit man ihre Körperteile verkaufen kann. Beschneidung ist der bei weitem schmerzhafteste chirurgische Eingriff, der in Krankenhäusern ohne Betäubung erfolgt. Der Arzt Paul M. Fleiss schreibt hierzu:

Genau genommen fühlen Babys Schmerz intensiver als Erwachsene. Umso jünger das Baby, umso intensiver das Schmerzempfinden. Wenn ein Erwachsener beschnitten werden müsste, würde man ihm eine Betäubung geben und postoperativ Schmerzmittel verabreichen. Ärzte geben Babys so gut wie nie auch nur eines von beiden. Ärzte können sich nur deswegen erlauben, Babys ohne Betäubung zu beschneiden, weil ein Baby wehrlos ist und sich nicht gegen den Eingriff schützen kann. Es schreit vor Schmerz, Angst und Höllenqual, doch diese Schreie werden ignoriert.[12]

Säuglinge sind hilflos und können sich nicht zur Wehr setzen, und so werden ihre Angst und ihr Schmerz – *unsere* Angst und *unser* Schmerz – auf dieselbe Weise einfach ignoriert wie die Angst und der Schmerz von Ferkeln und anderen Tieren, die unserer Ernährung dienen.

Die Kastration von Millionen junger männlicher Tiere hat noch eine weitere Auswirkung auf männliche Vertreter unserer Spezies. Durch den Verzehr des Fleisches dieser kastrierten Tiere büßen Männer nur allzu oft allmählich ihre sexuelle Potenz ein. Gesättigte tierische Fette und Cholesterinablagerungen verstopfen unaufhaltsam die Blutgefäße ihres Geschlechtsorgans, und es wird infolgedessen nicht genügend durchblutet, um eine Erektion aufrechtzuerhalten. Dies ist die beschämende und ironische Folge der Macho-Brutalität. Obendrein wurden tierische Lebensmittel mit Prostatakrebs[13] und verminderter Spermienanzahl[14] in Verbindung gebracht. Indem er sich von Grausamkeit und Tod ernährt, kann ein Mann dem kulturell anerkannten Modell der harten Männlichkeit entsprechen. Doch die Absurdität dieses Verhaltens wird durch sein schlaffes, impotentes Organ offenbart.

Dasselbe Prinzip manifestiert sich wieder und wieder auf erstaunlich vielfältige Art. Wir pumpen Milliarden von wehrlosen Tieren mit gewaltigen Mengen an Medikamenten voll. Wir sehen uns mit Drogensucht, Medikamentenmissbrauch und Medikamentenabhängigkeit konfrontiert sowie mit all den Schrecken und Traumata der Nebenwirkungen dieser Substanzen. Wir leiden unter Abstumpfung und sind den Gefahren ausgesetzt, die das Leben in einer Gesellschaft mit sich bringt, die zunehmend unter Drogen steht, sei es durch ärztlich verordnete Medikamente oder illegale Substanzen. Wir zwingen Tiere in Massentierhaltungen dazu, in einer extrem verschmutzten und toxisch belasteten Umgebung zu leben. Sie müssen eine gesundheitsschädliche Luft atmen, die von den ätzenden Ammoniak-Dämpfen aus den Exkrementen Tausender eingepferchter Tiere verpestet ist. Sie leben in ihren Ausscheidungen, und sie essen verunreinigtes Futter. Wir müssen feststellen, dass wir selbst in zunehmendem Maße in unseren eigenen Abfällen leben und unsere Nahrung und unser Wasser mehr und mehr verunreinigt sind.

Wir zwingen Tiere dazu, unter extremem Stress zu leben. Wir stellen fest, dass wir selbst zunehmend von Stress geplagt werden. Wir zwingen Tieren qualvolle Bewegungslosigkeit auf und sperren sie ein. Wir fühlen uns selbst aufgrund von wachsendem sozialen und wirtschaftlichen Druck immer mehr in die Enge getrieben, und die Zahl der Häftlinge in unseren Gefängnissen steigt explosionsartig an.[15] Wir treiben Tiere unerbittlich zu höherer Produktion an, und wir müssen feststellen, dass wir selbst unaufhörlich angetrieben werden, produktiver zu sein. Wir bringen Krankheit über Tiere, die wir als unsere Nahrungslieferanten ansehen, indem wir sie unter lebensverachtenden Bedingungen einpferchen, was sie stresst und hoffnungslos werden lässt. Zur gleichen Zeit sehen wir unsere eigenen Erkrankungsraten ansteigen. Wir treiben Millionen Tiere in der Massentierhaltung durch Frustration und Hemmung ihrer natürlichen Instinkte in den Wahnsinn. Derweil eskalieren psychisch-geistige Störungen bei uns Menschen.

Wir terrorisieren täglich Millionen verletzbarer, wehrloser Tiere mit schmerzhaften Elektroschocks, durch Schläge, Brandmarken, Ohrmarken, Brechen des Rüsselbeins (bei Schweinen) und indem wir sie zwingen, die Tötung ihrer Artgenossen mitanzusehen, bevor sie selbst getötet werden. In dem Maße, wie wir andere Lebewesen terrorisieren, fürchten wir zunehmend das Phantom des Terrorismus und zahlen Milliarden für Kampagnen zur „Terrorismusbekämpfung". Wir bestehlen und täuschen

Tiere in großem Stil: Wir stehlen ihre Babys, ihre Körper, ihre Milch, ihre Eier, ihren Honig und ihr Leben. Und wir täuschen sie mit köderbewehrten Angelhaken, sonstigen Ködern, Fallen, Netzen und Tötungsgängen im Schlachthaus. Wir müssen uns eingestehen, dass wir in einer Gesellschaft leben, in der Betrug und Diebstahl zunehmend grassieren. Raubtierkapitalismus und ausgeklügelte Werbemethoden erschaffen zusammen ein Klima, in dem Täuschung um des Profits willen und betrügerische Gerissenheit um der Rentabilität willen als legitim angesehen werden.

Wir sperren Tiere in Käfige und stellen fest, dass mehr und mehr Menschen in abgesicherten Anlagen hinter Gitterstäben und Schlössern leben. Wir pferchen die Tiere in überfüllten Gehegen zusammen und leben selbst in einem Zustand der zunehmenden Überbevölkerung. Wir foltern Millionen von Tieren, während Amnesty International berichtet, dass die Folter von Menschen durch Menschen einen historischen Höchststand erreicht hat.[16] In der Tat sind Elektroschocks eine der am weitesten verbreiteten Foltermethoden am Menschen; diese Methode wird bevorzugt eingesetzt, weil sie äußerst schmerzhaft ist, aber kaum physische Spuren hinterlässt. Amnesty International zufolge wurde die Technologie zu Beginn in den 1970er Jahren von US-Firmen für den Einsatz an Tieren erprobt, und es gibt mittlerweile weltweit 120 Hersteller (70 davon in den Vereinigten Staaten) von Elektroschock-Geräten, die an Tieren und auch an Menschen zur Anwendung kommen.[17]

Tiere, die unserer Ernährung dienen, lässt man oftmals absichtlich hungern: Bei Hühnern wird manchmal mittels Futterentzug eine „Zwangsmauser" eingeleitet, um ihren Körper zu zwingen, einen neuen Legezyklus zu beginnen. In anderen Fällen kommt dies vor, um die Ausgaben für Futter einzusparen, oder einfach aus Nachlässigkeit. In unserer Gesellschaft grassiert die Magersucht, bei der sich Menschen, vorwiegend junge Frauen, schlank und manchmal sogar zu Tode hungern. Wir produzieren ein Überangebot an Getreide, welches allerdings an das Vieh verfüttert wird, das anschließend auf dem Teller der Wohlhabenden landet. Und so sterben Tag für Tag viele Tausend arme Menschen, hauptsächlich Kinder, an Unterernährung.

Für junge weibliche Tiere, die in das System unserer Lebensmittelerzeugung hineingeboren werden, ist sexueller Missbrauch in Form von wiederholter Vergewaltigung eine prägende Erfahrung. Diese wird euphemistisch als „künstliche Befruchtung" bezeichnet, doch in Wirklichkeit handelt es sich um Vergewaltigung mit Gewaltanwendung. Junge weibliche Schweine, Kühe, Schafe, Ziegen, Puten, Enten und andere Tiere werden wiederholt von Menschen vergewaltigt, um Nachwuchs zu produzieren, bevor sie getötet werden. In den Augen dieser wehrlosen weiblichen Tiere sind Menschen Vergewaltiger und Killer. Junge Puten werden z.B. durchschnittlich zweimal pro Woche über einen Zeitraum von zwölf bis sechzehn Monaten vergewaltigt, bis sie schließlich geschlachtet werden und als Putensuppe und Babynahrung in den Handel kommen.[18] Neben diesem systematischen sexuellen Missbrauch zum Zweck der Befruchtung werden viele Tiere – insbesondere Schweine – Opfer von sexuellen Übergriffen seitens der Arbeiter in den Tierfabriken. Dies ist von als Arbeiter getarnten Ermittlern anschaulich dokumentiert worden. Vergewaltigung ist eine zentrale Metapher unserer Kultur, welche ganz entscheidend auf das Prinzip der Beherrschung und des gewaltsamen Eindringens gegründet ist (sei es in Bezug auf andere Länder oder Kulturen, auf die Natur oder auf den Körper von wehrlosen Frauen und Tieren). Es handelt sich dabei um ein sehr ernstes Problem, denn in den USA wird alle zwei Minuten eine Frau oder ein Mädchen vergewaltigt oder sexuell belästigt.[19] So wie in der Viehzucht die weiblichen Tiere und die Mütter brutal unterworfen und profitorientiert ausgebeutet werden, werden in unserer Gesellschaft weibliche und mütterliche Werte unterdrückt, und Frauen wird ein gleichberechtigter Status verwehrt. Diese fortgesetzte unsichtbare Unterwerfung des Weiblichen und der weiblichen Tiere im Besonderen hat enorme Auswirkungen und erklärt zu einem erheblichen Teil den niedrigeren Status von Frauen in unserer Kultur. Angesichts der Tatsache, dass wir Tiere bloß als Fleisch und Konsumobjekte betrachten, verwundert es nicht, dass Frauen – ebenso wie Tiere – oftmals nur als Fleisch angesehen werden, das für sexuelle Zwecke benutzt werden kann. Wie Carol J. Adams herausstellt, sind Tiere und Frauen in unserer Kultur im Hinblick auf Pornographie, Werbung und die Mainstreammedien eng miteinander verknüpft, insofern als die sogenannten „Nutztiere" als sexualisierte Weibchen dargestellt werden, die gegessen werden möchten, und Tieren gleichgestellte Frauen als sexuelle Objekte gezeigt werden, die benutzt werden möchten.

In dem Maße, wie wir bei Tieren durch die absonderlichen Haltungsbedingungen in Tierfabriken Krankheiten auslösen, entdecken wir neue und tödliche Krankheiten, die uns heimsuchen und plagen. Beispiele hierfür sind SARS, AIDS, Rinderwahn und eine Reihe von aggressiven Grippeformen sowie arzneimittelresistente Stämme von Tuberkulose, Streptokokken, E. coli, und andere invalidisierende Krankheiten, die von pathogenen Keimen verursacht werden. Wir pferchen Tiere in einer Weise zusammen, wie sie in ihrer natürlichen Umgebung niemals vorkommen würde. Wir zerstören ihre sozialen Strukturen. Wir zwingen sie, Exkremente, Blut, Fleisch und Organe anderer Tiere zu essen, von denen sie sich normalerweise niemals ernähren würden. Und wir zwingen sie systematisch, zu Kannibalen zu werden, indem wir ihnen ein mit den Körperteilen von Mitgliedern ihrer eigenen Spezies „angereichertes" Futter verabreichen. Auf diese Weise machen wir die Tierfabriken zu Brutstätten tödlicher Viren, Bakterien, Parasiten und Proteine, die keinerlei Chance hätten, sich in der Natur zu entwickeln. Diese Pathogene, wie die für den Rinderwahn verantwortlichen Prionen, dringen in unseren Körper ein, wenn wir Nahrung aufnehmen oder Medikamente einnehmen, die von den Körpern dieser gefolterten Geschöpfe stammen. Wie der Arzt Dr. Michael Greger festgestellt hat, können aggressive neue Grippestämme leicht zu überfüllten Massentierhaltungen und Schlachthäusern zurückverfolgt werden.[20] Gleiches gilt für die Verbreitung von Krankheiten, die durch Salmonellen, E. coli, Listerien, Campylobacter und andere Pathogene hervorgerufen werden. Die extreme Beengtheit, in der sie gehalten werden, erzeugt hohe Stresslevel, zahlreiche Krankheiten und hohen Pathogenbefall in den Tieren, die wir essen. Diese Probleme werden von der Industrie bekämpft, indem sie großzügige Dosen an Medikamenten und Antibiotika verabreicht, damit die Tiere überleben, bis sie ihr Schlachtgewicht erreicht haben. Dies verstärkt lediglich das Problem für die menschliche Gesundheit, denn Antibiotika und andere Medikamente bewirken die Herausbildung von noch widerstandsfähigeren und arzneimittelresistenteren Bakterien- und Virenstämmen. Es ist bekannt, dass diese Praxis zu neuen und tödlicheren Pathogenstämmen führt, wie dem Tuberkulosebazillus, welcher derart resistent geworden ist, dass das Leiden, das durch die Einnahme der großen Mengen an gesundheitsschädlichen Medikamenten hervorgerufen wird, die die Krankheit bekämpfen sollen, als schlimmer angesehen wird als die Krankheit selbst. Diese Zusammenhänge sind eigentlich leicht nachzuvollziehen. Dennoch sprießen neue Krankheiten genauso wie immer größere Massentierhaltungen mit extrem beengten Haltungsbedingungen aus dem Boden. Eine nennenswerte öffentliche Infragestellung findet nicht statt, denn beides – Krankheit und Massentierhaltung – sind äußerst rentabel, und die Öffentlichkeit ist nicht bereit, ihre Ernährungsgewohnheiten einer näheren Betrachtung zu unterziehen. Wenn wir Krankheit für die Tiere säen, können wir nur das Entsprechende für uns selbst ernten.

Böse Taten fallen auf vielfältige Weise auf den Übeltäter zurück. So wie wir Grauen über die Tiere bringen, sind wir mehr und mehr Horror in den Massenmedien und im Unterhaltungsbereich ausgesetzt. So wie wir Tierkinder für unsere Ernährung töten, können wir beobachten, dass die Suizidrate von Kindern und Jugendlichen in die Höhe schnellt. So wie wir Tiere absichtlich in Raserei versetzen, z.B. bei Rodeos, steigt unsere eigene Aggressivität sprunghaft an. So wie wir Tiere in Angst und Schrecken versetzen, z.b. in Laborexperimenten zur Angsterforschung, nehmen Angsterkrankungen beim Menschen zu. So wie wir Osteoporose bei Tieren erzeugen, indem wir sie zu einer unnatürlich hohen Produktion von Milch und Eiern antreiben, sind wir Zeugen einer Osteoporose-Epidemie beim Menschen. So wie wir Enten und Gänse absichtsvoll überfüttern, um ihre geschwollenen Lebern als Stopfleber zu essen, essen wir selbst übermäßig viele Nahrungsmittel mit giftigen Rückständen, die unsere Leber und andere innere Organe schädigen. Wir zwingen Tiere dazu, fettleibig, krank, ängstlich und gestresst auf einem Haufen zusammengepfercht zu sein, und wir werden genauso. So wie wir sie mit chemisch belasteter und auf unnatürliche Weise verarbeiteter Nahrung füttern, sehen wir, dass unsere Supermärkte mit ähnlich ungesunden Produkten angefüllt sind, die uns als „Lebensmittel" angeboten werden. So wie wir sie in kleine Boxen sperren, sitzen wir eingesperrt in Boxen in einem Großraumbüro, in einem Gefängnis, das wir selbst gestaltet haben. So wie wir das Leid der Tiere ignorieren, ignorieren wir das Leid unserer Mitmenschen. So wie wir Tieren ihre Würde und ihre Privatsphäre entziehen, sprechen wir uns selbst unsere Würde ab und müssen feststellen, dass unsere Privatsphäre in zunehmendem Maße beeinträchtigt ist. So wie wir sie zur Ohnmacht verdammen, fühlen wir uns zunehmend machtlos. So wie wir sie auf den Status von bloßen Waren reduzieren, werden wir im selben Maße zu Waren. So wie wir ihnen die Möglichkeit entziehen, ihren Daseinszweck zu erfüllen, verlieren wir unseren eigenen Lebenssinn aus den Augen. So wie wir ihnen Rechte absprechen, verlieren wir unsere eigenen Rechte. So wie wir sie versklaven, werden wir selbst zu Sklaven. So wie wir ihren Geist brechen, wird unser eigener Geist gebrochen. Was wir säen, das ernten wir. Die Kardiologie-Abteilungen der Großstadtkliniken sind zu Montagebändern für Bypass-Operationen geworden. Eine große Anzahl Menschen werden dort jeden Tag durchgeschleust, einer nach dem anderen, und diesem kostspieligen und radikalen Eingriff unterzogen. Es handelt sich dabei typischerweise um Menschen, die viele tote Tiere gegessen haben. Derweil werden im Schlachthaus Tiere auf Demontagebändern aneinandergereiht und abgestochen, eines nach dem anderen. Menschen essen sie und stellen sich anschließend im Krankenhaus an, um aufgeschnitten zu werden, einer nach dem anderen. So wie wir abstechen, so werden wir abgestochen.

Die Wissenschaft arbeitet hart daran, eine neue Art von Nutztieren zu züchten, die möglichst abgestumpft, empfindungslos und kontrollierbar sein sollen, damit sie den unvorstellbaren Schmerz und Stress besser überleben, dem sie in den Tierfabriken ausgesetzt sind. Ziel dieser Forschung ist es, Tiere mit minimalen Empfindungen und Wahrnehmungen zu erschaffen, Tiere mit einem gebrochenen Geist, ohne Lebensfreude und mit keinem anderen Daseinszweck, als den Zwecken ihrer Herrscher zu dienen. Das wäre gut fürs Geschäft. Am Ende werden wir selbst zu dem, in was wir andere verwandeln. Und in diesem speziellen Fall sind wir vielleicht schon auf dem besten Wege dazu.

Möge die Menschheit die tiefe Weisheit der Goldenen Regel erfassen und beherzigen, bevor es zu spät ist, und damit beginnen, sie wahrhaftig zu leben, was die Tiere anbelangt, die uns auf Gedeih und Verderb ausgeliefert sind. Anderenfalls könnte unsere Zukunft furchtbar düster sein, denn alles, was wir andere durchmachen lassen, erleben wir letzten Endes am eigenen Leib.

KAPITEL VIER

DAS ERBE UNSERER ERNÄHRUNGSGEWOHNHEITEN

„Die Menschen wollen ein solides, stabiles Leben. Doch nur soweit sie destabilisiert werden, gibt es noch Hoffnung für sie.

– Emerson –

„Es ist nichts anderes als eine Form von Gewalt, wenn man Kinder von den gesundheitsschädlichen Giften, dem derben Geschmack und der unangenehmen Textur des Fleisches toter Tiere zu überzeugen sucht."

– Jon Wynne-Tyson –

„Es ist furchtbar! Nicht nur, dass die Tiere leiden und sterben, sondern der Mensch unterdrückt unnötigerweise die höchste spirituelle Anlage in sich – die Fähigkeit zu Mitleid und Erbarmen mit anderen Geschöpfen, wie er selbst eines ist –, und indem er seinen eigenen Gefühlen Gewalt antut, wird er grausam."

– Leo Tolstoi –

Unser Erbe: Indoktrination von Geburt an

Anstatt unsere Intelligenz und unser Mitgefühl zu mindern, indem wir die Intelligenz und den Daseinszweck der Tiere zerstören, könnten wir uns an der immensen Vielfalt ihrer Intelligenz, Schönheit, Geschicklichkeit und Begabung, mit der sie unsere Welt bereichern, erfreuen, sie anerkennen und würdigen. Wir könnten Freiheit für uns selbst erlangen, indem wir ihnen Freiheit schenken und ihnen erlauben, ihren Daseinszweck zu erfüllen, auf den ihre einzigartige Intelligenz ausgerichtet ist. Wir könnten ihr Leben respektieren und sie gütig behandeln. Unser

Bewusstsein und unser Mitgefühl würden aufblühen und mehr Liebe und Weisheit in unsere Beziehungen zueinander bringen. Wir könnten in weitaus größerer Harmonie mit der universellen Intelligenz leben, die die Quelle unseres Lebens ist. Um dies zu erreichen, müssten wir jedoch aufhören, Tiere als Waren zu betrachten; und dies würde bedeuten, dass wir aufhören müssen, sie als Nahrung anzusehen.

Wenn wir Tiere ganz allgemein beobachten, stellen wir fest, dass es wahrscheinlich kein grundlegenderes und wesentlicheres Wissen gibt, das Eltern ihrem Nachwuchs vermitteln, als das Wissen um die Ernährung. Bei der Nahrungssuche sowie deren Vorbereitung und Verzehr unterrichten die Elterntiere einer jeden Spezies ihre Nachkömmlinge unmittelbar und durch das Beispiel, das sie geben. Wir Menschen bilden da keine Ausnahme. Es ist eher so, dass die Ernährungserziehung noch wichtiger für uns ist, da wir als Babys verletzlicher als die Jungen anderer Tierarten sind. Die frühesten und elementarsten Verbindungen, die wir zu unseren Eltern haben, bestehen rund ums Essen und die Nahrung.

Von Geburt an nehmen wir die Milch unserer Mutter zu uns. Für uns und andere Säugetiere symbolisiert das Stillen, geliebt, umsorgt, geschützt und mit unserer Mutter und allem, wofür sie steht, verbunden zu sein. Sie hat uns aus ihrem Körper geboren und nährt uns von ihrer Brust. Sie steht für die unendliche Matrix des Lebens, die umfassende liebende Intelligenz, die die Quelle unseres Lebens und die Quelle allen Lebens ist, die alle Geschöpfe nährt und liebt, denn sie sind Ausdruck ihrer selbst innerhalb ihres grenzenlosen Seins. An der Brust unserer Mutter zu trinken, ist eine der mächtigsten symbolischen Handlungen, die wir Menschen ausführen können. Wir sind in Sicherheit, geliebt, genährt und direkt mit der umfassenden, liebenden, geheimnisvollen Quelle unseres Lebens verbunden. Wir haben absolutes Vertrauen zu unserer Mutter und ihrer Milch.

Sobald wir ein wenig älter, stärker und autonomer sind, bereitet unsere Mutter spezielle weiche Nahrung für uns zu. In einem Vorgang, der höchst bedeutsam für uns als Kind ist, werden wir von der Muttermilch entwöhnt und bekommen beigebracht, selbst unsere eigene Nahrung zu essen. Wahrscheinlich prägt sich durch den schmerzlichen Verlust des Stillens die Ersatznahrung, die wir bekommen, besonders stark in unseren jungen und formbaren Geist ein. Wir büßen den warmen, intimen Aspekt des Stillens ein und fangen an, mit der Nahrung unserer Eltern in Form von weicher Babynahrung gefüttert zu werden – dies schließt Huhn, Kalb, Käse und andere tierische Produkte ein. Umso mehr wir wachsen, umso mehr wächst auch die Menge an Fleisch, Milchprodukten und Eiern, die wir zu essen bekommen, und wird nach und nach offensichtlicher und unübersehbar. Unser Körper und unser Geist werden von den mächtigsten Kräften der Welt (unseren Eltern und unserer Familie) und in der mächtigsten Weise (durch unsere Ernährung und die Fürsorge, die uns zuteil wird) konditioniert, damit wir glauben, dass wir von Natur aus Allesfresser, ja sogar Fleischfresser und daher Raubtiere sind. Kein Wunder, dass es so schwierig ist, unsere Nahrungsmittel infrage zu stellen, und dass dieses Tabu so tief sitzt!

Ohne die Nahrung, die unsere Eltern uns gaben, hätten wir nicht überleben können. Sie war der greifbare und essbare Ausdruck ihrer Liebe und Fürsorge für uns. Indem wir ihre Nahrung in uns aufnahmen, wurden sie und ihre Werte und ihre Kultur ein Teil von uns. Bei jeder Mahlzeit, dreimal täglich, verwandelte sich ihre Nahrung in einen Teil von uns. *Ihre* Kultur und *ihre* Nahrung wurden zu *unserer* Kultur und *unserer* Nahrung.

Die meisten Menschen weisen die Idee, dass wir indoktriniert wurden, weit von sich. Schließlich leben wir im Land der Freiheit, und wir stellen uns gern vor, dass wir aus freien Stücken zu der Ansicht gekommen sind, uns von tierischen Produkten ernähren zu müssen, und dass dies natürlich und richtig ist. In Wahrheit haben wir diese Ansicht geerbt. Als wir noch hilfsbedürftige Babys waren, wurden wir auf tiefgreifende und höchst wirksame Weise indoktriniert. Doch die Existenz dieser Indoktrination wird in unserer Gesellschaft geleugnet. Daher ist die Realität des Vorgangs unsichtbar, und die Mehrzahl der Menschen hat Schwierigkeiten, sich dessen bewusst zu werden und sich die Wahrheit einzugestehen. Die bloße Andeutung, dass die liebevoll zubereiteten Gerichte unserer Mutter oder die Grillfeste unseres Vaters eine Form von Indoktrination gewesen sein könnten, versetzt uns wahrscheinlich in Wut. Mutter und Vater haben uns nicht *absichtlich* indoktriniert, genau wie ihre Eltern sie ihrerseits nicht absichtlich indoktriniert haben. Trotzdem ist es so, dass unsere alte Hirtenkultur den Prozess der Indoktrination weiterführt, damit sie sich in jeder Generation replizieren und fortbestehen kann. Sie stützt sich dabei primär auf familiäre Strukturen und sekundär auf religiöse, pädagogische, wirtschaftliche und staatliche Institutionen.

Der Grund, aus dem sich durch Indoktrination eingeprägte Ansichten als resistent gegen jegliche genauere Untersuchung oder Infragestellung erweisen, ist eben, dass wir nicht selbst aus freien Stücken zu diesen Ansichten gelangt sind. Wenn wir uns angestrengt haben, um zu einer Ansicht zu gelangen, und diese infrage gestellt wird, fühlen wir uns davon angeregt und nehmen freudig eine Gelegenheit wahr, um unser Verständnis zu vertiefen, uns auszutauschen und daran zu wachsen. Wenn uns eine Ansicht jedoch durch Indoktrination eingeprägt wurde, dann werden wir nervös und ärgerlich, wenn diese infrage gestellt wird. Es ist nicht *unsere* Ansicht, und doch glauben wir daran. Also wechseln wir das Thema, und falls dies nicht die gewünschte Wirkung hat, erzeugen wir eine Ablenkung, verschließen unseren Geist, entfernen uns oder greifen denjenigen an, der es wagt, unsere durch Indoktrination eingeprägte Ansicht zu hinterfragen. Wir tun, was in unserer Macht steht, um Feedback abzublocken und eine Infragestellung zu verhindern. Da wir die Ansicht auf unbewusstem Wege angenommen haben, sind wir nicht in der Lage, sie zu verteidigen oder durch Argumente zu stützen. Wir müssen vielmehr alles tun, um unempfänglich für jegliches innere oder äußere Feedback zu bleiben, das sie infrage stellen könnte.

Diese erzwungene Ignoranz wird zu einer Art Rüstung, die unseren Geist abstumpft und den lebendigen spirituellen Funken in uns auslöscht, der danach strebt, durch Erweiterung unseres Verständnishorizonts und das Erlangen innerer Freiheit einen höheren Bewusstseinszustand zu erreichen. Der Preis, den wir dafür bezahlen müssen, dass wir ererbte und durch Indoktrination eingeprägte Ansichten nicht hinterfragen, ist enorm. Indem wir bedingungslos kulturell überlieferte Ansichten übernehmen und blind als deren Verfechter agieren, bleiben wir Kinder – in ethischer wie in spiritueller Hinsicht. Da unser Geist konditioniert ist und wir unfähig sind, diese Konditionierung infrage zu stellen, fällt es uns schwer, heranzureifen und unsere einzigartigen Gaben zur Gemeinschaft beizusteuern. Unser Gesang könnte in unserem Inneren verstummen, ohne jemals vollständig gesungen worden zu sein, was einen großen Verlust für alle Menschen und insbesondere für uns selbst bedeuten würde.

Von der Wichtigkeit, unser Zuhause zu verlassen

Um in spiritueller und moralischer Hinsicht zu reifen und die Saat der Intelligenz, des Mitgefühls und der Freiheit in uns zu nähren, müssen wir daran gehen, die Ansichten infrage zu stellen, auf denen die Familie und die Kultur beruhen, in die wir hineingeboren wurden. Über Jahrhunderte sah man dies als fundamental für das individuelle spirituelle Erwachen und den sozialen Fortschritt an. Im Buddhismus nennt man dies „das Zuhause verlassen". Jesus bezieht sich auf dieselbe Praxis, wenn er die rhetorische Frage stellt: „Wer ist meine Mutter, und wer sind meine Brüder?" (Matthias 12:48). Und genauso, wenn er sagt: „Es ist niemand, der Haus oder Brüder oder Schwestern [...] verlässt um meinetwillen und um des Evangeliums willen, der nicht hundertfach empfange: jetzt in dieser Zeit Häuser und Brüder und Schwestern [...] - und in der zukünftigen Welt das ewige Leben." (Markus 10:29-30)

Die Heimat zu verlassen, ist im Buddhismus ein Kurzbegriff für die spirituelle Praxis des Infragestellens der Werte unserer Gesellschaft und der Aneignung eines höheren Wertesystems. Diese Praxis ist essenziell für spirituelles Wachstum, denn sie bringt die Reife hervor, die zu einem höher entwickelten Bewusstsein, einem umfassenderen Mitgefühl und letztlich zu größerer Freiheit führt. Gemeint ist hier Freiheit von der Illusion, ein grundlegend von allem anderen getrenntes Selbst zu sein, und auch Freiheit von dem Leid und der Gewalt, die diese Illusion zwangsläufig verursacht.

Indem wir die Weltanschauung und die Praktiken unserer Eltern, unserer Familie, unserer Kultur genau in Augenschein nehmen und bewusst hinterfragen, verlassen wir unser „Zuhause". Dies ist eine wesentliche Grundlage und Voraussetzung für unser spirituelles Wachstum und für unsere Heldenreise, um einen Begriff von Joseph Campbell zu verwenden. Die Heldenreise ist eine kulturübergreifend bekannte spirituelle Reise, während der wir die Grenzen unserer Heimat und unserer Kultur überschreiten. Wir unternehmen eine innere – und üblicherweise auch äußere – Reise und erlangen höhere Einsichten. Wenn wir schließlich in unsere Kultur zurückkehren, sind wir im Besitz neuer Kräfte, die es uns ermöglichen, mithilfe des inneren Wachstums, das wir durch unsere Reise erlangt haben, unsere Gemeinschaft neu zu gestalten, zu beleben und zu erheben.

Durch die Infragestellung der grundlegendsten und entscheidendsten Praxis unserer Kultur – dem Einsperren und der brutalen Behandlung von Tieren, die unserer Ernährung dienen – verlassen wir unsere Heimat und gehen auf eine spirituelle Reise, die uns grundsätzlich in Konflikt mit den Werten unserer Kultur bringt, die es uns jedoch gleichzeitig ermöglicht, Helden zu sein, die daran mitwirken, unsere kranke Kultur zu erheben und zu verwandeln. Indem wir die Gewalt anerkennen und verstehen, die den Ritualen der Mahlzeiten in unserer Kultur innewohnt, und uns bewusst für eine pflanzliche Ernährung entscheiden, erheben wir unsere Stimme für diejenigen, die keine Stimme haben. Dadurch können wir größeres Mitgefühl und Glück erlangen und vollständiger in der Wahrheit unserer Verbundenheit mit allen Lebensformen leben. Hierin entsprechen wir den universellen Lehren, die Intelligenz, Harmonie und spirituelles Erwachen fördern. Unser Leben kann ein Hort der Freiheit und des Friedens werden, wenn wir unser Verständnis der Heiligkeit und der gegenseitigen Abhängigkeit allen Lebens vertiefen und die Zusammenarbeit mit jenen Mächten verweigern, die die Geschöpfe dieser Erde als bloße Handelswaren ansehen.

Indem wir das kulturelle Erbe unserer Konditionierung hinterfragen, das uns dazu bringt, Tiere auf den Status von Rohstoffen zu reduzieren, sie zu misshandeln und zu essen, machen wir den größtmöglichen Schritt, um unser Zuhause zu verlassen, verantwortungsvolle Erwachsene zu werden und spirituell zu reifen. Wenn wir andere dazu animieren, es uns gleichzutun, kehren wir mit einer befreienden Nachricht des Mitgefühls und der Wahrheit nach Hause zurück, die andere inspirieren und ein Segen für sie sein kann. Indem wir unsere Heimat verlassen, können wir unsere wahre Heimat finden, zu wahrhaftem sozialen Fortschritt beitragen und den Tieren, mit denen wir diesen kostbaren Planeten teilen, eine Chance geben, dass sie ebenfalls wieder zu Hause sein können.

Die Macht des sozialen Drucks

Wie wir erkennen können, ist der allgegenwärtige Glaubensgrundsatz unserer Kultur, der am Essen, Unterwerfen und Kommerzialisieren von Tieren festhält, eine lebendige Erbschaft. Sie wird dank des mächtigen gemeinsamen Rituals der Mahlzeiten von einer Generation zur nächsten weitergegeben. Auf die Frage, warum sie Fleisch essen, geben die meisten Menschen drei hauptsächliche Gründe als Antwort: Wir benötigen das Eiweiß; das machen alle so; es schmeckt gut. Der erste angeführte Grund ist ein gutes Beispiel für eine ererbte Ansicht. Von Kindesbeinen an wurde uns beigebracht, dass wir tierisches Eiweiß benötigen, und wir glauben dies trotz überwältigender Gegenbeweise. Wir können diese tief in uns eingepflanzte Auffassung, dass wir Tiere essen müssen, infrage stellen, indem wir „unser Zuhause verlassen". Die anderen beiden hauptsächlich genannten Gründe laufen auf den sozialen Druck und das Geschmacksargument hinaus.

Wir Menschen sind höchst empfänglich für sozialen Druck. Wir sind von einer Allesfresser-Kultur umgeben, so wie Fische von Wasser umgeben sind. Da wir bestrebt sind, uns anzupassen und in die Gruppe zu integrieren, mit der wir uns identifizieren, ist es unwahrscheinlich, dass wir die in unserer Kultur allgegenwärtige Praxis des Verzehrs tierischer Nahrung ernsthaft begutachten. Das gemeinsame Essen birgt eine starke soziale Komponente, und wir fürchten, dass andere gekränkt oder beleidigt reagieren oder uns gar zurückweisen, wenn wir uns gegen den Status Quo in Ernährungsdingen stellen. Es ist uns bewusst, dass wir von der überwältigenden Mehrheit der Fleischesser um uns herum als bedrohlich empfunden werden, falls wir es ablehnen, tierische Nahrung zu essen. Diese würden unser Verhalten als indirekte Kritik an ihnen auffassen. Da wir normalerweise unseren Freunden, Familienangehörigen und Kollegen gefallen wollen und von ihnen akzeptiert werden möchten, verstehen wir instinktiv, dass es keine gute Idee wäre, solch eine elementare Praxis wie den Verzehr tierischer Nahrung anlässlich der gemeinsamen Mahlzeiten, die eine überaus wichtige Rolle für unsere sozialen Beziehungen spielen, infrage zu stellen. Es ist erstaunlich, wie sehr sich unser soziales Leben um das gemeinsame Essen dreht: Wir unterhalten uns darüber, wie gut das Essen ist, wir tauschen Rezepte aus, veranstalten Grillpartys, gehen miteinander zum Angeln, essen miteinander auf gemeinsamen Reisen, empfehlen unsere Lieblingsrestaurants weiter, gehen zum Festessen unseres Vereins usw. Es gibt nichts, was in diesem Zusammenhang spielverderberischer wirken könnte, als wenn jemand das Einsperren und Töten wehrloser Tiere, das für unsere geselligen Mahlzeiten nun einmal nötig ist, strikt ablehnt. Es gibt nichts Subversiveres in den Augen einer Viehzüchterkultur als die Weigerung, Tiere als Waren zu betrachten –

oder genauer gesagt: Die Weigerung, Tiere zu essen. In unserem Innersten wissen wir darum. Und der soziale Druck, der uns dazu zwingt, uns anzupassen und zu essen, was alle essen, wirkt unablässig auf uns ein. Zu diesem sozialen Druck kommt noch der Marketingdruck hinzu, der direkt von der Lebensmittelindustrie ausgeübt wird. Die Fleisch- und Milchindustrie und die eierverarbeitende Industrie sind dafür bekannt, ihre Produkte mit aggressiven Marketingmethoden zu bewerben und sich speziell Kinder und Angehörige von Gesundheitsberufen zur Zielgruppe zu nehmen. Bekanntermaßen hat die Milchindustrie jahrzehntelang für Schulen kostenlose „Lehrmaterialien" bereitgestellt, in denen schamlos für Milchprodukte geworben wurde. Die Lebensmittelindustrie fährt außerdem einen Schmusekurs mit den medizinischen Berufsverbänden, darunter den Verbänden der Ernährungsberater und Diät-Assistenten, indem sie Programme und Studien subventioniert und in anderer Weise finanzielle Unterstützung bietet. Diese Verbände revanchieren sich selbstverständlich, indem sie brav den Verzehr tierischer Nahrung empfehlen – oder zumindest diese Praxis nicht infrage stellen.

Wir sind umgeben von Bildern und Botschaften in den Medien, die den Verzehr von Fleisch, Milchprodukten und Eiern anpreisen. Fastfoodketten, die Fleischmahlzeiten anbieten, sind überall in unserer Kulturlandschaft vertreten, und sie geben jährlich Milliarden für Werbung und Marketing aus, um ihre Produkte unter das Volk zu bringen. *McDonald's*, um nur ein Beispiel zu nennen, soll Berichten zufolge bis zu 500 Mio. Dollar (ca. 380 Mio. €, A.d.Ü.) für eine einzige Werbekampagne ausgeben. Zum Vergleich: Das *National Cancer Institute*, ein amerikanisches Krebsforschungsinstitut, gibt jährlich nur ca. 1 Mio. Dollar aus, um für seine Empfehlung zu werben, fünf Portionen Obst und Gemüse täglich zu essen.[1] Die Milchindustrie investiert Hunderte Millionen Dollar in höchst wirksame Werbekampagnen und bekommt sogar finanzielle und rechtliche Unterstützung von der Bundesregierung für die Förderung ihrer Produkte! Die Lebensmittelindustrie ist der größte Industriezweig der Vereinigten Staaten, und sie wird beherrscht von den Fleisch-, Milch- und Eierproduzenten. Als potenzielle Verbraucher werden wir alle unablässig mit mehr oder weniger subtilen Werbebotschaften bombardiert, damit wir ihre Produkte kaufen. Als die größten Verkaufsförderer der Fleisch-, Milch- und Eierindustrie stellen sich freilich während unserer Kindheit unsere Eltern, Familien, Nachbarn und Lehrer heraus, und später, wenn wir erwachsen sind, unsere Kollegen sowie unser Familien- und Freundeskreis.

Wir verinnerlichen diese Einflüsse und erschaffen ein Selbstbild einer Person, die sich normal ernährt und bestimmte Nahrungsmittel bevorzugt. Dieses Selbstbild bestimmt unser Verhalten. Die Werbeindustrie weiß seit langem, dass wir zwar direkter Beeinflussung widerstehen, aber leicht beeinflussbar sind, wenn wir dazu gebracht werden können, uns mit einem bestimmten Bild zu identifizieren. Sobald wir uns mit einem Bild identifizieren, braucht die Industrie lediglich das Bild zu manipulieren, um unser Verhalten zu manipulieren. Wenn wir Bilder von „erfolgreichen Menschen" sehen, die bestimmte Lebensmittel konsumieren, erweckt dies in uns den Wunsch, dieselben Lebensmittel zu kaufen, da wir uns vorstellen, dadurch zum Kreis der erfolgreichen Menschen dazuzugehören. So arbeiten unsere „Programmierung" und die Werbung in den Massenmedien Hand in Hand, um eine starke und anhaltende Nachfrage nach bestimmten Produkten zu erzeugen.

In diesem Zusammenhang muss darauf hingewiesen werden, dass das Medizin-Establishment eine andere wichtige Quelle des Drucks ist, der auf uns ausgeübt wird, damit wir tierische Lebensmittel verzehren. Dieses stellt eine nahezu einhellige Abneigung gegen eine pflanzlich basierte Ernährung zur Schau. Der Medizinsektor ist die zweitgrößte Industrie in den Vereinigten Staaten nach der Lebensmittelindustrie, und die Pharmaindustrie gibt genau wie die Fastfoodindustrie enorme Summen aus, um ihre Produkte zu vermarkten und zu bewerben. Aufgrund ihrer gigantischen Investitionen in Krankenhäusern, Forschung, Ausrüstung, Ärzten, medizinischen Fakultäten und all den anderen Aspekten ihres massiven Unterbaus benötigt die Medizinindustrie (und die Bankenindustrie, die hinter ihr lauert) einen beständigen und verlässlichen Zustrom von Patienten. So wird schlagartig verständlich, warum derartige Kräfte aufgewandt werden, um die Menschen davon abzuhalten, ihre „Allesfresser"-Ernährungsweise zu hinterfragen. Denn es gilt als erwiesen, dass wir sehr viel gesünder wären und damit als Stammkunden für Pharmaerzeugnisse und medizinische Dienstleistungen ausfielen, wenn wir auf tierische Lebensmittel verzichteten.

Derart übt der soziale Druck von Freunden, Familienangehörigen und Kollegen zusammen mit dem Marketingdruck der Lebensmittel- und Medizinindustrie eine gewaltige Kraft auf uns aus, die uns dazu ermuntert, tierische Lebensmittel zu konsumieren und unsere Wahrnehmung der Auswirkungen unserer Handlungen zu hemmen. Diese einflussreichen Kräfte in unserem Leben würden uns am liebsten davon abhalten, „unser Zuhause zu verlassen" und uns eigene Gedanken über das, was wir essen, und über die Folgen unserer Entscheidungen in Ernährungsfragen zu machen. Menschen, die es wagen, unsere Ernährungsweise infrage zu stellen, entgegnen wir vielleicht zornig, dass wir uns nicht vorschreiben lassen, was wir zu essen haben. Dies ist vor dem Hintergrund des soeben erläuterten Drucks der Gipfel der Ironie! Es wurde uns seit jeher vorgeschrieben, was wir zu essen haben, und es wird uns weiterhin unmissverständlich klargemacht.

Historisch gesehen, ist der soziale Druck ein bedeutender Faktor in der Verzögerung sozialen Fortschritts und der Förderung von Rassismus, Intoleranz, Gewalt und Krieg. Zwar können uns gesellschaftliche Sitten sicherlich auf positive Weise beeinflussen, doch ist offensichtlich, dass sie in vielerlei Hinsicht auch einen negativen Einfluss auf uns ausüben. Gesellschaftliche Zwänge sind entscheidende Faktoren, die z.b. männliche Jugendliche zu Drogen- und Alkoholmissbrauch anstiften und sie dazu ermuntern, Mädchen als Sexualobjekte zu betrachten oder Homosexualität zu stigmatisieren, was einige Jungen in die Verzweiflung oder den Suizid treibt. Bekanntermaßen spielte im Deutschland der Nazi-Zeit sozialer Druck eine Schlüsselrolle dabei, dass Adolf Hitler seine Macht konsolidieren, Millionen Juden, Zigeuner, Kommunisten und Homosexuelle töten und Krieg gegen Millionen anderer Menschen führen konnte. Die mittelalterliche Hexenverfolgung, bei der über mehrere Jahrhunderte Frauen terrorisiert und Zehntausende Menschen auf grausame Weise getötet wurden, ist ein weiteres besonders düsteres Beispiel für die furchtbare Macht, die sozialer Druck ausüben kann.

Sozialer Druck war mit Sicherheit ein einflussreicher Faktor in den amerikanischen Südstaaten vor dem Sezessionskrieg. So wurden die für die Sklaverei notwendigen rassistischen Einstellungen von Weißen mithilfe von Stereotypen und sozialen Ritualen verstärkt, die die Überlegenheit der weißen Rasse fortlaufend bestätigten. Heutzutage stellt sich sozialer Druck als ähnlich fundamental für die Verbreitung der überheblichen menschlichen Ansichten heraus, wonach Tiere dazu in der Welt sind, um uns als Nahrung, Kleidung und für sonstige Zwecke zu dienen. Gängige stereotype Vorstellungen über sogenannte „Nutztiere" sind in hohem Maße negativ. Sie verstellen uns vollkommen den Blick für die Intelligenz und Schönheit von Schweinen, Kühen, Hühnern, Truthähnen, Fischen und anderen Tieren. Soziale Rituale der Unterwerfung, wie Rodeos, Zirkusse oder Zoos, verstärken allesamt unsere täglichen Rituale der Unterwerfung und Ausgrenzung, die wir Mahlzeiten nennen. Das Ausmaß dieses sozialen Drucks, der uns dazu anhält, Tiere zu missbrauchen, ist unbeschreiblich – sogar die eifrigsten Mitglieder des Ku-Klux-Klan verbrennen ihre Kreuze nicht dreimal täglich!

Wenn wir uns nicht an der Beherrschung und dem Verzehr von Tieren beteiligen, müssen wir oft feststellen, dass wir mit einem Stirnrunzeln bedacht und in vielerlei Hinsicht ausgeschlossen werden. Der Druck wird möglicherweise in der Cowboy-Kultur von Wyoming offener ausgeübt als in der urbanen Kultur von Chicago, doch in jedem Fall ist dieser Druck überall vorhanden. Für viele von uns erweist er sich als zu abschreckend, um dagegen aufzubegehren, insbesondere wenn er von Familienangehörigen oder Kollegen ausgeübt wird, denen wir gefallen wollen.

Eine Untersuchung des Geschmacks

Neben der Indoktrination, der wir als Kinder ausgesetzt waren, und dem sozialen Druck bzw. Marketingdruck gibt es einen dritten Faktor, der Menschen dazu treibt, tierische Nahrungsmittel zu verzehren: der Geschmack. Ist der Geruch von gegartem Fleisch – der vertraute Geruch eines Schmorbratens z.B. – wirklich so köstlich? Oder ist es nicht eher so, dass er fast vergessene heimelige Kindheitserinnerungen heraufbeschwört? Der Geruch könnte uns an die Küche unserer Mutter erinnern und an das warme Gefühl, geliebt zu werden, das uns ihre hausgemachten Gerichte vermittelt haben. Wenn unser Ehepartner sich für eine pflanzliche Ernährungsweise entscheidet und eine Gemüsepfanne mit Tempeh und gebackenen Kartoffeln für uns zubereitet, denken wir vielleicht, dass der Geruch nicht so verlockend ist, weil es in der Küche unserer Mutter nicht danach roch. Wir sträuben uns gegen das Gericht und üben sozialen Druck auf unseren vegetarischen Ehepartner aus, damit er oder sie zu einer „normalen Ernährung" zurückfindet.

Vielleicht stimmt das alte Sprichwort, dass sich über Geschmack nicht streiten lässt. Doch einer näheren Betrachtung sollte man die Frage des

Geschmacks allemal unterziehen. Wenn man sich mit dem Geschmack von tierischer Nahrung befasst, stechen mehrere Tatsachen sofort ins Auge. Die erste ist, dass wir es verabscheuen, Fleisch in seinem natürlichen Zustand zu essen. Wie paradox! Im Gegensatz zu pflanzlicher Nahrung, die wir in ungekochtem Zustand meistens köstlich finden, wirkt rohes Fleisch grundsätzlich abstoßend auf uns. Es wird nahezu immer gekocht und sorgfältig zubereitet, um daraus menschliche Nahrung zu machen. Diese hat nichts mit dem Gemisch aus rohem Fleisch, Blut, Schuppen, Haut, Knochen und Innereien gemein, das von wirklichen Allesfressern oder Fleischfressern hinuntergeschlungen wird. Vor die Wahl gestellt, rohes Fleisch in seinem natürlichen Zustand oder gar kein Fleisch zu essen, würden wir vermutlich alle umgehend zu Vegetariern werden.

Weiterhin kann man bemerken, dass wir generell kein blutgetränktes Fleisch mögen, selbst wenn es gekocht sein sollte. Der Hauptgrund, warum Tiere im Schlachthaus so schrecklich leiden, liegt darin, dass sie am Leben sein müssen, wenn ihre Kehle durchgeschnitten wird, so dass ihr noch immer schlagendes Herz das Blut aus ihrem Körper pumpt, wodurch ihr Fleisch teilweise austrocknet. Würden sie auf andere Weise getötet und ihre Leichen danach aufgeschnitten, wäre ihr Fleisch derart bluttriefend, dass niemand es essen wollte.

Eine weitere Tatsache, die wir uns normalerweise nicht vor Augen führen: Das blutleere, durchgekochte Fleisch, nach dem wir uns die Lippen lecken, ist mit den Abfallprodukten der Zellen getränkt, aus denen es sich zusammensetzt. Diese Abfallstoffe, allen voran Harnstoff, sind untrennbar mit dem Fleisch verbunden. Zum Todeszeitpunkt des Tiers war der Harnstoff dabei, mit dem Blutstrom abtransportiert zu werden, um anschließend von den Nieren ausgefiltert und mit dem Urin ausgeschieden zu werden. Was dem Fleisch sein unverwechselbares und scheinbar appetitliches Aroma verleiht, ist in Wahrheit der gekochte Harnstoff in den Zellen. Harnstoff hat einen salzigen und „fleischigen" Geschmack. Ihm verdankt Fleisch sein Aroma, das wir mit kulinarischen Genüssen und gemütlichem Grillen assoziieren.

Ein vierter Umstand, der im Zusammenhang mit dem Geschmack tierischer Nahrungsmittel auffällt: Umso mehr wir sie maskieren und tarnen, umso mehr schmecken sie uns. Wir kochen Fleisch und Eier und fügen Salz, Pfeffer, Gewürze, Kräuter und alle möglichen Geschmacksverbesserer und -veränderer hinzu. Für die Herstellung der meisten Käse wird die Tiermilch gekocht, und ohne das zugesetzte Salz wären diese für die Mehrzahl der Käseesser wenig appetitanregend. Wir verwenden allerlei Aromen, Früchte und Zucker, um Sahne und Milch in Form von Eiscreme, Kakao oder Fruchtjoghurt attraktiver zu machen. Wir verstecken eine gesalzene, gegrillte und zartgemachte Scheibe Hackfleisch unter mehreren Schichten Tomatenscheiben, Zwiebelringen, Salatblättern, Senf, Ketchup, Mayonnaise und Salzgurkenscheiben. Wir müssen uns fragen: Ist es *wirklich* der Geschmack des Fleischs und der anderen tierischen Produkte, den wir so schätzen? Oder schmecken uns vielmehr die pflanzlichen Soßen, Würzen, Aromen und Marinaden, die den Geschmack der tierischen Produkte überdecken und verbessern, die wir zwangsweise essen? Der beliebte Hamburger kann über mangelnde Verwendung von Würzmitteln jedenfalls nicht klagen – abgesehen davon trieft er jedoch auch vor Propaganda: *McDonald's* erklärt unseren Kindern allen Ernstes, dass er auf einem „Hamburger-Feld" wächst.

In gekochtem und appetitlich „getarntem" Zustand besitzen Fleisch, Eier und Milchprodukte einen Geschmacksfaktor, der für sie spricht: Sie enthalten große Mengen gesättigte Fette. Anscheinend entwickeln wir Menschen leicht eine Gier nach fettreichen, cremigen, öligen Speisen. Tierische Nahrungsmittel kommen diesen kulinarischen Gelüsten tendenziell entgegen, obwohl auch pflanzliche Nahrung sicherlich auf fettige, cremige Weise zubereitet werden kann, falls dies gewünscht ist, ohne das potenziell schädliche Cholesterin der tierischen Produkte zu enthalten. Zwar kann die Kombination aus gekochtem Fett und Harnstoff nicht exakt nachgebildet werden, so dass es in tierischen Produkten bestimmte Geschmacksrichtungen und Texturen gibt, die in pflanzlicher Nahrung nur unvollständig kopiert werden können. Doch viele der neueren Fleischersatzprodukte kommen erstaunlich nahe an das Original heran. Ohnehin finden die meisten Menschen, die zwar als „Allesfresser" aufgezogen wurden, aber seit mindestens ein oder zwei Jahren zu einer pflanzenbasierten Ernährung übergegangen sind, nichts Appetitanregendes am Geschmack oder der Textur tierischer Produkte. Nach meiner Erfahrung haben sie überhaupt keine unstillbare Gier danach, sondern finden diese zunehmend ekelerregend.

Der Mediziner Neal Barnard sagt hierzu Folgendes: „Eine der erstaunlichsten Entdeckungen bei der Erforschung des Appetits ist, dass das Geschmacksempfinden trainiert werden will."[2] Da sich unsere Geschmackszellen im Schnitt alle drei Wochen erneuern, stellt er heraus, dass „zwei oder drei Wochen vollkommen ausreichend sind", damit unsere Geschmackszellen den Geschmack tierischer Nahrung vergessen. Hierdurch verschwindet unser Appetit darauf weitgehend, denn die neuen Geschmackszellen sind nur noch an den Geschmack pflanzlicher Nahrung gewöhnt. Unsere Gier nach tierischer Nahrung ist konditioniert und wird durch wiederholten Konsum aufrechterhalten. Die entsprechende typische Ernährung, die reich an tierischen Fetten, Eiweißen und Cholesterin ist, stellt sich als fundamental schädlich für unsere Physiologie heraus.

Doch die Beseitigung unserer Gelüste erweist sich möglicherweise als nicht ganz so einfach. Wie von Neal Barnard in *Breaking the Food Seduction*[*] dargestellt, weisen zahlreiche Forschungsarbeiten nach, dass Fleisch und in noch stärkerem Maße Käse körperliche Abhängigkeit erzeugen. Während des Verdauungsvorgangs setzt Käse Opiate, sogenannte Casomorphine, sowie eine amphetaminähnliche Substanz namens Phenylethylamin frei. Letztere ist auch in Wurst enthalten. Schinken, Salami, Thunfisch und andere Fleischsorten scheinen ebenfalls eine süchtig machende Wirkung zu besitzen, denn die Gabe von opiatblockierenden Medikamenten senken das Verlangen danach.[3] Welche Rolle die körperliche Abhängigkeit auch spielen mag, ein Großteil unseres Verlangens nach tierischen Lebensmitteln lässt sich mental und psychologisch erklären: Der Duft des brutzelnden Schmorbratens beschwört Mama herauf, spricht unser Bedürfnis nach Geborgenheit an und bestätigt unser karnivores Selbstbild (dem die Vorstellung zugrunde liegt, dass Fleischesser körperlich stark oder „richtige Männer" seien).

Essen hat eine gewisse Ähnlichkeit mit Sex, insofern als unsere inneren Bilder und Einstellungen wichtiger für unser Erleben sind als die physische oder objektive Realität der Person bzw. der Nahrung, die wir genießen. Letzten Endes wird unser Geschmacksempfinden von unserem Geist bestimmt. Meine persönliche Erfahrung geht dahin, dass ich den Geschmack der Nahrungsmittel viel mehr zu schätzen weiß, seit ich mich vor über dreißig Jahren für eine rein pflanzliche Ernährung entschieden habe. Im Laufe der Jahre wurden die Aromen, die ich wahrnehme, rei-

---

* Dt. etwa „Wie Sie der Verführung durch unsere Nahrung entkommen", noch nicht übersetzt, A.d.Ü.

cher, unendlich vielfältiger und immer köstlicher. Dies bestätigt die Einschätzung der meisten Veganer, mit denen ich über dieses Thema sprach.
Es gibt wahrscheinlich zwei Hauptursachen hierfür. Die eine ist, dass
pflanzliche Kost tendenziell subtilere Geschmacksnuancen enthält als tierische Lebensmittel. Wie erwähnt, stammt der salzige Geschmack von
Fleisch vom darin enthaltenen Harnstoff und dem zugesetzten Salz. Auch
werden tierische Produkte zumeist mit geschmacksintensiven Fleisch-
zartmachern, Soßen, Würzen und Geschmacksverbesserern zubereitet.[4]
Unser Geschmackssinn kann durch starke Aromen abstumpfen, so dass
eine pflanzliche Kost anfangs fade schmeckt.[5] Nach wenigen Wochen jedoch haben sich unsere Geschmacksknospen erneuert und sind empfind-
licher geworden, da sie nicht mehr von den intensiven künstlichen Aromen, die tierischen Lebensmitteln zugesetzt werden, chronisch überreizt
werden. Dadurch nehmen wir die zarten Aromen von Gemüse, Getreide,
Hülsenfrüchten, Obst usw. besser wahr und werden empfänglicher für die
zahllosen Arten der Zubereitung und der Kombination. Unzählige neue
Geschmackshorizonte öffnen sich vor uns.

Pflanzliche Nahrungsmittel schmecken noch aus einem anderen Grund
besser: Wir fühlen uns besser bei ihrem Verzehr und beim Gedanken
an ihre Herkunft. Während wir langsam und genüsslich das köstliche
Gemüse, Getreide und Obst essen, denken wir gern an die biologischen
Obst- und Gemüsegärten, denen sie entstammen. Wir lernen die wundersame Schönheit von Kohl und Blumenkohl, den Duft von gerösteten
Sesamkörnern, Orangenscheiben, gehackter Petersilie und gebackenem
Kürbis und die wunderlichen Texturen von Avocado, Khaki, gedünstetem
Quinoa und angebratenem Tempeh zu schätzen. Wir sind dankbar dafür,
uns mit Mutter Erde, den Wolken, den Jahreszeiten und den fürsorglichen
Gärtnern verbunden zu fühlen. Die verschiedenen Geschmacksnuancen
sind köstliche Geschenke, für die wir uns gerne öffnen, so wie wir uns
beim Liebesakt für den geliebten Partner öffnen würden, den wir zutiefst
schätzen. Im Gegensatz dazu werden tierische Nahrungsmittel oft hastig
verzehrt, ohne tiefer in die Herkunft der Nahrung hineinzuspüren – wer
würde schon die absolute Hölle der Tierfabriken, in denen Zuchtfische,
Hähnchen, Eier, Käse, Steaks, Speck, Hotdogs oder Hamburger hergestellt werden, eingehend betrachten wollen? Schuldbewusst bemächtigen
wir uns der Lebenskraft dieser Produkte, ohne uns wirklich für sie zu
öffnen. Das Ganze ähnelt dem Sex mit einer Prostituierten, wobei wir

uns weigern, ihr zuzugestehen, dass sie ein einzigartiges und wertvolles Wesen ist, und uns von ihrem Leid distanzieren. Nur das Vergnügen, bitte! Alles darüber Hinausgehende würde uns den Spaß verderben. In Wirklichkeit entspricht der Genuss, den wir aus tierischen Lebensmitteln ziehen, eher dem Gewinn, den wir als Vergewaltiger aus unserer Tat zögen, denn eine Prostituierte könnte zumindest einwilligen und Profit aus unseren Begierden schlagen, wohingegen das Tier stets gegen seinen Willen gezwungen ist, sich ohne jedwede Gegenleistung für unser Geschmackserlebnis und zu unserem fragwürdigen Vergnügen foltern und töten zu lassen.

Wenn wir unser Geschmacksempfinden einer näheren Prüfung unterziehen, erkennen wir, wie konditioniert es ist. Wichtiger noch ist, dass wir erkennen, wie vollkommen unhaltbar Geschmack als Argument dafür ist, Gewalt gegen wehrlose empfindsame Wesen auszuüben. Egozentrisches Verlangen nach Vergnügen und Befriedigung auf Kosten anderer ist die Antithese der Goldenen Regel und einer jeglichen ethischen Norm.

Wir wissen, dass es inakzeptabel ist, empfindsame Wesen wissentlich zu schädigen, um unseren persönlichen Begierden nachzugeben. Wenn wir einen Mann sehen, dessen Regenschirm uns gefällt, wissen wir, dass es falsch wäre, ihn zu überfallen oder zu töten, nur weil wir den Wunsch haben, seinen Schirm zu besitzen. Genauso, wenn wir eine Frau sehen, die wir körperlich attraktiv finden: Wir wissen, dass es falsch wäre, sie zu schlagen und zu vergewaltigen, einfach weil uns danach ist. Diese Handlungen sind falsch, weil sie anderen Leid zufügen und ihre heilige Unversehrtheit aus rein egoistischen Motiven verletzen. Wir wissen auch, dass wir mit sozialen und rechtlichen Sanktionen rechnen müssen, wenn wir derartige Handlungen begehen. Wenn wir jedoch den Wunsch haben, das Fleisch oder die Milch oder die Eier eines Tieres zu verzehren, weil wir deren Geschmack mögen, dann werden wir hierzu uneingeschränkt ermutigt – obwohl es bedeutet, das Tier zu töten, zu schlagen, zu vergewaltigen, einzusperren und zu bestehlen! Wenn wir Tieren Leid zufügen, um uns von ihnen zu ernähren, sind die sozialen Folgen für uns durchweg positiv. Da unsere Kultur den sogenannten Nutztieren keinen eigenen inhärenten Wert zugesteht und ihren Wert auf den reinen Warenwert für ihre Besitzer beschränkt, genießen sie keinerlei Schutz. Wenn wir ein Steak bestellen, ernten wir anerkennende Blicke. Unsere Freunde schwärmen von den gegrillten Rippchen beim Büro-Picknick. Die dahinterstehenden Vorgänge des Einsperrens, der Vergewaltigung, der Verstümmelung und der Tötung bleiben als beschämende Geheimnisse vor unseren Augen verborgen. Sollten wir Zeugen dieser Handlungen werden oder sie gar selbst ausführen müssen, würde uns äußerst unbehaglich zumute sein.

Vor zweihundert Jahren konnte ein Sklave in den Südstaaten ohne viel Aufhebens und ohne etwaige Gewissensbisse von seinem Herrn oder Aufseher geschlagen, bestohlen, eingesperrt, vergewaltigt und getötet werden. Seitens der Gesellschaft und bedingt durch die Erziehung der herrschenden Klasse sah man sich zu derartigem Verhalten berechtigt und ermutigt. Diese Erziehung stumpfte das natürliche menschliche Mitgefühl, das Gefühl der Verbundenheit und das Gerechtigkeitsempfinden ab. Sie hemmte die Intelligenz der Menschen und brachte diese dazu, sich brutal zu verhalten, ohne ein schlechtes Gewissen zu haben. Tief in ihrem Inneren wussten es die Menschen jedoch besser. Genauso wie wir heutigen Menschen es eigentlich besser wissen, wenn wir ein Käse-Schinken-Omelett bestellen und uns darauf berufen, dass es uns einfach gut schmeckt. Unsere natürliche Intelligenz weiß sehr wohl, dass dies eine zutiefst unmoralische Handlung ist. Doch das Wissen darum wird unterdrückt. Unser Herz ist verhärtet und unempfindlich gegenüber dem Leid, das ein Huhn, eine Kuh und ein Schwein ertragen mussten, um unserem kurzen und konditionierten Geschmacksvergnügen zu dienen. Wir wollen es lieber gar nicht so genau wissen und sind froh, dass uns niemand – nicht die Bedienung, nicht unsere Freunde und auch nicht die Medien – auf irgendeine Weise auf das unsägliche Leid der Tiere aufmerksam macht, das wir mit unserer Nachfrage verursachen. Die Tiere leiden im Verborgenen, und ihre Schreie verhallen ungehört. Sie haben keine Stimme, solange wir uns weigern, auf unser Herz zu hören.

Die Verteidigung der Festung

Die drei Gründe, warum wir tierische Nahrung essen, sind: Unsere Indoktrination von Geburt an, der gesellschaftliche Druck sowie Marketingdruck und der Geschmack. Diese Gründe verstärken einander und erzeugen ein Kraftfeld, das unsere Entscheidungen in Ernährungsfragen umgibt. Gleich einer Festung trotzt es jeglichen Erstürmungsversuchen.

Die Mauern ragen hoch und sind schwer befestigt. Doch womöglich ist die Festung nicht so uneinnehmbar, wie es den Anschein hat. Einerseits sind wir darin eingesperrt und können unser natürliches Bedürfnis, ein höheres Potenzial zu verwirklichen und uns spirituell zu entwickeln, nicht befriedigen. Andererseits steht die Festung nicht auf dem Fundament unserer wahren, gütigen Natur und auch nicht auf unserem Gefühl der Verbundenheit mit anderen Lebewesen. Stattdessen beeinträchtigt sie unsere Fähigkeit, zur Weisheit zu erwachen und in Freiheit zusammenzuleben. Der Kern unseres Wesens strebt danach, zu höherem Verständnis zu gelangen und in Frieden und Harmonie auf diesem Planeten zu leben. Die Mauern der Festung sind jedoch aus Grausamkeit, Verleugnung, Ignoranz, Zwang, Konditionierung und Egoismus gemacht. Von größerer Bedeutsamkeit ist noch, dass wir sie uns nicht ausgesucht haben. Sie wurden und werden uns weiterhin aufgezwungen. Unser Wohlbefinden und unser Überleben hängen davon ab, dass wir diese Zusammenhänge klar erkennen und die Ketten unserer Unterwerfung und Unwissenheit abwerfen. Indem wir Milliarden von Tieren schaden und sie ausbeuten, sperren wir uns selbst in spiritueller, ethischer, emotioneller und geistiger Hinsicht in ein Gefängnis. Wir blenden uns selbst, so dass wir die ergreifende, berührende Schönheit der Natur, der Tiere und unserer selbst nicht mehr wahrnehmen.

Um frei zu sein, müssen wir anderen ihre Freiheit schenken. Um uns geliebt zu fühlen, müssen wir anderen unsere Liebe zukommen lassen. Um uns wahrhaft selbst zu achten, müssen wir andere respektieren. Die Tiere und anderen Wesen ohne Stimme, die verhungernden Menschen und die zukünftigen Generationen flehen uns an, endlich die Augen zu öffnen und zu erkennen, dass die Lösung für alles auf unserem Teller liegt.

KAPITEL FÜNF

DIE INTELLIGENZ MENSCHLICHER PHYSIOLOGIE

„Meine Weigerung, Fleisch zu essen, veranlasste Ungelegenheit, und man verwies mir häufig meinen Eigensinn. [...] Darin [im Studieren] machte ich umso größere Fortschritte, je mehr gewöhnlich Mäßigkeit in Essen und Trinken Klarheit des Kopfes und Fassungsschnelligkeit fördern."
– Benjamin Franklin –

„Menschen sind nicht von Natur aus Fleischfresser. Wenn wir Tiere töten, um sie zu essen, führen wir letztlich unseren eigenen Tod herbei, denn ihr Fleisch, das Cholesterin und gesättigtes Fett enthält, war niemals für die Ernährung des Menschen bestimmt, der von Natur aus ein Pflanzenfresser ist."
– Dr. med. William C. Roberts –
Chefredakteur *The American Journal of Cardiology*

„Der Schmerz und das Leid, das durch die nordamerikanische Ernährungsweise bei Kindern verursacht werden, sind so immens, dass die Eltern ins Gefängnis kämen, wenn sie dasselbe mit einem Stock bewirken würden."
– Dr. med. John McDougall[1] –

Das Geschenk

Ein Hauptgrund dafür, dass Milliarden Tiere in Gefangenschaft leben müssen und geschlachtet werden, ist ein kulturelles Glaubensmuster, wonach der Verzehr von Nahrungsmitteln tierischer Herkunft unserer Gesundheit dient. Auf der anderen Seite bringt uns gerade die Sorge um unsere Gesundheit häufig dazu, die Aufnahme tierischer Nahrung einzuschränken oder ganz einzustellen! Um Licht in dieses paradoxe Phänomen zu bringen, müssen wir unsere menschliche Physiologie sowie die tierische Nahrung, die wir essen, einer genaueren Untersuchung unterziehen. Wir müssen uns an die unvergängliche Weisheit erinnern, die besagt, dass ein gütiges und bewusstes Verhalten der körperlichen und geistigen Gesundheit zuträglich ist, wohingegen Böswilligkeit und mangelndes Bewusstsein letztlich zu körperlicher und geistiger Krankheit führen. Woran können wir erkennen, dass wir dazu bestimmt sind, mit den anderen Tieren dieser Erde in Harmonie zu leben? Daran, dass uns ein Körper gegeben wurde, der faktisch besser funktioniert, wenn wir die Tiere *nicht* bestehlen und töten. Welch befreiende Gabe! Kein Tier muss uns je fürchten, denn es gibt nicht einen einzigen Nährstoff, den wir bräuchten und den wir nicht aus einer nicht-tierischen Quelle beziehen könnten. Die Belege hierfür sind zahlreich, und wir werden einige davon in diesem Kapitel vorstellen, um die Illusion zu entkräften, dass wir tierische Nahrung essen *müssen*, um kräftig, gesund und „ganze Kerle" zu sein. Sowohl medizinische Studien als auch die Beispiele vor Gesundheit strotzender Veganer in unserem Umfeld beweisen, dass der Verzehr tierischer Produkte unnötig und in vielerlei Hinsicht unserer Gesundheit abträglich ist.

Mancher mag protestieren: „Moment mal! Wie kann es denn ungesund sein, tierische Produkte zu essen? Es scheint doch ganz natürlich!" Betrachten wir einmal den menschlichen Körper genauer. Am besten fangen wir damit an, vollkommen unvoreingenommen zu betrachten, wie unser Körper im Vergleich zu dem anderer Tiere abschneidet. Wie weich, haarlos und zerbrechlich wir Menschen doch sind! Und erst unsere körperliche Schwäche! Ein Mensch hat nur ein Sechstel der Körperkraft eines durchschnittlichen Schimpansen.[2] Wir unterjochen die Tiere nicht mittels körperlicher Kraft, sondern indem wir uns bestimmter Hilfsmittel und der Niedertracht bedienen.

Wenn wir unser Ess-Organ betrachten, unseren menschlichen Mund, dann können wir feststellen, wie klein dieser ist und wie klein unsere Zähne sind. Ernst zu nehmende lange, scharfe Eckzähne, mit denen man zähes Fleisch zerreißen könnte, fehlen uns völlig. Die kräftigen, schweren Kieferknochen und starken Kaumuskeln der Fleischfresser und Allesfresser haben wir ebenso wenig vorzuweisen. Außerdem sind unsere menschlichen Zähne sehr weich im Verhältnis zu den weitaus härteren Zähnen der fleischfressenden Tiere, mit denen sie Knochen zerbeißen können, um an das begehrte Knochenmark zu gelangen.[3] Ganz offensichtlich sind unsere Zähne und Kiefer nicht dafür gedacht, Fleisch zu zerschneiden oder Knochen zu zernagen. Wie Fruchtfresser und Pflanzenfresser haben wir Schneidezähne im vorderen Kieferbereich und seitliche Mahlzähne. Damit sind wir perfekt ausgestattet, um pflanzliche Kost abzubeißen und zu zermahlen.

Es ist ein interessantes Gedankenexperiment, sich vorzustellen, wie wir ein anderes Säugetier ohne jegliche Hilfsmittel, nur unter Zuhilfenahme unseres zarten Mundes und unserer feinen, krallenlosen Hände töten und verspeisen würden. Wären wir dazu in der Lage? Wären unsere Eltern, Kinder oder Freunde dazu in der Lage? Wäre *irgendein Mensch* dazu in der Lage? Könnte oder würde irgendjemand einem Tier in der Natur hinterherjagen – einem Reh, einer Kuh, einem Schwein, einer Ziege oder einem Hasen – und dieses irgendwie zu fassen bekommen (höchst unwahrscheinlich), ihm mit seinem kleinen, flachen menschlichen Mund in die Kehle beißen, das noch lebende Fleisch durch das Fell und die Haut hindurch mit seinen kleinen menschlichen Zähnen zerreißen und seinen Mund mit dem frischen, warmen Blut der unglücklichen Beute füllen? Dieses Szenario belegt die Absurdität dessen, was wir Menschen tun, wenn wir Fleisch essen. Wir besitzen nicht die notwendigen Klauen und Fangzähne, um rohes Fleisch zu zerreißen und durch Fell, Federn, Schuppen oder Knochen zu beißen. Noch dürstet es uns sonderlich nach frischem Blut.

Wir können feststellen, dass unser Unterkieferknochen im Kiefergelenk drehbar gelagert ist und dadurch eine seitliche Kaubewegung ermöglicht. Wir haben diese Kieferkonstruktion mit den pflanzenfressenden Säugetieren gemein. Sie ist hervorragend geeignet zum Mahlen von verschiedenen pflanzlichen Materialien. Die Allesfresser und Fleischfresser unter den Säugetieren hingegen besitzen starr gelagerte Kiefer, die lediglich eine auf- und abwärtsgerichtete Schnappbewegung erlauben. Außerdem ist das Hauptenzym in unserem Speichel, die Speichel-Amylase (Ptyalin), in der Lage, die komplexen Kohlenhydrate in pflanzlicher Nahrung in Glukose aufzuspalten, welche unserer Energiezufuhr dient. Diese Kohlenhydrate sind der Brennstoff, für den unser Körper konzipiert ist. Im Fleisch von Tieren ist *nichts* von diesem für uns lebensnotwendigen Brennstoff enthalten!

Im Gegensatz zu Fleischfressern verfügen wir weder über eine starke Magensäure zum schnellen Auflösen von Fleisch, noch über einen kurzen, glattwandigen Verdauungstrakt, um das verwesende Fleisch rasch durch den Körper zu schleusen. Stattdessen sind wir mit einer relativ schwachen Magensäure und einem wesentlich längeren und höchst verschlungenen Darm ausgestattet, die beide typisch für Pflanzenfresser und Fruchtfresser sind. Auf diese Weise können Nährstoffe langsam aus der pflanzlichen Nahrung extrahiert werden, während diese den Verdauungstrakt passiert und zersetzt wird.[4] Seine Länge und die Windungen des menschlichen Dünndarms weisen eindeutig auf einen Pflanzenfresser hin. Tausende von winzigen Falten und Zotten, die sogenannten Villi, geben unserem Darm eine immense Oberfläche – größer als ein Tennisplatz! – und sind hervorragend für die Resorption der Nährstoffe und deren Abgabe ins Blut geeignet.[5] Unser Verdauungssystem benötigt eine ballaststoffreiche Kost, um die Reinigung und das einwandfreie Funktionieren der komplexen Darmwände sicherzustellen. Tierische Nahrung führt nicht nur keinerlei Ballaststoffe zu, sondern hat außerdem verklebende und verstopfende Eigenschaften bei ihrer Zersetzung. Dies führt zu Verstopfung, Hämorrhoiden, Kolitis, Divertikulitis, Darmkrebs und anderen gesundheitlichen Störungen. Wir besitzen auch das Kreislaufsystem eines Pflanzenfressers, das mit gesättigten Fettsäuren und Cholesterin nur schlecht zurechtkommt. Wenn eine Katze zum Beispiel eine größere Menge Fett und Cholesterin in Form von Fleisch oder Eiern aufnimmt, so lagern sich diese nicht in ihren Arterien ab und verstopfen diese. Wenn jedoch ein Kaninchen, ein Gorilla, ein Mensch oder ein anderer Frucht- bzw. Pflanzenfresser dies tut, bilden sich Ablagerungen in seinen Arterien. Wenn er damit fortfährt, kann es zur Zusetzung und Degeneration des Arteriensystems kommen. Arteriosklerose, Bluthochdruck, Herzerkrankungen und – sofern es sich um Menschen handelt – eine garantierte Nachfrage nach Medikamenten und chirurgischen Eingriffen sind die Folge.

Das medizinisch-pharmazeutische Establishment ignoriert die offenkundige Tatsache, dass wir Menschen nicht dazu konzipiert sind, die in unserer Gesellschaft üblichen großen Mengen an tierischer Nahrung zu verzehren. Dadurch trägt es aktiv dazu bei, den Nachschub an Patienten sicherzustellen, und garantiert das, was der Arzt Dr. John McDougall die „Arbeitsplatzsicherheit" dieses Systems nennt.[6] Damit soll keine irgendwie geartete Verschwörungstheorie angedeutet werden. Noch soll unterstellt werden, dass der durchschnittliche Arzt nicht von einem selbstlosen Impuls angetrieben wird. Es ist einfach so, dass das medizinische Establishment genau wie jeder andere Industriezweig, der Teil der wirtschaftlichen Strukturen unserer Gesellschaft ist, den Pfad des geringsten Widerstands und des verlässlichsten finanziellen Ertrags wählt. Man kann sich vorstellen, dass der Erhalt des Status quo den Angehörigen der oberen Ränge in der Pyramide der Medizinbranche als grundsätzlich erstrebenswert erscheint. Daher legen sie den Schwerpunkt nicht auf Vorsorge, sondern auf medikamentöse und chirurgische Behandlung, und fördern die überkommene Vorstellung, der Mensch benötige eine omnivore Ernährung.

Die Einordnung der menschlichen Physiologie war in unserer Kultur von jeher problematisch und ist nach wie vor umstritten. Obwohl wir ganz offensichtlich keine geborenen Fleischfresser sind, sind wir dem Augenschein nach auch keine grasenden Wiederkäuer oder Huftiere wie Schafe, Rehe, Pferde oder Kühe, die dank ihrer mehrfachen Mägen Gras und Blätter äsen können. Am zutreffendsten ist es wohl, uns Menschen als Fruchtfresser einzuordnen, die dafür ausgelegt sind, hauptsächlich Früchte, Samen, Gemüse, Nüsse und saftige Wurzeln und Blätter zu verzehren. Die Mehrzahl der Physiologen behauptet hingegen immer noch, der Menschen sei von seiner Natur her ein Allesfresser. Dabei ist zu bedenken, dass man selbst Pferde dazu bringen kann, Wildbret zu verzehren. Auch Kühen, Schafen und Ziegen wird in den modernen Tierfabriken angewöhnt, das Fleisch von Fischen, Hühnern und Schweinen als Nahrung zu akzeptieren und zu schätzen. Wie viele unserer eigenen Nahrungsvorlieben hängen wohl in Wahrheit davon ab, dass man uns beigebracht hat, was wir essen sollen?

Drei Dinge zumindest scheinen unbestreitbar: 1. Wir haben die Wahl. 2. Tiere leiden aufgrund unserer Entscheidung, sie zu essen. 3. Der Anteil an tierischer Nahrung in unserer Ernährung ist so hoch wie nie zuvor und erweist sich als unserer Gesundheit abträglich. Es ist aufgrund von fossilen Überresten früher Hominiden erwiesen, dass diese sich hauptsächlich von pflanzlicher Nahrung ernährten. Für heutige Jäger-und-Sammler-Kulturen gilt dies ebenso. In der Tat hat sich die berühmte Anthropologin Ashley Montagu dafür ausgesprochen, diese Völker eher als „Sammler und Jäger" zu bezeichnen, denn als „Jäger und Sammler".[7]

Wie alle Tiere, sind auch wir im Wesentlichen spirituelle Wesen. Wir sind Ausdruck einer universellen, liebenden Intelligenz, die uns einen Körper verliehen hat, der am besten dank der reichhaltigen Nahrung gedeiht, die wir auf Feldern und in Obst- und Gemüsegärten friedlich anbauen und sammeln können. Unser Körper ist ein Spiegel unseres Bewusstseins, das danach strebt, höhere Dimensionen der Kreativität, des Mitgefühls, der Freude und der Bewusstheit zu erreichen. Es sehnt sich danach, den größeren Einheiten zu dienen: Unserer Gesellschaft, unserer Erde und der wohlwollenden Quelle allen Lebens. Daher möchte es anderen helfen, ihnen Segen bringen, mit ihnen teilen, sich um sie sorgen und mit ihnen feiern. Wir sind mit einer friedfertigen Physiologie ausgestattet, die unserer friedliebenden Natur entspricht.

Die Tötung und Misshandlung unserer Mitgeschöpfe im großen Maßstab widerstrebt unserem grundlegenden Mitgefühl. Daher verbergen wir die verstörende Wahrheit, die unseren Mahlzeiten zugrunde liegt, unter einer Schicht von Rechtfertigungen, die unserer Selbsttäuschung dienen, und verschleiern sie mittels aufwendiger Methoden wie Kochen, Mahlen, Mischen, Beschichten, Würzen und Belegen. Auf einer tieferen Ebene wissen wir, dass uns das kostbare Geschenk eines Körpers zuteil wurde, für dessen Ernährung kein anderes Lebewesen leiden, sich ängstigen oder sterben muss. Doch mit derselben Gewalt, die unsere Ernährungsweise uns abverlangt, schleudern wir dieses Geschenk dem wohlwollenden Universum, von dem wir es erhalten haben, ins Gesicht zurück.

Die Zusammensetzung der tierischen Nahrungsmittel

Der Verzehr der in unserer Kultur üblichen großen Mengen tierischer Nahrung führt zu vielfältigen Problemen. Wie bereits erwähnt, entbehrt Fleisch jeglicher Ballaststoffe, die unser Verdauungstrakt benötigt, und auch jeglicher Kohlenhydrate, die von unseren Zellen für die Energiezufuhr verbrannt werden müssen. Die gesättigten Fettsäuren und das Cholesterin, die in Fleisch, Milch und Eiern vorherrschen, haben eine von Grund auf schädliche Wirkung auf den menschlichen Organismus und tragen zur Entstehung von Herz-Kreislauf-Erkrankungen bei. Eine besonders gesundheitsschädigende Eigenschaft von tierischen Fetten ist ihr Gehalt an Transfetten. Es gilt als gesichert, dass diese instabilen Substanzen das Risiko von Krebs und Herzerkrankungen erhöhen. So hält die *National Academy of Sciences* fest, dass „die einzig sichere Verzehrmenge an Transfetten gleich null ist".[8]

Uns allen wird weisgemacht, wir müssten tierisches Eiweiß zu uns nehmen, um gesund zu bleiben. Doch dieses in höchsten Tönen gepriesene tierische Eiweiß hat womöglich teilweise toxische Wirkung, vor allem in den großen Mengen, die wir heutzutage konsumieren. Tierische Nahrung enthält mehr konzentriertes Eiweiß als pflanzliche Nahrung. Dies kann sich als ungünstig erweisen, da es für unseren Körper schwieriger ist, Energie aus Eiweiß zu gewinnen als aus den in Obst, Gemüse, Vollkorngetreide, Hülsenfrüchten und anderen pflanzlichen Nahrungsmitteln natürlich vorkommenden Kohlenhydraten. Es wurde auch festgestellt, dass unser Körper in der Lage ist, die meisten Aminosäuren aus anderen Aminosäuren zu synthetisieren, so dass in der Praxis keine Notwendigkeit besteht, die pflanzlichen Proteine oder Lebensmittel in einer bestimmten Weise zu „kombinieren", um das „richtige Aminosäuren-Profil" zu erhalten. Der überholte Mythos des „vollständigen Eiweißes" gründete sich auf fehlerhafte Schlussfolgerungen von Wissenschaftlern, die diese in den 1920er-Jahren bei Experimenten mit Ratten gewonnen hatten.[9] Selbst konservative Organisationen wie die *FDA* oder die *American Dietetic Association (ADA)* erkennen in ihren Ernährungsempfehlungen offiziell an, dass eine pflanzliche Ernährungsweise den menschlichen Organismus mit ausreichend hochwertigem Eiweiß versorgt. Die *ADA* hat Folgendes herausgefunden: „Wissenschaftliche Daten weisen auf eine positive Beziehung zwischen einer vegetarischen Ernährungsweise und einem verminderten Risiko für mehrere chronisch-degenerative Erkrankungen hin, einschließlich Übergewicht, koronare Gefäßerkrankungen, Bluthochdruck, Diabetes mellitus und einige Krebsarten." Sie schließt daraus, dass „eine angemessen geplante vegetarische Ernährung gesund und nahrhaft ist und gesundheitliche Vorteile bei der Vermeidung und Behandlung bestimmter Krankheiten bringt".[10]

Dr. T. Colin Campbell ist Professor für Biochemie und Ernährungswissenschaften an der *Cornell University* und Forschungsleiter einer der größten Studien über menschliche Ernährung, die jemals durchgeführt wurde. Ihm zufolge ist tierisches Eiweiß dem pflanzlichen Eiweiß im Hinblick auf die menschlichen Bedürfnisse deutlich unterlegen:

Unsere Studie legt nahe, dass sich der gesundheitliche Vorteil als umso größer erweist, umso näher man einer hundertprozentig pflanzlichen Ernährung kommt. [...] Es hat sich herausgestellt, dass der Verzehr von tierischem Eiweiß eine Reihe von unerwünschten gesundheitlichen Auswirkungen mit sich bringt. Ob man das Immunsystem betrachtet, verschiedene enzymatische Systeme, die Aufnahme von krebserregenden Stoffen in die Zellen oder hormonelle Aktivitäten, tierisches Eiweiß richtet nur Unheil an.[11]

Wir Menschen benötigen nur relativ wenig Eiweiß, um unsere Körperfunktionen aufrechtzuerhalten. Das überschüssige Eiweiß in tierischen Produkten zehrt am Energievorrat unseres Körpers, denn er muss einen Weg finden, um es zu entsorgen. Ernährungswissenschaftler betonen, dass unser Eiweißbedarf relativ gering ist: Zwischen vier und acht Prozent der Kalorienmenge sollte in Form von Eiweiß aufgenommen werden.[12] Nahezu sämtliche Getreidesorten, Hülsenfrüchte und Gemüse enthalten zwischen acht und zwanzig Prozent Eiweiß. Manche Nahrungsmittel, wie Tempeh, liegen deutlich darüber.[13] Der Arzt Dr. Andrew Weil schreibt hierzu:

In unserer Gesellschaft ist Eiweißmangel praktisch unbekannt. Vielmehr konsumieren die meisten Menschen zu viel Eiweiß, was der Gesundheit ebenso abträglich ist. [...] Bemerkenswert geringe Mengen sind ausreichend, um den Bedarf eines durchschnittlichen Erwachsenen zu decken – ca. zwei Unzen, d.h. sechzig Gramm Eiweiß pro Tag. Viele Menschen in unserer Gesellschaft essen eine erheblich größere Menge zu jeder Mahlzeit. [...] Eine Einschränkung der Eiweißzufuhr setzt Energie frei, erspart dem Verdauungstrakt – vor allem der Leber und den Nieren – zusätzliche Arbeit und schützt das Immunsystem vor Störungen.[14]

An anderer Stelle schreibt Dr. Weil: „Aus meiner Sicht ist es eine der gesündesten Veränderungen in der Ernährungsweise, wenn man einige oder alle tierischen Nahrungsmittel durch Sojaprodukte ersetzt."[15]

Dem Mikrobiologen Robert Young zufolge verursacht überschüssiges Eiweiß eine Übersäuerung des Körpergewebes. Er betont, dass sich ein saures Milieu ungünstig auf unsere Gesundheit auswirkt. Den Bakterien in unserem Körper und in unserem Umfeld wird dadurch signalisiert, dass unser Körper schwach ist, sich in Verwesung befindet und stirbt.[16] Wenn ein Tier im Sterben liegt, wird sein Körpergewebe zunehmend sauer. Dies bedeutet den vorhandenen Mikroorganismen, dass es Zeit ist, sich an die Arbeit zu machen und das Gewebe zu zersetzen, so dass es in die Erde zurückkehren kann, wo es recycelt wird. Youngs Forschungsergebnissen zufolge beherbergt der Körper von menschlichen Mischessern womöglich nicht primär „gute", aufbauende Bakterien, die die verschiedenen lebenserhaltenden Prozesse im Körper unterstützen. Vielmehr könnte er im Gegenteil eine Überzahl von abbauenden Bakterien beherbergen. Diese versuchen einfach nur, ihre angestammte Arbeit zu tun: Sie zersetzen den Körper. Angeregt hierzu werden sie durch die Signale, mit denen der Körper ihnen zu verstehen gibt, dass er stirbt: Einerseits der sehr saure pH-Wert des Gewebes, andererseits die Präsenz von verwesendem tierischem Gewebe im Verdauungstrakt.

Die Antwort des medizinischen Establishments besteht nicht darin, die Empfehlung auszugeben, auf tierisches Eiweiß zu verzichten. Vielmehr stellt es Antibiotika und andere Medikamente zur Verfügung, die unserem angegriffenen Immunsystem unter die Arme greifen sollen, indem sie die Krankheitserreger ausschalten. Da Antibiotika nicht zwischen Freund und Feind unterscheiden, hat dies bedauerlicherweise zur Folge, dass auch nützliche Bakterien vernichtet werden. Die sogenannten schädlichen Bakterien, die im Grunde nur ihre natürliche Funktion erfüllen, werden oft zunehmend resistent. Ihre Vernichtung erfordert daher den Einsatz stetig steigender Dosen von Antibiotika. Die Resistenz der Bakterien gegen Medikamente kann auch direkt der systematischen Gabe von Antibiotika in der Intensivhaltung von Nutztieren und Fischen zugeschrieben werden. Das Fleisch, die Milchprodukte sowie die Eier, die derart erzeugt wurden, enthalten unter Umständen hohe Konzentrationen von antibiotikaresistenten Erregern.

Eine der Auswirkungen des Stresses, dem unser Körper durch den Verzehr von tierischen Produkten ausgesetzt wird, ist ein erhöhtes Krebsrisiko. Es ist mittlerweile bekannt, dass in jeder Minute einige wenige der Billionen Zellen in unserem Körper zu Krebszellen werden. Ein gesundes Immunsystem ist in der Lage, diese Zellen zu erkennen und zu zerstören, so dass sich in einem gesunden Körper kein Krebs entwickeln kann. Wenn jedoch das Immunsystem durch die Zufuhr von Transfetten und Krankheitserregern, wie sie in tierischer Nahrung enthalten sind, überlastet ist, kann es vorkommen, dass seine „Einsatzkräfte" zu zerstreut sind, um Tumore im Körper aufzuspüren und sie an der Entwicklung zu hindern. Die internationale Krebsforschungsorganisation *World Cancer Research Fund* kam nach der Auswertung von 4.500 Krebsforschungsstudien zu dem Schluss, dass „eine vegetarische Ernährungsweise das Krebsrisiko mindert". Ihre vorrangige Empfehlung lautet: „Geben Sie einer pflanzlichen Ernährung mit einer abwechslungsreichen Auswahl an Gemüse, Obst und Hülsenfrüchten den Vorzug!"[17] Der Zusammenhang zwischen Krebs und dem Verzehr tierischer Nahrung ist eindeutig und unbestreitbar.

In seiner Weisheit reguliert unser Körper fortwährend den pH-Wert des Blutes, um ihn innerhalb einer schmalen Bandbreite zu halten. Die moderne westliche Ernährung macht es unserem Körper aufgrund der Zufuhr an überschüssigem tierischen Eiweiß nicht eben leicht, eine Übersäuerung des Blutes zu verhindern. Er muss hierzu basische Substanzen aus dem Knochengewebe, wie Bikarbonate und Kalzium, mobilisieren. Dies kann die Knochendichte mindern und erklärt teilweise das gehäufte Vorkommen von Osteoporose in Kulturen, in denen große Mengen von ansäuernd wirkender tierischer Nahrung verzehrt werden. Die Osteoporose-Raten bei den Eskimo-Völkern, deren Ernährung hauptsächlich auf Fleisch beruht, gehören zu den höchsten weltweit.[18] Es folgen Nordeuropa und Nordamerika, wo große Mengen Fleisch, Eier und Milchprodukte auf dem Speiseplan stehen.[19] Zwar gibt es andere Faktoren, die die Knochengesundheit beeinflussen, wie die Zufuhr von Vitaminen und Mineralien, das Maß an körperlicher Aktivität sowie geistige und emotionale Faktoren; doch deutet vieles darauf hin, dass ein enger Zusammenhang zwischen spröden Knochen beziehungsweise Osteoporose und einer Ernährung mit einem hohen Anteil an tierischem Eiweiß besteht.

Wissenschaftliche Studien zeigen einen klaren Zusammenhang zwischen dem reichlichen Konsum tierischer Nahrung und einer ganzen Reihe von Erkrankungen wie Herzleiden, Diabetes, Brust-, Prostata- und Darmkrebs, Gallensteinen, Schlaganfällen und Leber- und Nierenerkrankungen. Zahlreiche Bücher und Artikel belegen diese Ergebnisse,[20] doch die finanziellen Impulse zur Publikation dieser Informationen sind gering. Vielmehr gibt es enorme finanzielle Anreize, die vorliegenden Ergebnisse zu ignorieren und Pseudostudien sowie Werbekampagnen zu finanzieren, die bezüglich der Auswirkungen des Verzehrs von tierischer Nahrung in der Öffentlichkeit Verwirrung stiften. Einer aktuellen Studie der *Cornell University* zufolge sind vierundachtzig Prozent der (US-amerikanischen) Bevölkerung häufig verunsichert, was eine gesunde Ernährung angeht, oder haben es vollständig aufgegeben, sich mit dem Thema zu beschäftigen.[21] Das sagt viel über die Wirksamkeit der von der Lebensmittelindustrie erzeugten Propagandaflut aus und auch über unseren Hang, vor den Zusammenhängen, die das Leid auf unserem Teller betreffen, die Augen zu verschließen.

Das Cholesterin und die gesättigten Fettsäuren in unserem Blutkreislauf können zu weiteren Problemen führen. Zum einen verstopfen diese Stoffe Arterien und Venen und tragen so zur Entwicklung von Herzkrankheiten und Schlaganfällen bei; zum anderen setzen sie die Kapillaren zu, die den Bluttransport zu den einzelnen Zellen sicherstellen. Die Zellen werden geschwächt, da sie an Sauerstoff- und Nährstoffmangel leiden. Dadurch sind sie nicht mehr in der Lage, die Giftstoffe und das CO_2 – beides sind Abfallprodukte des aeroben Stoffwechsels in der Zelle – auszuschwemmen. Die Zellen „schwimmen" in diesem schädlichen Milieu und können mit der Zeit degenerieren und absterben.

Ein Beispiel hierfür ist das gehäufte Auftreten von verschiedenen Formen der Makuladegeneration, die hauptsächlich bei älteren Menschen schwerwiegende Sehschäden und Erblindung verursacht. Der Verzehr von tierischem Eiweiß, Fett und Cholesterin über Jahre führt dazu, dass die winzigen Kapillaren im Auge mit Stoffwechselendprodukten zugesetzt werden. Die Millionen Zellen in der Makula (auch Gelber Fleck genannt), dem zentralen Bereich der Netzhaut, sind entscheidend für unser Sehvermögen. Sie beginnen nun jedoch abzusterben oder werden in ihrer Funktion dadurch behindert, dass der Körper versucht, unkontrolliert neue Kapillargefäße zu bilden. Die Sehschärfe lässt nach, und Makuladegeneration ist die Folge.[22] Zahlreiche weitere degenerative Erkrankungen finden ihre Erklärung in denselben Ursachen, so z.B. der sogenannte graue Star und andere Sehschäden, Hörverlust und insbesondere die Beeinträchtigung der Hirnfunktionen, die durch Verstopfung der Kapillaren verursacht wird, die das Gehirn mit Blut versorgen.

Die Verstopfung der Gehirnkapillaren durch tierisches Fett und Cholesterin trägt womöglich auch zur Verringerung des tatsächlichen Intelligenzniveaus in Gesellschaften bei, deren Ernährung hohe Anteile tierischer Nahrung enthält. Verstopfte Gehirnkapillaren beeinträchtigen die Leistungsfähigkeit des Gehirns und hemmen seine Fähigkeit, Zusammenhänge effektiv herzustellen. Dies kann die für Kreativität und Spiritualität notwendige Intelligenz mindern und erklärt womöglich, warum wir uns so selbstzerstörerisch verhalten, ohne uns dessen überhaupt bewusst zu sein. Vegetarisch ernährte Kinder haben nachweislich einen signifikant höheren IQ als der Durchschnitt.[23] Es ist auch bekannt, dass beispielsweise Thomas Edison in den Jahren, in denen er hart daran arbeitete, die Geheimnisse der Elektrizität zu entschlüsseln, auf Fleisch verzichtete. Er hatte bemerkt, dass er mithilfe einer pflanzlichen Ernährungsweise klarer denken konnte und wesentliche Zusammenhänge leichter erkannte. Weitere Genies wie Pythagoras, Leonardo da Vinci oder Mahatma Gandhi verzichteten auf Fleisch. Plutarch schrieb hierzu:

Auf gleiche Weise muss auch notwendig durch einen dicken, übersättigten und mit fremdartiger Nahrung beschwerten Körper die Heiterkeit, das Licht der Seele, so sehr geschwächt und verdunkelt werden, dass sie alle Kraft verliert, über subtile oder schwere Gegenstände richtig zu denken.[24]

Verstopfte Blutbahnen können auch direkt oder indirekt für Energiemangel, chronische Müdigkeit und eine Reihe anderer Beschwerden verantwortlich sein. Beim erwachsenen Mann können beispielsweise die Arterien im gefäßreichen Gewebe der Geschlechtsorgane aufgrund der gesättigten Fettsäuren und des Cholesterins, die in einer Ernährung mit hohem Anteil tierischer Nahrung vorkommen, verstopfen, wodurch die Erektionsfähigkeit beeinträchtigt wird. Für die einflussreiche pharmazeutische Industrie ist Krankheit weitaus profitabler als Gesundheit. In dem Maße, in dem der Wohlstand der Medikamentenindustrie wächst, wird die Fähigkeit unserer Gesellschaft, die wahre Ursache des Problems zu erkennen, zunehmend unterdrückt.

Nierenerkrankungen, Nieren- und Gallensteine sind weitere direkte Auswirkungen des Verzehrs tierischer Nahrung. Den Nieren obliegt die schwere Aufgabe, unser fettbeladenes und übersäuertes Blut zu reinigen. Durch das überschüssige Kalzium und die Harnsäure, die aus dem tierischen Eiweiß unserer Mahlzeiten stammen, können sich große Steine in den Nieren bilden. Diese Steine wirken sich störend auf die Funktion der Nieren aus, weshalb unser Körper in seiner Weisheit versuchen wird, diese über die Harnleiter und die Harnröhre auszuscheiden – ein extrem schmerzhafter Vorgang. Überschüssiges Fett und Cholesterin in tierischer Nahrung können zu Erkrankungen der Gallenblase und Gallensteinen führen. Unsere Leber, die als zentrales Organ des Stoffwechsels entscheidend für die Entgiftung verantwortlich ist, wird überfordert, wenn wir tote Tiere essen. Dies gilt insbesondere für Tiere, die unter den entsetzlichen Bedingungen in den modernen Tierfabriken „erzeugt" wurden. Die Körper dieser Tiere sind in erbärmlichem Zustand, mit Tumoren übersät, von chronischen Erkrankungen gepeinigt, ihr Fleisch getränkt mit Giftstoffen, künstlichen Wachstumshormonen, Medikamenten- und Chemikalienrückständen und Steroiden. Der Abbau dieser Stoffe ist eine endlose Herkulesaufgabe für unsere Leber.

Unsere Haut, als unser größtes Ausscheidungsorgan, wird von den Giftstoffen in tierischer Nahrung ebenfalls stark belastet. Zahlreiche Hautkrankheiten und allergische Reaktionen, unter denen wir leiden, können dem Bestreben unseres Körpers zugeschrieben werden, sich der Giftstoffe über die Haut zu entledigen. Überschüssiges Fett und Cholesterin in Milchprodukten sind der Gesundheit unserer Haut abträglich. Sie verstopfen die Poren, rufen Akne und Allergien hervor und verursachen starken Körpergeruch. Viele Menschen berichten, dass die Umstellung auf eine pflanzliche Ernährung nicht nur zu Gewichtsverlusten geführt, sondern auch ihrer Haut ein reineres und frischeres Aussehen verliehen habe, wodurch sie den Gebrauch von Kosmetika einschränken konnten.

Fakten über Fett

Cholesterin und hohe Konzentrationen an gesättigten Fettsäuren in tierischer Nahrung erhöhen das Risiko für Herzerkrankungen und Schlaganfälle. Der hohe Fettanteil erhöht das Risiko für Übergewicht und eine ganze Palette an Folgekrankheiten, wie Diabetes und Krebs. Sechzig Prozent der US-Bevölkerung ist aktuell übergewichtig. Die damit einhergehenden Gesundheitskosten belaufen sich auf 100 Milliarden Dollar (ca. 75 Mrd. €, A.d.Ü.) und steigen weiter.[25] Übergewicht ist für den Tod von 330.000 Amerikanern jährlich verantwortlich und wird in absehbarer Zeit Tabakkonsum als vermeidbare Ursache von Krankheit und vorzeitigem Tod überholt haben.[26]

Zwar gibt es gewisse genetische Unterschiede, doch ist es für keinen Menschen naturgegeben, mit einem hohen Anteil an Körperfett ausgestattet zu sein oder unter chronischem Übergewicht zu leiden. Wenn wir fettleibig sind, dann liegt es daran, dass wir mehr Kalorien aufnehmen, als unser Körper verbrennt. Fett ist besonders kalorienreich. Generell sind tierische Lebensmittel fettreicher als pflanzliche, und die Tiere, die für unseren Teller bestimmt sind, sind besonders fett. Sie wurden speziell gezüchtet, in ihrer Bewegung eingeschränkt, mit Medikamenten vollgepumpt und entsprechend ernährt, damit sie so fett wie möglich werden. Der Truthahn der Marke *Butterball*, den wir zum rituellen *Thanksgiving*-Fest verspeisen, ist derart verfettet, dass er zu Lebzeiten kaum laufen, geschweige denn sich fortpflanzen kann. Er ist zur Karikatur des wilden, zierlichen Vogels, der die nordamerikanischen Wälder bewohnt, verkommen. Die Schweine, Kühe und Hühner in den modernen Tierfabriken und Mastanlagen werden dazu gezwungen, ähnlich fettleibig zu sein. Erschaffen wir diese Kreaturen nach unserem Bild oder erschaffen sie uns nach ihrem?

Um Körpergewicht und Übergewicht zu verstehen, muss man sich nur vor Augen führen, was die Viehmäster des Agrobusiness vor langer Zeit herausgefunden haben: Überschüssige Aufnahme von Kalorien und Fett macht eingesperrte Pflanzenfresser fett. Das gilt auch für uns Menschen. Der Schlüssel zum Verständnis liegt darin, sich zu erinnern, dass sich sämtliche Nahrungsmittel aus drei elementaren Bestandteilen zusammensetzen: Kohlenhydrat, Eiweiß und Fett. Kohlenhydrate sind der notwendige Brennstoff, den wir zur Energiegewinnung verbrennen. Tierische Nahrung ist fettreich und eiweißreich und enthält – mit Ausnahme von Honig und von Laktose in Milch – keine Kohlenhydrate. Die unraffinierten komplexen Kohlenhydrate in Vollkorn, Obst, Gemüse und Hülsenfrüchten sowie Eiweiß tierischen oder pflanzlichen Ursprungs sind an sich keine Dickmacher, da der Körper sie zuerst in Fett umwandeln muss, um sie als solches zu speichern. Dieses Phänomen wurde wissenschaftlich nachgewiesen, wie der Arzt Dr. Neal Barnard erläutert: „Wissenschaftler haben Biopsien an Fettdepots von Probanden vorgenommen und sind zum Schluss gekommen, dass nahezu alles eingelagerte Fett aus Fetten in der Nahrung stammte und fast nichts aus Kohlenhydraten umgewandelt wurde."[27]

Warum glauben viele Menschen irrtümlich, dass Kohlenhydrate dick machen? Dafür gibt es zwei Hauptgründe. Zum einen wurde in unserer

westlichen Kultur eine vollkommen unnatürliche Art Kohlenhydrate erschaffen und in Massen produziert: Der raffinierte weiße Zucker und das
raffinierte Weißmehl, die beide von der Lebensmittelindustrie verwendet
werden, um Junkfood – minderwertige, ungesunde Fertigkost – herzustellen, die außerdem reichlich Fett enthält. Diese raffinierten Lebensmittel haben einen hohen glykämischen Index und werden im Körper
zu schnell aufgespalten, so dass sie zu starken Blutzuckerschwankungen
führen. Ernährungswissenschaftler sind sich zurecht darin einig, vom
Verzehr abzuraten. Zum anderen wurden diese unnatürlichen raffinierten Kohlenhydrate zum Sündenbock unserer Viehzüchterkultur stilisiert.
Einzugestehen, dass die Ursache für Übergewicht und andere Probleme
in den tierischen Nahrungsmitteln liegt, über die wir uns definieren, ist
schließlich das letzte, was wir bereit sind zu tun. So beschuldigen wir
zu Unrecht „die Kohlenhydrate", obwohl diese der natürliche, gesunde
Brennstoff sind, für den unsere friedliche Pflanzenfresser-Physiologie
ausgelegt ist. Eine fettarme Ernährung mit hohem Anteil an komplexen
Kohlenhydraten, basierend auf Gemüse, Hülsenfrüchten, Vollkorngetreide, Nüssen und Obst gilt nachweislich als die gesündeste Ernährungsform für den Menschen. Zu diesem Schluss kommt unter anderem die
von T. Colin Campbell geleitete „China-Study". Eine Studie des Landwirtschaftsministeriums der Vereinigten Staaten (*USDA*) aus dem Jahr
2002 bestätigt, dass Erwachsene mit einer kohlenhydratreichen Ernährung, die zum Großteil aus Getreide, Obst und Gemüse besteht, eher in
der Kategorie der Normalgewichtigen zu finden sind als diejenigen, die
sich kohlenhydratarm ernähren.[28]

Solange wir fortfahren, uns von fettreicher tierischer Nahrung – von
Fleisch, Eiern und Milchprodukten – zu ernähren, wird der Kampf gegen das Übergewicht eine schwierige, unklare und komplexe Aufgabe
bleiben, und wir werden dabei auf verlorenem Posten stehen. Zwar ist
es prinzipiell *möglich*, sich auch mit einer rein pflanzlichen Ernährung
fettreich zu ernähren, wenn man große Mengen an Avocados, Nussbutter,
raffiniertem Öl, Kartoffelchips und ähnlichen fettreichen Lebensmitteln
verzehrt. Andererseits fällt es sehr leicht und ist vollkommen natürlich,
sich mit Pflanzen fettarm zu ernähren, wohingegen es praktisch unmöglich ist, sich mit tierischer Nahrung fettarm zu ernähren. Wir sind eine
Gesellschaft von natürlichen Pflanzenfressern, die sich viel zu fettreich
ernähren, davon krank werden und dann zum Abnehmen Diätkuren ma-

chen und unnötig leiden. Wir lesen Millionen von Diätbüchern, wovon uns viele darin bestätigen, das Fleisch und die Körpersäfte von Tieren zu konsumieren, wodurch wir nur noch mehr zu Sklaven der Fleisch- und Medizinindustrie werden. Es ist keine große Überraschung, dass die populärsten Diätprogramme – darunter die Atkins-Diät, die Blutgruppendiät, die Sears-Diät, die South-Beach-Diät sowie die ironischerweise so benannte „Schluss mit der Kohlenhydratsucht"-Diät – eine eiweißreiche und kohlenhydratarme Ernährung empfehlen, die hauptsächlich auf tierischen Nahrungsmitteln basiert. Sie finden deshalb so großen Anklang, weil die Grundlage unserer Zivilisation das Töten und Essen von Tieren ist. Daher folgen wir nur allzu gerne den Weisungen von Autoritäten aus Medizin und Wissenschaft, die uns in dieser Praktik bestätigen, da sie aufgrund unserer Physiologie angeblich „notwendig" ist.

Überschüssiges Fett stellt eine erhebliche Belastung für unseren Organismus dar. Gleich einem Gefängnis, das wir uns selbst auferlegen und mit uns herumtragen, schränkt es unsere Ausdrucks-, Schaffens- und Bewegungsfreiheit ein. Fett verlangsamt die Durchblutung, macht das Blut zähflüssig und verstopft Venen und Arterien, was zu Fehlfunktionen in den Zellen führt. Überflüssiges Gewicht zwingt das Herz dazu, stärker zu pumpen, als es sollte, und erhöht den Blutdruck. Es erschöpft unsere Energie und belastet unsere Wirbelsäule sowie unser Nervensystem. Es besteht ein Zusammenhang zwischen überschüssigem Fett und Diabetes. Das Immunsystem muss ebenfalls härter arbeiten, um die Kontrolle über die große Masse an unnützen Ballast-Zellen zu behalten. Diese Zellen verwandeln sich oft in eine Deponie für die Giftstoffe, die mit der Nahrung und Getränken sowie über die Atmung aufgenommen werden. Sie haben eine höhere Wahrscheinlichkeit, kanzerös zu werden. In der Tat konnte Übergewicht mit einem erhöhten Krebsrisiko in Verbindung gebracht werden. Übergewicht ist oftmals auch für ein geringes Selbstwertgefühl und andere psychische Probleme verantwortlich.

Das Fett, das wir unter unser Haut mit uns herumtragen, ist im Wesentlichen das Fett elender und verängstigter Tiere – kein Wunder, dass wir es möglichst schnell loswerden möchten! Würden wir unsere Ernährung auf Vollkorngetreide, Obst, Gemüse und Hülsenfrüchte gründen, wie es von der Natur für uns vorgesehen ist, würde sich das Problem des Übergewichts in unserer Gesellschaft in Luft auflösen und mit ihm viele andere Probleme. Einstein hatte recht mit der Behauptung, dass man

Probleme niemals auf derselben Ebene lösen kann, auf der sie entstanden sind. Wenn wir als „Allesfresser" das Problem des überschüssigen Fetts lösen wollen, müssen wir uns auf die nächst höhere Ebene begeben. Auf dieser Ebene werden wir nicht mehr Tiere mittels Stellvertreter ihrer Freiheit berauben und töten, um ihre fettreichen sterblichen Überreste zu konsumieren.

Gifte

Wenn wir unser Eiweiß aus tierischen Quellen beziehen, führen wir unserem Organismus wesentlich höhere Mengen an giftigen Schadstoffen zu, als wenn wir pflanzliche Nahrung direkt aufnehmen, denn Futtergetreide wird intensiv mit Pestiziden besprüht. Diese Gifte reichern sich in Fleisch, Milch und Eiern an, wie Andrew Weil herausstellt:

Ein Problem ist, dass eine Ernährung mit hohem Anteil tierischer Produkte uns an die Spitze der Nahrungskette stellt. Das ist kein guter Platz. [...] Wenn man weit oben in der Nahrungskette steht, hat dies unter anderem zur Folge, dass man höhere Dosen von Giftstoffen aufnimmt, denn Umweltgifte reichern sich an, umso weiter man sich nach oben bewegt. Das Fett von Nutztieren enthält oftmals hohe Konzentrationen an Giftstoffen, die im Getreide in weit niedrigerer Dosierung präsent sind. Ein davon unabhängiges, zusätzliches Problem besteht darin, dass die „Herstellungsmethoden" von tierischem Eiweiß zu einer weiteren Kontaminierung mit Schadstoffen führen.[29]

Die bedauernswerten Kreaturen, die für unsere Ernährung gezüchtet und gemästet werden, sind gezwungen, große Mengen Fischmehl und Tiermehl aus dem Fleisch und den Organen anderer Tiere zu konsumieren, was vollkommen widernatürlich ist. Dahinter steckt die Absicht, sie so schnell wie möglich Fett ansetzen zu lassen. Selbst Mist wird dem Futter beigemengt, um es „anzureichern". Diese Zusätze enthalten sogar noch höher konzentrierte Giftstoffe als das pflanzliche Futter, das ihnen verabreicht wird. Die Schadstoffe in den tierischen Produkten, die wir verzehren, umfassen krebsauslösende Schwermetalle, hochgiftiges PCB, chemische Rückstände, Antibiotika und den menschengemachten Albtraum namens Prion. Prionen sind mit hoher Wahrscheinlichkeit für BSE („Rinderwahn") und die anderen Formen von übertragbarer spongiformer Enzephalopathie verantwortlich, die sowohl Populationen menschlicher als auch tierischer Kannibalen heimgesucht haben. Ein Beispiel ist die Fore-Ethnie in Papua-Neuguinea, die bis in die 1950er-Jahre Kannibalismus praktizierte; bei diesem Volk trat eine von ihnen selbst „Kuru" benannte Prionenkrankheit auf. In Schaf- und Nerz-Zuchten wurde Scrapie (Traberkrankheit) bzw. Enzephalopathie der Nerze (*transmissible mink encephalopathy*) festgestellt, nachdem sie mit Tiermehl gefüttert worden waren. Verwandte Erkrankungen wie die Creutzfeldt-Jakob-Krankheit (das Äquivalent zum Rinderwahn beim Menschen) sowie einigen Wissenschaftlern zufolge auch bestimmte Formen von Alzheimer bedrohen nunmehr ebenfalls menschliche Populationen mit omnivorer Ernährungsweise. Dies ist auf perverse Industrienormen zurückzuführen, nach deren Vorschriften in der Vergangenheit Kühe an andere Kühe verfüttert wurden und die gegenwärtig immer noch vorsehen, dass Schweine an andere Schweine, Hühner an andere Hühner sowie Schweine und Hühner an Kühe verfüttert werden.[30]

Es ist außerdem bekannt, dass tierische Lebensmittel stark mit Viren und Bakterien kontaminiert sind, z.B. mit Salmonellen, Listerien, E. coli, Campylobacter und Streptokokken. Diese können sich als gesundheitsschädlich oder sogar tödlich erweisen, insbesondere mit Hinblick auf unser ohnehin überlastetes Immunsystem.[31] Der in Fleisch enthaltene Harnstoff enthält ebenfalls Giftstoffe. Darüber hinaus wurde jüngst nachgewiesen, dass gekochtes Fleisch heterocyclische Amine enthält, krebsauslösende chemische Stoffe, die sich während des Kochprozesses bilden, besonders bei hohen Temperaturen und bei längerem Kochen. Folglich setzen wir uns beim Verzehr von ungenügend erhitztem Fleisch der Gefahr einer Infektion durch Salmonellen, E. coli oder andere Krankheitserreger aus; wenn wir es hingegen länger erhitzen, nehmen wir krebserregende Stoffe auf, die sich durch die Erhitzung des tierischen Fetts bilden.

Die Industrialisierung der Lebensmittelproduktion hat zur Erschaffung von riesigen *CAFOs* (*Confined Animal Feeding Operations*) geführt. In diesen Tierfabriken sind die Tiere unter beengten, ungesunden Bedingungen eingesperrt, die eine Verringerung des Personals und der damit verbundenen Kosten erlauben. Dank der Subventionen und des billigen

Kraftstoffs können die tierischen Produkte zu einem niedrigeren Preis angeboten werden. Um die Kosten weiter zu verringern, werden die darin eingepferchten Säugetiere, Vögel und Fische auf schnelle Gewichtszunahme gezüchtet. Außerdem verabreicht man ihnen Steroidhormone, um den Zeitraum zwischen Geburt und Schlachtung weiter zu verkürzen. Hühner z.B. werden heutzutage im Alter von nur fünfundvierzig Tagen getötet, verglichen mit vierundachtzig Tagen in den 1950er-Jahren.[32] Diese Hormone und Wachstumsbeschleuniger sind in Europa gesetzlich verboten, denn die Forschung hat herausgefunden, dass sie das Krebsrisiko und die Gefahr von reproduktiven Fehlfunktionen erhöhen. In den USA sind sie hingegen zugelassen und werden bei über neunzig Prozent der Fleischrinder angewandt.[33] Stress, Geruchsbelastung, Insekten, Ansammlung von Exkrementen und Urin, Insektizide und Überfüllung bieten ideale Bedingungen für Krankheiten. Medikamente wie Antibiotika, die systematisch verabreicht werden, finden sich im Fleisch, in der Milch und in den Eiern der Tiere wieder. Es findet praktisch keine Überwachung der in Tierfabriken eingesetzten Medikamente statt. Die Forscherin Gail Eisnitz schreibt hierzu:

Es sind ungelernte Arbeiter, nicht etwa Tierärzte, die den kranken Tieren Medikamente verabreichen, oft durch Injektion. Einem Arbeiter zufolge, der Medikamente verabreicht, werden die dabei verwendeten Substanzen und Dosierungen durch die Methode von „Versuch und Irrtum" festgelegt.

„Ich hab' dieselbe Nadel für hundert Schweine genommen, bis sie zu stumpf war, um durch die Haut zu stechen. Oder bis sie abgebrochen ist. Dann musste ich eine Zange holen und die Nadel rausziehen." Die Rückstände dieser Medikamente können im Frühstücksspeck auftauchen, den der Verbraucher zu seinen Spiegeleiern isst.[34]

Aus all diesen Gründen weisen die tierischen Lebensmittel in unseren Supermärkten eine hohe Belastung mit giftigen Schadstoffen und Keimen auf. Aufgrund der desolaten Zustände in Legebatterien erkranken zum Beispiel über 650.000 Amerikaner jährlich an Salmonellen. Eine Kontaminierung mit Salmonellen kann in zweiundsiebzig Prozent der geschlachteten Hühner nachgewiesen werden.[35] Das Campylobacter-Bakterium kann in achtundneunzig Prozent aller im Handel erhältlichen

Hühner und Hähnchen gefunden werden.[36] Es ist die Hauptursache für
Magen-Darm-Entzündungen und wird mit dem Guillain-Barré-Syndrom
in Verbindung gebracht. Listerien sind besonders gefährliche Erreger,
die häufig in Käse, Eiern, Schalentieren und Fleisch vorkommen. Zwei-
undneunzig Prozent der Personen, die sich mit Listerien infiziert haben,
müssen stationär behandelt werden. Die Bakterien werden auch mit Hirn-
schäden und zerebraler Kinderlähmung bei Kindern infizierter Mütter in
Verbindung gebracht.[37] Ein anderes „prominentes" Bakterium, E. coli
0157, ist täglich für Hunderte von Erkrankungsfällen sowie etliche To-
desfälle unter Hamburger-Essern verantwortlich, wenn man den vorsichtigen Schätzungen der *Centers for Disease Control and Prevention*, einer
dem Ministerium für Gesundheitspflege und Soziale Dienste unterstellten
US-Behörde, Glauben schenkt.[38] Wie im Fall von BSE, ist dies den in
Tierfabriken weit verbreiteten grausamen und verantwortungslosen Praktiken zuzuschreiben, die dazu führen, dass kranke und mit Kot überzoge-
ne Tiere im Schlachthaus angeliefert werden.

Aufgrund der heutigen Zustände in Schlachthöfen ist sogar eine noch
höhere Belastung des Fleischs mit Giftstoffen „gewährleistet". Über
die letzten zwanzig Jahre wurde die Geschwindigkeit der Fließbänder
kontinuierlich heraufgesetzt. Hingegen nahmen die Inspektionen und
sonstigen Kontrollen durch das *USDA* (das Landwirtschaftsministerium der Vereinigten Staaten) zahlenmäßig ab. Seit dem Inkrafttreten des
HAACP-Konzepts im Jahr 1996 (in der EU 2006, A.d.Ü.) reguliert und
inspiziert sich die Fleischindustrie im Wesentlichen selbst. Das Kürzel
steht für *Hazard Analysis and Critical Control Points* – auf deutsch „Ge-
fahrenanalyse und kritische Lenkungspunkte". Eisnitz gibt Auszüge aus
beeidigten schriftlichen Erklärungen von Arbeitern wieder, in denen diese über die Fleischproduktion in Schlachthöfen berichten:

„Jeden Tag sah ich schwarzes Hühnchen, grünes Hühnchen, stinkendes
Hühnchen und mit Kot beschmiertes Hühnchen. Hühnchen in diesem
Zustand sollte entsorgt werden, doch stattdessen wird es auf dem För-
derband weitertransportiert, um verarbeitet zu werden."

Ein Angestellter eines anderen Schlachthauses sagte: „Ich habe persönlich verfaultes Fleisch gesehen – man erkennt es am Geruch. Dieses
verfaulte Fleisch wird mit frischem Fleisch vermischt und für Babynahrung verkauft. Wir wurden angewiesen, es unter das frische Fleisch

zu mischen, und so wird es dann verkauft. Man kann die Würmer im Fleisch sehen."

Ein anderer Arbeiter „aus einer Abteilung, in der Hühnerknochen gemahlen und zu Geflügelwürstchen und -aufschnitt verarbeitet werden", berichtete, dass „die Knochen fast immer einen schrecklichen, fauligen Gestank verbreiteten. Manchmal kamen sie von anderen Schlachthäusern und lagen schon seit Tagen herum. Oft waren Maden daran. Diese Knochen wurden niemals gesäubert, und so wurden die Maden mitsamt dem Rest gemahlen und landeten im Endprodukt."[39]

Infolge des neuen, „schlankeren" Inspektionsverfahrens ist praktisch alles erlaubt. Beeidigte Aussagen von *USDA*-Inspektoren, deren Autorität gegenüber den Schlachthäusern beschnitten wurde, enthalten regelmäßig dieselben schockierenden Details bezüglich der von tierischen Lebensmitteln ausgehenden Gesundheitsgefahren:

„Ich sah Vögel mit Krebstumoren auf dem Förderband entlang kommen, manchmal den ganzen Tag lang. Während ich mit der Kontrolle betraut war, sortierte ich diejenigen aus, die ich bemerkte, aber ich konnte sie unmöglich alle erwischen. Unmittelbar nachdem ich sie in das Fass mit den Abfällen gegeben hatte, wurden die Arbeiter von Vorarbeitern angewiesen, die Vögel wieder aufs Band zu hängen."[40]

Jeden Tag fallen Tierkörper auf den Boden und werden vom Unternehmen wieder aufs Band gehängt, ohne gesäubert zu werden. Der Boden ist schmutzig, mit Blut, Fett, Kot, Eiter aus Abszessen und Dreck bedeckt. Eine Menge davon gelangt durch den Sprühnebel der Hochdruckreiniger, mit denen man die Böden reinigt, ins Fleisch. [...][41]

Anstatt Verunreinigungen durch Kot und Tumore wegzuschneiden, benutzen die Arbeiter nun Heißwasser-Hochdruckreiniger. Dies bewirkt, dass Schmutzpartikel noch tiefer ins Fleisch getrieben werden. In Schlachthäusern, die Schweine und Geflügel verarbeiten, werden Brühtanks verwendet:

Im Brühtank können Verunreinigungen durch Kot auf der Haut und auf den Flügeln von lebenden Vögeln eingeatmet werden. Außerdem öffnet das heiße Wasser die Poren der Vögel, wodurch Keime eindringen können. Die schlagende Bewegung der Rupfmaschinen erzeugt einen mit Kot verunreinigten Wassernebel, der dann in die Vogelkörper eingearbeitet wird. Eine Kontaminierung erfolgt außerdem, wenn den Vögeln auf dem automatischen Eviszerationsband die Innereien entnommen werden. Diese Hochgeschwindigkeitsmaschinen zerschneiden häufig die Gedärme, so dass Kot in die Körperhöhle der Vögel gelangt.[42]

Kältetanks finden ebenfalls Verwendung:

Eine andere Art der Hochgeschwindigkeitskontamination tritt auf, wenn die Hühner in den Kältetank getaucht werden. „Das Wasser in diesen Tanks wurde aufgrund des darin enthaltenen Drecks und der herumschwimmenden Bakterien sehr zutreffend 'Fäkalsuppe' genannt", so Tom Devine, ein Sprecher von GAP (Government Accountability Project), einer Organisation, die Whistleblower schützt. „Indem man saubere, gesunde Vögel in denselben Tank taucht wie verunreinigte, kann man quasi sichergehen, dass eine Kontaminierung stattfindet."[43]

Eisnitz schreibt darüber, dass sie GAP-Akten aus dem Jahr 1996 durchgegangen ist und dabei Vorgänge entdeckt hat, die Inspektoren damals gestoppt haben und die nun nicht mehr von ihnen verhindert werden können:

Ranziges Fleisch war geräuchert worden, um den fauligen Gestank zu überdecken, sowie mariniert und paniert, um Schleim und Geruch zu kaschieren. Warmgewordenes oder saures Fleisch wurde bei der Verarbeitung unter einwandfreies Fleisch gemischt. [...] Hühner und Schinken wurden in ein Chlorbad getaucht, um Schleim und Geruch zu entfernen, und roter Farbstoff wurde Rindfleisch zugegeben, um es frisch erscheinen zu lassen.

Die Akten enthielten Beschreibungen von Fleisch, das zusammen mit faustgroßen Kot-Klumpen verpackt worden war. Stücke von der Lunge oder vom Rektum sowie tote Insekten wurden ebenfalls gefunden. [...] Maden entwickelten sich in Transportbottichen und sonstigen Behältern, auf dem Boden, in den Verarbeitungsanlagen und Verpackungen. Schlachthauspersonal schaufelte Nahrung direkt vom Boden in Behälter für Wurstwaren, die für den menschlichen Verzehr vorgesehen waren.[44]

Dies ist nur die Spitze des Eisbergs. Wenn wir tierische Lebensmittel für unseren Eiweißbedarf oder für einen anderen vermeintlichen Nutzen verzehren, schleusen wir unweigerlich hoch belastete Produkte in unseren Körper und in unsere Psyche ein. In dem Bestreben, die hygienischen Risiken zu mindern, hat das *USDA* im Februar 2000 die radioaktive Bestrahlung von Fleischprodukten zum Zweck des Abtötens darin enthaltener gefährlicher Keime legalisiert. Die Langzeitfolgen des Verzehrs von bestrahlter Nahrung sind unbekannt, doch Kurzzeitstudien deuten auf die Gefahr der Entstehung von Karzinogenen und mutanten Bakterienstämmen hin. Bezeichnenderweise hat es seitens des medizinischen Establishments keinerlei Protest gegen diese Praktiken gegeben.

Die Fleisch- und Medizinindustrie

Durch unsere Essgewohnheiten sind wir daran gewöhnt, etwas anzuschauen, ohne es wirklich zu sehen. Um nur ein Beispiel zu nennen: Eine von uns selbst verursachte Krankheit, der Typ-2-Diabetes oder sogenannte „Alters-Diabetes", erreicht mittlerweile epidemische Ausmaße. Obwohl Diabetes nachweislich mit dem Verzehr tierischer Nahrung in Zusammenhang steht, werden Millionen Dollar (respektive Euro) für die Erforschung eines pharmazeutischen „Heilmittels" ausgegeben. Einfache Bürger opfern sogar in bester Absicht ihre Zeit der Teilnahme an Benefizläufen, um Fundraising für die „dringend notwendige Diabetes-Forschung" zu betreiben. Diabetes ist eine selten anzutreffende Krankheit unter Menschen, die sich rein pflanzlich ernähren. Hingegen sind Menschen, die Fleisch, Eier und Milchprodukte verzehren, erheblich gefährdet. Die Gründe hierfür sind nicht schwer zu verstehen. Wenn das überschüssige Fett bei einer Ernährungsweise, die auf tierischen Produkten basiert, nicht verbrannt wird, so kann es letztlich dazu führen, dass der Körper resistent gegenüber der Wirkung des körpereigenen Insulins wird, desjenigen Hormons, das Fett in Fettzellen einlagert. Also wird das Fett zu Zucker verstoffwechselt und mit dem Urin aus dem Körper ausgeschieden. Wie der Arzt Dr. John McDougall herausstellt, „ist dieser Verlust an Zucker (Kalorien) die Anpassungsstrategie des Körpers an eine übermäßige Kalorienaufnahme und -speicherung (in Form von Körperfett)."[45] Beenden wir die Aufnahme von tierischer Nahrung, so kann der Körper auf drastische Weise sein diabetisches Leiden verbessern oder beheben. Dies wurde mehrfach nachgewiesen.

Noch mehr muss man sich über die Tatsache wundern, dass trotz der Legionen von offenbar intelligenten Menschen, die über die Diabetes-Krise forschen, alle möglichen Tests vornehmen, Zuschüsse beantragen, Forschungsarbeiten schreiben und sich über ihre Ergebnisse austauschen, nur sehr wenige diese offensichtlichen Zusammenhänge untersuchen. Wissenschaftler treiben die Forschung voran, geben Geld aus und foltern Labortiere auf der Suche nach den „Mechanismen" der Krankheit und nach der pharmazeutischen Wunderwaffe, die zum größtmöglichen Profit ihrer Arbeitgeber patentiert werden könnte. Doch verhält es sich in Wahrheit wohl so, wie Dr. McDougall in einem seltenen Fall von schonungsloser Offenheit darlegt, obwohl er selbst der Ärzteschaft angehört:

Es ist kein Zufall, dass dieselbe Ernährungsweise, die eine präventive oder kurative Strategie bei Diabetes darstellt, auch mühelose Gewichtsabnahme erlaubt, die Cholesterin- und Triglyzeridwerte senkt, die Arterien reinigt und den Körper wieder in einen hervorragenden Gesamtzustand versetzt. Doch einerlei wie viele Forschungsarbeiten erscheinen mögen, die dasselbe positive Ergebnis beständig wiederholen, die Flut der Erkrankungen kann wahrscheinlich nicht aufgehalten werden, denn chronische Krankheit und profitable Behandlungsmethoden stellen einen starken ökonomischen Anreiz für das medizinische Establishment dar.[46]

Das schädliche Fett, Cholesterin und Eiweiß in unserer Ernährung sind das Fundament einer riesigen Medizinindustrie, die weiterhin Profit aus unserer Krankheit schlägt. Die Gewichtsreduzierung ist eine gewaltige und expandierende Industrie. Sie bietet konventionelle sowie alternative Programme an, wovon den meisten gemeinsam ist, dass sie die Menschen von den einfachen Wahrheiten ablenken und das Thema zu ihren eigenen Gunsten verkomplizieren. Das medizinische Establishment bevorzugt häufig lukrative pharmazeutische und chirurgische Behandlungen in Form von Medikamenten, Fettabsaugung, operativer Magenverkleinerung oder Magenbypass anstelle der einfachen Maßnahme, den Menschen zu einer pflanzlichen Ernährung zu raten.

Abgesehen davon, dass sie Übergewicht verursachen, verstopfen das Fett und Cholesterin in tierischen Nahrungsmitteln unsere Arterien. Und

schon sind wir erneut – wider unseren Willen – Abnehmer der ausgeklü-
gelten, kostspieligen und nicht sehr effektiven Lösungen der Medizinindustrie. Diese „Lösungen" beinhalten eine ganze Palette von Medikamenten (mit den dazugehörigen Nebenwirkungen), die künstlich unser
cholesterinbeladenes Blut verdünnen. Nicht zu vergessen die chirurgischen Eingriffe, zu denen die Ausräumung der Arterien, die Angioplastie
und die Herstellung eines Koronararterien-Bypass zählen.

Dank der als Franchiseunternehmen geführten Fastfood-Ketten und
der aus reichlich tierischen Produkten bestehenden Menüs, die typisch
für Krankenhäuser sind, kann sich die Medizinindustrie sicher sein, dass
die Reparaturen nur vorläufig sind. Da die Patienten weiterhin Fleisch,
Eier und Milchprodukte zu sich nehmen, werden sie zu treuen Stammkunden. Eine Therapie zur *permanenten Rückbildung* von Herzerkrankungen und Arteriosklerose, wie sie Dr. med. Dean Ornish bei Herzpa-
tienten gelungen ist, indem er ihnen eine pflanzliche Kost sowie Sport
verordnete und sie Methoden der Stressreduktion lehrte, wird als viel zu
radikal angesehen.[47] Die Ironie an der Sache ist, dass die Umstellung auf
eine pflanzliche Ernährungsweise anscheinend als ein radikalerer Schritt
angesehen wird als eine Behandlung, die darin besteht, seinen Körper
wiederholt stechen, schneiden, verstümmeln und mit Medikamenten voll-
pumpen zu lassen und möglicherweise dabei zu sterben. Vielleicht ist es
sogar wirklich ein radikalerer Schritt. Zumindest gibt es in einer Viehzüchterkultur in der Tat nichts Subversiveres gegenüber der etablierten
Ordnung, die auf Ausbeutung und Privilegien aufbaut, als die bewusste
Weigerung, am Kauf und am Verzehr von tierischer Nahrung teilzuhaben, über die sich unsere Kultur definiert.

Der Placeboeffekt

Die gute Nachricht ist, dass unser Körper mit einer bewussten, pflanzenbasierten Ernährung optimal gedeiht. Eine solche Ernährungsweise ist
unendlich mitfühlender gegenüber den Tieren und den Menschen. Außerdem ist sie ökologisch nachhaltiger als der Verzehr tierischer Nahrung.
Jeder Einzelne von uns kann sich gleich heute für eine gesunde, weniger
grausame Ernährungsweise entscheiden, ohne der alten Ernährung nach-
zutrauern! Warum jubeln und freuen wir uns nicht über diese Entdeckung

und stellen sofort unsere Ernährung um? Wir könnten doch im gleichen Zug unsere Gesellschaft, unseren Geist, unser Leben, unser Wohlbefinden und unseren Planeten verwandeln. Warum wenden wir den Blick ab, murren und murmeln Ausflüchte vor uns hin? Warum solch entschiedene Ablehnung? Warum sind wir derart erstarrt, wie gelähmt? Ich traf den Arzt Dr. James Gibson in seiner Heimatstadt El Paso und fragte ihn, ob es ein einziges menschliches Wesen auf diesem Planeten gebe, dessen Physiologie es erforderlich mache, tierische Nahrung zu verzehren. Er gab umgehend die Antwort, dass es keinen solchen Menschen gebe; alle Menschen verfügten im Wesentlichen über dieselbe Physiologie, die für pflanzliche Nahrung ausgelegt sei. „Warum", so fragte ich weiter, „glauben die Menschen dann, dass sie tierische Nahrung brauchen?" „Man hat sie alle einer Gehirnwäsche unterzogen", so seine Antwort.

Die Macht der gemeinsamen, kulturell geprägten Glaubenssätze ist gewaltig. Sie bilden ein Kraftfeld um uns herum und bestimmen unser Denken, unsere Einstellungen und Handlungen. Die Kerneinstellung der Viehzüchterkultur, in die wir alle hineingeboren wurden, ist Ausgrenzung und Beherrschung. Die zentrale Handlung, die diese Einstellung verstärkt, ist das Essen von Tieren. So, wie uns diese Gesellschaft lehrt, uns als von der Natur, den Tieren und dem Göttlichen getrennt zu begreifen, so hat sie uns auch gelehrt, dass unser Geist und unser Körper im Wesentlichen voneinander getrennt sind. Obschon diese dualistische Sichtweise zunehmend infrage gestellt wird, beherrscht sie doch nach wie vor unsere Weltsicht. Dadurch fällt es uns schwer, zu verstehen, dass das, was wir glauben, wie wir denken und fühlen, direkte Auswirkungen auf unseren Körper hat, und umgekehrt, dass der Zustand unseres Körpers sich in hohem Maße auf unseren Geist auswirkt. Die Kraft des Placeboeffekts gründet sich auf diese Einheit von Geist und Körper, und es ist erstaunlich, wie stark sie sich auswirken kann. Es wurden zahlreiche Studien durchgeführt, bei denen Ärzte ihren Patienten lediglich Zuckerpillen verabreichten und man dennoch feststellen konnte, dass es eine gleichwertige oder größere Veränderung ihres körperlichen oder physischen Leidens gab als bei Vergleichsgruppen, die ein Medikament mit einem Wirkstoff erhalten hatten![48] Erwartungen sind mächtige Kräfte. Manchen Menschen, denen gesagt wurde, sie bekämen Chemotherapie gegen ihre Krebserkrankung, gingen die Haare aus, obwohl sie lediglich Placebos bekamen, keine Medikamente. Laut Dr. med. Wayne B. Jonas, einer Koryphäe im Bereich Placeboforschung und Direktor des *Samueli Institute for Information Biology*, ist die Placebo-Chirurgie – ein Verfahren, bei dem man Patienten glauben macht, ein chirurgischer Eingriff werde durchgeführt, der dann aber im OP-Raum nicht wirklich stattfindet – „genauso wirksam, wenn nicht sogar wirksamer als die tatsächliche Chirurgie".[49] Für das mechanistische biomedizinische Bezugssystem unserer Kultur ist die unermessliche Kraft des Placeboeffekts eine Störung und Bedrohung, und es sieht diesen daher als negativ an. Doch in Wahrheit ist er überhaupt nicht negativ, sondern vielmehr auf eine wunderbare Weise positiv. Das Verständnis der Einheit von Geist und Körper gibt uns die Möglichkeit, mittels unserer Gedanken, Ideen, Gefühle und Erkenntnisse gewaltige heilende und aufbauende Kräfte freizusetzen.

Die meisten Menschen, die ihre Ernährung auf eine pflanzliche Kost umstellen, fühlen eine positive Wirkung, als ob ein schweres Gewicht von ihrem physischen, mentalen, emotionellen und spirituellen Körper genommen würde. Einige jedoch fühlen sich zu Beginn schlechter. Die gewaltige und unerkannte Macht des Placeboeffekts hilft, dieses Phänomen zu verstehen. Es tritt insbesondere dann auf, wenn die Person die Umstellung alleine durchführt, ohne das Vorbild von gesunden, vitalen Veganern täglich um sich zu haben. Die alte Programmierung kann durch die allgegenwärtigen Werbe- und Marketingbotschaften der Fleisch-, Milch- und Eierindustrie sowie der Medizinindustrie leicht wieder aktiviert und verstärkt werden. Praktisch von unserer Geburt an haben Menschen, die uns am nächsten standen und für uns die allerhöchsten Autoritäten darstellten, die Botschaft in unser Gehirn eingehämmert, dass wir schwach und krank würden, wenn wir nicht unseren Käse, unsere Eier, unser Fleisch essen würden, um „unser Eiweiß" zu bekommen. Die Stimmen dieser Autoritäten sind natürlich noch ins uns präsent. Wenn wir uns für eine pflanzenbasierte Ernährung entscheiden, kann es sein, dass wir unbewusst erwarten, uns nun schwach zu fühlen oder krank zu werden. Unser Körper tut nichts anderes, als diese Erwartungen umzusetzen. Daher ist es wichtig, zeitgleich mit der Abkehr von tierischen Nahrungsmitteln ganz bewusst die in uns verankerten kulturellen Überzeugungen loszulassen, wonach wir tierische Produkte für unsere Gesundheit bräuchten. Wir schwimmen in einem emotional aufgeladenen Gedanken-Ozean, der von Generationen von „Allesfressern" erschaffen wurde. Aufgrund dieses Massenbewusstseins haben einige Menschen mehr Mühe, sich auf einer tieferen Ebene davon zu überzeugen, dass sie ohne tierische Nahrung gesünder und vitaler sein können und tatsächlich sein werden.

Noch dazu haben Forscher herausgefunden, dass Placebos besser wirken, wenn sie unangenehm sind. Bitter schmeckende und teure Placebos scheinen beispielsweise genauso wie bittere und kostspielige Medizin besser zu „funktionieren". Da wir eine Art Trauma überwinden und ein Opfer bringen müssen, um sie einzunehmen, erwarten wir unbewusst, dass ihre Wirkung umso durchschlagender sein wird. Der Verzehr des Fleischs und der Körpersekrete von Tieren ist so grundsätzlich abscheuerregend für uns Menschen, dass diese tierischen Produkte hervorragende Placebos abgeben. Wir finden Geier abstoßend, weil sie sich von Aas ernähren, doch wir essen genau dasselbe! Manchmal wird beschönigend von „abgehangenem" Rindfleisch gesprochen. Doch da man uns beigebracht hat, mit dem Verzehr von tierischer Nahrung Stärke und Energie zu verbinden, hilft diese Erwartung unserem wunderbar flexiblen Verbund aus Psyche und Physiologie, die grundlegend verstörende und schädliche Natur dieser Produkte zumindest teilweise zu überwinden, so dass wir überleben und funktionieren können. Als Kinder hatten wir keine andere Wahl.

Aus noch zwei weiteren Gründen kann uns die Umstellung auf eine pflanzliche Ernährung schwerfallen. Zum einen nimmt unser Körper wahrscheinlich die willkommene Gelegenheit wahr, einen Hausputz zu machen, sobald wir aufhören, ihm gesättigte Fette, Cholesterin und andere Gifte mit der tierischen Nahrung zuzuführen. Obst und Gemüse sind natürliche Blutreiniger und Entgiftungsmittel. Wenn unser Körper vom Überlebensmodus, in dem er Toxine in unseren Fettzellen speichert, in einen Modus der Entgiftung und Erneuerung übergeht, in dem er die Fettzellen reduziert, beginnen gespeicherte Gifte im Blutstrom zu zirkulieren und müssen eliminiert werden. Anstatt uns besser zu fühlen, fühlen wir uns für ein bis zwei Wochen womöglich schlechter, während Rückstände von Medikamenten und Toxinen ausgeschwemmt werden. Dies ist eigentlich ein Grund zur Freude, denn die besagten Gifte verweilen so nicht länger in unseren Geweben.

Eines gilt es zu beachten: Sollten wir während dieser Entgiftungsperiode einen Schulmediziner zu Rat ziehen, wird dieser unserem Vorhaben, uns rein pflanzlich zu ernähren, höchstwahrscheinlich ablehnend gegen-

überstehen. Er kann unter Umständen den segensreichen Reinigungs-
prozess torpedieren, indem er uns vor den Gefahren von „Modediäten"
warnt und uns einschärft, dass wir tierische Lebensmittel „brauchen", um
bei guter Gesundheit zu bleiben. Vielleicht kehren wir dann zur vorherrschenden Norm der Brutalität gegenüber Tieren zurück. Vielleicht reden
wir uns ein, dass wir ja „versucht" haben, vegetarisch zu leben. Aber
unser Arzt hat nun einmal gesagt, wir bekämen dann Eiweißmangel oder
Eisenmangel oder Vitamin-B12-Mangel, oder es sei nicht genug Yang-
Energie in unserem Essen, oder unsere Blutgruppe erfordere, dass wir
ein Minimum an tierischem Eiweiß zu uns nähmen. Also glauben wir
dies oder irgendeine andere Ausrede, die uns unserer Macht und Verantwortung beraubt – der Macht und Verantwortung, die Spirale der Gewalt
zu stoppen, in die wir durch unsere kulturell bedingten Essgewohnheiten
verstrickt sind.

Es muss darauf hingewiesen werden, dass bei all der Masse an medi-
zinischem Wissen, das im Medizinstudium vermittelt wird, die Ernährungslehre nur geringe Priorität besitzt. Die Mehrzahl der Schulmediziner weiß nur sehr wenig über Ernährung, denn in nicht einmal einem
Viertel aller medizinischen Fakultäten wird mindestens ein einziger Kurs
in Ernährungslehre angeboten. Das Wenige, das die Studenten in diesem
Fach lernen, wird maßgeblich von der Fleisch-, Milch- und Eierindustrie
sowie der vorherrschenden Ideologie unserer Gesellschaft beeinflusst.
Diesem Einfluss sind jene Studenten, die sich auf Ernährungslehre spe-
zialisieren, um diese zu ihrem Beruf zu machen, ebenfalls ausgesetzt.
Marion Nestle zeigt in ihrem Buch *Food Politics* auf, dass die Industriezweige, die tierische Lebensmittel herstellen, über beachtliche finanzielle
Mittel verfügen und auf allen Ebenen erheblichen Druck auf die Regierung ausüben, genauso wie auf die Wissenschaft und die Gesundheits-
berufe. Eine vergleichbare Lobby für pflanzliche Lebensmittel gibt es
nicht. Es ist bekannt, dass das Establishment der (tierischen) Nahrungs-
mittelindustrie die universitäre Forschung finanziert, als Lehrmaterialien
getarnte Werbematerialien publiziert und fragwürdige Abmachungen mit
professionellen medizinischen Forschungsorganisationen eingeht. Um
nur zwei Beispiele zu nennen: Die *American Cancer Society* und andere
Stiftungen für Krebsforschung tun sich mit der Fleischindustrie zusammen, um jährlich stattfindende Steak-Banketts zu sponsern, sogenannte
„*Cattlemen's Balls*" (dt.: „Rinderzüchter-Bälle", A.d.Ü.), bei denen Geld

für die Krebsforschung gesammelt wird! Und die *American Heart Association* hat der Fastfoodkette *Subway* die Rechte für die Verwendung ihres Logos „Kampf den Herzkrankheiten und dem Schlaganfall" überlassen, nachdem sie zehn Millionen Dollar „Spenden" von *Subway* erhalten hatte, und dies, obwohl die Menüs der Kette primär aus Fleisch- und Käseprodukten bestehen, von denen man weiß, dass sie das Risiko für Herz-Kreislauf-Erkrankungen erhöhen.[50]

Ein altes Sprichwort sagt: Wenn wir unser Geld in der ersten Hälfte unseres Lebens für eine üppige Ernährung mit hohem Fleischanteil ausgeben, dann geben wir unser Geld in der zweiten Hälfte unseres Lebens aus, um die Ärzte zu bezahlen. Wenn wir aufhören, tierische Nahrung zu verzehren, fühlen wir uns vielleicht für ein paar Wochen schlechter, während wir unseren Körper entgiften, doch die Vorteile der Umstellung liegen klar auf der Hand. Andrew Weil bemerkt hierzu: „Studien zeigen übereinstimmend, dass Vegetarier gesünder sind und länger leben als Fleischesser."[51]

Der dritte Grund, aus dem es manchen schwerfällt, ihre Ernährung auf pflanzliche Kost umzustellen, ist, dass sie nicht wissen, wie man leckere, nahrhafte und praktische vegane Mahlzeiten zubereitet. Dies ist jedoch nicht allzu schwer und erfordert lediglich ein wenig Lernen und Umdenken. Glücklicherweise gibt es ein ständig wachsendes Angebot an Kochbüchern für die vegane und vegetarische Küche, Kochkursen, Gruppen, Programmen und Fertiggerichten. Natürlich können wir das Fleischessen aufgeben und weiterhin Milchprodukte und Eier verzehren. Doch diese Produkte enthalten mindestens genauso viel Grausamkeit, Schadstoffe, Cholesterin und tierisches Eiweiß wie Fleisch. Daher werden wir keine erhebliche Verbesserung feststellen können. (Aus diesem Grund ist es für manche Menschen die beste Lösung, nicht etappenweise auf eine vollkommen pflanzliche Ernährung umzustellen, sondern dies in einem Schritt zu tun. Wenn wir beispielsweise Pescetarier werden und weiterhin Milchprodukte, Eier und Fisch zu uns nehmen, stellen wir vielleicht fest, dass unser Verzicht groß genug ist, um uns reizbar zu machen, aber nicht weit genug geht, als dass wir eine nennenswerte Verbesserung an unserem Körper oder Geist wahrnehmen könnten.) Es ist auch unwahrscheinlich, dass wir eine erhebliche Verbesserung erfahren, wenn wir uns für eine komplett pflanzliche Ernährung entscheiden und bevorzugt veganes Junkfood konsumieren, das große Mengen an gehärteten Fetten,

Weißmehl, raffiniertem Zucker, künstlichen Süßstoffen, Konservierungs-
stoffen und sonstigen chemischen Stoffen enthält.

Eine pflanzliche Ernährung versorgt uns problemlos mit all den
Nährstoffen, die wir benötigen. Wenn wir eine vielfältige Auswahl an
Gemüse, Getreide, Nüssen, Hülsenfrüchten und Obst essen, stellen wir
sicher, dass wir sämtliche für eine optimale Gesundheit nötigen Vitamine, Mineralien und Proteine erhalten. Die beiden Substanzen, an denen
es bei einer veganen Ernährung mangeln kann, sind Vitamin B12 und
Omega-3-Fettsäuren. Vitamin B12 ist eine in der Natur reichlich in den
Böden und im Wasser vorkommende Substanz. Wenn es gegenwärtig
schwer ist, eine hinreichende Versorgung mit Vitamin B12 sicherzustellen, dann liegt dies einzig daran, dass die modernen Methoden der Was-
seraufbereitung und der industriellen Lebensmittelreinigung („Gemüse-
waschmaschinen", A.d.Ü.) dieses von unserer pflanzlichen Nahrung und
aus unserem Trinkwasser entfernen. Eine ergänzende Zufuhr ist daher
empfehlenswert. Dies kann ganz einfach mit angereicherter Sojamilch
und anderen veganen Produkten erreicht werden. Angesichts der modernen Raffinationsverfahren für Lebensmittel, die eine Überversorgung
mit Omega-6-Fettsäuren nach sich ziehen, sollten Veganer außerdem
Walnüsse und Leinsaat oder Leinöl zu sich nehmen, die zum Ausgleich
essenzielle Omega-3-Fettsäuren liefern. Zwei Esslöffel gemahlenen
Leinsamens täglich wird als ausreichende Menge angesehen. Eine aus-
gezeichnete Informationsquelle zum Thema der Nährstoffaspekte einer
veganen Ernährung ist das Buch *Becoming Vegan* von Brenda Davis und
Vesanto Melina, zwei staatlich anerkannten Diätassistentinnen.[52]

Paradoxerweise kommt die Aufgabe, sich bezüglich möglicher Nähr-
stoffdefizite zu rechtfertigen, immer den Veganern zu („Woher bekommst
du dein Eiweiß, Vitamin B12 usw.?"), wo sie doch Studien zufolge verglichen mit den durchschnittlichen Ernährungsgewohnheiten der US-
Amerikaner im Schnitt doppelt so viel Obst und Gemüse verzehren.
Jüngsten Studien zufolge haben Veganer eine höhere Zufuhr bei sechzehn der insgesamt neunzehn untersuchten Nährstoffe, darunter dreimal
so viel Vitamin C, Vitamin E und Ballaststoffe, doppelt so viel Folat,
Magnesium, Kupfer und Mangan sowie mehr Kalzium und reichlich Eiweiß.[53] Veganer hatten außerdem nur die Hälfte der Aufnahme an gesättigten Fetten und lediglich ein Sechstel des Risikos, übergewichtig zu
werden. Während gezeigt werden konnte, dass Veganer einen Mangel an

drei Nährstoffen riskieren (Kalzium, Jod und Vitamin B12), sind es bei Menschen, die dem durchschnittlichen US-amerikanischen Ernährungsschema folgen, sieben Nährstoffe (Kalzium, Jod, Vitamin C, Vitamin E, Ballaststoffe, Folat und Magnesium).[54] Biologisch-organisch angebaute Erzeugnisse – Obst und Gemüse, Getreide, Hülsenfrüchte und Nüsse – zu kaufen, ist essenziell. Sie enthalten nicht nur mehr Vitamine und Mineralstoffe, sondern sind umweltverträglicher als Produkte aus dem konventionellem Anbau, der mit seinen toxischen Abwässern Gewässer und Menschen vergiftet und Vögel, Fische, Insekten und sonstige Wildtiere tötet. Die Menge an Giftstoffen, die bei der Erzeugung eines Kopfsalats oder einer Schüssel Reis anfällt, ist allerdings in jedem Fall weitaus geringer als die Menge, die bei der Erzeugung eines Hotdogs, eines Käseomeletts oder eines Welsfilets anfällt, denn tierische Nahrungsmittel erfordern für ihre Produktion gewaltige Mengen an pestizidbelastetem Futtergetreide.[55]

Was den Geschmack angeht, so berichten Menschen, die sich für eine pflanzliche Ernährung entschieden haben, übereinstimmend von der Entdeckung neuer kulinarischer Horizonte dank köstlicher Lebensmittel, von denen sie vorher kaum gehört hatten. Die pflanzlichen Küchen des Mittelmeerraums, Afrikas, Indiens, Ostasiens, Mexikos und Südamerikas bergen köstliches und nahrhaftes Potenzial. In dem Maße, wie unsere Geschmacksknospen wiederbelebt werden, entdecken wir subtilere Geschmacksnuancen. Da sich unser Herz und unser Geist entspannen und daran erfreuen, dass wir uns nun von weniger grausamen Speisen ernähren, wird diese Nahrung zunehmend köstlicher für uns. Aufgrund der Verbindung zwischen Körper und Geist wird sie auch nahrhafter, da wir die appetitlichen Früchte und Kräuter unserer Erde und deren regenerative Wirkung zu schätzen lernen. Bewusstes Essen ist die wesentliche Voraussetzung für ein glückliches und friedliches Leben.

Unser Körper, unser Freund

Wenn unsere Intelligenz vermindert ist, benutzen wir Medikamente, um unseren Körper zu etwas zu zwingen, genau so, wie wir ein unschuldiges Tier zu etwas zwingen würden. Wenn unser Körper in seiner Weisheit versucht, sich von den Ablagerungen und Giften zu befreien, die wir ihm mit unserer Nahrung zugeführt haben, erzeugt er vielleicht eine Erkältung oder Fieber, um den Entgiftungsprozess zu unterstützen. Was tun wir daraufhin? Wir nehmen Medikamente ein, um die unangenehmen Symptome zu unterdrücken, und verhindern dadurch den natürlichen Heilungsvorgang. Dank unserer grundlegenden Intelligenz könnten wir eigentlich erkennen, dass unser Körper unser wertvollster Freund ist. Er arbeitet unermüdlich daran, die Gesundheit und Harmonie aufrechtzuerhalten, und ist unser Werkzeug, mit dem wir uns ausdrücken und die Welt erfahren. Was könnte wertvoller sein und unsere Fürsorge und unseren Schutz mehr verdienen? Unser Körper arbeitet niemals gegen uns, sondern tut stets sein Bestes, um die Aufgaben zu bewältigen, vor die er gestellt wird. Unser Körper ist ein unermesslich kostbares Geschenk, das wir von der liebenden Quelle allen Lebens erhalten haben, und ein wunderschönes Ergebnis spirituellen Schaffens. Es ist eine Schande, dass so viele dieser herrlichen Geschenke zweckentfremdet und unnötigerweise geschädigt werden, dass ihnen schwere Lasten aufgebürdet werden, für die sie von der Natur niemals vorgesehen waren, dass sie auf tragische Weise durch Unwissenheit, Angst und mangelnde Fürsorge zerstört werden. Strahlende körperliche Gesundheit ist ein so hohes Gut, doch wie selten ist sie heutzutage anzutreffen, insbesondere bei jenen, die Tiere für ihre Ernährung missbrauchen.

Es ist eigentlich ganz offensichtlich, warum Herzerkrankungen und Krebs „in der Familie liegen". Alle Mitglieder einer Familie stecken ihre Füße unter denselben (Ess-)Tisch![56] Als Kinder essen wir nicht nur wie unsere Familie, wir saugen auch deren innere Einstellungen auf. Wir werden Mühe haben, unsere persönliche Mission zu erkennen und spirituell zu wachsen, es sei denn, wir verlassen im metaphorischen Sinn unser Zuhause und stellen die Ernährungsmentalität unserer Kultur sowie die knechtende Propaganda der Fleisch- und Medizinindustrie infrage. Unsere spirituelle Gesundheit, genau wie unsere körperliche und geistige Gesundheit, verlangt von uns, dass wir Verantwortung für unser Leben übernehmen und uns einer höheren Sache widmen, die über unseren egozentrischen Belangen steht.

Unsere Gesellschaft hat sich auf die Dienste der Fleisch-, Milch- und Eierindustrie sowie der Pharma- und Medizinindustrie gestützt und dadurch die Bedingungen für ausufernde Disharmonie und Knechtschaft geschaffen, denn diese Industrien waren und sind nicht willens, die Zusammenhänge herzustellen, die wir soeben erläutert haben. Die Agrarindustrie ist beständig bestrebt, die Produktion zu maximieren und die Kosten zu minimieren. Erreicht wird dies durch Zuchtmethoden, Massenhaltung auf engstem Raum, den Einsatz von Hormonpräparaten, Antibiotika und sonstigen Medikamenten sowie die Verabreichung von Futtergetreide, das mit Fisch, Exkrementen und Tiermehl aus sogenannten tierischen Nebenerzeugnissen „angereichert" ist. Das Absurde an der Sache ist, dass wir pflanzenfressende Tiere auf höchst unnatürliche Weise mit tierischem Fleisch mästen und vergiften und dadurch unseren ebenso für pflanzliche Kost ausgelegten Körper auf unnatürliche Weise mit dem Fleisch, der Milch und den Eiern dieser Tiere mästen und vergiften. Zusammen mit den Tieren verdammen wir auch uns selbst zu Krankheit, Sklaverei und frühem Tod. Dies alles ist vollkommen unnötig, und es steht in unserer Macht, dem ein Ende zu setzen.

Viele Menschen, die die soeben skizzierten Probleme in groben Zügen zu durchschauen beginnen, geben das „rote Fleisch" auf und denken, dass sie dadurch praktisch zu Vegetariern würden und insofern einen gesunden Ernährungsstil aufwiesen. Nichts könnte weiter von der Wahrheit entfernt sein. Das Fleisch von Schweinen, Hühnern, Truthähnen, Enten und anderen sogenannten Nutztieren enthält genauso viel Cholesterin, ansäuernd wirkendes Eiweiß, Elend, Angst, Adrenalin und toxische Rückstände von Medikamenten und chemischen Stoffen als das Fleisch von Rindern, vielleicht sogar mehr. Stammt das Fleisch aus kontrolliert biologischer Haltung, enthält es *vielleicht* weniger toxische Rückstände, aber es enthält immer noch den ganzen Rest. Das Fleisch exotischerer Tiere wie Fasan, Birkhuhn, Strauß, Emu, Büffel, Reh, Hase, Pferd, Frosch, Alligator und Schildkröte ist ähnlich ungesund und verursacht mindestens genauso viel Leid und Elend. Alle Tiere müssen unsäglich und unnötig leiden, damit wir ihre brutal misshandelten Körper auftischen können.

Andere gehen vielleicht einen Schritt weiter und verzichten vollkommen auf „Fleisch", nehmen aber weiterhin Fisch, Schalentiere, Milchprodukte und Eier zu sich – Lebensmittel, von denen sie glauben, dass sie gesünder seien als „Fleisch". Bevor ich diese Vorstellung in den folgenden Kapiteln einer näheren Untersuchung unterziehe, möchte ich daraufhin hinweisen, dass die Sorge um unsere eigene Gesundheit, die natürlich ihre Berechtigung hat, in entscheidender Hinsicht ein oberflächlicher, egozentrischer und von daher wackliger Grund ist, um auf tierische Nahrungsmittel zu verzichten. Die solidesten und beständigsten Beweggründe für unsere Handlungen gründen sich auf die Sorge um andere – in diesem Falle eingesperrte Tiere, die wilde Flora und Fauna, hungernde Menschen, Schlachthofarbeiter und zukünftige Generationen, um nur einige zu nennen, denen wir mit unserem Wunsch nach tierischer Nahrung Schaden zufügen. Die Vorteile für unsere Gesundheit, die wir aus einer rein pflanzlichen Ernährungsweise ziehen, sind die positiven Nebenwirkungen unserer Liebe, Güte und Bewusstheit, wohingegen die durch tierische Lebensmittel verursachten Krankheiten und Beschwerden einige der Folgen sind, die wir zu tragen haben, wenn wir gegen die Naturgesetze verstoßen. Wenn unsere eigene Gesundheit unser einziger Beweggrund ist, um auf tierische Nahrungsmittel zu verzichten, können wir leicht versucht sein, hier und da ein wenig zu „schummeln" und sehr schnell wieder dazu übergehen, diese zu verzehren. Wenn unsere Motivation jedoch auf Mitgefühl gegründet ist, ist sie tief und dauerhaft, denn wir sind uns bewusst, dass unsere Handlungen direkte Auswirkungen auf andere haben, die schutzbedürftig sind. Wir werden niemals „schummeln", denn dies würde bedeuten, anderen direkt zu schaden, was wir zu vermeiden suchen. Daher gibt es zwar viele „Ex-Vegetarier", doch es ist unwahrscheinlich, dass „Ex-Veganer" je Veganer waren, denn man darf bezweifeln, dass authentisches Mitgefühl jemals verloren gehen kann.

Wenn ich in diesem Kapitel einige der negativen Auswirkungen von tierischen Produkten auf unsere Gesundheit dargestellt habe, dann hauptsächlich um die fälschliche Ansicht zu widerlegen, dass unser Körper in irgendeiner Hinsicht tierische Nahrung benötige. Dieser Irrglauben öffnet Tore, die in ungeahnte Dimensionen des Leids führen. Das Leid des „Schlachtviehs", das Leid der Verbraucher, die aus diesen Tieren Nutzen ziehen, das Leid hungernder Menschen, denen das Getreide nicht zugute kommt, weil es stattdessen an die Tiere verfüttert wird, und das Leid, das wir gedankenlos den Ökosystemen, den anderen Geschöpfen und den zukünftigen Generationen zufügen, stehen alle miteinander in Verbindung. Es ist unsere Aufgabe, diese enge Vernetzung des Leids zu begreifen und das Gegenstück dazu zu erkennen, die ebenso weitreichende Vernetzung von Liebe, Fürsorge und Bewusstheit.

KAPITEL SECHS

JAGD UND ZUCHT DER WASSERFAUNA

„Die lebende Welt stirbt derzeit. [...] Als unsere Vorfahren mit der Erkundung dieses Kontinents begannen, glaubten sie, die Tierbestände der Neuen Welt seien unendlich und unerschöpflich. Die Verwundbarkeit dieses lebenden Gewebes – die Verflochtenheit und Zerbrechlichkeit seiner nur allzu endlichen Bestandteile – überstieg ihr Vorstellungsvermögen. Zu ihrer Verteidigung kann gesagt werden, dass sie größtenteils unwissend waren, was die unweigerlichen Folgen ihrer fürchterlichen Verwüstungen anging. Wir, die wir heute leben, haben nichts, was uns in Bezug auf unsere Leben vernichtenden Handlungen und ihre schrecklichen Folgen entlastet."

– Farley Mowat, *Der Untergang der Arche Noah.*
Vom Leiden der Tiere unter den Menschen[1]

„Die Erde hat genug für jedermanns Bedürfnisse, aber nicht für jedermanns Gier."

– Mahatma Gandhi

Giftige Abfälle, giftiges Fleisch

Fisch, Schalentiere, Milchprodukte und Eier werden von der Öffentlichkeit als die am wenigsten ungesunden tierischen Nahrungsmittel angesehen. Auf den ersten Blick sieht es so aus, als verursachten sie weniger Leid als der Konsum des Fleisches von Vögeln oder anderer Säugetiere. Betrachten wir zuerst einige Folgen, die der Verzehr von Tieren hat, die die Gewässer unserer Erde bewohnen.

Wie das Fleisch aller Tiere enthält auch das Fleisch von Fischen und Schalentieren die drei bereits erwähnten schädlichen Stoffe: Gesättigte tierische Fette, Cholesterin und tierisches Eiweiß. Das Verhältnis von gesättigtem Fett zu ungesättigtem Fett mag in Fisch „günstiger" ausfallen als in anderen Tieren, nichtsdestotrotz ist Fisch keineswegs ein „fettarmes" Nahrungsmittel. Fisch enthält generell viel Fett, Cholesterin und tierisches Eiweiß und fördert damit die Entstehung von Herzkrankheiten, Krebs, Übergewicht oder Diabetes. Außerdem hat der Verzehr von Fisch weitere nachteilige Wirkungen, die die Aufnahme dieser Substanzen mit sich bringt. Abgesehen davon sind Fische, bedingt durch ihre Lebensweise im Wasser, generell sogar noch gesundheitsschädlicher als Vögel oder Säugetiere aus Massentierhaltungen. Das will schon etwas heißen! Wie kann das möglich sein?

Der Hauptgrund dafür ist, dass die Millionen Tonnen Toxine, die von unserer Gesellschaft produziert werden, sich letzten Endes allesamt im Wasser wiederfinden. Der größte Anteil dieser Verschmutzung stammt aus der Tierhaltung in Form von Herbiziden, Pestiziden, Fungiziden und Kunstdüngerabfluss von Ackerflächen sowie Abwässer aus Tierfabriken, die reichlich Arzneimittelrückstände und andere Schadstoffe enthalten. Der Viehbestand in den USA erzeugt ungefähr fünf Tonnen Exkremente pro Person.[2] Die übermäßige Einbringung von Phosphor und Stickstoff in die Gewässer verursacht Algenblüten, „Rote Fluten" und die starke Vermehrung von todbringenden einzelligen Plankton-Organismen wie *Pfisteria piscicida*, die Milliarden von Fischen töten und merkwürdige Geschwüre an menschlichen Schwimmern zur Folge haben.[3] Des Weiteren sind die Gewässer mit der gesamten Palette von krebsauslösenden Dioxinen, polychlorierten Biphenylen (PCB), toxischen Schwermetallen aus Industrieabfällen und anderen Rückständen aus dem Bergbau, der Gerbungs- und Papierindustrie, der Energie- und Ölgewinnungsindustrie und weiteren Industriesektoren belastet. Nicht zu vergessen die gesundheitsschädlichen Arzneimittelrückstände und die radioaktive Kontamination aufgrund des Entweichens von Radioaktivität aus nuklearen Anlagen. Zudem werden die Toxine, die unsere Luft verschmutzen, letztlich vom Regen ausgewaschen und ebenfalls in die Seen und Ozeane gespült. Und zu guter Letzt werden auch Deponien und Müllhalden vom Regenwasser ausgewaschen, das die Toxine in Flüsse und ins Grundwasser leitet.

Wasser ist das universelle Lösungsmittel auf unserem Planeten. Die gesamte Palette an Umweltschadstoffen, die wir produzieren, gelangt letzten Endes in unsere Bäche, Flüsse, Seen und ins Grundwasser, was zur zunehmenden Verschmutzung unserer Ozeane beiträgt. Es gibt große

Areale in den Weltmeeren, die sich in sogenannte Totzonen (englisch *dead zones*) verwandelt haben. Kein Fisch kann unter den dort herrschenden Bedingungen – extreme Toxizität des Wassers und Mangel an gelöstem Sauerstoff (ein Phänomen, das als Hypoxie bezeichnet wird) – überleben. Dies ist das Ergebnis einer massiven Einbringung von Stickstoffdünger und Viehdung in Flüsse und Ozeane. Das unnatürliche, „nährstoffreiche" Wasser fördert die Vermehrung von Algen und führt infolgedessen zu einer Sauerstoffzehrung im Wasser, die für Fische und andere Meeresbewohner den Tod durch Ersticken bedeutet. Eine solche Totzone mit einer Ausdehnung von mehr als 18.000 km² befindet sich vor der Küste von Louisiana. Dort speit der Mississipi Tag für Tag Milliarden Liter Wasser in den Golf von Mexiko, das mit landwirtschaftlichen und industriellen Abwässern belastet ist, die verheerende Schäden in den empfindlichen und auf geheimnisvolle Weise miteinander verflochtenen marinen Ökosystemen anrichten.[4] Der Verzehr von Tieren, die in den Gewässern unserer Erde leben, ist gleichbedeutend mit dem Verzehr unserer eigenen gesundheitsschädlichen Umweltverschmutzung in vielfach konzentrierter Form.

Wie wir wissen, reichern sich Umweltgifte bei allen Tieren im Fettgewebe an. Diese einfache Tatsache sollte uns zu denken geben. Sowohl Süßwasser- als auch Salzwasserfische sammeln und speichern Gifte und krebserregende chemische Stoffe in ihrem Fleisch, und zwar in Konzentrationen, die einige hunderttausend Mal höher sind, als sie im umgebenden Wasser auftreten. Dafür gibt es im Wesentlichen zwei Gründe. Erstens atmen Fische Wasser, indem sie es über ihre Kiemen leiten und dort filtern, um ihm den lebensnotwendigen Sauerstoff zu entziehen. Bei diesem Atemvorgang verbrauchen alle Fische eine beachtliche Menge Wasser, und die darin enthaltenen Schadstoffe neigen dazu, sich in ihren Kiemen anzusammeln und ins Fettgewebe ihres Körpers zu gelangen. Zweitens sind große Fische Raubfische, die sich von kleineren Fischen ernähren, die sich ihrerseits von noch kleineren Fischen ernähren, die wiederum von noch kleineren Fischen leben. Landtiere und Vögel sind größtenteils Pflanzenfresser mit einigen Fleischfressern „an der Spitze", die sich von den wesentlich zahlreicheren Mäusen, Hasen, Rehen usw. ernähren. Im Gegensatz dazu leben Fische in einer Welt der Fleischfresser. Mit jeder Stufe steigt die Konzentration der Giftstoffe exponentiell an. Wir Menschen schätzen insbesondere große Fische, wie Thunfisch,

Schwertfisch, Hai und Lachs. Wissenschaftler weisen darauf hin, dass
das Fleisch der großen Raubfische extrem hohe Konzentrationen an Giften enthält. Der US-Umweltschutzbehörde zufolge sind beispielsweise
die PCB-Konzentrationen in Fisch ungefähr neun Millionen Mal höher
als deren Konzentration im Wasser.[5] Schalentiere reichern sich ebenfalls
stark mit Giftstoffen an, denn sie leben typischerweise in Küstennähe
und halten sich daher in Gewässern auf, die höhere Konzentrationen an
umweltschädlichen Abwässern aufweisen. Umso mehr giftige landwirtschaftliche und industrielle Abwässer wir produzieren, umso toxischer
wird das Fleisch der Wasserlebewesen.

Dadurch, dass wir Menschen uns an die „Spitze der Nahrungskette"
emporgearbeitet haben, ist unser Fleisch vielleicht das am meisten toxische von allen Tieren geworden, was sich in unseren Krebsraten widerspiegelt. Es ist ein unglücklicher Start ins Leben für ein Baby, wenn es
die Milch einer omnivoren Mutter trinkt und mit den darin enthaltenen
Toxinen überschwemmt wird. DDT, um ein Beispiel zu nennen, wird
nach wie vor in großen Teilen der Welt verwendet, und die Milch von stillenden Müttern, die Fisch essen, weist beachtliche Werte von DDT und
anderen Pestiziden auf.[6] Die Babys aller Säugetiere, besonders von Walen und Delphinen, aber natürlich auch von Kühen, Ziegen und Schafen,
können ebenfalls von hohen Giftstoffkonzentrationen in der Milch ihrer
Mütter geschädigt werden. Der Nachwuchs der sogenannten Nutztiere
erhält normalerweise sowieso nichts von der Milch ihrer Mütter, denn sie
wird von den Menschen entwendet, bevor sie selbst sie trinken können.
Bevor wir uns jedoch dem Thema der Kuhmilch zuwenden, werden wir
uns genauer ansehen, wohin es führt, wenn wir Fisch, Krabben, Hummer, Austern, Garnelen und andere Wasserlebewesen irrtümlicherweise
als Nahrung für Menschen betrachten.

Wie Dr. med. Michael Klaper betont, ist Fischfleisch *hochkonzentrier-
tes* Eiweiß. Wenn wir ein Fischfilet essen, nehmen wir normalerweise
mehr Eiweiß auf, als wir nutzen können, denn Eiweiß wird im Wesentlichen nur zum Wachstum von Haaren und Nägeln, zur Wundheilung
und zum Aufbau von Körpergewebe benötigt und ist für das Wachstum
von Kindern notwendig. Unser Körper kann Eiweiß nicht speichern. Das
bedeutet, dass wir es verstoffwechseln müssen, was unsere Leber, unsere
Nieren und unser Immunsystem belastet. Dr. Klaper warnt uns noch aus
anderen Gründen vor dem Verzehr von Fischfleisch und Fischöl:

Fischöle, die als Schutz gegen Atherosklerose gepriesen werden, stellen womöglich eine ernsthafte Gefahr dar, denn sie setzen die Gerinnungsfähigkeit des Bluts herab. Es hat sich auch gezeigt, dass Fischöl die Wirkung von Insulin hemmt. Dies sind ausgesprochen schlechte Nachrichten für Diabetes-Patienten, die bestrebt sind, einen normalen Blutzuckerspiegel aufrechtzuerhalten, und gleichzeitig Fischölkapseln einnehmen und möglicherweise einen hohen Fischanteil in ihrer Ernährung haben. [...] Ein anderes unveröffentlichtes und dennoch potenziell wichtiges Problem entsteht durch die offensichtliche Tendenz von Fischöl, die normale Schwangerschaftsdauer zu verlängern. Durch eine überlange Tragzeit erhöht sich das Geburtsgewicht des Babys und somit das Risiko von Geburtszwischenfällen und Kaiserschnitten sowie das Sterberisiko für die Mütter.

Entgegen den Aussagen aktueller Werbekampagnen muss niemand das aus einer Fischleber oder aus Fischfleisch ausgepresste Öl konsumieren. In Wahrheit ist Fischleberöl eine der absonderlichsten Substanzen, die man sich vorstellen kann einzunehmen. Die Leber eines jeden Tiers ist der chemische Entgifter des Körpers. In ihr reichern sich sämtliche Schadstoffe an, die das Tier aufnimmt. Das aus Fischleber ausgepresste Öl kann eine hohe Belastung mit giftigen Kohlenwasserstoffen wie PCB und Dioxinen aufweisen. Es ist nicht ausgeschlossen, dass Personen, die Fischöl verwenden, um „ihre Arterien zu schützen", sich in Wahrheit mit Kohlenwasserstoffen vergiften und letztlich ihr Krebsrisiko mit diesen Speiseölen erhöhen.

Die bessere Lösung besteht darin, unsere Arterien sauber zu halten, indem wir unser Blut erst gar nicht mit gesättigten tierischen Fetten belasten. Menschen, die keine gesättigten tierischen Fette verzehren, riskieren generell weit weniger, ihre Arterien zu verstopfen. Fisch ist keine „Hirnnahrung" – in Wahrheit ist mittlerweile wohl das Gegenteil der Fall, denn das enthaltene Quecksilber vergiftet unser Gehirn und unsere Nervenzellen. Nach unserem gegenwärtigen Ernährungsverständnis erfüllt eine vegane, pflanzliche Kost die Nährstoffbedürfnisse des menschlichen Körpers vollkommen und schützt außerdem vor Arterienverkalkung, Herzinfarkt, Schlaganfall und Krebs. Daher tun Sie Ihrer Gesundheit (und den Fischen!) einen großen Gefallen, wenn Sie sie „vom Haken lassen".[7]

Becoming Vegan nennt im Detail die pflanzlichen Quellen der Omega-3-Fettsäuren, wegen derer viele Menschen Fischfleisch oder Fischöl zu sich nehmen. Die Hauptquellen sind Leinsamen, Walnüsse, Sojabohnen, Tofu, Rapsöl, Hanföl, dunkelgrünes Blattgemüse und Meeresalgen.[8] Giftstoffe wie PCB, Dioxine, radioaktive Substanzen, und Schwermetalle wie Quecksilber, Blei, Kadmium und Arsen[9] werden von Fischen aufgenommen und stark angereichert. Alle diese Stoffe werden mit Krebserkrankungen, Störungen des zentralen Nervensystems, Nierenschäden und Beeinträchtigungen mentaler Funktionen in Verbindung gebracht. Sie enthalten übermäßige Mengen Cholesterin, tierisches Eiweiß und gesundheitsgefährdende, blutbildverändernde Fette. Abgesehen davon, dass die Fisch- und Meeresfrüchteindustrie aufgrund der Toxizität ihrer Produkte direkt zu Krankheit und Leid des Menschen beiträgt, richtet sie weltweit verheerende Schäden in den marinen Ökosystemen an.

Fischzucht

Die meisten Menschen wissen nicht, dass die intensive Massenhaltung von Fischen und Schalentieren eine bedeutende und florierende Industrie ist. Beschönigend wird dies die „Blaue Revolution" genannt. Tatsächlich stammen laut der Ernährungs- und Landwirtschaftsorganisation der Vereinten Nationen (*FAO*) ungefähr dreißig Prozent der weltweiten Produktion an Fischen und Schalentieren (Salzwasser und Süßwasser zusammengenommen) aus kommerziellen Fischfarmen.[10] In den USA sind die Prozentzahlen um einiges höher, mit annähernd vierzig Prozent aller dort konsumierten Garnelen, Krabben und anderer Schalentiere, neunzig Prozent der Lachse und fünfundsechzig Prozent der Süßwasserfische, die in Aquakulturen erzeugt werden.[11] Forellen, Welse, Buntbarsche der Gattung Tilapia und andere Süßwasserfische sind gezwungen, in unvorstellbar übersetzten Betonbecken zu leben. Ich sprach mit einer Ermittlerin, die mir von einer Fischfarm in Illinois erzählte, welche in einem riesigen Metallhangar untergebracht war. Als sie hineinging, konnte sie kaum atmen, derart heftig war der stechende Gestank, der in der Luft lag. Das riesige flache Becken im Inneren schien schwarz zu sein, und zuerst konnte sie keine Fische darin ausmachen. Dann wurde ihr plötzlich klar, dass das Wasser vor extrem zusammengedrängten Fischen nur so wimmelte. Es waren ihre hochkonzentrierten Ausscheidungen, die das Wasser schwarz gefärbt hatten. In Südkalifornien habe ich auf Freiland-Fischfarmen mit eigenen Augen Fische in entsetzlich überfüllten Becken gesehen, die dazu verurteilt waren, in dem von ihrem Kot schwarz gefärbten Wasser auszuharren. Ich schaute auf das miserable Leben dieser zusammengedrängten Kreaturen, für die es kein Entrinnen aus ihren eigenen Exkrementen gab und die am Ende erbarmungslos geschlachtet wurden. Besucher der örtlichen Restaurants bestellen die Produkte dieser Fischfarmen und denken absurderweise, dass sie damit ihren Bedarf an Omega-3 decken oder den Fisch essen, der für ihre Blutgruppe empfohlen wird.

Selbstverständlich reichern sich auch in den in kommerziellen Aquakulturen gehaltenen Fischen Giftstoffe aus dem Wasser durch die Kiemenatmung an. Große Mengen Antibiotika werden systematisch verabreicht, nicht nur um unnatürlich schnelles Wachstum anzuregen, sondern auch zur Bekämpfung der Krankheiten, die unter solch unhygienischen Bedingungen eine ständige Bedrohung darstellen. Das Fischfutter ist ebenfalls mit hohen Dosen an Schadstoffen belastet, denn außer Getreide enthält es üblicherweise Exkremente, Innereien und andere Abfallprodukte der industriellen Tierhaltung sowie Fisch und „Fischnebenerzeugnisse", die nicht für den menschlichen Verzehr oder die Verarbeitung zu Haustierfutter geeignet sind.

Die Marikultur, also die Aquakultur im Meer, bringt ebenfalls eine grausame und unhygienische Überbelegung mit Fischen mit sich. Sie wird üblicherweise in Netzgehegen im offenen Meer betrieben. Diese Betriebe verursachen eine gewaltige Wasserverschmutzung und zwingen Tausende Fische dazu, in stark überbevölkerten Arealen zu leben. Die dabei anfallenden Fäkalien, Antibiotika, Pestizide und giftigen Chemikalien – wie die Pigmente, die dafür sorgen, dass das Fleisch von Zuchtlachsen sich von stumpfem Grau in appetitliches Rosa umfärbt – werden geradewegs in die umgebenden Meeresgewässer abgeleitet.[12] In Schottland erzeugen die Lachse, die in Netzkäfigen gezüchtet werden, beispielsweise ungereinigte Abwässer in einer Größenordnung, die acht Millionen Menschen entsprechen würde – das ist weitaus mehr als die gesamte menschliche Bevölkerung Schottlands.[13] Die Fischfarmen haben paradoxerweise eine verheerende Wirkung auf die Fischgründe, denn die Zuchtfische benötigen gewaltige Mengen an Wildfischen für ihre Ernährung. So braucht es beispielsweise drei bis fünf Kilogramm Wildfisch aus dem Meer, um ein Kilogramm Salzwasserfisch oder Garnelen in der Zuchtfarm zu produzieren.[14] Noch dazu fördert die Fischzucht die Entstehung von Krankheiten, die sich leicht auf wilden Lachs oder andere Fischarten übertragen und komplette Fischbestände vernichten können. Dies konnte analog bezüglich der *Chronic Wasting Disease* beobachtet werden, einer Art BSE in wildlebenden Wapiti- und anderen Hirschpopulationen, die durch Rinderzuchtbetriebe angesteckt worden waren. Um nur ein Beispiel zu nennen: Parasitische Kopepoden oder Fischläuse grassieren in den unnatürlich konzentrierten Zuchtlachs-Populationen. Die Industrie setzt giftige Pestizide und Antibiotika in ihrem aussichtslosen Kampf gegen die Fischläuse ein. Diese verteilen sich in Schwaden in die umgebenden Gewässer und können sich in einem Radius von bis zu neunzehn Meilen um die Zuchtanlagen verbreiten, wobei sie wilde Lachspopulationen befallen und dezimieren.[15] Eine andere Praktik, die verheerende Schäden in Wildpopulationen anrichtet, ist die Einführung nicht-einheimischer Zuchtfischarten, die in die lokalen Ökosysteme entkommen. Kommerzielle Garnelenzuchten sind ein weiteres bestens bekanntes und unerhörtes Umweltdesaster, denn die von ihnen verursachte Verschmutzung vernichtet weltweit unwiederbringliche Korallenriffe und Mangrovenwälder entlang der Küsten. Das Fischfleisch, das in den Massenhaltungen der industriellen Aquakulturen erzeugt wird, ist ein Konzentrat aus Elend, Gift und Umweltzerstörung.

Todesflotten

Die Geschichte der Lebewesen, die man aus den Ozeanen der Erde herauszieht, ist genauso tragisch, wenngleich auf andere Weise. Die marinen Ökosysteme weltweit werden hemmungslos geplündert. Längst vergangen sind die Zeiten, da die ersten Europäer an den Küsten Nordamerikas anlangten und schrieben, die Fischschwärme seien derart groß und dicht, dass sie befürchteten, ihre Schiffe würden darauf auf Grund laufen, bevor sie das Land erreichten.[16] In diesen ehemals fruchtbaren Gewässern werden seither Fische wie im Tagebau abgebaut. Man setzt Fischkutter mit über tausend Meter langen Schleppnetzen ein, um die nimmersatte Nachfrage von Menschen, Fischzuchten und versklavten Nutztieren zu befriedigen. (Unglaubliche fünfzig Prozent des weltweiten Fischfangs werden an unnötigerweise eingesperrte Nutztiere verfüttert, und nicht an Menschen.[17]) Die siebzehn größten Fischgründe der Welt sind sämtlich überfischt oder haben zurückgehende Bestände.

In weiten Teilen der Welt ist es aufgrund der Überfischung und küstennahen Wasserverschmutzung nicht mehr möglich, küstennahe Fischerei profitabel zu betreiben. Da die Schiffe weiter hinausfahren müssen, bleiben sie länger auf hoher See. Wenn die Fische an Bord geholt werden, lädt man sie in Tanks im Zwischendeck ab, in denen sie einen langsamen Tod erleiden, wobei sie auf die umgebenden Fische koten und diese unter ihrem Gewicht erdrücken. Dies geht oft tagelang so. Die toten und sterbenden Fische sind übereinander geschichtet, viele haben offene Wunden. Die Arbeiter gießen Antibiotika in die Fäkalsuppe, um Infektionen in Schach zu halten. Fisch und Meeresfrüchte sind die Hauptursache für Lebensmittelvergiftungen in den Vereinigten Staaten.[18] Es findet praktisch keine staatliche Kontrolle der Meeresprodukte statt, bevor diese in den Handel und zu den Verbrauchern gelangen. Jüngste Studien des Verbrauchermagazins *Consumer Reports* zeigen, dass über fünfundzwanzig Prozent des untersuchten Fischs im Handel „kurz vor dem Verderben" waren. Über die Hälfte der Proben aus Supermärkten von „Nördlichem Schnapper" (engl. *Red Snapper*) gehörten in Wahrheit anderen Spezies an. Die Hälfte der Schwertfisch-Proben überstiegen den von der *FDA* zugelassenen Grenzwert für das Nervengift Methylquecksilber. E. coli, Histamin und andere schädliche Substanzen wurden ebenfalls gefunden.[19]

Das mit modernen Fischfangmethoden angerichtete Gemetzel ist entsetzlich. Die riesigen Fangschiffe sind mit Satellitentechnik und Echolot ausgestattet und werden sogar von Hubschraubern und Flugzeugen unterstützt. Sie bringen Schleppnetze aus, die bis auf den Grund des Ozeans reichen und praktisch alles heraufholen, was sich auf ihrem Weg befindet. Die Fische werden oft derart schnell aus enormen Tiefen heraufgeholt, dass sie unter Dekompressionsbeschwerden leiden. Ihre inneren Organe können bersten und ihre Augen aus den Höhlen quellen. Sie erleiden einen qualvollen Tod, indem sie ersticken oder zerquetscht oder ausgenommen werden. Im Verlauf dieser Tagebauförderung der Schätze des Ozeans werden eine gewaltige Menge von Meeresbewohnern eingeholt, die nicht „marktfähig" sind. Dieser so genannte „Beifang" besteht aus bestimmten Fischarten, Schildkröten, Delphinen, See-

vögeln und anderen Tieren, die tot oder schwer verwundet in den Ozean
zurückgeworfen werden. Alljährlich summiert sich dieser Beifang auf
fünfundzwanzig Millionen Tonnen toter und sterbender Meerestiere, was
ungefähr einem Drittel der gesamten Fangmenge entspricht. Eine jüngere
Studie der *Duke University* hat beispielsweise ergeben, dass allein durch
industriell betriebene Langleinenfischerei über 300.000 Seevögel jährlich
getötet werden.[20] Die Umweltschutzorganisation *Environmental Defense*
schreibt hierzu:

> Beifang kann Jungfische von kommerziell genutzten Arten, Meeres-
> schildkröten, Wale, Seevögel, Delphine und andere Meerestiere um-
> fassen, die nicht von Interesse für den Handel sind. Bei der Garnelenfi-
> scherei mit Grundschleppnetzen werden auf ein Kilogramm gefangener
> Garnelen durchschnittlich fünf Kilogramm Beifang ins Meer zurückge-
> worfen, worunter sich bis zu 150.000 gefährdete Schildkröten jährlich
> befinden. Fangmethoden, die hohen Beifang verursachen, sind Stellnet-
> ze, Ringwaden und Grundschleppnetze.[21]

Paul Watson, Gründer der *Sea Shepherd Conservation Society*, einer
Umweltorganisation zum Schutz der Meere, beschreibt die Folgen der
heutigen Fischfangmethoden so:

> Die Kutter drehen buchstäblich jeden Stein um. Grundschleppnetze pflü-
> gen die Tiefen des Ozeanbodens um und holen Grundfische, Weichtiere
> und Schalentiere herauf, wobei sie die Vegetation und die Bodenstruk-
> tur beschädigen. Pelagische Schleppnetze stellen den Fischen nach,
> die zwischen dem Meeresboden und der Oberfläche frei schwimmen.
> Oberflächenschleppnetze durchpflügen die oberen Wasserschichten
> des Ozeans. Die Meeresbewohner, die den dreifachen Ansturm bis dahin
> überlebt haben, müssen den Spießrutenlauf der Langleinen, Stellnetze,
> Ringwaden sowie Körbe und Reusen für Krabben und Hummer absol-
> vieren.
> Die Grundfeste der Nahrungskette an sich werden erschüttert, wenn
> riesige japanische Fangschiffe mit ihren engmaschigen Plankton-Netzen
> Hunderte Millionen Tonnen Krill einholen. Der Krill, ein garnelenähnliches
> Zooplankton, wird anschließend zu einer Proteinmasse verarbeitet und
> als Futtermittel in Fisch- und Nutztierfarmen verwertet. Umso mehr Krill

vom Menschen genutzt wird, umso weniger steht als Nahrung für Fische und Wale zur Verfügung.

An dem Massaker, das man an den Fischpopulationen weltweit anrichtet, sind sowohl die Gemetzel und die Verschwendung auf den gigantischen Fischfabrikschiffen beteiligt, als auch die kumulativen Schäden, die durch Millionen von Menschen verursacht werden, die mit Angeln, kleinen Netzen und Fallen fischen und die Küsten nach Krabben und Schalentieren absuchen.[22]

Um die Nachfrage nach Fischmehl für Fisch- und Nutztierfarmen sowie für menschliche Fischmahlzeiten zu befriedigen, werden manche Fische derart intensiv „genutzt", dass ganze Spezies am Rande der Ausrottung stehen. Lassen wir noch einmal Watson zu Wort kommen:

Die Rechtfertigungen für die Verwendung von Fischmehl widerstreben jeder Logik. Es werden ungefähr hundert Kilogramm Lebendgewicht Fisch als Viehfutter benötigt, um ein Kilogramm Rindfleisch zu produzieren. Zweihundert Kilogramm Fischmehl als Düngemittel ergeben lediglich drei Kilogramm pflanzliches Protein. Noch absurder ist die Tatsache, dass über fünfundzwanzig Kilogramm Fischmehl benötigt werden, um einen Zuchtlachs zu erzeugen.[23]

Viele andere Arten von Meerestieren leiden unmittelbar unter unserem unnatürlichen Verlangen nach Fischfleisch. Seelöwen, Robben, Wale, Delphine und Seevögel leiden und verhungern oft, weil ihre Nahrungsquelle vom menschlichen Fischfang zerstört wurde. Die Anzahl der Stellerschen Seelöwen im Beringmeer liegt beispielsweise bei weniger als zwanzig Prozent ihres Bestands in den 1950ern. Abgesehen davon, dass das Nahrungsangebot in ihrem Lebensraum geplündert wird, töten Fischer oder andere Personen, die in deren Interesse handeln, viele dieser Tiere, weil sie sie als Konkurrenz um die stetig zurückgehenden Fischreserven in den überfischten Meeresgewässern ansehen. Das kanadische Fischereiministerium (*DFO*) subventioniert das jährlich stattfindende Abschlachten von Robbenbabys auf den Eisschollen im Osten Kanadas – das brutale und blutige Totschlagen und Erschießen von über 300.000 wehrlosen Robbenbabys pro Saison durch örtliche Fischer.[24] In den letzten Jahren hat die Regierung die Jagdquote für die Robben sogar noch erhöht. Der Fischereiminister für Neufundland und Labrador hat seiner Hoffnung Ausdruck verliehen, die Robben mögen vollständig eliminiert werden, denn er glaubt, dass sie eine Bedrohung für Kanadas Fischereiindustrie darstellen.[25] Biologen, die die Situation untersucht haben, berichten, dass die Hauptbedrohung für die Fischerei-Industrie in ihrer eigenen Raubgier zu sehen ist, nicht in den Robben. Es gibt schlicht nicht genug Jungfische, die überleben und die Bestände erneuern. Island rechtfertigt ganz offen die Tötung der Wale als einen notwendigen Schritt, um seine Fischfangindustrie zu schützen.

Kormorane und andere Wasservögel werden sowohl von Regierungsbehörden als auch von privaten Interessengruppen gejagt, in Fallen gefangen und getötet, weil sie als Konkurrenz zu den Fischern und der Fischindustrie angesehen werden. Mindestens zwanzigtausend Delphine werden pro Jahr von der Thunfisch-Industrie getötet. Da Delphine die Angewohnheit haben, oberhalb von Thunfischschwärmen zu schwimmen, benutzen die Thunfischfänger sie, um die Thunfische ausfindig zu machen, und die Delphine geraten unweigerlich in die Netze, wo sie jämmerlich ertrinken. Der Thunfischfang unterliegt in weiten Teilen keinerlei Kontrolle. Das Personal des Galápagos Nationalparks hat beispielsweise am 3. Mai 2002 einen Thunfischfänger innerhalb der Parkgrenzen überrascht. In seinem ausgebreitetem Ringwadennetz befanden sich über fünfzig tote und sterbende Delphine und nur acht Thunfische. Es wurde nahezu keine Strafe verhängt.[26] Haie werden derzeit wegen ihrer Flossen zu Zehntausenden getötet. Sie werden an Bord der Schiffe geholt, ihre Flossen werden abgeschnitten, und ihre Körper werden ins Wasser zurückgeworfen, wo sie einen qualvollen Tod sterben.[27] Manchmal wird auch ihre Wirbelsäule aufgeschlitzt, um an die Knorpelsubstanz zu gelangen, die in Reformhäusern als Krebsmittel angeboten wird. Es konnte gezeigt werden, dass dieses Mittel kaum mehr als Placebo-Wirkung besitzt, und doch müssen die Haie weiter dafür sterben. Einige Fischarten, wie der Schwertfisch und der Zackenbarsch, sind in der Natur vom Aussterben bedroht. Gleiches gilt für die meisten Meeresschildkrötenarten; sie ertrinken in den Netzen der industriellen Garnelenfänger.

Zusätzlich zum industriellen Fischfang, der neunzig Prozent der großen Meeresfischarten wie Thunfisch und Schwertfisch vernichtet hat, fordert die „Freizeit- und Sportfischerei" ihren Tribut an Süßwasser- und Salzwasserfischen.[28] Jüngste Studien zeigen, dass Angler prozentual weitaus mehr Fische der bedrohten Arten töten als bisher angenommen. So verursachen sie über fünfundzwanzig Prozent der Verluste von überfischten Salzwasserarten. Einerlei, ob sie den Fisch töten, um ihn zu essen, oder ins Wasser zurückwerfen, der Fisch leidet jedenfalls intensiv. Der ganze Zweck der Sportfischerei ist es, wie Barry MacKay erläutert, „sich auf ein Kräftemessen zwischen Fischer und Fisch einzulassen – ein Kräftemessen, nach dem der Fisch nie verlangt hat und das nicht in seinem Interesse ist."[29] Studien haben gezeigt, dass Fische, die mit einem Angelhaken gefangen und danach ins Wasser zurückgeworfen werden, derart traumatisiert von diesem Vorgang sind, dass die meisten von ihnen sterben. Der durch den Angelhaken im Mund verursachte Schmerz ist entsetzlich. Thomas Hopkins, Professor für Meereskunde an der *University of Alabama*, hat dies verglichen mit einer „Zahnbehandlung ohne Betäubung, bei der am blanken Nerv gebohrt wird".[30] Der Schmerz wird noch dadurch verstärkt, dass der Fisch an der Angelleine gezogen und mit ihm „gespielt" wird – für den Fisch selbst ist es ein qualvoller Kampf, der zu äußerster Erschöpfung führt. Von dem Angler gehandhabt zu werden, bedeutet für den Fisch, dass die schützende Schleimschicht auf seinen Schuppen beschädigt wird. Anschließend wird er weiter traumatisiert, indem der Haken entfernt wird. Zu guter Letzt wird der verwundete Fisch ins Wasser zurückgeworfen, damit der Angler an einem anderen Tag erneut mit ihm „kämpfen" kann. Schätzungen bezüglich der Mortalität von „Rückwürfen" (gefangenen und zurückgeworfenen Fischen) schwanken in Abhängigkeit von verschiedenen Faktoren. Die Fischart, das Alter des Fischs, die Fangtiefe, die Schwere der Verletzungen durch den Angelhaken, die Intensität der Handhabung und der Erschöpfungszustand des Fischs nach seinem Kampf auf Leben und Tod spielen dabei eine Rolle. In einer Studie mit Silberlachsen starben zwanzig bis dreißig Prozent durch die Strapazen. In anderen Studien ist die Rede von fünf bis zehn Prozent der Rückwürfe, die kurz nach dem Wiederaussetzen sterben. Wieder anderen Studien zufolge sollen es fünfzig und sogar bis zu hundert Prozent sein.[31]

Neben dem Leid der Fische sollte auch die extreme Grausamkeit gegenüber den Tieren, die als Köder benutzt werden, Erwähnung finden. Joan Dunayer erläutert hierzu:

Die Palette der Tiere, die als Lebendköder benutzt werden, reicht von
Garnelen, Eidechsen, Würmern und Fröschen zu Makrelen, Lachsen,
Heuschrecken und Krabben. Köderfische werden auf eine Weise am
Haken aufgespießt, die sie nicht zu schnell sterben lässt: durch die
Lippen, die Nase, die Augenhöhlen... Wenn sie zu groß sind, können sie
auf zwei oder drei Haken aufgespießt werden. Es kommt vor, dass Angler einem Köderfisch den Mund zunähen, bevor sie ihn durchs Wasser
ziehen – um den Wasserwiderstand zu verringern. Da ein zappelnder
und blutender Fisch besonders anziehend auf Raubfische wirkt, brechen
Fischer oft das Rückgrat des „Köderfischs", schneiden seine Flossen ab
oder „kerben" ihn mit mehrfachen Rasierklingenschnitten.[32]

Das Ausmaß des Leids, das durch die Nachfrage nach dem Fleisch der
Geschöpfe des Meeres verursacht wird, ist gewaltig und übersteigt unser
Vorstellungsvermögen. Während Vögel und Säugetiere, die jährlich für
unsere Ernährung getötet werden, individuell erfasst werden (in den USA
beträgt die Zahl mittlerweile über zehn Milliarden pro Jahr), wird für
„Meeresprodukte" nur das Gewicht in Tonnen vermerkt. Achtzig Millionen Tonnen Wasserlebewesen pro Jahr: Wievielen Individuen entspricht
das? Jeder einzelne Fisch ist ein Wirbeltier mit einem Zentralnervensys-
tem und Schmerzrezeptoren, wie wir Säugetiere sie haben. Meeresbio-
logen haben nachgewiesen, dass Fische definitiv Schmerz fühlen und
zu vermeiden suchen. Sie lernen, schmerzhaften Stimuli auszuweichen.
Werden sie vor die Wahl zwischen Schmerz und Nahrungsentzug gestellt,
entscheiden sie sich für letzteres. Wissenschaftler haben ebenfalls herausgefunden, dass Fische Angst empfinden können und Schmerz antizi-
pieren lernen – dies ist eigentlich offensichtlich. Darüber hinaus haben
sie entdeckt, dass Fische und auch im Meer lebende Wirbellose „in der
Lage sind, als Reaktion auf Verletzungen, die beim Menschen ohne Frage
schmerzhaft wären, opiatähnliche biochemische Stoffe mit schmerzlin-
dernder Wirkung (Enkephaline und Endorphine) zu bilden. Dies ist ein
weiterer Beweis für die Schmerzfähigkeit von Fischen."[33] Genau wie wir
könnten sie nicht überleben, wenn sie keinen Schmerz empfinden würden.
Die Schmerzrezeptoren sind besonders zahlreich im Mundbereich; genau
hier werden die Fische oft grausam vom Haken durchbohrt und gezogen.
Die Wissenschaft hat nicht nur nachgewiesen, dass Fische Schmerz
fühlen, sondern auch, dass sie weitaus intelligenter sind als bisher an-

genommen. Britische Experten sagen beispielsweise, dass Fische als der älteste Zweig der Wirbeltier-Familie „ausreichend Zeit hatten", um komplexe und facettenreiche Verhaltensmuster zu entwickeln, die denen manch anderer Wirbeltiere in nichts nachstehen. Sie berichten, dass es seit einigen Jahren in der Wissenschaft gewaltige Veränderungen in der Betrachtungsweise der psychologischen und mentalen Fähigkeiten von Fischen gegeben hat.

Und sie fügen hinzu: „Obwohl es für jene unerhört scheinen mag, die bequem daran gewöhnt sind, die Intelligenz von Tieren anhand ihrer Gehirngröße zu messen, ist es doch so, dass Fische in einigen kognitiven Bereichen den Vergleich mit nicht-menschlichen Primaten durchaus nicht zu scheuen brauchen."[34] Die jüngste Forschung hat gezeigt, dass Fische „über eine ausgeprägte soziale Intelligenz verfügen". Sie erkennen ihre „Schwarmgenossen" individuell und wissen um deren gesellschaftlichen Status. Außerdem konnten die Wissenschaftler beobachten, dass sie Werkzeuge benutzen, komplexe Nester bauen, untereinander kooperieren und stabile gesellschaftliche Traditionen sowie Langzeitgedächtnis besitzen.[35]

Sylvia Earle, ehemalige leitende Wissenschaftlerin bei der *National Oceanic and Atmospheric Administration*, schreibt: „[Fische] sind unsere Mitbürger mit Schuppen und Flossen. [...] Ich würde niemals jemanden essen, den ich persönlich kenne. Ich würde genauso wenig willentlich einen Zackenbarsch essen wie einen Cocker Spaniel. Sie sind so gutartig und so neugierig. Wissen Sie, Fische sind sensibel, sie sind Persönlichkeiten, und sie fühlen Schmerz, wenn man sie verletzt."[36] Fische sind empfindsame und intelligente Geschöpfe. Ihr mit Schmerz, Angst und Toxinen belastetes Fleisch ist offensichtlich vollkommen ungeeignet, von uns gegessen zu werden. Trotzdem beharren wir darauf. Wir jagen sie, sperren sie ein, schlachten sie und essen sie, als wären es nur Objekte, die man konsumieren kann. Dabei beschädigen wir uns unweigerlich selbst auf spiritueller und emotionaler Ebene. Paul Watson hat notiert:

Fische und Meeresfrüchte sind nichts weiter als eine gesellschaftlich akzeptierte Form von Buschfleisch. Wir verurteilen die Afrikaner, weil sie Affen und andere Säugetiere sowie Vögel aus den Urwäldern jagen und verzehren. Doch die zivilisierte Welt denkt sich nichts dabei, prächtige wilde Geschöpfe wie Schwertfische, Thunfische, Heilbutte, Haie und Lachse aus dem Meer auf unseren Teller zu zerren. Die Wahrheit ist, dass das weltweite Abschlachten der Meeresfauna ganz einfach das größte Massaker an Wildtieren auf diesem Planeten ist.[37]

Chefköche wissen, dass Fische, die sich heftig gegen den Tod gewehrt haben, gegen das Netz oder die Angel angekämpft haben, aufgrund der Milchsäure, die sich in ihren Muskeln gebildet hat und darin verblieben ist, bitter schmecken. Wenn wir Fische essen, nehmen wir die Milchsäure auf, die sie in ihrem Todeskampf produziert haben, ebenso wie Adrenalin und andere Hormone, die durch ihre Angst hervorgerufen wurden. Es sollte hinreichend klar sein, dass wir mit dem unbedachten Verzehr von Fisch eine Palette von Giftstoffen in unseren Körper einbringen und Leid und negative Auswirkungen verursachen, die den potenziellen erhofften Nutzen bei weitem übersteigen. Wir können uns mit ausreichend hochwertigem Eiweiß aus pflanzlichen Quellen versorgen, ohne anderen Lebewesen unnötiges Leid und Traumata zu bereiten.

Letztendlich ist es so, dass wir das Wasserreinigungssystem der Erde zerstören, wenn wir die Fische in unseren Gewässern ausrotten. Es ist bekannt, dass Fische Giftstoffe und Verunreinigungen aus dem Wasser filtern. Man kann sie als die Nieren der Erde bezeichnen, die Schadstoffe in ihr Fleisch aufnehmen. Dies ist ihre natürliche Funktion und ein wichtiger Grund, wieso es so schädlich für die Gesundheit unseres Planeten ist, dass wir sie gegenwärtig ausrotten, und wieso es ebenso schädlich für unsere eigene Gesundheit ist, sie zu essen. Fische versammeln sich oft um Abwasserleitungen, mit denen in Ländern, in denen diese Praktik noch nicht verboten ist, ungeklärte Abwässer ins Meer geleitet werden. Die Fische ernähren sich von menschlichen Fäkalien, die aus diesen Leitungen austreten. Als Konsumenten von Fäkalien und als Fleischfresser sind Fische vollkommen ungeeignet für den menschlichen Verzehr und in jeder erdenklichen Hinsicht „unrein". Indem wir gewaltsam in ihre Welt eindringen, sie ihrer Freiheit berauben, sie handhaben und töten und gleichzeitig Seevögel und Meeressäuger schädigen, begehen wir Verbrechen gegen die Natur in einem gigantischen Ausmaß. Es zeigt unsere Missachtung des Lebens und der gütigen Quelle allen Lebens, die uns mit einem Körper gesegnet hat, für dessen Ernährung nicht ein einziger Fisch oder Delphin, keine Schildkröte, kein Albatros oder Hummer, keine Garnele und auch keine Krabbe leiden oder sterben muss.

KAPITEL SIEBEN

DIE HERRSCHAFT ÜBER DAS WEIBLICHE

„Kann man ein Mitgeschöpf als einen Eigentumsgegenstand ansehen, eine Investition,
ein Stück Fleisch, ein „Es", ohne in Grausamkeit
gegenüber diesem Geschöpf zu verfallen?"
– Karen Davis[1] –

„Milch war dazu bestimmt, die Nachkommen der Tiere zu ernähren, und nicht dazu,
dass der Mensch sie gewaltsam für sich beansprucht. Das Jungtier hat das Recht, in
den Genuss der Milch und der Liebe seiner Mutter zu kommen, doch der hartherzige
Mensch, der von seinen materialistischen und oberflächlichen Anschauungen beeinflusst ist, verändert und pervertiert diese wahren Zwecke. Dergestalt kann das Junge
nicht mehr an der Liebe seiner Mutter teilhaben
und sich an der Herrlichkeit des Lebens erfreuen."
– Rabbi Abraham Kook, *Großrabbiner von Israel, 1865–1935* –

„Das Unrecht, das man anderen antut, richtet sich am heftigsten gegen einen selbst."[2]
– Mary Baker Eddy –

Albtraum Milchprodukte

Es gibt zwei andere große Kategorien von tierischen Produkten, die wir
verzehren, obwohl sie nicht als Nahrungsmittel für den Menschen geeignet sind: Milchprodukte und Eier. Viele Menschen, die Milch und
Eier erzeugende Betriebe genauer in Augenschein nehmen, kommen zu
dem Schluss, dass diese in mancher Hinsicht gesundheitsschädlicher und

grausamer sind als Fleisch erzeugende Betriebe, weil die Kühe und Hühner über einen längeren Zeitraum schwer misshandelt und unweigerlich geschlachtet werden, sobald ihre Produktivität nachlässt. Um mit den Milchprodukten anzufangen: Diese sind ein extrem breitgefächertes und komplexes Thema. Die Versklavung der Milchkühe hat in unterschiedlicher Weise zur Versklavung der Menschen beigetragen. Der durch diese Praktik verursachte Schaden reicht also weit über die negativen Auswirkungen des Milchkonsums auf unsere Gesundheit hinaus. Obwohl viele Menschen aus rein gesundheitlichen Gründen auf Milchprodukte verzichten, ist es wichtig, die größeren Zusammenhänge der Tragödie zu begreifen, denn diese Wahrheit ist so alt wie die Welt: Wir können nicht die Saat der Sklaverei und Grausamkeit säen und die Früchte der Freiheit und Gesundheit ernten.

Grundsätzlich ist Kuhmilch eine Substanz, die die Natur für Babykälber bestimmt hat, nicht für den Menschen. Wir sind die einzige Spezies, die Milch trinkt, die für die Nachkommen anderer Spezies bestimmt ist. Außerdem sind wir die einzige Spezies, die nach dem Abstillen darauf beharrt, weiter Milch zu trinken. Es scheint, als könnten wir uns nicht an den Gedanken gewöhnen, erwachsen zu werden und „unser Zuhause zu verlassen". Vielleicht sehnen wir uns nach dem Säuglingsalter zurück und nach dem friedlichen Zustand der Sorglosigkeit und Geborgenheit, den wir an der Brust unserer Mutter fanden. Wenn ihre Brust nicht verfügbar ist, dann nehmen wir halt die Brust irgendeiner anderen stillenden Mutter, sogar wenn sie eine Kuh ist und wir ihr Junges töten müssen, um daran zu kommen. Genauso wie die vollkommene Unnatürlichkeit des Tötens und Essens von Tieren ins Auge springt, wenn man sich vorstellt, dass man dies ohne jegliche Hilfsmittel zuwege bringen soll, so ist auch das Milchtrinken zutiefst unnatürlich. Die leichte Verfügbarkeit von Kalbsschnitzeln oder billigen Hamburgern verschleiert die wahren Kosten und die grausame Realität in den Milchviehbetrieben, aus denen sie stammen. Gleiches gilt auch für die schmucken Verpackungen von Käse, Milch, Sahne und Butter in den Kühlregalen der Supermärkte.

Man darf bezweifeln, dass wir in der Natur – in einem Wald oder einer Savanne irgendwo in Asien, wo Kühe ursprünglich leben – überhaupt nahe genug an eine stillende Kuh herankämen, um Milch von ihr zu erhalten. Zuerst sind da die wilden Stiere: Mit ihrem grimmigen Beschützerinstinkt würden sie uns aufspießen oder davonjagen. Sollten wir an den Stieren vorbeikommen, ist es trotzdem unwahrscheinlich, dass irgendeine Kuh uns erlauben würde, unter ihren Körper zu gelangen und an ihren Zitzen zu saugen. Wir müssten uns gegen ihr Kalb durchsetzen, den rechtmäßigen Empfänger der Milch, indem wir es wegstoßen oder nach ihm treten. Dann müssten wir die Mutterkuh dazu bringen, so lange stillzuhalten, bis wir an ihren Zitzen gesaugt oder diese gemolken haben. Dieses Szenario ist dermaßen absurd, dass noch nicht einmal der eingefleischteste Milchtrinker dies versuchen würde.

Nur dank der fortbestehenden Tradition einer teuflischen Unterjochung können Menschen Kuhmilch trinken. Dies ist eine von Grund auf ungesunde und perverse Handlung. Die Milchprodukte in unseren Supermärkten sind das Resultat von vielen Jahrhunderten der Manipulation der Kühe durch den Menschen und der furchtbaren Brutalität ihnen gegenüber. Der Inbegriff dieser Brutalität sind die heutigen mechanisierten Milchwirtschaftsbetriebe, seien es kleine oder große.

Wie man Kühe zu höherer Produktivität zwingt

Kühe werden heutzutage gezwungen, weitaus höhere Milchleistungen zu erbringen, als sie es jemals in der Natur würden. Dies wird durch zwei Arten von Eingriffen erreicht: Über das Futter und mittels Hormongaben.[3] In der Natur gibt eine Kuh, genau wie andere Säugetiere, nach der Geburt eines Kalbs Milch. Die Produktion verläuft über sieben Monate in einer klassischen Glockenkurve. Sie beginnt bei weniger als fünf Kilogramm Milch pro Tag, beträgt auf dem Höhepunkt zwölf bis dreizehn Kilogramm, sinkt dann wieder auf fünf Kilogramm und schließlich auf null, wenn das Kalb anfängt, feste Nahrung zu sich zu nehmen. In modernen Milchbetrieben wird das neugeborene Kalb der Mutter sofort weggenommen, was enorme Ängste bei beiden hervorruft. Die Mutter wird auf künstlichem Wege dazu gezwungen, *45 bis 55 Kilogramm Milch pro Tag zu geben*, und zwar über den vollen Zeitraum der Laktationsdauer von sieben oder acht Monaten. Milchkühe werden in einem viel jüngeren Alter befruchtet, als dies jemals in der Natur geschehen würde. Sie werden anschließend nahezu ununterbrochen trächtig gehalten, sogar während sie noch aufgrund der vorigen Kalbung Milch geben. Der enorme Stress, den es für diese Kühe bedeutet, solche abnorme Mengen Milch zu produzieren, zerstört rasch ihre Gesundheit. Obwohl sie in der Natur normalerweise ein Alter von fünfundzwanzig Jahren erreichen können, fällt ihre „Produktivität" nach ungefähr vier Jahren des Missbrauchs in der Milchindustrie drastisch ab. Sie müssen daraufhin die Brutalität des Schlachthauses über sich ergehen lassen und werden zu billigem Hamburgerfleisch, Leder und Tierfutter verarbeitet.

Der immense und kontinuierliche Missbrauch, dem diese Milchkuh-mütter ausgesetzt sind, bewirkt, dass ihre Milch extrem gesundheits-schädlich für den Menschen ist. Auf der einen Seite kommen darin für den Menschen schädliche Substanzen natürlich vor, wie der insulinähn-liche Wachstumsfaktor IGF-1, Kasein, Östrogen, schlaffördernde Hor-mone, Laktase, Eiter, Bakterien, Parasiten und die offenbar suchterzeu-genden Casomorphine, die in Kapitel 4 erwähnt wurden. Auf der anderen Seite enthält die Milch Schadstoffe, die direkt darauf zurückzuführen sind, dass die Kühe zu abnorm hoher Milchleistung angetrieben werden: Künstliche Wachstumshormone, Hormone zur Steigerung der Milch-produktion, Antibiotika, Beruhigungsmittel und Pestizidrückstände aus dem Futter. Sogenannte Bio-Milch enthält vielleicht weniger an künstli-chen Giften, aber sie enthält immer noch dieselbe Menge an natürlichen Schadstoffen, die uns daran erinnern, dass Milch eine Nahrung für Käl-ber ist, nicht für den Menschen.

Wie werden die Mutterkühe denn überhaupt dazu gebracht, derart gigantische Mengen Milch zu geben? Sie sind gezwungen, Cholesterin mit dem Futter aufzunehmen, und es wird ihnen ein Hormoncocktail ge-spritzt, der unter anderem Östrogen, Progesteron, Prolaktin und Testos-teron enthält. Die Milchverbraucher sind den Hormonen relativ schutzlos ausgesetzt, denn die gesetzliche Regulierung ihrer Verwendung ist mi-nimal. Wie Jim Mason und Peter Singer in *Animal Factories* aufzeigen, existieren die *FDA* (die Lebensmittelüberwachungs- und Arzneimittelzu-lassungsbehörde der Vereinigten Staaten) und das *USDA* (das US-Land-wirtschaftsministerium) zu dem Zweck, den Interessen des Agrobusiness zu dienen und sie zu wahren, anstatt die Interessen der Verbraucher, der Umwelt oder der Tiere zu schützen.[4] Um nur ein Beispiel zu nennen: Während Kanada und die europäischen Regierungen den Gebrauch von Rinder-Somatotropin (rBST oder rBGH) – Monsantos umstrittenes gen-manipuliertes, rekombinant hergestelltes Wachstumshormon zur Erhö-hung der Milchleistung – untersagt haben, wurde es von der *FDA* 1985 pflichtschuldig zugelassen. Es wird seither landesweit in Milchbetrieben eingesetzt, trotz Hinweisen von Seiten der Wissenschaft, dass es möglicherweise das Krebsrisiko erhöht, sowohl bei Kühen als auch beim Verbraucher.[5] Die Milcherzeuger haben außerdem vor langer Zeit herausgefunden, dass Kühe, die cholesterinreiches Futter bekommen, wesentlich mehr Milch geben. Natürlich sind Kühe in der Natur strikte Pflanzenfresser und würden niemals Fleisch, Milch oder Eier (die einzigen Lieferanten von Cholesterin, das in pflanzlicher Nahrung nicht vorkommt) anrühren. Doch Milchkühe, die wie viele andere Nutztiere die Auswüchse der modernen industriellen Viehwirtschaft erdulden müssen, erhalten Futter, das mit tierischem Fleisch und Innereien, Nebenerzeugnissen der Schlachtung von Fischen, Vögeln und anderen Säugetieren – einschließlich anderer Kühe und sogar ihrer eigenen Kälber – „angereichert" ist. Dies alles ist unbeschreiblich pervers, und doch ist es seit vielen Jahren das Standardverfahren in Milchbetrieben. Dem früheren Milcherzeuger Tom Rodgers zufolge verfüttern sogar kleinere Betriebe dieses „angereicherte" Futter zur Steigerung der Milchleistung an ihre Kühe, um wettbewerbsfähig zu sein.[6]

Da eine Milchkuh zwangsweise wesentlich mehr Kälber bekommt, als im Milchbetrieb Verwendung finden, werden ihre Kälber entweder unmittelbar geschlachtet, an Kälberbetriebe versteigert oder sie kommen zur Auktion, um eine Herde von Mastrindern zu bilden, die im Alter von zwei Jahren geschlachtet werden. In jedem Fall enden Teile ihrer Körper in der Tierkörperverwertungsanstalt, werden mit Innereien und unverkäuflichen Körperteilen von Fischen, Schweinen, Geflügel, überfahrenen Tieren, Labortieren sowie eingeschläferten Hunden, Katzen, Pferden und anderen Tieren gemischt und anschließend gekocht, gemahlen und zu Mais, Weizen, Soja und anderem Getreide hinzugefügt. Dieses Gemisch wird anschließend an die Kühe zurückverfüttert. Kühe wurden somit systematisch dazu gezwungen, mit ihrem „angereicherten" Futter ihre eigenen Artgenossen zu essen und mit großer Wahrscheinlichkeit sogar das Fleisch und die Organe ihrer eigenen Jungen. Der einzige Grund, aus dem dies nun der Vergangenheit angehören könnte, ist der Ausbruch von BSE, eine direkte Folge derart verrückter landwirtschaftlicher Praktiken. Obwohl das Verbot der *FDA*, das Fleisch von Wiederkäuern an andere Wiederkäuer zu verfüttern, die Wahrscheinlichkeit verringert hat, dass Kühe andere Kühe essen müssen, ist es nach wie vor so, dass man Schweine, Hühner, Truthähne, Fische, Hunde und andere Tiere an sie verfüttert. Zieht man die bekanntlich lax gehandhabte Anwendung und Kontrolle dieser *FDA*-Richtlinie in Betracht, so werden viele Kühe sicher immer noch zum Kannibalismus gezwungen.

Es ist diese bizarre und skandalöse Grausamkeit, die sich hinter dem *Milchbart,* der bekannten Werbekampagne der US-Milchwirtschaft, verbirgt. Diese Praktiken werden als normales Geschäftsgebaren angesehen, und niemand stellt sie je infrage, denn die davon betroffenen Tiere wurden von der Milchindustrie zu bloßen Objekten degradiert. Das einzige, übergeordnete Ziel ist die Produktion von Milch zu einem möglichst niedrigen Preis. (Und dank des Landwirtschaftsministeriums, das den Aufkauf der Milchüberschüsse garantiert, maximieren die Erzeuger ihre Gewinne.[7]) Die gesamte Milchindustrie ist offensichtlich der Auswuchs einer stark verkümmerten kulturellen Intelligenz, die ihre Fähigkeit eingebüßt hat, grundlegende Zusammenhänge herzustellen. Gleichzeitig trägt diese Industrie in erheblichem Maße dazu bei, dass die kulturelle Intelligenz vermindert wird.

Gifte in der Milch

Wie bereits erwähnt, reichern sich mit der Nahrung aufgenommene Chemikalien, Pestizide, Fungizide, Düngemittel und Schwermetalle im Körpergewebe an, insbesondere im Fettgewebe und in den Organen. Milchkühe konzentrieren folglich nicht nur die Toxine, mit denen das Getreide und Heu gesprüht wurde, das sie essen, sondern auch die stärker konzentrierten Toxine aus dem Tiermehl, das man sie zwingt zu essen. All diese Stoffe reichern sich in der Milch an, denn Milch ist besonders fetthaltig, und Toxine heften sich an Fett. Milchprodukte, vor allem Butter, Käse, Sahne und Eiscreme, sind offenkundig ungesunde und gefährliche Nahrungsmittel, besonders für Kinder, schwangere Frauen und stillende Mütter.

Abgesehen davon sind hochwirksame Toxine natürlicherweise in der Milch enthalten. Die Natur hat niemals vorgesehen, dass wir Menschen Milch trinken, die für den Nachwuchs anderes Spezies bestimmt ist, insbesondere die Milch von Kühen. Kuhmilch ist besonders geeignet, um den Nährstoffbedarf von Herdentieren zu decken, die ihr Gewicht in nur siebenundvierzig Tagen verdoppeln, innerhalb von vierzehn Wochen einhundertfünfzig Kilo wiegen und vier gesunde Mägen ausbilden! Kuhmilch enthält dreimal so viel Eiweiß wie menschliche Milch und ungefähr fünfzig Prozent mehr Fett. Die Milch von Hündinnen ist beispielsweise vom Nährstoffgehalt der menschlichen Milch viel ähnlicher als Kuhmilch. Kuhmilch ist molekular viel zu grob und zu gehaltvoll, besonders für kleine Kinder, die dabei sind, ihr zartes Gehirn, Nervensystem und anderes Gewebe auszubilden. Menschliche Kinder sind keine Kälber! Das kindliche Gehirn und Nervengewebe entwickelt sich am besten mit den Nährstoffen, die in menschlicher Milch enthalten sind. Lactalbumin, das wichtigste Eiweiß in menschlicher Milch, besitzt ein Molekulargewicht von 14K. Es ist perfekt geeignet, um zartes menschliches Gewebe zu entwickeln. Das hauptsächliche Eiweiß in Kuhmilch, Kasein, besitzt ein Molekulargewicht von 233K.[8] Weil es so haltbar und klebrig ist, wird es als Bindemittel in Farben verwendet und als Leim, der Sperrholz zusammenhält und Etiketten an Flaschen klebt.[9] Es ist perfekt geeignet, um die Gewebe von Kälbern zu entwickeln, doch es richtet unberechenbare Schäden beim Menschen an. Kasein ist ein riesiges, klobiges Eiweiß, das von einem menschlichen Kind nicht richtig aufgespalten werden kann (genauso wenig wie von einem Erwachsenen). Bei seiner Verstoffwechselung entstehen reichlich saure Abbauprodukte, und es verursacht zahlreiche schwerwiegende Probleme bei kleinen Kindern.

Wir sind über die Palette an Symptomen bei Kindern besorgt, die mit dem Verzehr von Milchprodukten in Verbindung gebracht werden, darunter Koliken, Ohrenschmerzen, Halsentzündungen, Erkältungen, Fieber, Anämie, Diabetes, Mandelentzündungen, Blinddarmentzündungen, diverse Allergien, Entzündungen der Schleimhäute, Durchfall, Blähungen und Krämpfe.[10] Wir sind nicht weniger besorgt über die Schäden, die bei Kleinkindern, die gezwungen werden, Milchprodukte zu sich zu nehmen, in den frühen Entwicklungsstadien des Gewebes angerichtet werden. Kann das empfindliche menschliche Gewebe, aus dem sich das Körper-Geist-System des Kleinkinds bildet, mit dem klebrigen, klobigen Kasein und dem überschüssigen Fett, die dazu gedacht sind, das Wachstum junger Rinder zu ermöglichen, korrekt aufgebaut werden? Es ist, als wollte man eine filigrane Landschaft malen und nähme dazu grobe Malerpinsel zum Wandanstrich als Werkzeug! Dies hat sicherlich einen

Einfluss auf die frühe Entwicklung der kindlichen Psyche. Angesichts der in der Milch enthaltenen Rinderwachstumshormone, Giftstoffe und Schwingungen des Elends ist es gut möglich, dass eine der Auswirkungen die grundsätzliche Abstumpfung des Kindes ist. Welch eine Tragödie ist es, das auf wunderbare Weise empfindliche menschliche Vehikel in einem so frühen Alter zu verschmutzen und zu beschädigen! Welch Tragödie, seine Fähigkeit zu schmälern, ein Kanal für spirituelle Energie, Weisheit und Mitgefühl zu sein und womöglich seine Wahrnehmungsfähigkeit für die subtile Verflochtenheit mit allem, was ist, zu verringern, die zu erspüren, erkunden und feiern unser menschliches Vehikel erschaffen wurde. Wenn wir in unseren Pubertäts- und Erwachsenenjahren fortfahren, Milchprodukte zu verzehren, verschlimmert dies die Tragödie noch.

Wenn man Kleinkinder dazu zwingt, Milchprodukte zu verzehren, bedeutet dies auf tieferer Ebene, dass man in ihren formbaren Geist und Körper eine höchst ungünstige und negative Schwingungsenergie einbringt: Die Energie von Traurigkeit, Gram, Panik, Leiden und Angst. Dies sind die Empfindungen einer Mutterkuh, sei es in einem ökologischen oder herkömmlichen Milchbetrieb. Die gesamte Milchwirtschaft basiert auf Diebstahl: Man stiehlt den Mutterkühen die Kälber, und man stiehlt den Kälbern die Muttermilch. Wir sind gegenüber der Grausamkeit dieser Handlungen unempfindlich geworden. Und wir sind uns nicht bewusst, wie sehr sie der prinzipiellen Unterdrückung, Einschränkung und Ausbeutung der Frau und des weiblichen Prinzips in unserer Kultur zugrunde liegen.

Bei allen Säugetieren empfinden die Mütter furchtbaren emotionalen Stress, wenn sich ihre Neugeborenen in Gefahr befinden, und sind bereit, alles in ihrer Macht Stehende zu tun, um ihren Nachwuchs zu beschützen. Menschliche Mütter wissen, wie tief dieses Gefühl geht und wie niederschmetternd es für sie wäre, würden ihnen ihre Kinder gewaltsam genommen. Eine liebende Mutter opfert oftmals ihr eigenes Leben für das ihres Kindes. Wir stellen diese tiefe mütterliche Fürsorge bei Hunden, Bären, Elefanten, Affen, Rehen, Löwen oder Walen fest. Es ist ein besonderes und offensichtliches Merkmal der Mütter aller Säugetierarten. Wenn Wissenschaftler, Vertreter des Agrobusiness oder Theologen diese Tatsache abstreiten oder kleinreden, dann zeigt dies nur, wie beeinträchtigt ihre Intelligenz und Sensibilität durch ihre kulturelle Verletzung und die daraus abgeleitete Fähigkeit, sich als getrennt zu empfinden, bereits sind.

Von allen Säugetieren ist es wohl die Kuh, deren Mutterinstinkt am meisten erkannt und gepriesen wurde: Ihre sanften und geduldigen Augen, ihr von Natur aus bemutterndes Wesen gegenüber ihrem Kalb, das sie leckt und füttert und über das sie wacht, und ihre lauten Schreie, wenn ihr Kalb von ihr weggenommen wird. Sie kann nicht gegen die Hände der Menschen ankämpfen, die ihren Nachwuchs fortnehmen, oder zu uns in menschlicher Sprache sprechen, um uns zu verstehen zu geben, wie tief sie dies schmerzt. Und doch ist es offensichtlich für jeden, der Augen hat zu sehen und Ohren zu hören. Die Augen vor ihrem Leid und dem Leid ihres Kalbs zu verschließen – Hunderte, Tausende, Millionen von Malen – bedeutet, unsere eigene Würde zu missachten und zu leugnen. Es liegt ein tiefer und furchtbarer Verstoß gegen die Natur in all dem – unsere widernatürliche Gier vor einigen Tausend Jahren nach der Muttermilch der Kuh, die für das Kalb bestimmt war; der Aufbau einer ganzen Kultur rund um den Diebstahl der Milch, das Töten der Mutter und ihrer Kinder; und die Rechtfertigung dieser ganzen schrecklichen Vorgänge, indem ein Mythos darum erschaffen wurde: „Der Herr hat uns das Land versprochen, in dem Milch und Honig fließen." Der gewaltsame Diebstahl der Milch von versklavten Müttern hat Saaten des Krieges und der Ausbeutung gesät, die tragischerweise fast vollkommen unsichtbar sind. In unserer heutigen Gesellschaft ist Milch etwas Selbstverständliches! Sie wird weltweit mit aggressiven Methoden beworben und vermarktet. Wie können wir je auf Frieden hoffen, wenn wir solch beschämende und schändliche Gewalt in so großem Maßstab ausüben?

Vier Wege in die Hölle

Die Kälber, die man ihren Müttern wegnimmt, sind sämtlich dazu bestimmt, brutaler Misshandlung ausgesetzt zu werden, und die Mutterkühe sind sich dessen sicherlich bewusst. Wie zahllose Kulturen erkannt haben und wissenschaftliche Beweise zunehmend zeigen, sind Tiere bemerkenswert feinfühlig. Mutterkühe haben eine Vorstellung davon, dass die Hände, die sie einsperren, vergewaltigen und so hart antreiben, um ihre Milchleistung zu steigern, nichts Gutes mit ihren Kindern im Sinn haben. Das in einem Milchbetrieb geborene Kalb muss einen von vier Wegen gehen, die es durch die Hölle führen.

Ein weibliches Kalb wird vielleicht großgezogen, um wie ihre Mutter eine Sklavin im Milchbetrieb zu werden. Sie wird direkt nach der Geburt ihrer Mutter weggenommen, um nicht deren verkaufsfähige Milch zu verschwenden. Sie wird enthornt werden; normalerweise wird hierzu ein rotglühendes Brenneisen verwendet, mit dem ihre Hornanlagen ausgebrannt werden. Die Prozedur wird in einem Handbuch für moderne Milchwirtschaft folgendermaßen beschrieben:

> [...] legen Sie das Kalb auf die Seite und fixieren Sie seinen Hals unter Ihrem Knie. [...] Das Enthornungsgerät muss für ungefähr fünf bis zwanzig Sekunden an die Hornknospe gehalten werden. Diese Zeit wird Ihnen aufgrund der doppelten Unannehmlichkeit des Geruchs von verbranntem Haar und des zappelnden Kalbs länger erscheinen [...] die Enthornung ist vollbracht [...] wenn Sie ein quietschendes Geräusch hören, das bedeutet, dass das Enthornungsgerät blockiert ist. Es ist das Geräusch, das die Spitze des Enthornungsgeräts macht, wenn sie gegen den Schädelknochen reibt.[11]

Der Milchindustrie zufolge werden ungefähr die Hälfte der Kälber mit „überzähligen" Zitzen an ihrem Euter geboren. Diese Zitzen sind „unansehnlich" und könnten sich später an der elektrischen Melkmaschine als störend erweisen. Daher werden sie den Kälbern ebenfalls entfernt, ohne Anästhesie, wie es erneut im Handbuch der Milchwirtschaft beschrieben steht: „Fassen Sie die Zitze zwischen Daumen und Zeigefinger. Auch bei sehr jungen Kälbern ist die Nervenverbindung zu den Zitzen gut entwickelt. Stellen Sie sicher, dass das Kalb gut fixiert ist, bevor Sie fortfahren. Ziehen Sie die Zitze heraus und schneiden Sie sie großzügig mit der Schere ab."[12] Enthornung, Kupieren (Kürzen) des Schwanzes und Zitzenentfernung verursachen nicht nur intensiven Schmerz, sie erhöhen auch das Infektionsrisiko und die Gefahr der Ausbreitung von Krankheiten. Diese Praktiken sind zum Teil für die Verbreitung des Rinderleukämie-Virus (BLV) verantwortlich, das nach Schätzungen Kühe in achtundneunzig Prozent aller US-amerikanischen Milchbetriebe[13] infiziert. Forschern an der Universität von Kalifornien zufolge stellt es ein Krebsrisiko für den Verbraucher dar.[14]

Während eine Kuh in der Natur nicht vor einem Alter von drei bis fünf Jahren erstmals kalben würde, ist dieser Zeitraum viel zu lang, um sie zu füttern, ohne im Gegenzug Geld mit ihrer Milch zu verdienen. Das Futter für Kühe ist teuer, daher möchten die Milchwirte sie rasch in die Produktion eingliedern, was bedeutet, sie so schnell wie möglich trächtig zu machen, nach höchstens einem Jahr, wenn sie nach menschlichen Maßstäben noch ein Kind ist. Dies wird mittels Hormonmanipulation erreicht, wobei ihr überhöhte Dosen an Östrogen und anderen Hormonen verabreicht werden sowie Prostaglandin, ein Hormon, mit dem die Kuh in Brunst gebracht wird, wenn die Milcherzeuger sie künstlich besamen möchten. In den allermeisten Fällen bleibt die Kuh das ganze Jahr in einem Stall oder an einem Melkplatz eingesperrt, ist oftmals extremen Temperaturen ausgesetzt, hat keine Beschäftigung außer der Nahrungsaufnahme und dem Herumstehen und ist auf ein Dasein als „Milchmaschine" reduziert. Sie wird mit einem Katheter besamt, der ellenbogentief in ihre Vagina geschoben wird, um das Bullensperma zu injizieren. Der spezielle Bulle, von dem das Sperma stammt, existiert ebenfalls nur, um „gemolken" zu werden – um sein Sperma zu spenden. Er wird geschlachtet, sobald seine Produktivität abfällt.

Sofort nach der Geburt wird man ihr ihr Kalb stehlen. Sie wird zwei- bis dreimal am Tag von der Melkmaschine gemolken werden. Das Milchgeben ist nicht länger etwas, das *sie tut*, sondern etwas, das ihr zugefügt wird. Die Maschinen verursachen oft Schnitte und Verletzungen und können Mastitis hervorrufen, eine Entzündung des Euters, die in modernen Milchbetrieben grassiert. Manchmal gibt ihr die Melkanlage auch einen elektrischen Schlag, was erhebliches Missbefinden und große Angst bei der Kuh auslöst. Sie kann auch „gedrencht" werden, eine Prozedur, die bei manchen Kühen systematisch nach dem Kalben durchgeführt wird, um Stoffwechselkrankheiten in der Frühlaktation vorzubeugen. Dabei werden größere Mengen einer Nährlösung mittels einer ca. zwei Meter langen Schlundsonde in ihren Pansen gepumpt. Sie kann daran sterben, wenn die Flüssigkeit zu schnell gepumpt wird oder die Sonde in die Luftröhre gelangt. Ihr neugeborenes Kalb wird eventuell einer ähnlichen Prozedur, *Lavage* genannt, unterzogen, um Kolostrum (Biestmilch) zu verabreichen.

Unmittelbar nach Beginn der Melkphase wird die Kuh erneut auf dem Besamungsstand (im Englischen „*Rape Rack*" genannt, Vergewaltigungsgestell) mittels Katheter besamt. Somit ist sie gleichzeitig trächtig und gibt Milch. Sie wird nur während der letzten zwei Monate der Trächtigkeit aus der Melkmaschine befreit. Sobald sie gekalbt hat, wird ihr das Kalb wiederum weggenommen, sie kehrt in die Melkmaschine zurück und wird wieder vergewaltigt und besamt.

All dies verursacht enormes Leid bei den Mutterkühen, und ihre Gesundheit nimmt rasch Schaden. Die Hormone, die die Milchbildung anregen, das cholsterinhaltige Futter und die unnatürlichen Melkprogramme bewirken, dass das Euter der Kühe schmerzhaft und derart schwer wird, dass sie es manchmal auf dem Boden nachziehen, wo es mit ihren Exkrementen in Kontakt kommt, was die schmerzhafte Euterentzündung noch verschlimmert und zu übermäßigen Antibiotika-Gaben führt. Ihre Euter werden ständig unnatürlich überdehnt, ihre Gelenke sind geschwollen und wund vom permanenten Stehen auf Betonboden. Nach drei bis fünf Jahren als Sklaven der Milchwirtschaft sind diese Mutterkühe verbraucht. In überfüllten Viehtransportern werden sie zum Schlachthof gebracht und müssen dort die letzten entwürdigenden Rohheiten erdulden. Die Mehrzahl der „Downer-Kühe" (Festlieger), die im Schlachthaus ankommen, sind Milchkühe. Diese Tiere sind zu schwach, zu krank oder zu verletzt, um aufzustehen und aus dem Viehtransporter zu kommen. Aufgrund des eiweißreichen Futters und der zwangsweise hohen Milchleistung dieser Kühe haben sie Osteoporose entwickelt, und ihre Knochen brechen leicht. Der Transport hat unter Umständen mehrere Tage gedauert, und sie waren ohne Futter und Wasser bitterer Kälte oder extremer Hitze ausgesetzt. Es kommt vor, dass Kühe buchstäblich an den Innenwänden der Viehtransporter festfrieren. Wenn sie zusammengebrochen sind, werden die „Downer" mit äußerst schmerzhaften elektrischen Treibstöcken traktiert. Können sie sich aber immer noch nicht bewegen, dann werden sie an Ketten geschleift, wobei oft Haut abgeschürft wird, Sehnen und Bänder reißen und Knochen brechen. Sie werden nicht auf würdige, schmerzlose Weise eingeschläfert, denn man sieht nur Fleisch in ihnen, und als Kadaver können sie nicht der Schlachtung zugeführt werden (obwohl auch dies eidesstattlichen Versicherungen von Schlachthausarbeitern zufolge geschieht, wie in Gail Eisnitzs Buch *Slaughterhouse* geschildert). Sie werden in den Schlachtraum geschleift, wo ihre Körper zerlegt werden, um Hamburger-Fleisch, Tiermehl, Haustierfutter, Leder, Gelatine, Leim und andere Produkte herzustellen.

Dieselben Vorgänge gibt es in Milchbetrieben, die sich der Produktion von sogenannten biologischen Milcherzeugnissen verschrieben haben. Lediglich das Futter ist biologisch angebaut, der Verabreichung mancher Hormone und anderer Giftstoffe sind Grenzen gesetzt, und es gibt vielleicht etwas mehr Platz in den Gefängnisboxen. Die Kühe werden immer noch nach wenigen Jahren geschlachtet, und derselbe Preismechanismus liegt der Industrie zugrunde: Ein Maximum an Milch zu einem möglichst günstigen Preis zu erzeugen. Eine einzelne Kuh besitzt sehr wenig Wert, denn man ist bestrebt, die Zahl der Trächtigkeiten auf ein Höchstmaß zu bringen, um die Milchproduktion zu steigern, und daher sind stets mehr Kälber vorhanden, als man braucht.

Dies bringt uns zum zweiten möglichen Weg, den die Kälber einschlagen können, die in einem Milchbetrieb geboren werden: Wenn die Nachfrage in der Kalb- und Rindfleischindustrie niedrig ist, werden sie kurz nach der Geburt getötet. Das Lab in ihren jungen Mägen ist eine wertvolle Substanz in der Käseherstellung. Ihre Körper werden zu Tiermehl zermahlen, und ihre Haut wird als teures Kalbsleder vermarktet. Es kommt vor, dass trächtige Kühe zum Schlachten geschickt werden. In diesem Fall muss das Kalbsembryo, das aus der Kuh herausfällt, wenn diese aufgeschlitzt wird, separat von den Schlachthausarbeitern getötet werden. Diese ungeborenen Babys werden gehäutet, um an das weiche Leder auf ihren kleinen, nassen Körpern zu kommen, welches einen relativ hohen Preis erzielt.

Der dritte mögliche Weg für Kälber aus einem Milchbetrieb ist die Versteigerung an die Kalbfleischindustrie. Sowohl männliche als auch weibliche Kälber sind gezwungen, diesen dunklen und elenden Weg einzuschlagen, wenn es im Milchbetrieb keine Verwendung für sie gibt (dies gilt auch für biologische Milchbetriebe). Der Missbrauch, dem diese armen Geschöpfe ausgesetzt sind, ist allgemein bekannt und gut dokumentiert. Sobald sie im Mastbetrieb ankommen, werden sie in Mastboxen gesteckt und am Hals angekettet. Sie sind nur wenige Tage oder Wochen alt. Die Boxen sind so klein, dass das Kalb sich nicht bewegen kann, damit seine Muskeln verkümmern und sein „Fleisch" zarter wird. Es wird in Dunkelheit gehalten und erhält ein spezielles Futter, das absichtlich kein Eisen enthält, wodurch seinem Fleisch die helle Farbe verliehen wird, die es begehrt macht und einen höheren Preis einbringt. Es saugt oder leckt frenetisch an jeglichem Gegenstand aus Eisen, wie beispielsweise einem Nagel in seiner Reichweite. Es muss die grausame Enge ertragen, oft von seinen eigenen Exkrementen bedeckt. Sein von Natur aus fröhliches und ausgelassenes Wesen wird von den Schmerzen und der Ausweglosigkeit seiner Situation zerstört. Seine Flüssignahrung enthält Chemikalien, Medikamente und Antibiotika. Nach drei bis vier Monaten wird es ins Schlachthaus gebracht, um für den Kalbfleisch- und Kalbsledermarkt getötet zu werden.

Der vierte Weg für die Nachkommen der Milchkühe, wenn es männliche Kälber sind, besteht darin, an die Fleischindustrie versteigert und für die Rindfleischproduktion gemästet zu werden. In diesem Fall müssen sie in noch jungem Alter den heftigen Schmerz einer Kastration ohne Betäubung ertragen. Die armen Geschöpfe werden außerdem gebrandmarkt – oft mehrfach, was jedes Mal zu äußerst schmerzhaften Verbrennungen dritten Grades führt – und enthornt, ebenfalls eine höchst schmerzhafte Prozedur. Sie verbringen zwischen einem und anderthalb Jahren entweder in Boxen eingesperrt oder auf der Weide und wachsen zu einer profitablen Größe heran. Anschließend werden sie in Mastanlagen verbracht, wo sie durch intensive Fütterung auf ihr Schlachtgewicht gebracht werden.

In der Mastanlage sind Hunderte oder Tausende von Ochsen für die Dauer von einigen Monaten in übelriechender Enge zusammengepfercht. Sie verfügen über wenig oder keinen Unterstand. Ihr Futter besteht aus was auch immer den Mästerei-Betreibern einfällt, um so schnell und so billig wie möglich ein Maximum an Gewichtszunahme zu erreichen. Schließlich werden die Betreiber beim Verkauf der Tiere nach Gewicht bezahlt. Die unglücklichen Geschöpfe sind bloße Objekte für die Fleischindustrie. Man verabreicht ihnen künstliche steroide Wachstumsförderer wie Ralegro, Synovex oder Rumensin,* damit sie in einem jüngeren Alter wesentlich schwerer werden, als sie es jemals in der Natur würden.[15] Obwohl Rinder natürlicherweise Grasfresser sind, die in der freien Natur niemals Getreide anrühren würden, hat man in Mastanlagen, genau wie in Milchbetrieben, herausgefunden, dass die Fütterung mit Getreide zu schnellerem Wachstum und größeren Profiten führt. Da Getreide (vor allem Mais, Soja, Weizen und Hafer) relativ teuer ist, wird es mit billigeren Zusatzstoffen vermengt, um die Rinder noch mehr Gewicht ansetzen zu

---

* In der EU nicht zugelassene Medikamente, die folgende Wirkstoffe enthalten: Zeranol; Estradiol und Progesteron bzw. Testosteron; Monensin.

lassen. Bekannte Zusätze zu Rinderfutter umfassen Sägemehl, Zementstaub, Hühnermist und Erdölnebenerzeugnisse. Sämtliche Toxine im Getreide sowie in den anderen Substanzen reichern sich im Fett und im Fleisch der Ochsen an. Weitere Futterzusätze sind ähnlich unappetitlich, wenn man sie sich vor Augen führt: Die gemahlenen Körper oder Körperteile von Tieren, die aus der Abdeckerei stammen. Diese tierischen Produkte enthalten besonders viel konzentrierte Giftstoffe sowie Fett, Cholesterin und tierisches Eiweiß. Sie tragen dazu bei, „durchwachsenes" Fleisch zu erzeugen, das einen höheren Preis erzielt. Den jungen Mastochsen ist es nicht erlaubt, sich frei zu bewegen, denn dabei würden sie Kalorien verbrennen, und ihr Fleisch würde zäh werden. Das Agrobusiness hat außerdem entdeckt, dass regelmäßige Antibiotika-Gaben ins Futter die Tiere schneller wachsen lassen. Der Wissenschaftlervereinigung *Union of Concerned Scientists* zufolge werden als Folge davon über siebzig Prozent aller in den USA hergestellten Antibiotika an eingesperrte Nutztiere verabreicht.[16] Antibiotika werden ebenfalls verabreicht, um die Infektionen und Krankheiten in Schach zu halten, die unter den Ochsen in den überfüllten Mastanlagen grassieren. Es entbehrt nicht einer gewissen Komik, sich Kühe vorzustellen, die in Flüsse waten, um Fische zu fangen. Die traurige Wahrheit ist, dass komplette Fischpopulationen im Atlantik und im Pazifik von Grundschleppnetz-Fischereiflotten dezimiert werden, die im großen Maßstab operieren, um den Fischbedarf der Viehzuchtindustrie zu befriedigen. Dieser Fisch enthält das Fett und das Cholesterin, die sich so hervorragend dafür eignen, die unglücklichen Ochsen in den Mastanlagen widernatürlich fett zu machen.

Die Mastanlagenbetreiber schicken die gemästeten Ochsen so bald wie möglich zum Schlachthof, damit ihr Fleisch von Menschen und anderen Pflanzenfressern verzehrt werden kann, die allesamt in einem makabren System des Mästens und Tötens gefangen sind, das den gesamten Planeten umspannt und verschmutzt. Ozeane, Felder, Weiden, Wälder, Autobahnen, Zoos, Viehfarmen, Zirkusse, Laboratorien, Tierkontrollämter, Haustierzüchter und Schulen stehen in diesem Netzwerk der Gewalt in Verbindung mit Abdeckereien und Schlachthöfen. Die Tiere, die an diesen Orten unterjocht oder getötet werden, tragen zur Mast der Ochsen bei, damit diese gewinnbringender getötet werden können. Ihr Fleisch birgt ein entwürdigendes Elend, das in vielerlei Hinsicht zum Fluch für uns werden kann, wenn wir die Industrie willfährig unterstützen, indem wir als Kunden in den allgegenwärtigen Verkaufsstellen für Fleisch einkaufen, die unsere Gesellschaft kennzeichnen.

Alle vier Wege, die das in einem Milchbetrieb geborene Kalb einschlagen kann, führen es in den Missbrauch und in den frühen Tod. Rinder können in der freien Natur spielend ein Alter von zwanzig bis dreißig Jahren erreichen. So gesehen kann man sagen, dass die Industrie, indem sie nur wenige Monate oder Jahre alte Kälber, Ochsen und Milchkühe tötet, wahrhaftig Babys und Kinder abschlachtet. Andere Industriezweige verfahren genauso mit den Lämmern, Schweinen, Hühnern, Truthähnen und Fischen, die sie einsperren und töten: Sie alle werden zu abnorm schnellem Wachstum angetrieben und jung geschlachtet. Analog sind es in den Kriegen, die wir Menschen gegeneinander führen, die Kinder, die am meisten leiden und sterben, und mehr als je zuvor sind sie sogar gezwungen, am Morden teilzunehmen. Eine Kultur, die von der Produktion und dem Verzehr tierischer Nahrungsmittel geprägt ist, begünstigt die Beherrschung und Ausbeutung von Frauen, weiblichen Tieren und des weiblichen Prinzips, die lebensspendende und nährende Kräfte in sich tragen, sowie von Babys und Kindern, die Träger der Kräfte der Unschuld und des Wachstums sind.

Was sich hinter dem Milchbart verbirgt

Der Milchbart, dieses unschuldig scheinende und hochwirksame Marketinginstrument der Milchindustrie, ist in Wahrheit eine Maske, hinter der sich die abscheuerregendste und grausamste Industrie verbirgt, die man sich vorstellen kann. Gutmütige pflanzenfressende Mütter mitsamt ihren bedauernswerten Kindern werden von Geburt an und bis zu ihrem Tod unterjocht und mit für sie unnatürlichem tierischen Fleisch gemästet, so dass Menschen sich ihrerseits mit der Milch und dem Fleisch der Kühe mästen können. Man möchte hoffen, dass die Milchkühe durch das große Opfer, das sie bringen, den Menschen wenigstens mit etwas Segensreichem versorgen. Doch man kann der ausgleichenden Gerechtigkeit nicht entrinnen: Indem wir sie töten, töten wir uns selbst; indem wir sie versklaven, versklaven wir uns selbst; indem wir sie krank machen, machen wir uns selbst krank.

Mutterkühe, wie alle stillenden Säugetiere, produzieren hohe Östrogen-Konzentrationen in ihrer Milch. Der menschlichen Gesundheit ist es in jeder Altersstufe abträglich, derart große Mengen Östrogen aufzunehmen. Ein offensichtliches Ergebnis ist, dass die Körper junger Mädchen auf unnatürliche Weise dazu gebracht werden, schon sehr früh geschlechtsreif zu werden. Das durchschnittliche Alter der Menarche, der ersten Menstruation, liegt gegenwärtig bei 12,5 Jahren, anstatt bei siebzehn Jahren, wie es in der Mitte des neunzehnten Jahrhunderts der Fall war.[17] Dieser Zusammenhang wurde im Nachkriegsjapan verblüffend deutlich, als nach Einführung der Milchprodukte innerhalb von nur ein oder zwei Generationen das Durchschnittsalter der Menarche von 15,2 auf 12,5 sank.[18] Die Forscherin Kerrie Saunders schreibt hierzu: „Sowohl die afrikanische Landbevölkerung als auch die Chinesen haben viele ihrer Ernährungstraditionen bewahrt und fahren fort, pflanzliche Lebensmittel zu verzehren. Das Einsetzen der Menarche findet bei ihnen um das siebzehnte Lebensjahr statt."[19] Die unnatürlich frühe Menarche in unserer Kultur mit den dazugehörigen Teenager-Schwangerschaften, dem Dilemma der Abtreibungen und der diesbezüglichen Debatten verursacht unermesslichen und unnötigen Kummer bei den Heranwachsenden. Dadurch, dass bei den Mädchen – genau wie bei den in den Milchbetrieben versklavten jungen Kühen – eine vorzeitige Geschlechtsreife ausgelöst wird, wird ihnen widernatürlicher physischer, psychischer und sozialer Stress bereitet.

Frauen konsumieren selbst Milchprodukte und sind von daher Verursacherinnen der Ausbeutung, Vergewaltigung und Tötung anderer weiblicher Tiere. Gleichzeitig können sie von Männern als „Fleisch" betrachtet werden, als Objekte, derer man sich bedienen kann. Damit sie Milch in den von der Milchindustrie geforderten großen Mengen überproduzieren, zwingt die Milchindustrie Kühe dazu, unnatürlich große und geschwollene Milchdrüsen auszubilden. Ironischerweise verursachen die so gewonnenen Milchprodukte unnatürlich große Brustdrüsen bei den Frauen, die sie konsumieren. Diese sind nicht von ungefähr ein begehrtes Merkmal in unserer Viehzüchterkultur und verstärken noch den Status der Frau als bloßes Objekt in den Augen der Männer. Die eng miteinander verflochtenen Fleisch- und Milchindustrien sind die Bewahrer der patriarchalischen Viehzüchtermentalität, die sowohl in Tieren als auch in Frauen „Fleisch" sieht, das im Fall der Tiere gemolken und verzehrt, und im Fall der Frauen sexuell benutzt werden kann.

Es gibt noch weitere desaströse Auswirkungen des Verzehrs von Kuh-milchprodukten auf den Menschen. Dr. med. Charles Attwood und Dr. T. Colin Campbell schreiben hierzu:

Epidemiologische Untersuchungen beim Menschen haben eine deutli-che Verbindung zwischen dem Verzehr von tierischem Eiweiß und ver-schiedenen Krebsarten gezeigt. Überzeugende experimentelle Ergebnis-se weisen darauf hin, dass von allen Eiweißarten Kasein, das wichtigste Eiweiß in Kuhmilch, besonders im Verdacht steht, die Krebsentwicklung zu fördern. [...]

Welche anderen Probleme treten mit Milch und Milcherzeugnissen auf? Die Mehrzahl der praktizierenden Kinder-Allergologen weisen be-harrlich darauf hin, dass mehr als die Hälfte ihrer Patienten allergisch auf eines oder mehrere der über zwei Dutzend in Milch enthaltenen Ei-weiße reagieren. Die Symptome der Allergie reichen von Ekzemen über Asthma, Mittelohrentzündung, Nasennebenhöhlenentzündung, Rhinitis bis zu Gastroenteritis und allergischer Kolitis. Diese gesundheitlichen Störungen sind in achtzig bis neunzig Prozent der Fälle der Grund für den Arztbesuch. [...][20]

Angesichts dieser achtzig bis neunzig Prozent der Arztbesuche braucht man sich wohl nicht zu wundern, dass Milchprodukte vom Pharma-, Me-dien- und Bankenkartell so intensiv beworben werden und von einer rein pflanzlichen Ernährung abgeraten wird.

In pasteurisierter Milch ist eine Verunreinigung mit bis zu fünf Mil-lionen Keimen pro Tasse zulässig. Das entspricht mehr als der zweihun-dertfachen Menge an Keimen, die in Getreide, Gemüse, Obst, Hülsen-früchten und Nüssen gefunden werden können, sofern diese nicht bei der Handhabung kontaminiert werden.[21] Diese enorme Belastung mit Krankheitserregern ist ein permanenter Stress für unser Immunsystem und kann das Risiko für eine ganze Reihe von Krankheiten erhöhen, da-runter sämtliche Arten von Krebs, vor allem Brust- und Prostatakrebs.[22] Kuhmilch enthält erhebliche Mengen an Eiter, was aufgrund der starken Bakterienbelastung in dem traumatisierten Euter der Milchkühe unver-meidlich ist. Die Pasteurisierung kann die heranwogende Flut der Keime nicht eindämmen. Manche pasteurisierten Milchproben, die von der Ver-braucherzeitschrift *Consumer Reports* im Handel gekauft und getestet wurden, enthielten zwischen 30 und 700 Millionen Mikroben pro Tasse![23] Abgesehen davon, dass diese Krankheitserreger das Risiko erhöhen, an Gastroenteritis, Angina und einer Reihe von weiteren Krankheiten zu erkranken, lösen sie bekanntermaßen Zahnkaries aus. Die „Fläschchenkaries" von Babys, die beim Einschlafen an einem Fläschchen mit Kuhmilch nuckeln, ist wohlbekannt: Sie riskieren die teilweise oder sogar komplette Zerstörung der Substanz ihrer Milchzähne![24] Laut Forschungsergebnissen, die von Dr. med. Frank Oski zitiert werden, steht der Konsum von Milchprodukten mit Durchfall, Eisenmangelanämie, Magen-Darm-Blutungen, Nierenerkrankungen, Ekzemen, Bronchitis, Allergien, Asthma, Heuschnupfen, rheumatoider Arthritis, Nesselsucht, Penicillin-Allergie, Leukämie, multipler Sklerose und Zahnkaries sowie aufgrund des hohen Fett- und Cholesteringehalts mit Diabetes, Übergewicht und Atherosklerose in Verbindung.[25]

Das Milcheiweiß, insbesondere Kasein, ist zwar perfekt für Kälber, doch für uns Menschen zu großmolekular und zu schwer zu verdauen. Kälber besitzen im Unterschied zum Menschen ein spezielles Enzym, Rennin (oder Chymosin), das die Fähigkeit hat, Kasein zu koagulieren und zu spalten. Dem angesehenen Ernährungsforscher T. Colin Campbell zufolge ist „Kuhmilcheiweiß womöglich das bedeutendste chemische Karzinogen, dem die Menschen ausgesetzt sind".[26]

Darüber hinaus ist Kuhmilch reich an natürlichem Wachstumshormon, welches das Kalb dazu veranlasst, bereits in seinem ersten Lebensjahr mehrere Hundert Kilogramm an Gewicht zuzulegen. Diese wachtumsfördernde Substanz wurde von Wissenschaftlern insulinähnlicher Wachstumsfaktor IGF-1 genannt und ist auf molekularer Ebene absolut identisch mit dem IGF-1 im Menschen, der das Wachstum bei Kindern anregt. Die zusätzliche Dosis an Wachstumsfaktor, die wir mit der Milch aufnehmen, veranlasst uns zu unnatürlichem Wachstum – und zwar nicht nur in die Höhe. Ich erinnere mich, dass ich als Kind, das in einem typischen amerikanischen Haushalt mit hohem Konsum an Milchprodukten aufgewachsen war, viel zu große Zähne im Verhältnis zu meinem Mund hatte. Als mein Kieferorthopäde mir eine Spange anpasste und die Drähte abmaß, die meine Zähne begradigen sollten, rief er aus: „Wow! Man könnte meinen, du hast Kuhzähne!"

Studien an Erwachsenen haben gezeigt, dass sich beim Verzehr von Milchprodukten überschüssiger IGF-1 das Krebsrisiko erhöhen kann.[27]

Da wir nicht mehr im Wachstum sind, haben wir als Erwachsene, wenn überhaupt, nur sehr wenig IGF-1 im Blut, um das Wachstum neuer Zellen anzuregen. Der IGF-1, der in unseren Blutkreislauf gelangt, wenn wir Milchprodukte essen, hat schwerwiegende Folgen. Erinnern wir uns, dass unter den Billionen von Zellen in unserem Körper natürlicherweise immer einige Krebszellen hier und da vorkommen. Ein intaktes Immunsystem entdeckt diese Zellen sehr schnell und zerstört sie. Nun kommt IGF-1 aus Kuhmilch ins Spiel. Der Wachstumsfaktor wirkt wie Öl, das man ins Feuer gießt. Er stimuliert das, was vormals ein langsames, leicht beherrschbares Wachstum einiger Krebszellen war, zu plötzlicher, explosionsartiger Zellteilung. Das bereits durch die Last an Keimen und Toxinen in den Milchprodukten überarbeitete Immunsystem ist unter Umständen nicht in der Lage, dem Herr zu werden. Der Wachstumsfaktor IGF-1 in Milchprodukten kann Krebs verursachen. Trotzdem erscheinen berühmte Persönlichkeiten, darunter einige Mediziner, in kostspieligen Werbekampagnen und stellen einen Milchbart zur Schau, um damit die Milchindustrie zu unterstützen!

Eier – die Steigerung der Unterwerfung des Weiblichen

Genau wie bei Milchprodukten, sind wir für Diebstahl und Gewaltanwendung gegenüber grausam misshandelten weiblichen Tieren verantwortlich und tragen zur Umweltverschmutzung bei, wenn wir Eier kaufen. Dieselben Prinzipien, die in der Milchindustrie gelten, kommen auch im Eier-Agrobusiness zum Tragen und werden dort noch weiter auf die Spitze getrieben. Fühlende weibliche Lebewesen werden kategorisiert und zu bloßen gewinnträchtigen Produktionseinheiten reduziert. Sie werden unter unglaublich beengten, stressigen und schmutzigen Bedingungen gefangengehalten. Ihre Eier werden ihnen gestohlen, und wenn sie nicht mehr in der Lage sind, eine ausreichend hohe Menge zu produzieren, werden sie brutal getötet.

Wie alle tierischen Produkte, sind Hühnereier gesundheitsschädlich für den Menschen. Erstens bestehen sie aus tierischem Eiweiß, gesättigtem Fett und Cholesterin. Diese drei Substanzen verstopfen die Arterien, säuern das Blut und Gewebe an, schwächen das Immunsystem und belasten den Körper auf verschiedene Weise, wie wir bereits gesehen haben. Eier sind das stärkste Cholesterin-Konzentrat, das man im Supermarkt kaufen kann. Zweitens reichern sich schädliche Rückstände von Pestiziden, Chemikalien, Hormonen und Bakterien in Eiern an. Drittens kommt das Essen von Eiern dem Verzehr der Schwingungen des Elends gleich, wie später noch klar wird, wenn wir die Methoden der Eierproduktion einer näheren Betrachtung unterziehen.

Wie alle Tiere, deren Körper benutzt wird, um Nahrung für unseren Teller zu produzieren, werden Hühner als reine Rohstoffe gesehen. Einzelne Hühner in Legebatterien sind so billig zu ersetzen, dass sie nahezu wertlos sind und dementsprechend behandelt werden. Sie verbringen ihr Leben in Käfigbatterien, kleinen Drahtgefängnissen, die 35 bis 40 Zentimeter hoch und 46 bis 50 Zentimeter breit sind. Jeder dieser Käfige enthält vier bis acht Hennen, die so eng zusammengedrängt sind, dass sie niemals ihre Flügel ausbreiten können. Der Draht der Käfige scheuert den Großteil ihrer Federn weg und hinterlässt sie nackt, verletzt und ungeschützt.[28] Es kommt vor, dass sie mit dem Kopf, dem Flügel oder dem Bein im Drahtgitter stecken bleiben. Dann verhungern sie so, und ihre verwesenden Körper müssen von den verbleibenden Hühnern im Käfig ertragen werden. Der Draht schneidet ihnen schmerzhaft in die Füße und kann auch in ihr Fleisch einwachsen, wenn das Gewebe ihrer Füße um ihn herumwächst. Die Käfigbatterien sind vier oder fünf Etagen hoch, so dass Exkremente und Urin derjenigen, die oben sind, auf die Köpfe und Körper derer weiter unten fallen, um dann schließlich in einer stinkenden Sickergrube zu landen, in die die wenigen unglücklichen Vögel, die es irgendwie schaffen, ihrem Gefängnis zu entkommen, hineinfallen und langsam sterben.

Genau wie die Milchindustrie, ist die Eierindustrie auf die vollkommene Unterjochung des Weiblichen und auf die Manipulation des weiblichen Körpers zum Zweck der Profitmaximierung ohne Rücksicht auf die den Tieren zugefügte empörende Grausamkeit gegründet. Und da Hühner kleiner sind und noch weniger Ansehen genießen als Kühe, werden sie beim Streben nach billig produzierten Eiern noch unverhohlener brutal behandelt. Hennen wird systematisch der Schnabel gestutzt, ein extrem traumatisch wirkender Vorgang, bei dem ungefähr die Hälfte des Schnabels abgeschnitten wird. Die heiße Klinge schneidet durch das äußerst empfindliche Nervengewebe ihres Schnabels, was einen derart heftigen Schmerz verursacht, dass sich der Herzschlag der Vögel um

hundert Schläge pro Minute erhöht. Viele sterben auf der Stelle. Für
die, die überleben, kann der chronische Schmerz aufgrund der Prozedur ihr ganzes Leben lang anhalten und sie bei der Nahrungsaufnahme
behindern. Männliche Küken sind unerwünscht, also werden sie Opfer
einer Massenvernichtung vonseiten der Arbeiter. In großen Mülltüten aus
Plastik werden sie erstickt oder zerquetscht, oder sie werden lebendig in
Maschinen mit rotierenden Klingen geworfen, ähnlich Holzschredder-
maschinen, die sie in Instantfutter für Hennen oder in Düngemittel verwandeln. Hennen, die nicht mehr genug Eier legen, werden gelegentlich
ebenfalls beseitigt, indem sie lebendig in die rotierenden Klingen dieser
Schreddermaschinen geworfen werden.

Die Eierindustrie räumt eine ungeheuer große Anzahl von Krankheiten
und Syndromen ein, die durch die Batteriehaltung bedingt sind: Schmerzhafte Fuß- und Bein-Deformierungen sowie Flügel und Beine, die sich
im Draht verheddern und daher oft gebrochen sind; Kalziummangel sowie Gebärmuttervorfall oder -überdehnung, weil die Hühner gezwungen
sind, unnatürlich große Mengen an Eiern zu produzieren; Legehennen-
Osteoporose, die sich durch einen Verlust an Knochenmasse auszeichnet,
der direkt der Bewegungsunfähigkeit in Batteriehaltung zugeschrieben
werden kann; Fettleber-Syndrom und Swollen-Head-Syndrom (SHS), die
beide durch minderwertige Futter- und Luftqualität sowie von Schmutz
und Stress geprägte Haltungsbedingungen bedingt sind; Lungen- und Au-
genprobleme von der ammoniakgesättigten Luft; Augenverlust aufgrund
von Hackangriffen durch verzweifelte Käfiggenossinnen; und Salmonellen, die den Legedarm der Henne befallen, wobei die Infektion über die
Eier an den Verbraucher weitergegeben wird. Es ist allgemein bekannt,
dass in nahezu einhundert Prozent der Eierbetriebe Antibiotika an die Bat-
teriehennen verabreicht werden, um die bakteriellen Infektionen in Schach
zu halten, die unter diesen unsäglichen hygienischen Bedingungen gedeihen. Es hat sich auch herausgestellt, dass Antibiotika die Eierproduktion
erhöhen. Doch wie bei allen Geschöpfen, den Menschen eingeschlossen,
verstärken Antibiotika andere Probleme, weil sie die für Verdauung und
Ausscheidung notwendige Darmflora stören und abtöten und dadurch das
Immunsystem schwächen. Giftige Pestizid-Rückstände aus dem Futter,
Antibiotika-Rückstände sowie Rückstände von Hormonen, Chemikalien
und pathogenen Bakterien reichern sich im Fettgewebe und in den Eiern
der Hennen an, wodurch diese extrem gesundheitsschädlich werden.[29]

Zehntausende Hennen, die in einer Halle zusammengepfercht sind, haben keinen Platz, um sich zu bewegen, können nicht ihr Nest bauen oder eine Rangordnung herstellen und auch sonst in keiner Weise ihrer natürlichen Intelligenz und ihrem Lebenszweck Ausdruck verleihen. Die künstliche Beleuchtung, die so geregelt ist, dass sie in nahezu ständiger Dunkelheit gehalten werden, sowie das Legemehl, mit dem sie gefüttert werden, und die Medikation wurden nur auf ein Ziel hin entwickelt: Kosten senken und die Anzahl der Eier maximieren, die aus dem Uterus der Hennen fallen und die Bodenschräge der Drahtkäfige hinunterrollen, um vom Förderband mitgenommen zu werden. In modernen Legehennenbetrieben legt eine Henne über 250 Eier pro Jahr, mehr als das Zweieinhalbfache dessen, was sie unter natürlicheren Bedingungen legen würde.[30] In der Natur ist eine Henne wählerisch, was ihr Nest angeht, und sie sucht sorgfältig einen passenden Ort aus, um ihr kostbares Ei gemeinsam mit ihrem Hahn zu legen. Wenn es dann so weit ist und sie ihr Ei in ihr sorgsam bereitetes Nest legt, ist dies „ganz offensichtlich für die Henne ein Moment des Stolzes und der Befriedigung".[31] Vergleichen Sie dies mit der folgenden Beschreibung des Eierlegens bei einer Henne in Batteriehaltung:

Die verängstigte Batteriehenne verfällt in Panik, denn sie sucht vergeblich ein wenig Intimität und einen passenden Nistplatz in dem überfüllten, doch kahlen Drahtkäfig. Bald schon vergisst sie scheinbar alles um sich herum und kämpft gegen den Käfig an, als ob sie fliehen wollte. [...]

Versetzen Sie sich einen Moment an die Stelle dieser Legehenne: Ihr Zuhause ist ein überfüllter Käfig mit einem Drahtboden, der Ihren Füßen Schmerzen bereitet und sie verformt. Es gibt keinen Platz, um die Beine auszustrecken oder mit den Flügeln zu schlagen, und sie werden schwach vom Bewegungsmangel. Gleichzeitig haben Sie niemals Ihre Ruhe, denn eine Ihrer bedauernswerten Zellengenossinnen muss sich mit Sicherheit ständig bewegen. Eine der anderen Hennen hört nicht auf, nach Ihnen zu hacken, und Sie können dem nicht entfliehen, es sei denn, Sie lassen die anderen Hennen auf Ihrem Rücken sitzen. Die Luft ist erfüllt mit Staub und herumfliegenden Federn, die an den Käfigwänden kleben bleiben, die mit dem Kot der Gefangenen in der Etage über Ihnen bespritzt sind. Das Atmen fällt Ihnen schwer, denn es liegt ein beißender Ammoniakgestank in der Luft, der von den Exkrementenhaufen unter den Käfigen herstammt. Sie fühlen sich überhaupt nicht wohl. Die Fliegen sind unerträglich, trotz der Insektizide, die in der Luft versprüht werden – um die Fliegenlarven zu töten, bevor sie schlüpfen – und die auch in Ihre Nahrung gelangen. Ihr Essen ist niemals grün und frisch; es ist selten abwechslungsreich und hat immer den Geschmack der chemischen Zusätze und Medikamente, die Sie brauchen, um am Leben zu bleiben. Ihrem Elend, Ihrer Angst und dem Höllenlärm von Tausenden Vögeln, die zugleich ihren Schmerz hinausschreien, zum Trotz legen Sie schließlich ein Ei. Sie sehen zu, wie es außer Sichtweite rollt. Doch die Freude, ein Nest zu bauen, Leben zu spenden, sich mittels Glucklauten mit Ihren Küken zu verständigen – all dies fehlt. Ein Ei zu legen, ist ein leeres, frustrierendes und erschöpfendes Ritual.[32]

Jegliches Familienleben, Sozialleben und natürliches Leben ist zerstört. Diese Hennen kennen weder Mütter noch Kinder, weder Partner noch Erde oder Sonne. Sie werden in Brutanstalten geboren, der Schnabel wird ihnen gekürzt und dann werden sie zu einem Sklavendasein in den Käfigbatterien der Eierindustrie verurteilt.

Wenn eine Population von Tausenden von Hennen in einem Eierbetrieb am Ende ihres Legezyklus angekommen ist, werden die Hennen entweder vergast, denn an ihren gefolterten kleinen Körpern ist so wenig Fleisch, dass es sich nicht lohnt, sie zum Schlachthof zu transportieren, oder sie werden geschlachtet, um das minderwertige Fleisch zu liefern, das in Hühnersuppe und Tierfutter Verwendung findet. Oft jedoch wird bei den Hennen zuvor eine Zwangsmauser eingeleitet, um ihre Körper schockartig dazu anzuregen, in eine neue Legephase einzutreten. Hierzu werden ihnen Nahrung und Wasser entzogen, und sie erhalten einen Medikamentencocktail, der auch Hormone enthält. Das zwangsweise Hungern kann sich über bis zu zwei Wochen erstrecken; üblicherweise sterben viele Vögel bei dieser Prozedur. Nachdem sie ein oder zwei Mal eine Zwangsmauser durchlaufen haben, steht ihnen die Schlachtung für die Hühnersuppe bevor. Nun werden die Vögel brutal aus ihren Käfigen herausgerissen, in einen LKW geworfen und abtransportiert, um Platz zu machen für die nächste Welle von Hühnersklaven. Man kann wahrscheinlich in keine schlimmere Hölle in diesem Universum geboren werden, als wenn man sich als Henne in einem industriellen Eierbetrieb in den USA wiederfindet.

In Betrieben mit sogenannter Freilandhaltung werden den Hennen üblicherweise genauso die Schnäbel gekürzt, genau wie in den Käfigbatterien, und die männlichen Küken werden sofort nach ihrer Geburt brutal getötet. Die Hühner werden dort genauso als Sachen behandelt, zur Überproduktion angetrieben und grausam getötet, wenn sie nicht länger rentabel sind. Die Bezeichnung „Freilandhaltung" hat erstaunlicherweise wenig rechtliche Bedeutung, und es gibt keine Bestimmung, die regelt, über wie viel Fläche eine Henne in Freilandhaltung verfügen muss. Obwohl ihre Beengtheit vielleicht weniger extrem ist als in den üblichen Batteriekäfigen, sind die Hühner doch normalerweise in riesigen, stinkenden Hallen zusammengepfercht und sehen niemals das Tageslicht.[33]

Das Netzwerk der Verbindungen

Weibliche Kühe und Hühner werden gnadenlos um der Produkte willen unterjocht, die lebensnotwendig und gesund für ihre Nachkommen, ihre Gemeinschaft und ihre Art sind, die jedoch Krankheit, Verschmutzung, Hunger und Leid verursachen, wenn sie vom Menschen verzehrt werden. Wenn wir ihnen ihre Milch und Eier rauben und ihre Kinder töten, schaffen wir die Voraussetzungen, dass Selbiges mit uns geschieht. Die Schicksale von Mutterkühen und menschlichen Müttern, von Kuhbabys und menschlichen Babys weisen letzten Endes viele Parallelen auf. Wenn wir den großen Konzernen die Erlaubnis erteilen, Kälber und Küken zu stehlen, zu benutzen und zu töten, dann wird dies auch mit unseren Babys geschehen. Genau genommen geschieht es bereits jetzt.

Die negativen Auswirkungen des Verzehrs von Milchprodukten und Eiern auf die Gesundheit des Einzelnen stehen in Verbindung mit den negativen Folgen für die Ökosysteme unseres Planeten und für unsere Kultur. Alles ist miteinander verbunden. Der Verzehr von Milchprodukten und Eiern wird mit Allergien, Hauterkrankungen, Krebs, Herzerkrankungen, Schlaganfällen, Diabetes und einer langen Liste von weiteren Beschwerden in Verbindung gebracht. Er bedingt also auch das Arsenal an Produkten und Verfahren, die von der Medizinindustrie vermarktet werden, um diese unnötigen Beschwerden zu bekämpfen. Alle diese Produkte und Verfahren sind bedeutende Verschmutzungsquellen und Ohnmachtserzeuger. Der Verzehr von Milchprodukten und Eiern ist mit gigantischen Profiten verbunden, die vom Agrobusiness sowie von Chemie-, Pharma- und Bankenindustrie dank der Unterjochung der weiblichen Tiere angehäuft werden. Er steht auch in Verbindung mit der sozialen Ungleichheit und Ungerechtigkeit, die dadurch entsteht und zu Elitismus und weiteren Konflikten führt. Nicht zu vergessen die Auswirkungen auf die Umwelt und die menschliche Gesundheit der landwirtschaftlichen Abwässer, die Flüsse vergiften, Fische töten, Krebs beim Menschen auslösen und „Rote Fluten" verursachen, die Atembeschwerden hervorrufen. Selbst die Menschenleben, die die Kriege fordern, die von der rasant steigenden Nachfrage nach Öl und von schierer Verzweiflung ausgelöst werden, stehen mit unserem Verzehr von Milchprodukten und Eiern in Verbindung, denn die Wassernutzungsrechte gehen an die reichen industriellen Milch- und Eierbetriebe, die von US-Banken in Drittweltländern finanziert werden, wohingegen die Armen der Welt mit chronischem Durst und verseuchtem Wasser konfrontiert sind...

Das Netzwerk der Verbindungen, das unseren Milch- und Eierkonsum umgibt, ist weitläufig und schließt alle Lebewesen ein. Wenn wir uns von der Milch und den Eiern anderer Tiere ernähren, ernähren wir uns von ihrer Angst und ihrer Verzweiflung, von der Gewalt, die eine patriarchalische Mentalität systematisch ihnen gegenüber ausübt. Wenn wir die Zusammenhänge näher betrachten, können wir feststellen, dass diese Mentalität auch Gewalt in unserem eigenen Leben erzeugt. Sollen wir etwa die Handlanger einer solchen Gewalt sein, wo wir uns doch nach Mitgefühl, Freiheit und Freude sehnen und nach einer aufgeklärteren Gesellschaft streben, die Frieden und Respekt für unsere Erde fördert und die Heiligkeit allen Lebens anerkennt? Wenn wir den Zusammenhang herstellen zwischen unserem kulturell erzeugten Wunsch, Milch- und Eierprodukte zu konsumieren, und den Grausamkeiten, die an wehrlosen Müttern begangen werden und die dieser Wunsch zwangsläufig mit sich bringt, erwachen unsere Intelligenz und unser Mitgefühl, und wir beginnen ganz natürlich, unser Verbraucherverhalten zu überdenken und zu ändern. Es gibt mittlerweile zahlreiche Ersatzprodukte für Milch und Eier, und diese werden zunehmend verfügbar, in dem Maße, wie mehr und mehr Menschen die genannten Zusammenhänge herstellen.

Sophia zu neuem Leben erwecken

Um andere zu beherrschen, müssen wir uns von ihnen sowie von bestimmten Aspekten unserer selbst distanzieren. Indem wir Milchkühe und Hennen ausbeuten, unterjochen wir sie nicht nur ihres Fleisches, ihrer Haut, ihrer Knochen und der anderen Körperteile wegen, die wir benutzen oder verkaufen können. Wir beuten speziell ihren Uterus und ihre Brustdrüsen aus. Diese grausame Entweihung der äußerst intimen und lebensspendenden Funktionen des weiblichen Prinzips, die dazu bestimmt sind, neues Leben hervorzubringen und dieses Leben zärtlich zu nähren, schadet uns vermutlich ebenso sehr wie den Kühen, wenngleich die Wunden, die wir davontragen, weniger offensichtlich sein mögen. Viele spirituelle Lehrer haben herausgestellt, dass, wenn wir anderen schaden, wir uns selbst noch mehr schaden. Die Hartherzigkeit des Mörders und Ausbeuters ist an sich eine furchtbare Strafe, denn sie bedeutet den Verlust der Empfindsamkeit gegenüber der Schönheit und Heiligkeit allen Lebens. Dieser Verlust kann unbemerkt bleiben, doch das Leben selbst wird dann erfahren als ein Kampf. Gepanzert, gewalttätig und wetteifernd leben wir in Isolierung und unterschwelliger Angst, und unsere Beziehungen zu anderen werden davon vergiftet.

Indem wir Kuhmütter und ihre Babys in Milchbetrieben versklaven und grausam ausbeuten, greifen wir das heilige weibliche Prinzip in uns selbst und in der Natur an und verletzen es. Dies ist ein Angriff auf die Essenz unseres Wesens, auf unseren Instinkt, das Leben zu nähren und die Schwachen zu schützen. Dies sind wahrlich schreckliche Saaten, die wir säen, denn das weibliche Prinzip in uns allen ist der Sitz der liebenden Güte, der Empfänglichkeit, der Fürsorge und des Drangs zu nähren und zu schützen. Indem wir unser eigenes inneres weibliches Prinzip angreifen, werden wir als Kultur härter und voneinander getrennter, wetteifernder, aggressiver und egozentrischer. Ironischerweise werden wir selbst zu Waren, kontrolliert und versklavt von einem System, das wir selbst erschaffen haben. Doch wir bemerken es nicht, denn wir haben gelernt, uns emotional zu distanzieren. Wir lernen, uns die Ohren zuzuhalten, um die klagenden Schreie der Mutterkühe in den Milchbetrieben nicht zu hören. Wir verdrängen die Schreie menschlicher Mütter, deren Babys ihnen genommen werden – tausendfach jeden Tag –, weil sie der

Hungertod ereilt, der doch so einfach zu vermeiden wäre. Wir verdrängen die Schreie von Müttern, deren Babys von Bomben und Kugeln getötet werden, die von Jungen abgefeuert werden, die der militärischen Todesmaschine dienen. Wer wird einmal unsere Schreie hören oder beachten, wenn wir nicht den Schreien dieser Mütter Beachtung schenken?

Das weibliche Prinzip zu befreien und zu ehren, ist vielleicht unsere dringendste Aufgabe, damit sich unsere Kultur hin zu Frieden, Nachhaltigkeit und spiritueller Reife entwickeln kann. Das weibliche Prinzip ist kulturübergreifend im Wesentlichen für die Ernährung, die Empfänglichkeit, das Herstellen von Verbindungen, die Intuition und das Hervorbringen neuen Lebens zuständig. In unserer Viehzüchterkultur werden diese Werte nicht anerkannt, denn die Arbeit als Viehhalter erfordert von Männern, dass sie hart und grausam werden. Sie müssen ihr Getrenntsein von Tieren, von der Natur und von den lebenspendenden Prozessen des Weiblichen herausstellen sowie ihre Überlegenheit diesen gegenüber betonen. Dies hat zu einer patriarchalischen Mentalität geführt, die sich im Wesentlichen um Beherrschung, Kontrolle, Trennung, rationale Analyse, Kommerzialisierung, Kriegsführung und Töten dreht. Ihre grundlegende Maxime in Bezug auf menschliche Belange folgt aus ihrer Grundeinstellung als Viehzüchter Tieren gegenüber und lautet, dass das Recht des Stärkeren gilt. Und doch ist das weibliche Prinzip noch am Leben. Wir sehnen uns danach und lieben es, denn wir wissen in unserem tiefsten Inneren, dass es ein zentraler Aspekt unserer wahren Natur ist.

Die Verehrung des heiligen weiblichen Prinzips reicht Jahrtausende zurück, bis in die Zeit vor der Entstehung unserer Viehzüchterkultur. Wir erinnern uns noch immer daran, obwohl die damaligen Göttinnen von den entschieden männlichen Gottheiten verdrängt worden sind, die gegenwärtig in der konventionellen westlichen Religion und Wissenschaft anerkannt werden: Gott der Herr/Jehova und die Vernunft. Der griechische Ausdruck für die dritte Person der Dreifaltigkeit, der Heilige Geist, *Hagia Sophia* oder Heilige Weisheit, war weiblich. Dieses wichtige Detail ging verloren, als der Begriff später mit dem männlichen *Spiritus Sanctus* ins Lateinische übersetzt wurde, wodurch alle drei Aspekte der christlichen Dreifaltigkeit schlagartig männlich wurden – zu Lasten der Frauen, der Tiere, der Natur und der geistigen Tiefe unserer Kultur. Der Verlust von Sophia – der Heiligen Weisheit – war unvermeidlich, als die Unterjochung und männliche Gewalt, welche die Kommerzialisierung von Tieren erforderte, sich zunehmend verbreiteten und verstärkten. Doch Sophia, obschon unterdrückt, konnte niemals sterben. Sie lebte weiter, getarnt als Maria, als Dantes Beatrice und als der *Paraklet*, ein anderer Begriff für den Heiligen Geist, griechisch für „Tröster, Beistand". Eine ihrer Ausdrucksformen ist der wiederkehrende Archetypus der guten Fee als Taufpatin, die das wohlwollende weibliche Prinzip symbolisiert, das zwischen den sichtbaren und unsichtbaren Reichen vermittelt. *Philosophia*, wörtlich die „Liebe zur Weisheit", war ursprünglich das Streben nach geistig befreiender und wichtiger intuitiver Weisheit, wie Sophia sie verkörpert. Als jedoch das weibliche Prinzip und die Intuition zunehmend verspottet und geringgeschätzt wurden, verlor die abendländische Philosophie viel von ihrer potenziellen Tiefe und wurde schließlich zum oberflächlichen Komplizen der Wissenschaft.

Sophias Symbol ist der Becher, Gral oder Kelch. Ein Symbol, das im Gegensatz zum traditionellen Symbol der männlichen Gottheit – Schwert, Speer, Klinge oder Donnerkeil – gewaltlos und nicht bedrohlich ist. Es enthält, nährt, füllt, mischt, verbindet und schenkt Leben. Der Kessel und die Schale repräsentieren die weibliche Empfänglichkeit, die wesentlich für intuitive Weisheit und geistige Reife ist. Sophias Kelch wurde schließlich zum zentralen Bild einer der grundlegendsten Geschichten unserer Kultur, der Legende des Heiligen Grals. Sie handelt von schwerttragenden Rittern, die vergeblich danach streben, den verlorenen Gralskelch zu finden. Auf einer tieferen Ebene erkennen wir, dass es der weibliche Zugang zur Weisheit ist, der verloren gegangen ist. Eine einseitig männliche Herangehensweise, gekennzeichnet durch ungezügelten Reduktionismus, führt zu Krieg, Krankheit und Perversität in dem Maße, wie sie das weibliche Prinzip unterdrückt und eine Partnerschaft mit jener Weisheit, die verbindet, nährt und Leben formt, verschmäht.

In Legenden und Märchen, in Lyrik und Drama, in der Kunst und in anderen tiefgründigen kulturellen Ausdrucksformen stoßen wir überall auf Trauerbekundungen über diesen Verlust: Angefangen bei Odysseus, Orest, Antigone und dem Ramayana, über Faust, Sir Galahad, König Lear und Parsifal bis zu modernen epischen Werken wie *Star Wars* und *Der Herr der Ringe*. Das wahre Selbst oder die strahlende innere Christus-Natur ist unterdrückt oder verloren und ersetzt durch ein falsches Selbst. Diese unsichere, fragmentierte, stolze Persönlichkeit oder Maske glaubt an die Illusion seines Getrenntseins und ist von der Notwendigkeit, zu beherrschen und zu kontrollieren, überzeugt. Ein Weg, dies im Märchen auszudrücken, ist mittels einer archetypischen Geschichte, die von einem unrechtmäßigen Herrscher handelt, der sich des Throns bemächtigt und Land und Volk in Krieg, Armut und Ruin stürzt. Manchmal erscheint dieser mythische Archetyp jäh in der Realität auf der politischen Weltbühne: In Form von manipulierten Wahlen und von verheerenden Folgen der Entscheidungen von Regierungen, die die repressive und gewalttätige Viehzüchtermentalität unterstützen, indem sie Kriegshetze betreiben und für die Interessen einer privilegierten Elite eintreten – auf Kosten der benachteiligten Menschen, Tiere, Ökosysteme und zukünftigen Generationen.

Auf einer tieferen, symbolischen Ebene stehen die Maske und der Thronräuber nicht nur für das verblendete und hinterhältige Ego, sondern auch für die Viehzüchterkultur, in die wir hineingeboren wurden. Diese hat sich ausgebreitet und weniger aggressive Kulturen erobert. Sie propagiert nach wie vor ihre Mentalität der Unterjochung und den zentralen Kern ihres Handelns, die Kommerzialisierung und den Verzehr von Tieren. Der Usurpator setzt sein Treiben gegenwärtig fort: In seinem Bestreben, alle Macht in den Händen einer kleinen Elite zu konzentrieren, vergreift er sich an der Natur, den Frauen, den Tieren und den Schwachen. Er bezieht seine Macht aus den versteckt gewalttätigen täglichen Mahlzeiten der Allgemeinheit. Konsumieren und Töten sind in unserer Gesellschaft zu maßgeblichen Handlungen geworden. Sie speisen sich aus der Illusion unseres Getrenntseins und aus der verdrängten Schuld, die mit unserer Unterdrückung des weiblichen Prinzips einhergehen. Wesen, die das Subjekt ihres Lebens sind, werden in die Rolle von bloßen Objekten gezwängt, und sowohl Menschen als auch Tiere werden schließlich zu Dingen. Die Art, wie Jäger, Fischer und Viehzüchter Tiere ansehen, die Art, wie Großunternehmer die Natur ansehen, sowie die Art, wie Männer üblicherweise gelernt haben, Frauen anzusehen, und wie Frauen normalerweise gelernt haben, von Männern angesehen zu werden, sind allesamt Teil dieses Systems.

Enormes Leid ist unvermeidbar in all dem. Dieses System vergiftet Beziehungen und erodiert die geistige Sensibilität, die uns erlauben würde, jenseits des materialistischen „Ich-Es"-Dualismus die heiligen Subjekte zu sehen, die stets in jedem Lebewesen präsent sind. Als Individuen und als kulturelle Gemeinschaft hängt unsere Fähigkeit, uns zu heilen, zu verwandeln und zu entwickeln, mehr von unseren Entscheidungen in Ernährungsfragen als von sonst irgendetwas ab. Wenn wir für den Weltfrieden meditieren, für eine bessere Welt beten, uns für soziale Gerechtigkeit und Umweltschutz einsetzen, aber gleichzeitig fortfahren, das Fleisch, die Milch und die Eier von grauenhaft missbrauchten Tieren zu kaufen, dann offenbart dies eine Kluft in unserem Denken und Handeln, die so grundlegend ist, dass sie unsere Bemühungen absurd und scheinheilig werden lässt und zum sicheren Scheitern verurteilt.

Wir können den Ruf unserer inneren Weisheit vernehmen, der uns dazu ermahnt, den Respekt für das weibliche Prinzip neu zu erwecken. Werden wir jemals diesem Ruf folgen können, wenn wir uns weiterhin dem sozialen Druck und der Indoktrination unterwerfen und fortfahren, nur zu unserem Vergnügen Millionen von Müttern ihrer Freiheit zu berauben, sie zu vergewaltigen, zu missbrauchen und zu töten? Das innere weibliche Prinzip ist unsere Intuition, unsere Sensibilität und unsere Fähigkeit, die tiefe Verflechtung aller Ereignisse und Wesen zu spüren. Es ist entscheidend, um Frieden, Weisheit, Freude, Intelligenz, Kreativität und spirituelles Erwachen zu erlangen. Mit jedem Kalb-Baby, das wir seiner Mutter rauben und töten, mit jedem Liter Milch, den wir von versklavten und gebrochenen Müttern stehlen, mit jeder Ladung aus dem Sperma-Katheter, die einer Vergewaltigung gleichkommt, mit jedem Ei, das wir einer wehrlosen, panischen Henne stehlen, und mit jedem Küken-Baby, das wir töten oder lebenslänglich in einen albtraumhaften, der Hölle entsprungenen Käfig einsperren, töten wir das heilige weibliche Prinzip in uns selbst. Indem wir Produkte bestellen und konsumieren, die aus industrieller Tierhaltung stammen, wo das Weibliche mit harter Hand unterjocht wird, machen wir unsere Chancen, zu reifen und auf höhere Ebenen des Verständnisses, der Sensibilität und des Mitgefühls zu gelangen, zunichte. Unser Streben ist nichts weiter als ein Widerspruch in sich.

Unser Wohlbefinden hängt letzten Endes vom Wohlbefinden anderer ab. Indem wir andere befreien und stärken, befreien und stärken wir uns selbst. Wir können unsere Verbindung mit allen Wesen niemals vollkommen unterbrechen, doch wir können diese Verbindung ignorieren und missachten, wodurch wir die Saat der Tragödie und des Leids säen. Wenn wir unseren natürlichen Platz im Netzwerk des Lebens anerkennen, indem wir die Nahrung essen, die uns zugedacht ist, säen wir die Saat des Überflusses, der Liebe und der Freiheit, unabhängig von unseren religiösen Überzeugungen. Unsere Gebete für den Frieden werden Früchte tragen, sobald unser gesamtes Leben ein Gebet für den Frieden ist. Voraussetzung dafür ist vor allem, dass wir denjenigen Frieden schenken, die uns auf Gnade oder Ungnade ausgeliefert sind und die sich ebenso wie wir nach Frieden und nach der Freiheit sehnen, ihr Leben zu leben und ihren Daseinszweck zu erfüllen.

Um Frieden unter den Menschen zu schaffen, sei es auf der Ebene der privaten Haushalte oder auf den internationalen Schlachtfeldern, müssen wir einander mit Respekt und Güte begegnen. Dies wird erst dann möglich sein, wenn wir unsere respektvolle und gütige Haltung auf diejenigen ausweiten, die uns ausgeliefert sind und uns nichts entgegenzusetzen haben. Wenn unser Streben nach Frieden, Freiheit und Würde für die Menschen aufrichtig ist, bleibt uns keine andere Wahl, als auch unseren Mitgeschöpfen – den Tieren dieser Erde – Frieden, Freiheit und Würde zuzugestehen. Indem wir unser Bewusstsein entwickeln, können wir die uns aufgezwungene Ansicht, dass Tiere bloße Esswaren sind, überwinden. Durch diese Veränderung werden sich Konsumrausch, Pornographie und die emotionale Distanz, die unweigerlich zu Sklaverei und Selbstzerstörung führt, in Luft auflösen. Sobald die Mentalität der Beherrschung und Ausgrenzung schwindet, werden wir in der Lage sein, Spaltungen aufgrund von Geschlecht, Rasse und Klasse zu heilen.

KAPITEL ACHT

METAPHYSIK DER NAHRUNG

„Es gibt nichts Schwierigeres, als jemanden aufzuwecken,
der nur so tut, als schliefe er."
– Bischof Desmond Tutu

„Alle Wesen zittern vor der Gewalt. Alle fürchten den Tod. Alle lieben das Leben. Sieh
dich selbst in anderen. Wen kannst du dann noch verletzen?
Welchen Schmerz kannst du dann noch zufügen?"
– Buddha –

„Irgendwann nimmt jeder zu einem Bankett der Konsequenzen Platz."
– Robert Louis Stevenson –

Schwingungen essen

In tierischer Nahrung reichern sich physische und metaphysische Gifte an. Die physischen Gifte in tierischen Produkten, wie Transfette, Keime sowie Rückstände von Pestiziden, Medikamenten und Hormonen schaden unserer körperlichen Gesundheit. Sie üben jedoch auch einen störenden Einfluss auf mentaler und emotionaler Ebene aus. Stimmungsschwankungen, Reizbarkeit und Konzentrationsschwäche sind wohlbekannte Nebenwirkungen von Medikamenten und Chemikalien, und die Macht psychoaktiver Substanzen ist gut dokumentiert. Wir entdecken das wieder, was Pythagoras uns lehrte: Tierische Nahrung hat schädliche Auswirkungen auf unser Bewusstsein. Erwiesenermaßen ist ein hieran beteiligter Biomechanismus das Sexualhormon Testosteron. Bewusstseinstheoretiker Ken Wilber schreibt hierzu:

Kulturell übergreifende Studien zu Testosteron – im Labor, am Embryo und an Frauen, denen aus medizinischen Gründen Testosteron-Injektionen verabreicht wurden – deuten sämtlich auf eine einfache Schlussfolgerung hin. Ohne vulgär sein zu wollen, scheint es doch so, dass Testosteron ausschließlich zwei Geboten gehorcht: Fick es oder töte es. Männliche Wesen haben diesen Albtraum praktisch vom ersten Tag ihres Lebens an am Hals, ein Albtraum, den sich Frauen kaum vorstellen können. (Außer wenn ihnen aus medizinischen Gründen Testosteron-Injektionen gegeben werden, was sie prompt in den Wahnsinn treibt. Eine Frau drückte es so aus: „Ich kann nicht aufhören, an Sex zu denken. Können Sie nicht irgendetwas tun, damit das aufhört, bitte?")[1]

Studien haben wiederholt gezeigt, dass hohe Testosteronspiegel mit aggressiv-destruktivem Verhalten, Ungeduld und Reizbarkeit einhergehen.[2] Darüber hinaus wissen wir mittlerweile, dass eine Ernährung mit einem hohen Anteil an tierischen Fetten und wenig Pflanzenfasern zu einer verstärkten Speicherung und Konzentrierung von Sexualhormonen wie Testosteron im Körper führt. Die Fasern von Gemüse, Getreide und anderen pflanzlichen Nahrungsmitteln binden die zirkulierenden Hormone und „halten sie in Schach"[3] – dank SHBG (Sexualhormon-bindendes Globulin), das bei Aufnahme pflanzlicher Nahrung vermehrt im Körper vorhanden ist. Neil Barnard schreibt hierzu:

In der *Massachusetts Male Aging Study*, einer umfangreichen, laufenden Studie an Männern mittleren Alters und älteren Männern in der Bostoner Region, haben Forscher herausgefunden, dass diejenigen Männer mit mehr SHBG im Blut weniger herrschsüchtig und weniger aggressiv sind. Es könnte gut sein, dass eine bessere Ernährung aus Ihnen einen umgänglicheren Partner macht.[4]

Die Forschung hat außerdem gezeigt, dass Kinder mit Nährstoffmängeln, wie sie häufig bei einer Ernährung mit zu wenig Gemüse, Obst, Getreide und Hülsenfrüchten vorkommen, wenn sie älter werden, eher zu Gewaltbereitschaft und antisozialem Verhalten neigen.[5]

Jenseits der körperlichen Ebene mit ihren biologischen Mechanismen wie Hormonspiegeln, Giften und Nährstoffen sind auch metaphysische Kräfte am Werk. Auch wenn wir uns ihrer nicht bewusst sind, haben sie unbestreitbare Auswirkungen. Metaphysische Gifte – gemeint sind die konzentrierten Schwingungen des Grauens, der Trauer, Frustration und Verzweiflung, mit denen diese Nahrung durchdrungen ist – sind unsichtbar und von der konventionellen Wissenschaft völlig verkannt. Dennoch könnten sie sich als schädlicher für uns erweisen als physische Gifte, denn sie wirken auf der Ebene der Gefühle und des Bewusstseins, die wesentlichere Dimensionen unseres Selbst darstellen als unser physisches Vehikel.

Indem wir tierische Produkte bestellen oder kaufen, verursachen wir unmittelbar Leid und säen die Saat der Verzweiflung und der grausamen Gewalt. Es wäre naiv, zu glauben, dass sich diese Saat anschließend einfach in Luft auflöst. Der Schrecken, der Schmerz und die Frustration, die wir fühlenden Geschöpfen zufügen, deren Körper und Geist in einem Maß gefoltert werden, das unser Vorstellungsvermögen übersteigt, sind extrem mächtige Kräfte, die uns, ihre Verursacher, auf vielfältige Weise beeinträchtigen. Wenn wir die Zellen, mithilfe derer wir denken und fühlen, mit dem Fleisch und den Körpersekreten dieser terrorisierten Tiere nähren, absorbieren wir die Schwingungen der Furcht, der Krankheit und der Gewalt, gleichgültig, wie sehr wir versuchen, dies durch Euphemismen und Ablenkungen zu maskieren.

Physiker beginnen soeben, die Wahrheit zu verstehen, auf die Mystiker und Weise seit Jahrhunderten hinweisen: Die Welt, die wir mit unseren Sinnen wahrnehmen, ist ein Schwingungsphänomen. Energie, die innerhalb einer bestimmten Bandbreite schwingt, wird für uns als „Materie" wahrnehmbar. Schwingungen außerhalb dieser Bandbreite mögen zwar nicht unbedingt für unsere Sinne wahrnehmbar sein, existieren aber dennoch. Wenn wir beispielsweise in einem dunklen, stillen Raum stehen, hören oder sehen wir vielleicht nichts. Doch wenn wir ein Radio- oder Fernsehgerät einschalten, werden wir uns plötzlich der Musik, der Gespräche, der Werbung und der Fernsehsendungen bewusst, die sich mit uns im Raum befunden haben, ohne dass wir sie hätten wahrnehmen können, da uns die Geräte zu ihrer Wahrnehmung fehlten. Auf ähnliche Weise sehen wir vielleicht ein Ei an und sehen nur ein materielles Ding. Wenn wir jedoch über die notwendige intuitive Ausstattung verfügten, könnten wir des Eis als Schwingungsentität gewahr werden. Obwohl unser Geist vielleicht dagegen abgeschirmt ist, das Ei als ein Schwingungsenergiesystem zu sehen, zu fühlen oder zu spüren, wird unser Körper, der selbst ein Schwingungssystem ist, auf der wesentlichen Ebene der Schwingungen davon beeinflusst. Unser Körper weiß, welche Schwingung er gerade isst, ebenso wie unser Geist auf den tieferen Ebenen jenseits der bewussten Wahrnehmung.

Wir haben vermutlich alle schon einmal Folgendes erlebt: Wir befanden uns an einem physisch wunderschönen Ort. Doch wir selbst oder mit uns anwesende Menschen waren ärgerlich, eifersüchtig oder ängstlich, und als Folge davon konnten wir die physische Schönheit nicht genießen. Der umgekehrte Fall existiert genauso. Freude, erhabene Gedanken, Mitgefühl, ein hohes Energieniveau und reine Schwingungen können jegliche physische Umgebung in ein Paradies verwandeln. Genauso können Furcht oder Wut jegliches Paradies (zum Beispiel unsere Erde) in eine Hölle oder einen Gulag verwandeln. Unsere innere Abstumpfung gegenüber energetischen Schwingungen hat uns unfähig gemacht, die unermessliche und spektakuläre Schönheit der Erde und ihrer Geschöpfe in vollem Umfang zu erkennen, zu schätzen und zu schützen. Diese Gefühllosigkeit hält uns davon ab, zu schreien oder zu weinen, wenn wir in einen Hotdog oder einen Cheeseburger beißen.

Auf der Ebene der Schwingungsfrequenzen kennt unser Körper die Schwingungen von Umgebungen und Situationen, von Beziehungen, von Gefühlen und insbesondere unserer Nahrung, und er reagiert darauf. Seit vielen Generationen weiß man, dass die Milch einer Mutter, die ärgerlich oder verstört ist, ihr Baby krankmachen kann. Während die meisten Wissenschaftler ihre Forschung weiterhin auf materialistische Erklärungen für Phänomene beschränken, demonstriert die moderne Physik, dass Materie Energie und Bewusstsein elementar ist, weitaus elementarer als die Energie-Materie.

Sowohl die Unschärferelation als auch der Beobachtereffekt, beide grundlegend für die Quantenphysik,[6] implizieren, dass die Erscheinungsform der Energie-Materie untrennbar mit dem Bewusstsein verbunden ist und von ihm bedingt wird. Dies bedeutet, dass das Universum im Wesentlichen keine physische Erscheinung, sondern ein Produkt der Wahrnehmung und des Bewusstseins ist. Max Planck, der Nobelpreisträger und Vater der Quantentheorie, schrieb zum Beispiel: „Alle Materie entsteht und besteht nur durch eine Kraft [...] so müssen wir hinter dieser Kraft einen bewussten intelligenten Geist annehmen. Dieser Geist ist der Urgrund aller Materie."[7]

Bewusstsein, Energie und Materie, die uns wie drei verschiedene Dinge erscheinen, werden letztendlich als das erkannt, was sie sind – eine Einheit. Bewusstsein und Energie-Materie bedingen und durchdringen sich gegenseitig und sind auf äußerst profunde und geheimnisvolle Art voneinander abhängig. Das Bewusstsein ist das Primäre, Wesentliche. Was als Energie-Materie erscheint, ist letztlich eine Manifestation des Bewusstseins. Letzten Endes ist es das Bewusstsein, das Krankheiten heilt. Wie Andrew Weil in seinem Buch *Heilung aus eigener Kraft* ausführlich darlegt, können die vielen verschiedenen Heilmethoden im Grunde als Placebos angesehen werden, denn sie funktionieren in dem Maße, wie der Geist an sie glaubt, seien es Heilkräuter oder Schamanismus oder Akupunktur oder Chirurgie und chemische Medikamente.[8] Einige spirituelle Heilmethoden erkennen diese elementare Wahrheit an. Doch die etablierten Institutionen spiegeln nach wie vor die überwältigend materialistische und reduktionistische Voreingenommenheit unserer grundlegenden Mentalität wieder. Diese abgestumpfte Mentalität wurde durch die ständige Praxis des Blockierens unserer Wahrnehmung und Sensibilität – und zwar von Kindheit an – während unserer täglichen Mahlzeiten geprägt.

Wenn wir aufmerksamer gegenüber Energie und Schwingungen werden, erkennen wir unmittelbar die Verbindung zwischen Bewusstsein und Materie. Unser Leben auf der physischen Ebene ist eine Projektion unserer Gedanken und Gefühle – unseres Bewusstseins. Einige intuitive Menschen und viele nichtmenschliche Tiere sind wahrscheinlich sehr viel sensibler für subtile energetische Informationen als die meisten von uns. Ihre natürliche Intelligenz spürt Energieschwingungen in Situationen und in Lebewesen, und sie können das Bewusstsein direkt erkennen, das eine bestimmte Situation hervorruft oder das sich als Gruppe oder Individuum manifestiert. Beobachter von Impalas sind zum Beispiel oft darüber erstaunt, dass sich diese Antilopen in nächster Nähe zu Löwenrudeln ausruhen. Woran erkennen sie mit solcher Sicherheit, wann die Löwen gefährlich und wann sie hingegen satt und harmlos sind? Es ist bekannt, dass intuitive Menschen, genauso wie Katzen, Hunde, Schweine und viele andere Tiere, ein Gespür für die Schwingungen der Gefühle und Absichten haben, die sie in Menschen wahrnehmen, und dass sie Zugang zu Informationen haben, die den meisten von uns verborgen bleiben.[9]

Wenn wir das Ei, den Speck und den Käse, die wir kaufen und essen, unter diesem Aspekt betrachten, dann erkennen wir deutlich, dass es sich dabei um die lebendige Verkörperung der Schwingungen der Grausamkeit, der Gewalt, der Sklaverei, des Horrors und der Verzweiflung handelt. Das gepeinigte Bewusstsein der Tiere und das verhärtete Bewusstsein der Menschen, die fühlende Geschöpfe missbrauchen und des Geldes wegen ausbeuten, sind miteinander verschmolzen, um ein „Nahrungsmittel" zu erzeugen, das in höchstem Maße schädlich ist. Es ruft Chaos und Krankheit in den physischen, mentalen, emotionalen, spirituellen und sozialen Dimensionen unseres Wesens hervor. Wären wir in der Lage, Eier, Milchprodukte und das verarbeitete Fleisch von Tieren mit erleuchteten Augen anzusehen, die jenseits der physischen Erscheinung sehen können, würden wir mit Abscheu davor zurückschrecken, derartiges Leid zu verursachen, geschweige denn, es als Mahlzeit uns selbst und unseren Lieben vorzusetzen.

In vielen Kulturen ist bekannt, dass Nahrung, die mit Liebe und Sorgsamkeit zubereitet wird, gesünder ist als Nahrung, die mit Gleichgültigkeit oder, schlimmer noch, mit Gereiztheit und Wut zubereitet wird. Aus diesem Grund ist es zum Beispiel in vielen Zen-Klöstern nur den ältesten und fortgeschrittensten Mönchen, die Meditation praktizieren, gestattet, die Nahrung in der Klosterküche zuzubereiten. In Indien hat man die Mütter seit Jahrhunderten dazu angehalten, in einer liebevollen, ruhigen und meditativen Stimmung zu kochen, so dass die Nahrung, die sie für ihre Kinder zubereiten, nicht nur physisch, sondern auch emotional und spirituell nahrhaft ist. Die Inder glauben, dass es die universelle Energie, Prana genannt, in der Nahrung ist, die uns Energie gibt. Das Schwingungsfeld der Person, die die Nahrung zubereitet, ist ebenfalls eine Form von Prana und kann die gesunde Schwingung der Nahrung erhöhen oder herabsetzen. Es gibt viele andere Kulturen und Religionen, die erkannt haben, dass Nahrung ein intimes Vehikel für Energie und Bewusstsein ist. Wenn diese mit Liebe, Achtsamkeit und Dankbarkeit zubereitet wird, sind diese Schwingungen eine Segnung und Unterstützung für die glücklichen Nutznießer der Nahrung.

Es ist auch allgemein anerkannt, dass Nahrung, die in einer Haltung der Achtsamkeit und Dankbarkeit aufgenommen wird, nahrhafter ist, als wenn sie in einem zerstreuten, hastigen oder gereizten Gemütszustand gegessen wird. Der Lehrmeister des Zen-Buddhismus, Thich Nhat Hanh, schreibt in *Friede mit jedem Schritt*: „Wir können viel Glück erfahren, wenn wir unsere Mahlzeiten vor dem Essen ein paar Sekunden meditativ betrachten und dann mit Achtsamkeit verspeisen."[10] Klösterliche Traditionen und Yoga-Traditionen haben längst den Nutzen achtsamen und andächtigen Essens erkannt und betrachten dies als eine Form der Meditation. Wir sind vollkommen präsent im gegenwärtigen Moment des Essens, betrachten den Ursprung unserer Nahrung und sagen Dank dafür. Es wird angenommen, dass diese Praktik die Energie und den Nährwert unser Nahrung verstärkt, indem wir uns mehr für ihre Wirkung öffnen.

Essen ist eine Handlung, die verbindet. Selbst wenn wir allein essen, sind wir nicht allein. Die Nahrung, die wir essen, verbindet uns mit den Rhythmen, den Kräften und dem Überfluss der Natur und des Universums sowie mit der Gegenwart derjenigen, die unsere Nahrung angebaut und eingesammelt haben. Felder, Wälder, Ozeane, Flüsse, Flora und Fauna, Landwirte und Lebensmittelhändler, sie alle leisten uns Gesellschaft und werden zu einem Teil von uns, während wir unser Essen kauen und verdauen. Menschen, an die wir denken, während wir kauen und verdauen, werden ebenfalls zu einem Teil von uns. Mahlzeiten sind kulturübergreifend Ereignisse, bei denen wir an der Gemeinschaft teilhaben und soziale Kontakte knüpfen. Wenn wir in der Familie oder in einer Gemeinschaft zusammen essen, stärken wir das Band des Verständnisses und der Liebe zwischen uns – vor allem, wenn wir in einer Haltung der Dankbarkeit für die Nahrung und für die Gelegenheit des Beisammenseins zusammenkommen.

Wenn wir tierische Nahrung verzehren, sind die Vorteile für unsere Energie und unser Bewusstsein durch die Gewalt und die Angst, die dieser Nahrung innewohnt, gemindert. Thich Nhat Hanh sagt es in aller Deutlichkeit:

Wenn wir ein Ei oder Hühnerfleisch essen, können wir davon ausgehen, dass [...] Ei und Huhn eine Menge Wut enthalten. Wir nehmen Ärger und Wut zu uns und bringen diesen Ärger und diese Wut in unserem Verhalten wieder nach außen. [...] Passen Sie also auf. Seien Sie vorsichtig mit dem, was Sie essen. Wenn Sie Wut essen, werden Sie wütend werden und Wut ausdrücken. Wenn Sie Verzweiflung essen, werden Sie Verzweiflung ausdrücken. Wenn Sie Frustration essen, werden Sie Frustration ausdrücken.[11]

Da tierische Nahrung eine derart offensichtliche und überwältigende Schwingung der Gewalt, der Angst und der Verzweiflung enthält, werden wir sie eher nicht in großer Achtsamkeit, sondern mechanisch und rasch zubereiten, um nicht unsere natürliche Empfindsamkeit zu wecken. Wir neigen auch dazu, diese Nahrung in einer emotional distanzierten Geisteshaltung zu verzehren. Um den Anschein aufrechtzuerhalten, dass wir gleichgültig gegenüber dem Gräuel sind, das sich auf unserem Teller offenbart, beeilen wir uns mit dem Essen und beschäftigen uns und lenken uns ab. Fastfood und die Industrialisierung der Nahrung sind die nachvollziehbaren Ergebnisse des Verzehrs tierischer Nahrung über einen längeren Zeitraum. Die aggressive Geschäftigkeit unserer Gesellschaft und unsere Ausrichtung auf die materiellen Dinge in der äußeren Welt sowie unser Eroberungsstreben sind historisch und aktuell in dem Unbehagen verwurzelt, dass wir angesichts unseres Umgangs mit Tieren empfinden, die unserer Ernährung dienen, und in der Härte und Mitleidlosigkeit, die wir ihnen gegenüber an den Tag legen.

Nahrung ist wie alle scheinbar physische Materie eine Form von Energie und von Schwingung und eine Manifestation von Bewusstsein. Zwar ist es wichtig, Mahlzeiten achtsam zuzubereiten, zu essen und miteinander zu teilen; doch wir können auch erkennen, dass es notwendig ist, genauer hinzuschauen und dem tatsächlichen Ursprung unserer Nahrung auf den Grund zu gehen. Wenn wir mit unserem Kaufverhalten Gewalt und Sklaverei fördern, ist es unvermeidlich, dass Gewalt und Sklaverei in unser psychophysisches Selbst gepflanzt werden. Sie stumpfen unsere Gefühle ab und unterminieren unsere eventuellen Bemühungen, unsere Nahrung in Achtsamkeit und Dankbarkeit zuzubereiten und zu genießen. Materie, Energie und Bewusstsein sind untrennbar miteinander verbunden. Die Grausamkeit, die tierischer Nahrung unvermeidlich innewohnt, ist ein kraftvolles und verkanntes Gift. Es schädigt sowohl unsere physische als auch unsere emotionale und geistige Gesundheit.

Mit den Augen eines Engels

Tierische Lebensmittel sind noch aus einem anderen Grund schädlich für uns. Genauso wie wir abstumpfen und unser Herz verhärten müssen, um diese zu produzieren und zu verzehren, muss unsere Gesellschaft bestimmte verhärtete Individuen hervorbringen, die diese armen Kreaturen handhaben und töten. Wenn wir es uns zum Ziel setzen, Grausamkeit und Unerbittlichkeit in bestimmten Menschen zu fördern, dann schadet es uns allen. Indem wir uns verschwören und vorgeben, das von uns verursachte Leid nicht zu erkennen, töten wir das Mitgefühl, die Intelligenz und die Kreativität in unseren Kindern und in jedem von uns ab.

Wir bringen unser Mitgefühl an vielen Orten zum Verstummen: Im Zirkus, beim Rodeo, auf der Rennbahn, im Zoo und überall dort, wo Tiere eingesperrt und zu unserem fragwürdigen Vergnügen benutzt werden. Die Gewalt und Grausamkeit, die an diesen Orten verübt werden, sind zum größten Teil vor den Augen der Öffentlichkeit verborgen. Wenn wir jedoch diese Orte genauer betrachten und uns darüber informieren, springt uns die ihnen innewohnende Gewalt ins Auge und bereitet uns Unbehagen. Die einzige Art, wie man Elefanten, Affen, Tiger, Delphine, Seehunde, Schwertwale und andere nicht-domestizierte Tiere dazu bringen kann, Kunststücke vorzuführen oder Arbeit zu verrichten, besteht darin, ihnen Schmerz zuzufügen und Angst einzuflößen, indem man sie schlägt, ihnen Elektroschocks verabreicht und/oder ihnen ihr Futter entzieht. Zirkustrainer werden darin geschult, Elefanten zu beherrschen, indem sie sie mit einem Elefantenhaken drangsalieren. Bären tanzen, weil sie als Babys dazu gezwungen wurden, auf heißen Metallplatten zu stehen, während ihre „Trainer" dazu musizierten. Delphine führen Kunststücke vor, weil sie andernfalls Hunger leiden müssen. Zoos halten unschuldige Tiere gefangen, kaufen und verkaufen sie, um ihr Einkommen zu erhöhen und möglichst viele „Babys" zu erhalten, die die bei weitem lukrativsten Attraktionen darstellen. Ältere Tiere hingegen enden typischerweise als Jagdtrophäe bei einer sogenannten *canned hunt**, von „Hobbyjägern" aus nächster Nähe erschossen. Wir stumpfen unsere

---

* Bei der *canned hunt* befinden sich die Tiere in einem eingezäunten Gehege oder werden sonstwie an der Flucht gehindert, so dass sie eine leichte Beute für den „Hobbyjäger" darstellen, A.d.Ü.

Empfindsamkeit ab, indem wir Tiere als Kleidung, Möbel, Schmuck usw. verwenden. Wir schalten unser Bewusstsein aus, damit wir den Horror und die Qual nicht wahrnehmen, die andere Lebewesen erleiden müssen, damit diese Produkte hergestellt werden können. Und wir ersticken unser Mitgefühl in Forschungs- und Bildungseinrichtungen, wo wir lehren und lernen, dass das Leid nichtmenschlicher Tiere unerheblich ist. Es fängt mit Schulprojekten zum Ausbrüten von Hühnereiern an, geht weiter mit dem Sezieren von Fröschen im Biologiestudium und gipfelt in Millionen von Tieren, die von Wissenschaftlern gefoltert werden, die für das Militär, die Industrie, die Forschung oder den Bildungssektor arbeiten.

Als Ursache für diese kulturelle Abstumpfung ist unsere grundlegende soziale Aktivität zu sehen: Essen. Um unsere Mahlzeiten herzustellen, sind wir einer weiteren Abstumpfung ausgesetzt, die dann stattfindet, wenn wir tierische Lebensmittel auswählen und kaufen. Jedes Mal, wenn wir die Entscheidung treffen, die Eier, die Körpersäfte oder das Fleisch von Tieren zu erwerben, verstärken wir die Kluft zwischen uns als Konsument und konsumierter Ware. In dem Moment, in dem wir unsere Brieftasche zücken und ein tierisches Produkt bezahlen, genau in diesem Moment werden wir zu direkten Verursachern von Gewalt, Angst, Sklaverei, Tod und Umweltverschmutzung mit giftigen Substanzen. In diesem Moment wird die Saat wirklich ausgebracht. Wir sind der Mafiaboss, der den Auftragskiller anheuert, und obschon wir nicht selbst mit dem Messer zustechen, klebt doch Blut an unseren Händen.

Könnten wir die Welt, in der wir leben, aus der Höhe betrachten, mit den Augen eines Engels, eines Wesens mit erwachter Intuition, dann sähen wir energetische Schwingungen anstelle von physischen Formen. Wir würden erkennen, dass die Kriege und die Gewalt auf der Erde ihren Ursprung in einer Vielzahl von Orten haben, an denen Abstumpfung stattfindet: In zahllosen Küchen und Esszimmern, Herbergen, Hotels, Restaurants, Urlaubsorten, Cafeterien, Speisesälen, Schnellrestaurants, Supermärkten, Läden, Fleischereien, Einkaufszentren, Eisständen, Imbissbetrieben, Schiffen, Campingplätzen, Rennbahnen, Rastplätzen, Zirkussen, Tagungszentren, Messen und Ausstellungen, Schulen, Sportstadien, Kirchen, Kasinos, Gefängnissen, Militärbasen, Altersheimen, Kindergärten, Krankenhäusern, Zoos und psychiatrischen Anstalten, in denen Fleisch, Eier und Milchprodukte verkauft und gekauft, zubereitet und verzehrt werden. In nahezu jedem Wohnhaus, jedem Einkaufszentrum und jeder Institution in unserer Gesellschaft wird das Mitgefühl abgetötet und die Wahrheit ignoriert. Bis wir sie endlich als das erkennen, was sie sind, werden diese Mächte, denen wir nicht entrinnen können, weiterhin Verleugnung und Gewalt in jedem einzelnen, scheinbar ahnungslosen „Verbraucher" hervorrufen. Die Tatsache, dass wir dies nicht erkennen und davon ausgehen, dass unsere Lebensweise vernünftig, gewaltfrei, ehrenwert und friedfertig sei, zeigt nur, wie blind wir geworden sind.

Unser intuitiver Engel, der die Welt von oben betrachtet, sähe nicht nur die Abermillionen von Orten der Abstumpfung, die wir in unseren Städten, Vororten und auf dem Land errichtet haben. Er sähe auch enorme pulsierende Zentren, die Angst, Gewalt, Horror und Frustration ausstrahlen: Zehntausende von Massentierhaltungen, Schlachthäusern, Viehpferchen, Mastbetrieben sowie Fischfangflotten und Fischzuchtanlagen, in denen alljährlich Milliarden Tiere versklavt, gefoltert und brutal getötet werden. Die meisten dieser Einrichtungen sind, trotz ihrer riesigen Ausmaße und obwohl darin Zehntausende, ja Hunderttausende Tiere gefangengehalten und getötet werden, vor den Augen der Öffentlichkeit verborgen. Riesige Fischfangflotten sind weit draußen auf dem Meer am Werk. Die Tierverarbeitungsanlagen auf dem Land sind gezielt weitab von Hauptverkehrsstraßen und Ballungsräumen angesiedelt und eingezäunt, um unbefugten Personen den Zugang zu verwehren. Sie tragen vage und beschönigende Namen, wie „Carolina Eiweißerzeugnisse" – gesehen auf einem Schild an einem riesigen, bedrohlich wirkenden Gebäude fernab der Autobahn. Doch für unseren intuitiven Engel sind diese Einrichtungen überhaupt nicht verborgen. Im Gegenteil, sie ragen hoch und weithin sichtbar in die Landschaft. Die Intensität und der tosende Lärm des Leids hinter ihren Mauern bilden ein Schwingungsfeld aus Trauer, Grauen, Panik und Verzweiflung, das wie eine gewaltige wirbelnde Eruptionssäule in den Himmel schießt. Schreckliche Gedankenformen der Misshandlung, Beherrschung und Versklavung strahlen von diesen Orten aus und verdunkeln den Himmel. Sie verbreiten sich in der Umgebung und verpesten die Energie- und Bewusstseinsfelder, die uns alle miteinander verbinden, Tiere wie Menschen. Diese massive und unaufhörliche negative Energie, die Verzweiflung und das Leid der Abermillionen empfindsamer Wesen, die unnötig gefangengehalten und getötet werden, um unsere fremdgesteuerte Genusssucht zu befriedigen, stellen die vielleicht gravierendste von uns verursachte Umweltverschmutzung dar. Ihre Auswirkungen erschüttern das ausgedehnte und höchst komplexe, aus Gedanken, Energie und Bewusstsein geformte Netz, durch das wir miteinander, mit den Tieren und der Natur, mit zukünftigen Generationen und mit unseren Träumen und Sehnsüchten in Verbindung stehen.

Viele Menschen haben bereits in der Vergangenheit verstanden, welch tragische Auswirkungen die Verunreinigung des Schwingungsfelds der Erde mit den Qualen unser tierischen Brüder und Schwestern hat. Tolstoi hat geschrieben: „Solange es Schlachthöfe gibt, wird es auch Schlachtfelder geben." Isaac Bashevis Singer stößt ins selbe Horn: „Solange die Menschen das Blut unschuldiger Geschöpfe vergießen, kann es keinen Frieden, keine Freiheit und keine Harmonie zwischen den Menschen geben. Das Schlachten und die Gerechtigkeit können nicht nebeneinander existieren." Charles Fillmore, Mitbegründer der *Unity School of Practical Christianity* in Kansas City, schrieb 1903:

In San Francisco wurden vor einigen Jahren zahlreiche Menschen schwer krank, nachdem sie Fleisch gegessen hatten, das aus einer bestimmten Fleischerei stammte. Mediziner untersuchten den Fall und fanden heraus, dass das Fleisch von einem bestimmten Mastochsen die Ursache für die Erkrankung war. Sie nahmen an, dass es in irgendeiner Weise verseucht gewesen sei. Jedoch ergaben weitere Untersuchungen, dass es sich dabei um einen Fehlschluss handelte, denn der Ochse war ungewöhnlich gesund und lebhaft. Er war sogar so lebhaft und stark, dass er über eine Stunde lang um sein Leben kämpfte, als man versuchte, ihn zu töten. Er war in einen Rausch der Todesangst und Raserei geraten, seine Augen waren blutunterlaufen, und er hatte Schaum vor dem Maul, als die Fleischer versuchten, ihn zu erlegen. Die Mediziner entschieden daraufhin, dass die Raserei und Todesangst des Ochsen sein Fleisch vergiftet hatten, ähnlich wie Mütter mit Gefühlen wie Ärger ihre Milch ungenießbar machen können, was bekanntlich ihre Säuglinge krank macht.

In diesem Fall führte ein Zusammentreffen unglücklicher Umstände zu einem extremen Ergebnis, doch in abgeschwächter Form wirken sich diese Faktoren auf jegliches Fleisch aus, das auf unseren Märkten verkauft wird. Bevor sie geschlachtet werden, sind diese armen Kreaturen unzähligen Formen der Misshandlung ausgesetzt. Seht Euch in den

Viehpferchen, Viehzügen und Schlachthöfen um, wenn Ihr das Leid der Tiere des Feldes mit eigenen Augen sehen wollt! Und dieses Leid wird kraft des Gesetzes der Resonanz auf das Fleisch derjenigen übertragen, die die toten Körper dieser Tiere essen. Die unbestimmten Ängste, die Schrecken der Albträume und die weit verbreiteten Störungen an Magen und Eingeweiden, unter denen viele Menschen leiden, können in gewisser Weise auf diese unvermuteten Ursachen zurückgeführt werden.[12]

Fillmore schrieb diese Zeilen vor über einem Jahrhundert, in einer längst vergangenen Zeit, in der man ein Stück Fleisch bis zu dem Tier zurückverfolgen konnte, von dem es stammte. Eric Schlosser, Autor von *Fast Food Gesellschaft*, klärt uns darüber auf, dass in einem unserer heutigen Hamburger das Fleisch von Dutzenden von Tieren aus aller Welt zu finden sein kann. Das Leid der Tiere ist mit Sicherheit im Vergleich zu damals ebenfalls weitaus größer, wenn man die extreme Beengtheit, die absonderlichen Methoden der Verabreichung von Medikamenten und die qualvollen Verstümmelungen bedenkt, die in den industriellen Tierfabriken gang und gäbe sind. Und während wir ausgiebig über den Cholesteringehalt und die Hormonrückstände in tierischen Produkten debattieren, wird das nackte Elend, das wir essen, und dessen schädliche Wirkung nie ernsthaft untersucht. Wir sind verblendet vom Materialismus unserer Gesellschaft, der eine natürliche Nebenerscheinung unserer Essgewohnheiten ist.

1910 griff Fillmore seine Idee erneut auf und schrieb:

Ein jedes Tier kämpft um sein Leben. In welchem geistigen Zustand mag sich ein Tier wohl befinden, das man auf grausame Art in enge Ställe und Waggons einpfercht und dem man schließlich inmitten einer zutiefst grauenerregenden Umgebung das Leben nimmt? Kann man sich etwas anderes vorstellen, als dass sein gesamtes Bewusstsein von gewaltigen Schwingungen der Todesangst durchdrungen ist? Diese Schwingungen wirken auf sämtliche Formen tierischen Lebens ein, mit denen sie in Berührung kommen. Ihr glaubt, dass Ihr ein materielles Ding esst, das man Fleisch nennt. In Wahrheit gibt es kein solches Ding. Das Fleisch eines Lebewesens mag unseren physischen Sinnen als eine tote, inerte Masse erscheinen, doch wenn das Auge Eurer Seele sich öffnen könnte, dann nähmt Ihr in jedem seiner Atome geistige Ströme wahr, die entfesselt und wirr aufeinander einwirken, entsprechend dem Zustand, in dem sich das Tier befand, von dem es ein Teil war. Ihr führt Elemente in Euren Tempel ein, die seine innere Ordnung stören, Elemente, die Ihr nur schwer ausgleichen könnt.[13]

Selbst wenn wir uns bemühen, tierische Nahrung langsam und bewusst zuzubereiten und zu essen, so stört sich doch unser natürliches Mitgefühl für andere Lebewesen an der harten Wirklichkeit dessen, was vor uns auf dem Teller liegt, und an unseren Gedanken darüber. Indem wir Tiere entweihen, erzeugen wir Energiefelder, die uns selbst entweihen und uns daran hindern, den Zweck unseres Lebens auf dieser Erde zu verfolgen, der darin besteht, unser Verständnis, unsere Liebe und unsere Weisheit zur Entfaltung zu bringen. Stattdessen sind wir zu Erfüllungsgehilfen der Abscheulichkeit und des Todes geworden, die den Interessen riesiger Industrieverbünde und Konzerne dienen, deren Daseinsberechtigung in der Befriedigung ihrer eigenen egozentrischen Interessen zu sehen ist: Macht- und Gewinnmaximierung. Wir haben unsere Herzen verhärtet und ebenso die unserer Kinder, die, unschuldigen Schwämmen gleich, unsere Einstellungen und Glaubensgrundsätze aufsaugen und ihrerseits an die nachfolgenden Generationen weitergeben, so wie unsere Eltern und Großeltern vor uns.

Masken und Angst

Unsere psychologische Abhärtung ist ein Schutzschild, der uns davor bewahrt, die Trauer und den Schmerz zu fühlen, die wir natürlicherweise fühlen würden. Er macht uns unempfindlich und verhüllt unsere wahre Natur vor uns selbst. Vor diesem Hintergrund ist es faszinierend, den phänomenalen Erfolg der ausgesprochen wirksamen und kostspieligen Milchbart-Werbekampagne zu untersuchen. Diese Kampagne wurde von der US-Regierung im Zuge des *Fluid Milk Promotion Act* im Jahr 1990 erschaffen und gefördert.[14] Dieses Gesetz ermöglichte ein nationales Förderungsprogramm für die Trinkmilch verarbeitende Industrie. Der Milchbart kann als eine archetypische Maske gesehen werden. Die Kampagne appelliert an unser tiefsitzendes Wissen, dass wir eine Maske tragen müssen, um Tiere zu missbrauchen und ihre Körperteile und -sekrete zu verzehren. Der kleine weiße Bart löst ein unbewusstes Erkennen aus, das uns in Erinnerung ruft, dass Milchprodukte entsetzliche Gräuel maskieren. Gleichzeitig verschafft uns die Güte, die mit der weißen Farbe in Verbindung gebracht wird, die ersehnte emotionale Erleichterung. Die Milchindustrie vermarktet ihre Produkte, indem sie auf der unbewussten Ebene der archetypischen Symbolik arbeitet und unsere tiefe Zwiespältigkeit bezüglich tierischer Nahrungsmittel ausnutzt, die durch die Maske repräsentiert wird. Sie verwandelt diese Zwiespältigkeit in eine psychologische Erleichterung oder Katharsis, indem sie uns die Götter unserer Kultur vorführt, die den Milchbart zur Schau stellen: Die populärsten Persönlichkeiten aus Sport, Unterhaltung, Wissenschaft und Politik. Die Maske steht für die von unserer Gesellschaft betriebene Vertuschung des verborgenen Elends in der Milchindustrie und deren brutale Unterwerfung des Weiblichen. Da dies das Letzte ist, was wir unterstützen oder woran wir teilhaben wollen, geben wir vor, nichts von dem Leid zu wissen, das mit der Milchproduktion einhergeht.

Dieser unsichtbare Schatten der Gewalt erzeugt ein unkontrollierbares Energiefeld im Herzen unserer Kultur. Tierforscher wissen, dass Furcht eine der mächtigsten und elementarsten Emotionen bei allen Tieren ist (wir Menschen machen da keine Ausnahme). Extreme Furcht ist eine unentrinnbare Realität für die Tiere in unseren Tierfabriken und Schlachthöfen. Um uns zur Güte gegenüber Tieren zu ermahnen, schrieb Albert Schweitzer: „Der Schmerz ist ein schlimmerer Herr als der Tod."[15] Indem wir den Tieren, die unserer Ernährung dienen, massiv sowohl akuten als auch chronischen Schmerz zufügen, erzeugen wir entsprechend massive akute und chronische Angst. Wir essen Grauen und sind folglich davon fasziniert – angelockt vom Blutrünstigen, Grotesken und Gewalttätigen. Unsere Faszination für Blut, Tod, Grauen und Gewalt ist Ausdruck des unterdrückten Schattens unserer Brutalität gegenüber Tieren und der Morde, die wir in großem Stil an ihnen begehen. Diese Taten werden sublimiert und projiziert und finden ihren Ausdruck in den Massenmedien und in der populären Unterhaltungskultur. Gewalt und Horror in Filmen, Romanen und Musik faszinieren uns und ziehen uns magisch an, weil wir regelmäßig Gewalt und Horror mit unserer Nahrung aufnehmen und daher mitschuldig sind. Die Messer, Schwerter und Pistolen, die die populären Medien durchziehen, spiegeln die Pistolen zur Betäubung und Tötung wieder, die rund um die Uhr in Schlachthöfen abgefeuert werden, sowie die langen Messer, die dort die Tiere ausbluten und ihr Fleisch für den späteren Verzehr zerteilen. So sehr wir die Gewalt unserer Mahlzeiten verbergen und verdrängen, so sehr bricht sie auf unseren Kinoleinwänden und Fernsehschirmen hervor; sie ist unbestreitbar, faszinierend und unwiderstehlich interessant für uns.

Indem wir Grauen und Grausamkeit in den Medien zelebrieren und kultivieren, säen wir eben diese Saat in unseren bewussten und unbewussten Geist, und sie trägt Früchte in Form von weiterer Gewalt. Die Zurschaustellung von Gewalt in den Medien, speziell im Fernsehen, konnte schlüssig mit der zunehmenden Gewaltbereitschaft von kindlichen Fernsehzuschauern in Zusammenhang gebracht werden. Die Gewalt, die wir an Tieren verüben, die unserer Ernährung dienen, wird durch das Fernsehen als Gewalt gegen Menschen sublimiert und projiziert. Sie verwandelt sich in von Kindern verübte Gewalthandlungen, für die Tiere leichte und wehrlose Ziele sind. Angeln, Jagen und Missbrauch von Heimtieren oder gefangenen Wildtieren sind einige Arten, wie Kinder diese im Zuge ihrer Sozialisation erworbene Gewalt zum Ausdruck bringen. Durch diese Handlungen erhält die allgegenwärtige Praktik der Gewalt gegenüber Tieren – sie zu schlachten und zu essen – noch größere Legitimation. Die nachweisliche Verbindung zwischen der Gewalt von Kindern gegenüber Tieren und ihrer späteren Gewalt gegenüber Menschen erinnert uns ein weiteres Mal an das Pythagoreische Prinzip, wonach unsere Tierquälerei wie ein Bumerang unweigerlich zu uns zurückkommt und uns selbst trifft. Sie findet ihren Ausdruck in der Gewalt zwischen Menschen und dem unsäglichen Leid, das dadurch verursacht wird.

Sich in Mitgefühl üben

Die Spirale der Gewalt, die auf unserem Esstisch ihren Anfang nimmt, wirkt sich auf unsere Familie, unsere Gemeinschaft und alle unsere Beziehungen aus. Sie breitet sich wellenförmig im Feld des kollektiven Bewusstseins aus. Wenn wir die klare Sicht eines Engels hätten, könnten wir sehen, dass sich die Welle rings um den Planeten auf unberechenbare Weise und in unermessliche Dimensionen fortpflanzt. Was wir sind und was alle Wesen und Erscheinungen letztlich sind, ist Bewusstsein. Das Bewusstsein erschafft physische Vehikel, die heilige Verkörperungen sind, mittels derer das Bewusstsein sich ausdrückt, wächst und sich entwickelt. Wir sind alle Teil von etwas sehr viel Größerem, und wir haben unsere einzigartige Aufgabe und unseren speziellen Beitrag darin zu leisten. Wenn das Bewusstsein als bloßes Epiphänomen, als Begleiterscheinung der Materie angesehen wird, so ist dies eine irrige Umkehrung der tatsächlichen Gegebenheiten. Dieser Mythos des Materialismus wurde von der oberflächlichen, verschreckten und Schrecken verbreitenden Mentalität der Unterwerfung erfunden. Er wird nach wie vor von ihr propagiert, um ihre Blindheit gegenüber der schmerzvollen, aber befreienden Erkenntnis der Vernetzung allen Lebens und der fundamental geistigen Natur aller Wesen aufrechtzuerhalten. Kein Wesen ist lediglich ein materielles Ding oder Objekt. Daher kann kein Wesen jemals ein Rohstoff oder jemandes Eigentum sein. Wir alle sind unendlich mysteriöse Erscheinungen des Bewusstseins. Spirituelle Reife bedeutet ein Erwachen aus den lähmenden Beschränkungen des Materialismus und Separatismus. Mit diesem Erwachen geht ein Gefühl der Liebe und des Mitgefühls für alle Geschöpfe einher.

Dieser Gedanke ist von Mystikern, Heiligen und Weisen aller Traditionen und Kulturen seit Menschengedenken formuliert worden. Vor 2.500 Jahren predigten zwei Zeitgenossen in Indien – Mahavira, der Begründer des Jainismus, und Gautama Buddha – ihren Anhängern die grundlegende spirituelle Notwendigkeit, die Verhaltensregel des *Ahimsa*, der Gewaltlosigkeit, in ihren Beziehungen zu Menschen wie zu Tieren zu beachten. Buddha sagt beispielsweise im *Mahaparinirvana-sutra*: „Der Verzehr von Fleisch tötet den Keim der großen Barmherzigkeit mit allen Lebewesen."[16] Milarepa, der tibetische buddhistische Dichter und Heilige, singt im zwölften Jahrhundert: „Über meinem langen Nachsinnen über die Liebe und das Mitgefühl habe ich jeglichen Unterschied zwischen mir selbst und anderen vergessen."[17] Der christliche Mystiker Isaak von Ninive, auch Isaak der Syrer genannt, fragt im siebten Jahrhundert:

Was ist ein mitfühlendes Herz? – Ein Herz, das vor Liebe für die ganze Schöpfung brennt, für die Menschen, für die Vögel, für die Tiere [...] für alle Geschöpfe. Wer ein solches Herz sein eigen nennt, kann kein Geschöpf ansehen oder sich in Erinnerung rufen, ohne dass sein Auge sich mit Tränen füllte ob des unendlichen Mitgefühls, das sein Herz ergreift; ein erweichtes Herz, das nicht länger ertragen kann, von jeglichem Leid

anderer zu erfahren, sei es auch der geringste Schmerz, der einem Geschöpf zugefügt wird. Darum wird solch ein Mensch niemals aufhören,
für die Tiere zu beten [...] angeleitet vom grenzenlosen Erbarmen, das
im Herzen jener herrscht, die mit Gott eins werden.[18]

John Wesley, einer der Begründer der methodistischen Bewegung im
achtzehnten Jahrhundert, schreibt: „Tief in meinem Herzen bin ich überzeugt, dass der Glaube an Jesus Christus uns über die ausschließliche
Sorge um das Wohlergehen anderer Menschen zu einer umfassenderen
Sorge um das Wohlergehen der Vögel in unserem Garten, der Fische in
unseren Flüssen und aller lebenden Geschöpfe auf dem Antlitz der Erde
hinführen kann und wird."[19]

Der islamische Mystiker Dhu n-Nun al-Misri sagt im neunten Jahrhundert: „Denke niemals von jemandem, er sei geringer als du. Öffne dein
inneres Auge, und du siehst die Eine Herrlichkeit in allen Geschöpfen
leuchten."[20]

Albert Einstein formuliert es folgendermaßen:

Ein Mensch ist ein räumlich und zeitlich beschränkter Teil des Ganzen,
das wir „Universum" nennen. Er erlebt sich selbst und sein Denken
und Fühlen als getrennt vom Rest in einer Art von optischer Täuschung
seines Bewusstseins. Diese Wahnvorstellung ist ein Gefängnis, das uns
auf unsere persönlichen Bedürfnisse und die Zuneigung zu einigen uns
nahestehenden Menschen beschränkt. Es muss unsere Aufgabe sein,
uns aus diesem Gefängnis zu befreien, indem wir den Radius des Mitfüh-
lens für andere ausweiten, so dass er alle Lebewesen und die gesamte
Natur in ihrer Schönheit umfasst.[21]

Wenn wir uns dem blendenden Griff des Materialismus entwinden, erkennen wir die subtilen Verflechtungen, die uns alle miteinander verbinden. Wir wissen, dass Gedanken und Gefühle Macht haben. Wir haben
im Privaten und in der Gemeinschaft feststellen können, wie wirksam
ein starkes Gefühl und ein klarer Gedanke im Hinblick auf das Erzielen
eines bestimmten Ergebnisses sein können. Dabei entsteht ein Energiefeld, das andere Personen mit ähnlichen Schwingungstendenzen anzieht,
was wiederum die energetische Gedankenform verstärkt. Diese Gedan-
kenfelder vermehren sich nach ihrer Art. Ganz offensichtlich verstand

Adolf Hitler zum Beispiel die Macht von Gedankenfeldern über das Massenbewusstsein. Seine Handlanger setzten ganz bewusst bestimmte Symbole und Parolen ein und steuerten die Gedanken dahingehend, ein Schwingungsfeld des Stolzes und der Eroberung zu erzeugen, das sich für Millionen von Menschen als unwiderstehlich herausstellen sollte. Paradoxerweise gelang dies in einer Gesellschaft, die scheinbar aufgeklärt war und über das vielleicht höchste Bildungsniveau ihrer Zeit verfügte. Die Einheit des menschlichen Bewusstseins wurde auch auf positive Weise demonstriert. Die Wirkung von Gedanken der Liebe und Gebeten für den Frieden, die zu diesem Zweck versammelte Menschen aussenden, ist ausführlich dokumentiert. Manche Forscher bezeichnen dies als den „Maharishi-Effekt". Der Name rührt daher, dass in Transzendentaler Meditation geschulte Menschen zahlreiche Versuche durchgeführt haben, um eine Gruppe von Meditierenden zu studieren, die ein fokussiertes Feld des Friedens und der Harmonie aussenden. Es wurde festgestellt, dass dies Auswirkungen auf die Verbrechensrate und andere soziale Indikatoren in den Städten hatte, die als Ziel ausgewählt wurden.[22] Die Ergebnisse waren signifikant und beeindruckend. Einige Wissenschaftler, wie Dr. med. Larry Dossey, dokumentieren und erforschen die Auswirkungen von Gebeten auf die körperliche Heilung.[23] Dieser Gebrauch von Methoden der materialistischen Wissenschaft zum Nachweis dessen, was wir bereits wissen, ist paradox. Der Materialismus hat die Wahrheit verschleiert und ignoriert, die da lautet: Wir sind alle miteinander verbunden. Wir sind keine getrennten materiellen Objekte mit Gehirnen, die Bewusstsein erzeugen. Wir sind unendliches Bewusstsein, das sich als Wesen in Zeit und Raum ausdrückt. Die Beweise hierfür sind überwältigend und finden sich sowohl in den Aussagen spirituell erleuchteter Menschen als auch in unseren eigenen Herzen, in unserem Geist und in unseren Alltagserfahrungen. Wir müssen nur die Augen aufmachen und sehen! Der unbestreitbare Nutzen des Gebets (Bewusstseins) zur Förderung der körperlichen Heilung ist nur ein Beispiel dafür.

Aus all dem folgt, dass die Verschmutzung unseres kollektiven Bewusstseinsfeldes durch die dunklen Höllenqualen, die Milliarden von Tieren erleiden, die für unsere Ernährung getötet werden, eine verkannte Tatsache ist, die unseren sozialen Fortschritt vereitelt und in gewaltigem Umfang zur Gewalt zwischen Menschen und zu den weltweit fortwährend ausbrechenden Kriegen beiträgt. Wenn wir uns zusammenschließen, um gemeinsam für den Weltfrieden zu beten und dieses Ziel zu visualisieren, ist dies zwar ein nobles Ansinnen; doch wenn wir gleichzeitig fortfahren, uns vom Elend unserer Mitgeschöpfe zu ernähren, erzeugen wir ein monumentales und kontinuierliches Gebet für Gewalt, Schrecken und Sklaverei. Es ist dies das Gebet unserer Taten und die erlebte Realität für Milliarden fühlender Geschöpfe, die uns auf Gnade oder Ungnade ausgeliefert sind und mit denen wir keine Gnade kennen.

Erst wenn wir unsere Gebete für Frieden und Freiheit *leben*, indem wir denen Frieden und Freiheit gewähren, die uns wehrlos ausgeliefert sind, werden wir selbst Frieden und Freiheit finden. Freude, Liebe und Überfluss sind immer greifbar für uns und werden sich in unserem Leben in dem Maße offenbaren, wie wir verstehen, dass sie uns gegeben werden, sofern wir sie anderen gewähren. Der Preis, den wir für Liebe und Frieden bezahlen müssen, *ist* die Eiscreme, das Steak und der Eierpunsch, die wir gedankenlos und beiläufig konsumieren. Unser Geist ist darauf konditioniert, unsere Nahrung und das Tier, das rücksichtslos missbraucht und anschließend zu dieser Nahrung verarbeitet wurde, strikt voneinander zu trennen. Doch die Schwingungsfelder, die von unseren Entscheidungen in Ernährungsfragen erzeugt werden, haben tiefgreifende Auswirkungen auf uns – ob wir vorgeben, diese zu ignorieren, oder nicht. Achtsames Essen erhellt die verborgenen Zusammenhänge, reinigt unseren Geist, unser Herz und unsere Handlungen und entfernt innere Masken und Schutzschilde, so dass all dies ganz offensichtlich wird.

KAPITEL NEUN

DIE REDUKTIONISTISCHE WISSENSCHAFT UND RELIGION

„Die Östrus-Kontrolle wird das Tor zur fabrikmäßigen Schweineproduktion öffnen. Die Kontrolle über den weiblichen Zyklus ist das fehlende Bindeglied zur Fließbandproduktion."
– Earl Ainsworth –, *The Farm Journal*, 1976

„Es gibt keine Religion ohne Liebe, und die Leute mögen so viel über ihre Religion reden, wie sie wollen, wenn sie ihnen nicht beibringt, gut und freundlich zu Tieren wie zu Menschen zu sein, ist sie nur ein Schwindel."
– Anna Sewell –, *Black Beauty*

„Die Naturauffassung eines jeden Volkes bedingt dessen sämtliche Institutionen."
– Ralph Waldo Emerson –, *English Traits*

Die Abkömmlinge der Viehzüchterkultur

Wissenschaft und Religion sind fundamentale Institutionen unserer Gesellschaft. Sie verkörpern zahlreiche unserer höchsten Ideale und tragen auf verschiedenste Weise zu unserem Leben und unserem Wohlbefinden bei. Der Begriff „Wissenschaft" leitet sich von *scire* ab, „wissen", und „Religion" von *religare*, „zurückbinden". Erstere ist ein Ausdruck unserer Sehnsucht, die Welt und uns selbst mithilfe systematisierten Wissens zu begreifen. Letztere drückt unsere Sehnsucht aus, uns wieder mit der

geistigen Quelle unseres Lebens zu verbinden und in Harmonie miteinander und mit der höheren Ordnung zu leben. Sowohl Wissenschaft als
auch Religion sind massive Institutionen, die beide Millionen von Menschen beschäftigen und Milliarden in Projekte investieren, die sämtlich
– soweit die Theorie – zum Ziel haben, zu einer Verbesserung unserer
Gesundheit, zu erhöhtem Komfort, mehr Sicherheit, besserem Verständnis sowie mehr Sinn und Glück in unserem Leben beizutragen.

Nur wenige würden wohl bestreiten, dass Wissenschaft und Religion uns vielfältigen Nutzen gebracht haben. Doch viele mögen einwenden, dass sie andererseits maßgeblich zu Krieg, Zerstörung und Elend
beigetragen haben – dass sie manche Probleme gelöst, andere hingegen
verschärft haben. Wie kommt das? Genauer gesagt: Warum haben Tausende Menschen, die danach strebten, die Welt durch wissenschaftlichen
und spirituellen Fortschritt zu verbessern und zu heilen, sich nicht mit
der offensichtlich gewalttätigen und räuberischen Mentalität auseinan-
dergesetzt, die unsere Ernährungsgewohnheiten erfordern? Abgesehen
vom allgemeinen Widerstand, den wir dem Eingeständnis unserer Komplizenschaft an der Grausamkeit unserer Mahlzeiten entgegensetzen, ist
ein weiterer Faktor am Werk: Der von vielen wissenschaftlichen und religiösen Institutionen des Abendlands begünstigte Reduktionismus, der
darauf abzielt, elementare Zusammenhänge im Dunkeln zu belassen.

Die Revolution des menschlichen Bewusstseins, die allem Anschein
nach vor ungefähr zehntausend Jahren im Irak mit der Domestizierung
und der Herdenhaltung von Großtieren, die der Ernährung dienten, ihren
Anfang nahm, war eine reduktionistische Revolution. Sie zeichnete sich
durch eine innere und äußere Reduzierung aus: Kraftvolle wilde Tiere
wurden auf den Status von Inhaftierten und von Schlachtvieh reduziert,
und der Respekt der Menschen für Tiere und die Natur wurde im selben
Zuge ebenfalls reduziert. Unsere Vorfahren wurden zu Raubtieren, die
„reduzierte" Beute jagten – Zuchtvieh, das als Wirtschaftsgut angesehen und bewacht und anschließend abgestochen und enthauptet wurde.
Die Menschen selbst wurden zu reduzierten und abgestumpften Räubern,
gewillt, entsprechend reduktionistische wissenschaftliche und religiöse
Institutionen aufzubauen, die ihre Einstellungen und Verhaltensweisen
legitimieren würden.

Abgesehen von reduktiven wissenschaftlichen und religiösen Systemen
produzierten die alten Viehzüchterkulturen reduktive und räuberische

Wirtschaftssysteme. Diese sahen Menschen zunehmend als ökonomische Einheiten an und führten schrittweise zu krassen Ungleichheiten in der Verteilung des Wohlstands. Zu Beginn der Geschichtsschreibung, vor dreitausend Jahren, berichten die ältesten antiken Schriften, wie Homer, das Alte Testament und Inschriften in sumerischer Keilschrift, über etablierte Wirtschaftssysteme, die von reichen Königen beherrscht werden, Viehbesitzern, die Kriege um Weideland für ihr Vieh führten. Die Volksmassen hingegen sind zu bloßen Ressourcen degradiert, die kämpfen, produzieren und konsumieren, was der reichen Elite zugutekommt. Die frühe Wissenschaft diente dazu, die Blutlinien des Viehs zu manipulieren, um die Fleisch-, Milch- und Wollleistung zu erhöhen. Die Religion dieser Zeit diente dazu, das Schlachten von Tieren für die Ernährung zu rechtfertigen und sogar anzuordnen. Es sind genau diese Institutionen, die wir als Erbe übernommen haben und die heute auf unsere Gesellschaft einwirken und in uns fortleben, weil wir fortfahren, Nahrung zu verzehren, die von reduzierten Tieren stammt.

Es ist nützlich, sich vor Augen zu führen, dass die konventionelle Wissenschaft und Religion, obschon oft in erbitterte Fehden verstrickt, sich in Wahrheit verblüffend ähneln, was die ihnen zugrunde liegenden Prinzipien angeht. Sie sind zwei stolze Abkömmlinge derselben Viehzüchterkultur. Beide haben das Bestreben, die reduktionistische Mentalität zu verstärken, die in der Kultur, die sie hervorgebracht hat, den Menschen abverlangt wird. Diese Mentalität ist notwendig, damit der Brauch des Versklavens und Essens von Großvieh fortbestehen kann. Sie ist außerdem notwendig, um ein Wirtschaftssystem zu stützen, das auf Ausgrenzung und Ausbeutung gegründet ist. Es ist aufschlussreich, dass einige wenige Individuen imstande waren, diese wissenschaftlichen und religiösen Institutionen bis zu einem bestimmten Grad zu überwinden und zu erheben, die Institutionen selbst jedoch normalerweise Druck ausüben, um den Reduktionismus zu verfestigen, der vom Viehzüchtermilieu gefordert wird. So könnten sowohl Wissenschaft als auch Religion durch das nicht-reduktive weibliche Prinzip (Sophia) eine enorme Bereicherung erfahren. Doch Sophia wird von der Viehzüchterkultur verschmäht, und konventionelle Wissenschaft und Religion begegnen ihr typischerweise mit Misstrauen – was sich zu deren eigenem Nachteil auswirkt.

Wenn es der Viehzüchterkultur und ihren Abkömmlingen gelingt, Sophia zu unterjochen, dann liegt dies vor allem an der anhaltenden täglichen „Opferung" von Millionen von Tieren für unseren Teller. Dieses Massenritual vermindert unsere Intelligenz und unterdrückt unsere heilkräftige Weisheit. In ihrer Eigenschaft als Weisheit ist Sophia das ultimative Ziel sowohl der Wissenschaft als auch der Religion. Doch da sie der autoritären und reduktiven Mentalität der Viehzüchterkultur dienen, haben sie sie schlichtweg abgelehnt, was die tragischen spirituellen Folgen hat, die wir um uns herum sehen können.

Wissenschaft und Sklaverei

Ohne das Zutun einer reduktionistischen Wissenschaft wäre es unmöglich, lebende Systeme in Maschinen für die Kapitalansammlung umzuwandeln.
Diese Wissenschaft vollbringt zwei Dinge an uns.
Zum einen tötet sie das ethische Mitgefühl in uns, denn Reduktionismus verwandelt ein lebendes System in leblose Teile, die von außen zusammengehalten werden. Der Reduktionismus erzeugt dann die *ethische Anästhesie*, die uns weismacht: 'Du musst dir keine Gedanken über ethische Aspekte deiner Beziehung zu diesem Wesen machen, denn das ist nur ein Bündel Materie, das in deine Hände gegeben wurde, damit du mit ihm herumspielen kannst.' Es ist nicht anders, als mit Knetmasse zu spielen.
Zum anderen gibt sie uns die materiellen Möglichkeiten, mehr Milch von einer Kuh zu erzielen, mehr mageres Fleisch mit den Kühen zu erzeugen, die Kühe auf einer kleineren Fläche zu halten und sie früher zu schlachten.
Kraft dieser Mechanismen benutzt das Kapital den Reduktionismus der Wissenschaft, um Wohlstand anzuhäufen und sich das Leben von Wesen anzueignen, die das Recht auf ein eigenes Leben haben.
— Dr. Vandana Shiva[1] —

Die konventionelle reduktionistische Wissenschaft ist verwurzelt in der irreführenden Cartesianischen Spaltung von Geist und Materie und leugnet rundweg die Existenz einer jeglichen Realität jenseits dessen, was physikalisch quantifizierbar ist. Dieser materialistische Mythos ignoriert die Spiritualität und das geheimnisvolle Abenteuer des Bewusstseins. Er zielt darauf ab, sowohl Tiere als auch Menschen zu bloßen biologischen Maschinen herabzuwürdigen, geschaffen, um ums Überleben zu kämpfen, und angetrieben von genetischen und chemischen Kräften. Er stärkt per se die irrige Vorstellung, dass Lebewesen in einem Universum bar jeder eigenen Bedeutung oder Finalität miteinander kämpfen und rivalisieren. Durch diesen Mythos wurde die reduktionistische Wissenschaft zum mächtigen Instrument der wohlhabenden Elite sowie des Militär- und Industriekartells, das unter ihrer Kontrolle steht. Wenn wir die Tiere und die Natur ihres inhärenten Sinnes und Wertes berauben und das Leben auf materielle Vorgänge, genetische Programmierung und operante Konditionierung reduzieren, wird unser eigener Sinn, Wert und Status umdefiniert – und zwar im Hinblick darauf, wie nützlich wir für die Zwecke des Politik- und Wirtschaftskartells sind. Die reduktionistische Wissenschaft übt den kühlen und kalkulierenden Blick, der es für zulässig erklärt, Lebewesen auf Zahlen in der Kosten-Nutzen-Analyse der Industrieökonome und Militärstrategen zu reduzieren. Sie hat dazu beigetragen, die Praktik der Viehzüchterkultur zu legitimieren, die Tiere und die Natur – und auch den Menschen – zu Waren herabzustufen.

Die reduktionistische Wissenschaft ist eine treue Dienerin der Viehzüchtermentalität. Sie hat den pathologischen Mangel an emotionaler Verbindung des männlichen Herrschaftsstrebens über die Natur, die Tiere und die Menschen in eine ehrbare und angesehene Kunstform umgedeutet. Wir können heutzutage nach Dachau fahren und in denselben Betongebäuden stehen, in denen Nazi-Wissenschaftler im Namen der Wissenschaft entsetzliche Experimente an ihren Mitmenschen durchführten. Genau wie Überlegenheitsvorstellungen die grausamen Nazi-Experimente rechtfertigten, rechtfertigen sie auch die grausamen Experimente, die wir täglich an Abertausenden von wehrlosen Tieren durchführen. Wenn uns Zugang gewährt würde, könnten wir heute in irgendeine staatliche Universität oder in eine von Tausenden privater, militärischer oder staatlicher Forschungseinrichtungen gehen, um dort Zeugen grausamer Gewalttaten zu werden, die mit demselben Argument der Überlegenheit begründet werden. Wir könnten auch zum Beispiel der *School of the Americas* (umbenannt in *Western Hemisphere Institute for Security Cooperation*, A.d.Ü.) einen Besuch abstatten, einem Trainingscamp der US-Army in Fort Benning, Georgia, und zusehen, wie dort Militärpersonal aus zentral- und südamerikanischen Ländern in den modernsten High-Tech-Methoden zur Folterung, Überwachung und Unterwerfung geschult wird. Diese Methoden helfen den Absolventen dabei, ihr eigenes Volk erfolgreich zu unterjochen und damit den Interessen der multinationalen Konzerne und der herrschenden Elite zu dienen.[2] Kapital, Viehbesitz, Reichtum, Krieg und die Ausbeutung von Natur, Tieren und Menschen stehen heutzutage auf demselben Fundament wie zu Zeiten der alten Hirtenkulturen. Diese leben im High-Tech-Gewand fort und werden von der reduktiven Mythologie der Wissenschaft gestützt.

Es gibt wohl nichts Schrecklicheres, als wehrlos und unfähig, sich zu bewegen, dem Blick eines kalten, emotional distanzierten Auges ausgeliefert zu sein, das uns mustert und dem das Leid, das wir aushalten müssen, gleichgültig ist. Dies ist das Auge des Viehzüchters, der seine Tiere betrachtet, sein Eigentum, die er alle handhaben und töten wird, um selbst daraus Profit zu schlagen. Es ist das Auge des Soldaten, der seinen Feind ansieht, der eine Bedrohung für das Vieh und das Kapital seines Landesherrn darstellt. Es ist das Auge des Wissenschaftlers oder Forschungsassistenten, der fühlende Geschöpfe absichtlich äußerst schmerzhaften Experimenten unterzieht. Dieses harte, mitleidlose Auge ist ein zutiefst verletztes Auge, die Parodie eines wirklich menschlichen Auges, aus dem liebevolle Güte, Mitgefühl und ein natürliches Gefühl von Fürsorge und Anteilnahme für alle unsere Mitgeschöpfe hier auf Erden strahlen. Das harte, gleichgültige Auge erhält man nur durch rigoroses Training – ein Training, an dem wir praktisch von Geburt an teilnehmen, und das darin besteht, uns dreimal täglich emotional von dem Grauen auf unserem Teller zu distanzieren. Wir lernen, diesen mitleidslosen Blick auf jene zu werfen, die nicht unserer Spezies, unserer Rasse, unserem Land, unserer Klasse, unserem Geschlecht, unserem Stamm, unserer Religion oder unserer sexuellen Orientierung angehören. Vor allem aber lernen wir, diesen Blick auf Schweine, Kühe, Kojoten und andere „Nutztiere" oder „Schädlinge" zu werfen. Auf manche Arten von „Heimtieren" werfen wir natürlich vielleicht einen sanfteren Blick. Es ist faszinierend und aufschlussreich, eine Wissenschaftskonferenz zu besuchen und aus dem Mund der Wissenschaftler selber zu hören, welche Tiere sie ohne Skrupel vivisezieren können. Manche können nur „an" Ratten und Mäusen arbeiten. Andere können auch an Katzen arbeiten, aber nicht an Hunden oder Affen. Wieder andere können Kaninchen „nehmen", aber nicht Katzen, usw. Wo ziehen wir die Grenze, und warum? Für die meisten Wissenschaftler, wie für die meisten Menschen überhaupt, die in dieser unserer Viehzüchterkultur leben, fallen Tiere, die unserer Ernährung dienen, komplett aus dem Kreise derer heraus, auf die unser wohlwollender

Blick fällt. Umso empfindsamer wir werden, umso weiter wird der Kreis unseres Mitgefühls. Wir verspüren bei einem wesentlich größeren Spektrum von Lebewesen Skrupel, wenn es darum geht, ihnen zu schaden, denn unser Blick wird „weicher" und fürsorglicher, sogar den Kleinsten gegenüber, seien es Mäuse, Vögel, Fische, Schalentiere oder Insekten. Die wissenschaftliche Ausbildung, von Henryk Skolimowski „Yoga der Objektivität"[3] genannt, erzwingt eine Sichtweise, die oft dazu tendiert, den Kreis unseres Mitgefühls einzuengen und uns alle – nicht nur Wissenschaftler – abzustumpfen.

Zwar hat die Wissenschaft in gewisser Weise dazu beigetragen, dass wir „Nutztiere" besser würdigen. Sie hat zum Beispiel gezeigt, dass Fische über ein hoch entwickeltes soziales Bewusstsein verfügen, Schmerz empfinden und rasch lernen, schmerzhafte Stimuli zu vermeiden, oder dass Schweine eine verblüffend ausgebildete Intelligenz besitzen, die die von Hunden übersteigt und an die von Schimpansen heranreicht. Die pauschale Einflussnahme der Wissenschaft im Bereich des Tierschutzes war jedoch eindeutig negativ. Tatsächlich gibt es auch heute noch zahlreiche einflussreiche Wissenschaftler, die zwar letztlich gezwungen sind, anzuerkennen, dass Tiere Schmerz empfinden und leidensfähig sind, die aber dennoch die Relevanz und Intensität ihres Leidens kleinreden, genauso wie es Wissenschaftler mit schwarzen Menschen zu Zeiten der Sklaverei taten. Seit den Anfängen der wissenschaftlichen Revolution haben Wissenschaftler Tiere in schmerzhaften Experimenten benutzt und die moralische Relevanz ihres Leidens abgestritten. Descartes' wohlbekannte Erwiderung auf die Beschwerden seiner Nachbarn über das gequälte Geheul der Hunde, die er lebend sezierte, hallt noch in den heiligen Hallen der Wissenschaft wider. Er erklärte, dass Tiere, da sie keine vernunftbegabte Seele besäßen, unfähig seien, Schmerz zu empfinden. Das Geheul, das sie ausstießen, habe nicht mehr zu bedeuten als das Quietschen eines sich drehenden Mühlrads.[4] Eine derartige Haltung ist die vollkommene Antithese der Goldenen Regel. Die Wissenschaft hat seit jeher die Illusionen des Objektivismus, des Getrenntseins, des Reduktionismus und des Materialismus genährt. Sie hat außerdem die Forscher und die Allgemeinheit darin bestärkt, das Leiden, das fühlende Geschöpfe im Namen eben dieser Wissenschaft und allgemein unter dem Joch unserer Gesellschaft ertragen müssen, zu verharmlosen. Damit hat die Wissenschaft der Viehzüchterkultur einen gewaltigen Dienst erwiesen. Den Tieren hingegen – auch uns menschlichen Tieren – hat sie einen monumentalen Bärendienst erwiesen.

Die Wissenschaft hat nicht nur mit ihrem reduktiven und emotional distanzierten Mythos dazu beigetragen, den Mythos unserer Viehzüchterkultur zu stärken, sie hat außerdem die technischen Mittel bereitgestellt, die den modernen Tierbezwingern ermöglicht haben, Tiere in nie zuvor gekanntem Ausmaß zu versklaven und zu missbrauchen. Moderne Tierfabriken und Schlachthöfe wären undenkbar ohne die ausgefeilte Maschinerie, ohne Pestizide, Medikamente, Hormone, Haltungssysteme, elektrische Schlagstöcke und eine Palette anderer technischer Gerätschaften, die einen wahrhaften Albtraum über Geschöpfe bringen, die dazu bestimmt sind, zu laufen, zu fliegen, zu schwimmen, zu spielen und ihr Leben in der natürlichen Welt zu feiern. Im Gegensatz zu uns modernen Menschen, die wir an unseren mit Computern ausgestatteten Arbeitsplätzen in Bürohochhäusern festsitzen, haben Kühe, Hühner, Fische und Schweine keine Möglichkeit, einen Sinn in der zutiefst fremdartigen, frustrierenden und furchteinflößenden künstlichen Umgebung zu erkennen, in der wir sie zwingen, ihr gesamtes Leben zu verbringen, um unsere selbstsüchtigen Begierden zu befriedigen.

Heutzutage bestimmt die reduktionistische Wissenschaft nahezu vollständig unsere Gesellschaft und unser Selbstbild. Obwohl sie uns unbestreitbaren materiellen Fortschritt und Komfort gebracht hat, ist sie gleichzeitig zu einer treibenden Kraft hinter unserer eigenen Versklavung geworden. Die Wissenschaft ist nicht nur die Quelle der Technologien, die uns Unterhaltung und Komfort bescheren, die uns zerstreuen und süchtig machen oder unsere Umwelt verschmutzen und potenziell zerstören, sie erfindet auch Gerätschaften, die in der Lage sind, uns direkt zu kontrollieren, genauso wie es bei Tieren schon lange gang und gäbe ist. Einige Beispiele hierfür sind versteckte Überwachungssysteme, Elektroschockgürtel und Mikrochips, die in unseren Körper implantiert werden. Diese können uns per GPS verfolgen und manchen Quellen zufolge möglicherweise unsere Körperfunktionen steuern, indem sie schmerzhafte Muskelkrämpfe, Angst oder geistige Verwirrung auslösen.[5] Mikrochips wurden an Tieren getestet und entwickelt, und verschiedene Ausführungen werden in großem Umfang in wilde und domestizierte Tiere sowie in zunehmendem Maße auch in Menschen implantiert.[6] Der *Los Angeles Times* zufolge enthalten die gegenwärtig bei Menschen mit Alzheimer

und ähnlichen gesundheitlichen Störungen verwendeten Mikrochips deren Patientenakte und persönliche Daten und ermöglichen es, den Menschen „einzuscannen wie ein Glas Erdnussbutter an der Supermarktkas-
se".[7] Sie sind imstande, uns in bequem erfassbare und steuerbare Objekte
zu verwandeln, vergleichbar den gechipten Zuchtsauen[8] und Milchkühen,
die wir selbst benutzen und essen.

Auf einer tieferen Ebene versklavt uns die reduktionistische Wissenschaft, indem sie ausschließlich Wissen legitimiert, das auf dem logischen Positivismus und einer fundamentalen Trennung zwischen dem
Selbst und der Welt beruht. Zwar gibt es unter denjenigen, die sich die
Popularisierung der Wissenschaft zur Aufgabe gemacht haben, einige
wenige, die progressiver, holistisch orientiert und sogar spirituell zu sein
scheinen. Doch stoßen diese Menschen in den meisten Fällen auf Ablehnung vonseiten des riesigen Wissenschaftsbetriebs, der auf die Prinzipien
der Teilung, der Reduktion und der Analyse gegründet ist, die er *en bloc*
von der Viehzüchterkultur geerbt hat, von der er abstammt.[9] Sein Feind
ist der Feind der Viehzüchterkultur – das weibliche Prinzip. Dieses lebt
in uns allen und offenbart sich als eine Ebene des Wissens, die höher ist
als die separatistische Rationalität, auf der die reduktionistische Wissenschaft beruht. In dem Maße, wie Wissenschaft von der mitfühlenden, heilenden, verbindenden Weisheit der Intuition und des weiblichen
Prinzips getrennt ist, begünstigt sie tendenziell Grausamkeit, Zerstörung,
Sklaverei und Tod.

Die Begründung einer Wissenschaft, die uns wahrhaft zu Diensten ist,
anstatt uns zu gefährden, uns abzulenken und uns zu steuern, erfordert
eine grundlegende Umorientierung: Wir müssen uns von jener herkömmlichen reduktiven Mentalität verabschieden, welche die physikalische
Materie als das Primäre und das Bewusstsein als deren bloße Ausdüns-
tung erachtet. Wenn wir als Gesellschaft aufhören, Lebewesen als Sachen anzusehen, und ihnen zugestehen, dass sie bewusste Subjekte ihres
Lebens sind, erschaffen wir ganz selbstverständlich eine Wissenschaft,
die uns wieder verantwortlicher und selbstbestimmter macht. Diese beruht auf dem Primat des Bewusstseins und der Vernetzung aller Lebewesen miteinander. Die Anfänge dessen sind in den Arbeiten und Schriften
von Forschern und Theoretikern wie Rupert Sheldrake mit seiner Idee
der morphogenetischen Felder sowie bei Robert Jahn, Elizabeth Targ,
Amit Goswami, Fred Alan Wolf, Vandana Shiva, Larry Dossey, Herbert

Benson, Deepak Chopra, Fritjof Capra und anderen zu erkennen, die den Versuch unternehmen, die reduktionistische Mentalität, die die Wissenschaft durchdringt, neu auszurichten. Einige unter ihnen erforschen die Rolle von Gedanken, Intentionen, Gefühlen und Gebeten für die Heilung. Andere wiederum arbeiten am Verständnis der Vernetzung von Systemen und der essenziellen Bedeutung des Bewusstseins bei der Festlegung des menschlichen Erlebens der physischen Realität.[10] Es ist nicht weiter verwunderlich, dass diese Forscher, ebenso wie Albert Schweitzer oder Einstein und andere, dazu neigen, unser Bild der Tiere und deren Behandlung in unserer Kultur infrage zu stellen. Ansätze zu einer neuen Wissenschaft, die die Mündigkeit der Menschen fördern, sind ebenfalls in den „Graswurzelbewegungen" erkennbar, die in der Tradition von Gandhis Idee der angepassten Technologie stehen. Dieses Konzept besteht darin, kooperative, nachhaltige Technologien zu entwickeln und zu nutzen, durch welche die Gemeinschaften nicht in finanzieller oder politischer Hinsicht zu Sklaven der Interessen der Ölindustrie, des Agrobusiness oder der chemischen Industrie und anderer Großindustrien werden. Damit sich diese holistischen Ansätze einer neuen Wissenschaft in großem Umfang durchsetzen können und populär werden, muss sich unsere Kultur über ihre gegenwärtigen Ernährungsgewohnheiten hinaus entwickeln. Außerdem muss sie sich von der alles bestimmenden Viehzüchtermentalität verabschieden, die unweigerlich eine oberflächliche und und ausbeuterische wissenschaftliche Reduktion fördert, welche dem Prinzip von „Vorhersage und Kontrolle" gehorcht.

Rationale Nazi-Wissenschaftler entwarfen Massenvernichtungswaffen und Methoden zur Massenversklavung. Dasselbe tun Armeen von heutigen Wissenschaftlern. Sind wir nicht imstande zu erkennen, dass ihre Projekte verrückt sind und die Denkweise, auf der diese Projekte beruhen, pervers ist? Sie kann nur in einer Gesellschaft wie der unsrigen toleriert werden, in der Menschen dieselben Arten von Distanzierung und Grausamkeit tagtäglich praktizieren. Solange wir nicht aufhören, Tiere auf den Status von Esswaren zu reduzieren, wird die reduktionistische Wissenschaft unaufhörlich stärker und tödlicher werden, denn letztendlich ist sie unser Spiegelbild. Die gesamte äußere Welt ist ein Spiegelbild unserer inneren Realität. Krieg und Elend in der Welt werden aufhören, sobald wir Krieg und Elend in uns selbst, in unserer Geisteshaltung und in unserem Alltag eliminieren. Die Geisteshaltung des Getrenntseins und der Reduktion, auf der die konventionelle wissenschaftliche Methode fußt, wurde uns allen in unserer Kindheit eingehämmert. Sie durchdringt die in unserer Kultur üblichen Mahlzeiten, lebt in unseren kulturellen Einstellungen und zeigt sich im Spiegel unserer Welt als der Schmerz und der Kampf, den wir erleiden und den wir anderen aufbürden.

Religiöser Reduktionismus

Die konventionelle abendländische Religion hat sich, genau wie die abendländische Wissenschaft, in einem Milieu entwickelt, das sich dadurch auszeichnet, dass Großvieh zur Ware reduziert und kommerzialisiert wird. Somit neigt sie dazu, im Wesentlichen ähnlich reduktionistisch ausgerichtet zu sein. Das unendliche göttliche Mysterium wird typischerweise auf eine beurteilende und oftmals anthropomorphisierte Autoritätsfigur reduziert. Menschen werden auf egozentrische, getrennte, vergängliche Einheiten reduziert, die dazu auserwählt oder errettet oder verdammt werden können, die Ewigkeit in der Hölle oder im Himmel zu verbringen – je nachdem, wie sie sich während eines flüchtigen Erdenlebens verhalten haben. Tiere, Bäume, Ökosysteme und der Rest der Natur werden auf entbehrliche Requisiten in diesem Theaterstück reduziert. Wie die Wissenschaft, neigt auch das religiöse Establishment dazu, die Unterwerfung von Tieren, Frauen und der Natur zu verschärfen und die Interessen der herrschenden Elite zu fördern. Wie die Wissenschaft, ist auch die Religion hierarchisch, patriarchalisch und exklusivistisch ausgerichtet. Wie die Wissenschaft, schreibt uns die Religion vor, dass wir nicht unserer eigenen inneren Weisheit vertrauen, sondern ihrer äußeren Autorität gehorchen sollen. Wie die reduktionistische Wissenschaft, die an der objektivistischen Kluft zwischen dem Selbst und der Welt festhält, beharrt auch die konventionelle abendländische Religion auf dem primären Dualismus zwischen Schöpfer und Schöpfung, Gott und der Welt. Dieser Glaube an eine fundamentale Kluft zwischen dem Göttlichen und uns allen verfestigt die Illusion der Getrenntheit, die auch von der reduktionistischen Wissenschaft propagiert wird.

Es ist faszinierend und aufschlussreich zugleich, dass konventionelle Wissenschaft und Religion endlose Grabenkämpfe ausfechten – wie zänkische Geschwister, die trotz allem eine gemeinsame reduktionistische

Mythologie vertreten. Hingegen erhält die holistische Wissenschaft inspirierende, hilfreiche Orientierung und Bestätigung von progressiven und nicht-abendländischen religiösen Traditionen wie der Befreiungstheologie und zahlreichen indigenen Traditionen sowie Östlichen Traditionen wie dem Taoismus, dem Mahayana-Buddhismus, dem Sikhismus und dem Vedanta. Diese religiösen Traditionen haben sich zumeist in Kulturen oder Subkulturen entwickelt, in denen Tiere nicht systematisch zu Waren degradiert wurden.

Die reduktionistische Illusion der wesentlichen Getrenntheit aller Wesen und Dinge ist durch unsere täglichen Mahlzeiten dermaßen stark ritualisiert, dass sie sich unweigerlich in unser religiöses Leben drängt. Als Kinder bekommen wir oft gesagt, dass wir nicht in den Himmel kämen, außer wenn wir eine Reihe von exklusivistischen Vorstellungen anerkennen! Die Lehren der vorherrschenden Religionen machen uns weis, dass wir etwas Besonderes sind, wenn wir ihren auf Ausgrenzung ausgerichteten Glaubenssätzen zustimmen. Sie stellen nicht nur äußerst selten unsere gewalttätigen Ernährungsgewohnheiten infrage, sondern bestärken sie sogar, indem sie erklären, dass Tiere keine Seele haben und Gott uns Tiere gab, damit wir sie essen. Sie finanzieren Grillfeste, Spanferkelbraten, Fischessen und Truthahn-Dinner in Kirchengemeinden überall in den Vereinigten Staaten. Es ist noch gar nicht so lange her, dass die frühen vegetarischen Strömungen des Christentums vollständig unterdrückt und de facto zur Ketzerei erklärt wurden. Im vierten Jahrhundert machte Kaiser Konstantin das Christentum zur Römischen Staatsreligion. Er soll seinen Soldaten befohlen haben, geschmolzenes Blei in die Kehlen eines jeden Christen zu gießen, der sich weigerte, Fleisch zu essen.[11] Die ursprünglichen christlichen Lehren der Barmherzigkeit mussten unterdrückt und verdreht werden, damit sie von der herrschenden Viehzüchterkultur angenommen werden konnten. Die weise Lehre, die besagt: „Wer das Schwert nimmt, der soll durchs Schwert umkommen", wurde zur bitteren Ironie.

Indem sie das transzendente Göttliche als männlich interpretiert, vergöttlicht die konventionelle Religion das Männliche auf dieselbe Weise wie die Wissenschaft dies tut und unterdrückt das Weibliche, das nährt und verbindet. Sogar heute noch, obwohl es praktisch keinen Theologen mehr gibt, der zu behaupten wagte, dass der unendliche Geist, der mit dem Wort „Gott" bezeichnet wird, eher männlich als weiblich sei, lehren wir unsere Kinder, wie man es uns lehrte, dass Er der Herr ist. In den alten Kulturen waren es die Männer, die Krieg führten, Vieh hielten und vergewaltigten – und dabei ist es im Wesentlichen geblieben. Indem sie die männliche Natur Gottes betonten, haben die Viehzüchterkulturen ihre Gesinnung der Unterwerfung, der Grausamkeit und des Mordens legitimiert. Wie J. R. Hyland herausstreicht, war die hauptsächliche Form der Anbetung in den alten Hirtenkulturen in der Tat die rituelle Tötung von Opfertieren, um der Gottheit zu Gefallen zu sein.[12] Dem allen liegt die fundamentale Auffassung des Psalms „Der Herr ist mein Hirte" zugrunde – tatsächlich eine erschreckende Vorstellung, wenn wir die Realität der Viehzüchterkultur betrachten, die diese Lehre verbreitet hat. Der Hirte oder Viehzüchter war es, der seine Schafe, Ziegen und Rinder erbarmungslos versklavte, kastrierte und tötete, und diese Geschöpfe waren – so wie sie es heute noch sind – ohnmächtig in seinen allmächtigen Händen.

Die ängstliche Sorge darum, „errettet" zu werden, rührt vielleicht unmittelbar daher. Unsere permanente Unterlassung, die Tiere zu retten, die uns ausgeliefert sind, zwingt uns zu nervöser Besorgnis um unsere eigene „Errettung". Errettung wovor eigentlich? Vor den Folgen unserer Taten vielleicht? Oder klassischer: Vor der Verdammnis, im Feuer der Hölle zu schmoren? Woher bezieht dieses Bild seine Macht? Steht es in Verbindung mit den zahllosen Jahrhunderten, während derer Hirten oder Viehzüchter durch die Flammen auf die verbrannten Körper von Tieren starrten, die sie „verdammt" und getötet haben, um sie als Opfergabe darzubringen, und die sie anschließend selbst verzehrten?

Der Mythos des Bösen

Die grundlegende Vorstellung, die die konventionelle abendländische Religion vertritt, ist die einer nie endenden Schlacht zwischen dem Guten und dem Bösen, in der sich Gott als im Himmel wohnende männliche Gottheit und Satan als düstere, boshafte, bestialische Präsenz gegenüberstehen. Dieser Teufel wird ironischerweise mit den Hörnern und Hufen einer Ziege oder Kuh dargestellt – die Attribute genau jener Opfer, die wir unbarmherzig einsperren und überfallen, um sie zu essen! Zumindest auf einer Ebene ist dieses Böse oder dieser Teufel unzweifelhaft die

Projektion unseres eigenen Schattens – der Schuld, Schande und unausgesprochenen Trauer, die wir aufgrund der massiven anhaltenden Grausamkeit, an der wir als Tieresser in den Haushalten der Viehzüchterkultur beteiligt sind, in uns tragen. Wir verdrängen unsere Wahrnehmung
der Grausamkeit und werden infolgedessen von einer dunklen und bösen
Präsenz geplagt. Dies ist unvermeidlich, denn das Böse, das wir sehen, ist
unsere eigene uneingestandene Grausamkeit, der wir niemals entfliehen
können. Es kommt wieder zum Vorschein in Form von Teufeln, Feinden,
Kriegen und Massenvernichtungswaffen. Man sagt uns, dass wir uns auf
die Seite unseres Hirtenkönigs stellen müssen. Er beschützt uns, aber er
steuert uns auch in seinem Krieg gegen seinen Feind. Tiere und die Erde
werden bestenfalls als bloße Staffage bzw. als Bühne für die kosmische
Schlacht angesehen. Schlimmstenfalls wird unterstellt, die Tiere und die
Erde (sowie die Frauen und Minderheiten) seien auf irgendeine Weise
im Bunde mit der dunklen, düsteren Teufelsmacht und würden daher zu
Recht „besiegt".

Das unterschwellige Gefühl, dass wir Menschen grundlegend böse sei-
en, ist ein Merkmal, das die abendländische Kultur kennzeichnet. Diese
Auffassung ist eine der Säulen, auf denen das religiöse Establishment
ruht. Sie ist jedoch unnötig, und es gibt zahlreiche Stellen im Alten und
Neuen Testament der Bibel, die sie widerlegen. Matthew Fox argumentiert zum Beispiel in seinem Buch *Der große Segen*, dass die Doktrin
der Erbsünde – wonach wir von Natur aus böse und verderbt seien – sich
weder auf die Kernaussagen der Lehren Jesu stützt noch auf die Schriften
der zahlreichen erleuchteten christlichen und jüdischen Weisen und Mystiker.[13] Diese Menschen entdeckten die fundamentale Güte des Lebens
und der menschlichen Natur. Anstelle der Erbsünde erkannten sie einen
„Erbsegen" als das Herzstück der Schöpfung, mit dem das Bewusstsein
fortwährend verherrlicht und gestaltet wird.

In den östlichen religiösen Traditionen, in denen Fleischessen und
Viehzucht mehr oder minder geächtet ist und die weniger dualistisch
ausgeprägt sind als unsere westlichen Traditionen, ist diese grundlegend
positive Ausrichtung gut etabliert. Im Buddhismus gibt es zum Beispiel
die Kernlehre, dass alle fühlenden Wesen „Buddha-Natur" besitzen. Das
bedeutet, dass alle Wesen Ausdruck des vollkommen erleuchteten Bewusstseins sind und dies unmittelbar durch spirituelles Wachstum und
Verständnis erkennen können. Dieses grundsätzlich Gute wird als unsere

wahre Natur erachtet und ist das Fundament unserer spirituellen Praxis. Zahlreiche zunehmend progressive Strömungen innerhalb der westlichen religiösen Traditionen erkennen in ähnlicher Weise an, dass die menschliche Natur, wie alle Natur, ein Spiegelbild der göttlichen Liebe und daher ihrem Wesen nach gut ist. Unser spiritueller Weg besteht darin, mit diesem inneren Licht Kontakt aufzunehmen und uns zu reinigen, damit wir das sanft schillernde Gefäß für seine leuchtende Präsenz werden.

Die Annahme, dass wir Menschen grundsätzlich böse seien, ist der universellen Idee unserer ursprünglich guten Natur genauso entgegengesetzt, wie unsere abscheuliche Praktik des Einsperrens und Tötens von Tieren mit unserer angeborenen Güte unvereinbar ist. Die Viehzüchterkultur, in die wir alle hineingeboren wurden, beherbergt einen enormen Bestand an verborgener Schuld. Diese Schuld hat sie durch die brutale Grausamkeit, mit der sie Tiere behandelt, die unserer Ernährung dienen, mit dem Missbrauch und der Verhärtung ihrer Söhne sowie mit der Gewalt, die sie gegen Frauen sowie rivalisierende Viehbesitzer und Nationen ausübt, auf sich geladen. Diese systematische Grausamkeit und die verdrängten, aber gesunden Gewissensbisse, die damit einhergehen, sind die Quelle unserer kulturellen Auffassung, dass Menschen von Natur aus böse sind. Die tiefsitzenden Schuldgefühle und Angstgefühle, die daraus entstehen, befallen uns alle auf einer unbewussten Ebene und bringen uns zahlreiche physische, mentale und spirituelle Probleme. Deshalb sehen wir heutzutage eine wachsende Bewegung, die auf Freiheit von Schuldzuweisungen und Wertungen drängt. Wir erkennen, dass chronische Schuld uns lähmt, unsere Energie erschöpft und uns in alten Mustern gefangen hält. Es ist nur allzu verständlich, dass wir uns davon befreien möchten. Doch wir sehen nicht, dass die Quelle der Schuld in der unablässigen Grausamkeit unserer täglichen Mahlzeiten liegt. Gedanken und Verhaltensweisen tragen Früchte nach ihrer Art.

Wir können daher verstehen, wie schwierig es ist, sich mit dem Leid, das Tieren durch die Vivisektion, Rodeos, Zirkusse, Hundekämpfe, den „Jagdsport" usw. entsteht, wirksam auseinanderzusetzen und es zu verringern, während wir gleichzeitig als Kultur fortfahren, sie zu essen. Die Abstumpfung, die damit einhergeht, wenn wir Tiere zu Esswaren degradieren, weitet sich automatisch auf Tiere aus, die für andere Zwecke als unsere Ernährung misshandelt werden. Doch sie macht nicht an den Grenzen des Tierreichs halt. Deshalb ist „des Menschen Unmenschlichkeit dem Menschen gegenüber" (aus einem Gedicht von Robert Burns, A.d.Ü.) in unserer Grausamkeit Tieren gegenüber verwurzelt. Genau wie die Wissenschaft, spiegelt die konventionelle Religion das psychologische Trauma der Viehzüchterkultur, aus der sie geboren wurde und die sie am Leben erhält, getreu wider. Alles wird durch die lebende Mythologie der Kultur gerechtfertigt. Wie Joseph Campbell in *Die Masken Gottes* herausstellt, organisieren sich Kulturen, die von tierischem Fleisch abhängen, rund um den Tod, denn „das zentrale Objekt der Erfahrung ist die Bestie, die getötet und geschlachtet wird".[14] Dies trifft auf unsere heutige Kultur zu. Der Tod von Millionen von Tieren, die täglich geschlachtet werden, durchdringt alle religiösen Institutionen. Heute wie vor dreitausend Jahren in den kargen Hügellandschaften des Mittelmeerraums stellen diese den Mythos bereit, mit dem dies alles gerechtfertigt werden kann.

Pflanzenbasierte Kulturen, so Campbell, organisieren sich rund um das Leben. Die Pflanzenwelt bietet „den Menschen seit jeher Nahrung, Kleidung und Schutz, aber auch ein Modell des Wunders des Lebens – mit ihrem Kreislauf von Entstehen und Vergehen, Blühen und Saat tragen, wobei Leben und Tod als Wandlungen einer einzigen, übergeordneten, unzerstörbaren Kraft erscheinen."[15] Die Revolution, die wir heute dringend brauchen, wenn wir überleben wollen, ist eine Umwandlung der grundlegenden Ausrichtung der Viehzüchterkultur, in die wir hineingeboren wurden: Weg von einem Mythos des Todes und des Reduktionismus, hin zu einem Mythos des Lebens und des Holismus.

Eine Verwandlung der Wissenschaft und der Religion würde darin bestehen, diese vom überholten Reduktionismus zu befreien und auf die Entwicklung und Würdigung des universellen Mitgefühls auszurichten sowie auf die Vernetzung aller Lebewesen. Diese Verwandlung ist möglich, wenn wir unsere täglichen Ernährungsgewohnheiten ändern und die Mentalität der emotionalen Abkopplung, die sie uns abverlangen, ablegen. Obwohl wir Produkte der Viehzüchterkultur sind, können wir durch unser Verstehen diese und uns selbst heilen. Dieses Verstehen erfordert eine Veränderung in unserem Verhalten, denn unser Verhalten konditioniert maßgeblich unser Bewusstsein. Dies ist der Ausgangspunkt für eine Wissenschaft, Religion und Wirtschaft, die sich auf Ganzheitlichkeit, Güte, Nachhaltigkeit und Gemeinschaftssinn gründen.

Wenn wir unsere Wahrnehmung schulen und die Hinwendung zum Tod infrage stellen, die uns von unserem Teller entgegenstarrt, erzeugen wir ein Feld der Freiheit und des Mitgefühls. Wenn wir uns für pflanzenbasierte Mahlzeiten entscheiden, werden wir zu Werkzeugen des Lebens. Als solche können wir unserer Welt einen neuen Geist einhauchen, der auf den Schutz und die Einbeziehung aller Lebewesen ausgerichtet ist. Dadurch erweisen wir uns als Segen für die Tiere, die uns ausgeliefert sind, und dieser Segen kommt hundertfach zu uns zurück. Dies ist eine wahrhaft *radikale* Wandlung, denn sie rührt, wie der Begriff „radikal" – von lateinisch *radix*, die Wurzel – besagt, an der grundsätzlichen Wurzel unseres unerbittlichen Dilemmas, der Kommerzialisierung von Tieren für unsere Ernährung.

KAPITEL ZEHN

DAS DILEMMA DER ARBEIT

„Ich bin zunehmend davon überzeugt, dass eine der schwersten Sünden der Menschheit unser Anthropozentrismus ist. Indem wir uns selbst vom Rest der Schöpfung abschneiden, berauben wir uns des Großartigen und des Wunderbaren und somit der Ehrfurcht und der Dankbarkeit. Wir missachten unser wahres Sein, und wir haben den jungen Menschen nichts als Belanglosigkeiten beizubringen."[1]

– Matthew Fox –

„Ich denke, dass eine Person, die einen Job zum Leben annimmt, also um des Geldes willen, sich selbst zum Sklaven degradiert."

– Joseph Campbell –

„Wenn ein Mensch ein Tier tötet, um es zu essen, missachtet er seinen Hunger nach Gerechtigkeit. Der Mensch bittet um Gnade, ist aber nicht bereit, diese anderen Lebewesen zu gewähren."

– Isaac Bashevis Singer –

Wer macht die schmutzige Arbeit?

Es sind beileibe nicht nur die Tiere, die in Tierfabriken und Schlachthöfen leiden. Die Menschen, die die grässliche Arbeit verrichten müssen, leiden ebenfalls, und ihre Familien mit ihnen. Wenn wir tierische Produkte kaufen oder bestellen, stiften wir direkt Menschen zu Gewalt an, wenngleich diese Gewalt vor unseren physischen Augen verborgen bleiben mag. Wie es Emerson auf den Punkt bringt: „Wenn Sie gerade getafelt haben, sind Sie der Komplizenschaft schuldig, wie sorgfältig auch immer das Schlachthaus in taktvoller meilenweiter Entfernung verborgen sein mag."[2] Indem wir Gewalt bewirken und essen, säen wir die Saat von weiterer Gewalt, sowohl in unseren Handlungen und Worten anderen gegenüber als auch in den Handlungen und Worten anderer Menschen. „Guten Menschen widerfahren schlechte Dinge", heißt es. Vielleicht ist dem so, weil die guten Menschen unwissentlich Komplizen sind, die anderen schlechte Dinge angetan haben und die außerdem einer Indoktrination unterzogen wurden, welche sie leider davon abhält, diese schlechten Dinge zu erkennen, an denen sie beteiligt sind.

Viel ist nicht über die geschlossene, grausame Welt der Schlachthäuser und die Arbeit in Tierfabriken geschrieben worden, doch das Wenige an Forschung und Schriften, das verfügbar ist, ist verstörend und grauenerregend. *Slaughterhouse: The Shocking Story of Greed, Neglect, and Inhumane Treatment Inside the U.S. Meat Industry*, das Ergebnis der Interviews, die Gail Eisnitz mit Schlachthausarbeitern geführt hat, ist eine hervorragende Informationsquelle. Ebenso *All Heaven in a Rage*, herausgegeben von Laura Moretti. *Fast Food Gesellschaft* von Eric Schlosser und *The Food Revolution* von John Robbins behandeln das Thema gleichfalls. Dokumentarvideos wie *Auction Block, Hope for the Hopeless, Meet Your Meat, Seven Minutes of Reality, A Day in the Life of a Massachusetts Slaughterhouse, A Cow at My Table, North Carolina Pig Farm Investigation, Victims of Indulgence, Peaceable Kingdom, Mad Cowboy* und weitere, die im Anhang unter „Quellen" aufgeführt sind, geben eindrucksvolle Einblicke in eines der albtraumhaftesten Milieus, das derzeit auf diesem Planeten existiert.

Laura Moretti zufolge ist es unserer Vorstellungskraft unmöglich, den tatsächlichen Umfang des Gemetzels in Schlachthöfen zu erfassen:

Ich bin mir darüber im Klaren, dass es unglaublich einfach ist, sich das Innere eines Schlachthofs vorzustellen, ohne davon besonders entsetzt zu sein – denn das menschliche Fassungsvermögen ist beschränkt. Es kann das Brüllen des Großviehs nicht hören, das gegen seinen Willen in die Tötebox getrieben wird, seinen verzweifelten Kampf, den nachhallenden Knall des Bolzenschussapparats, den dumpfen Schlag, wenn es schwer zu Boden fällt, die Hufschläge gegen Metall, das Stöhnen der Sterbenden, das Kreischen der Flaschenzüge und Quietschen der Ketten, das Zischen der hydraulischen Steuerung, das Herumspritzen des Bluts, das sich wie Wasser aus einem Gartenschlauch anhört, das auf Zement fällt. Es kann den Geruch von Exkrementen und Schweiß,

Blut und verwesendem Fleisch und Organen nicht riechen. Es kann die absolute Todesangst und Panik nicht fühlen. Es weiß nichts von dem absoluten Willen einer jeden Lebensform, wie wahnsinnig, verzweifelt und vergebens an ihrem Leben festzuhalten. Der menschliche Geist kann sich das Innere eines Schlachthofs nicht vorstellen; es ist etwas, das man erlebt haben muss – und es ist zutiefst schockierend.[3]

Es ist dokumentiert, dass die Arbeit im Schlachthaus oder in einer Tierfabrik abscheulich ist und unglaublichen Stress in emotionaler, mentaler und physischer Hinsicht mit sich bringt. Schlachthofarbeiter, vielleicht die niedrigste Kaste in den Vereinigten Staaten, haben die höchste Rate an Arbeitsunfällen und eine der höchsten Raten an Personalwechseln.[4] Auch wenn man die Statistiken beiseite lässt, ist es erschreckend, dass unsere Brüder und Schwestern gezwungen sind, unfassbare Handlungen auszuführen, die sie um den Verstand bringen und ihre Herzen verhärten, damit wir unsere Gier nach tierischen Produkten befriedigen können. Mithilfe unserer Dollars übermitteln wir unsere Begierden an ein riesiges, unpersönliches System, das diese Begierden so kostengünstig wie möglich erfüllt. Dies bedeutet: Hochgeschwindigkeitsproduktion und eine perverse Philosophie der Mechanisierung gegenüber den Tieren, die eingesperrt, „geerntet" und zerlegt werden. Sie sind nicht länger fühlende Wesen, sondern fallen zusammen mit Obst, Maschinen und sonstigen nicht-fühlenden Dingen unter die Kategorie der nicht-empfindungsfähigen Waren. Zusammengefasst ist dies in einem Ratschlag aus einer Zeitschrift für Schweinefarmer, der sich an Schweinefleischproduzenten richtet: „Vergessen Sie, dass das Schwein ein Tier ist. Behandeln Sie es einfach wie eine Maschine in einer Fabrik."[5] In der Literatur über Viehzucht, Schlachthäuser, Mastbetriebe, Viehpferche und Transportunternehmen wiederholen Arbeiter und Management mantraartig immer wieder zwei Sätze: „Sehen Sie es nicht als Tier an. Vergessen Sie, dass es Empfindungen hat." Die Arbeiter benutzen jegliche Art abwertender Ausdrücke und Namen und bezeichnen die Hühner, Schweine, Truthähne, Kühe und andere Tiere, die sie töten und verstümmeln, als dumm, stur, störrisch oder einfach als „Arschlöcher".[6]

Was sind die Auswirkungen von alledem auf die Gesundheit und Empfindsamkeit dieser Arbeiter? Und auf ihre Frauen oder Männer und Kinder? Gewalt, Grausamkeit und Empfindungslosigkeit bringen nur immer mehr von ihrer Art hervor. Es sind Schwingungen, die das Bewusstsein beeinträchtigen. Und es sind nicht nur die Arbeiter, sondern auch ihre Familien und Freunde und letztendlich wir alle, die davon beeinflusst werden, denn was wir sie zwingen zu tun, geschieht aufgrund unserer Nachfrage, mit der wir einen Markt erzeugen. Wie ein ehemaliger Stecher (ein Schlachthausarbeiter, der den Schweinen die Schlagader durchtrennt, um sie auszubluten) sagte: „Du wirst einfach genauso sadistisch wie das Unternehmen. In der Zeit, als ich die Schweine dort abgestochen habe, war ich ein Sadist."[7] Obwohl die Schlachthausarbeiter nicht direkt gezwungen werden, diesen Job anzunehmen, brauchen sie oft verzweifelt das Geld und können keine andere Anstellung finden. So fahren sie fort, das Fleisch, das Blut und die Körperteile von versklavten Tieren durch die Geld-Kanäle in die Millionen von Zentren der Abstumpfung fließen zu lassen, die über unsere gesamte Gesellschaft verteilt sind.

Wir sollten uns nicht vorstellen, dass sich diese Tiere friedlich in ihr Schicksal ergeben. Sie wissen, was auf sie zukommt, und sie können die anderen Tiere riechen, hören und oft auch sehen, die vor ihnen getötet werden. Sie sind mit Grauen erfüllt und sehr oft intensivem und überwältigendem Schmerz ausgesetzt, wenn sie abgebrüht, gehäutet oder zerlegt werden, obwohl sie noch bei Bewusstsein sind. Die Arbeiter von *Iowa Beef Processors* (umbenannt in *Tyson Fresh Meats*, A.d.Ü.), einem Rinder-Schlachthof in Pasco, Washington, machten im Jahr 2001 verdeckte Videoaufnahmen von Kühen, die noch bei vollem Bewusstsein waren, blinzelten, um sich schlugen, sich suchend umsahen, während ihnen von Arbeitern die Haut abgezogen wurde, die gezwungen waren, das Band am Laufen zu halten. Seither hat sich die Kenntnis um das unermessliche, intensive Leid der Tiere, das des Profits und der Effizienz willen systematisch ignoriert wird, weiter verbreitet – auch über die Kreise der Arbeiter und des Managements in diesen Einrichtungen hinaus, welche schon immer Bescheid wussten. Das folgende Interview mit einem Viehtransport-Fahrer aus dem Buch *A Cow at My Table* ist in dieser Hinsicht aufschlussreich:

Wie dieser Bulle, den ich letztes Jahr hatte [...] er gab sein Bestes, um vom Transporter runterzukommen. Er wurde von drei oder vier Fahrern mit Treibstöcken zu Tode malträtiert [...]. Ich sagte: „Warum erschießt ihr das verdammte Ding nicht einfach? Was ist los mit euch? Was ist mit dem Ehrenkodex?" Dann sagte der eine Typ: „Ich schieße nie. Warum sollte ich eine Kuh erschießen, die runterkommen kann und noch gutes Fleisch liefert?" Als ich den Job gerade angefangen hatte, sprach ich mit einem der Fahrer über Festlieger. Er sagte: „Du solltest dich besser nicht darüber aufregen. Das geht seit vielen Jahren so. […] Du wirst etwas verbittert, so wie ich. Du denkst einfach nicht an die Tiere. Du denkst einfach, dass sie nichts fühlen oder so."[8]

Die meisten Menschen, die tierische Nahrung essen, haben den Vorhang nie gelüftet. Sie haben keinen gründlichen, ehrlichen Blick auf die abscheuliche Brutalität geworfen, die Tiere erdulden müssen, damit wir sie auf unseren Tisch bekommen – und sie haben auch nicht den Wunsch, dies zu tun. Wir befürchten zu recht, dass wir nach einem solchen Blick nicht mehr unsere gewohnten Mahlzeiten ruhigen Gewissens verzehren könnten. Da die Industrie dies weiß, verheimlicht sie die Zustände in den Schlachthöfen, Tierfabriken und Fischzuchten. Sie betreibt Lobbying für Gesetze, die es unter Strafe stellen, Foto- oder Videoaufnahmen der Zustände an diesen Orten zu machen. Wenn wir den Vorhang vor dieser hässlichen Wahrheit wegziehen, können wir uns von der Illusion befreien, dass unsere Kultur auf Güte und Fürsorge aufgebaut ist. Wir erkennen deutlich die verborgene, dunkle Seite unserer Gesellschaft, die boshafte und unerbittliche Grausamkeit, die in die Grundfesten unserer Kultur gewoben ist, und wir beginnen zu verstehen. Was die Ketten und Illusionen unserer Kultur fest an ihrem Platz hält, ist unsere anhaltende Weigerung, hinter den Vorhang zu schauen.

Um die gewaltige Nachfrage nach tierischem Fleisch zu stillen, errichten die riesigen multinationalen Konzerne, die heutzutage die Fleisch-, Milch- und Eierindustrie beherrschen, wie *Cargill*, *ConAgra*, *Tyson*, *Perdue*, *Swift* und *Smithfield*, immer größere Tiergefängnisse und Schlachthöfe. Manche der Schlachthöfe funktionieren vierundzwanzig Stunden rund um die Uhr. Darin werden lebende Tiere in eine Demontagelinie gezwungen, und ihre verschiedenen Körperteile kommen am anderen Ende der Linie heraus. Sie werden gewinnträchtig verschickt und für die unterschiedlichsten Zwecke genutzt: Fleisch und Organe für menschliche Nahrung; die Haut für Kleidung, Schmuck, Möbel und Accessoires; das Blut für Düngemittel; Knochen und Bindegewebe für Schönheitscremes,

Seifen, Klebstoff und Gelatine; bestimmte Organe für die Pharmaindustrie; Eingeweide und Abfälle für die „Tierkörperverwertungsanstalt", die sie kocht und zu Tiermehl, Heimtierfutter und anderen Produkten verarbeitet. Umso schneller die Demontagelinie läuft, umso mehr Profit kann in einem bestimmten Zeitraum gemacht werden. Die Arbeiter werden ständig dazu angetrieben, wesentlich schneller zu arbeiten, als sie eigentlich sollten. Dies führt zu unsachgemäßer Betäubung der Tiere und zu mehr Grausamkeit und mehr Risiken, denn zahlreiche Tiere werden gehäutet, abgebrüht und ausgeweidet, während sie noch bei Bewusstsein sind und sich wehren.

Die meisten Menschen sind sich dessen nicht bewusst, aber wie bereits erwähnt, werden die Tiere nicht wirklich getötet, bevor ihnen die Kehle durchgeschnitten wird. Damit das Blut aktiv aus ihrem Körper gepumpt wird, muss ihr Herz noch schlagen, wenn die Hauptschlagadern in ihrem Hals durchtrennt werden. Andernfalls ist das Fleisch mit Blut durchtränkt. Aus diesem Grund werden sie nur betäubt, nicht getötet, bevor man sie ausbluten lässt. Wenn sie sachgemäß betäubt wurden, verbluten die Tiere. Wie lange dauert es, bis ein Tier verblutet? Zwischen zwanzig Sekunden und mehreren Minuten, was einem wie eine endlos lange Zeit erscheinen kann, vor allem, wenn das Tier *nicht* ordentlich betäubt wurde, was leider allzu oft vorkommt.

Die heutzutage verwendeten Betäubungsmethoden sind barbarisch und extrem grausam, denn häufig funktionieren sie nicht. Kühe werden normalerweise mit einem Bolzenschussgerät betäubt, das ihnen einen Eisenbolzen durch die Stirn ins Gehirn treibt, bevor sie auf das Schlachtband gelangen. Es gibt nur einen Arbeiter am Betäubungsposten, und falls die Kuh abrupt den Kopf bewegt, kann der Bolzen sein Ziel verfehlen und das Tier zum Beispiel ins Auge treffen. Oft fehlt die Zeit, einen zweiten Bolzen abzuschießen, denn das Band anzuhalten oder einen zweiten Betäubungsarbeiter als Reserve einzustellen, würde Kosten verursachen. So sind manche Kühe noch bei Bewusstsein, wenn sie auf der Linie weiterbewegt werden und zu anderen Arbeitern gelangen, die sie ausbluten, häuten und zerlegen müssen. Diese Arbeiter können die Kühe nicht zum Betäuben zurückschicken, also wird ihr Job durch den Schmerz und die Angst der Tiere, die bei Bewusstsein sind, noch grauenerregender und außerdem extrem gefährlich. Viele Verletzungen der Arbeiter werden durch verzweifelt um sich schlagende Tiere auf dem Schlachtband verursacht. Obwohl die Affäre schnell vertuscht wurde, als die Arbeiter des Rinder-Schlachthofs in Washington ihre eigenen verdeckten Videos drehten, stellte die Zeitung *The Washington Post* eigene Nachforschungen an und schrieb:

In dem modernen Schlachthof, in dem Roman Moreno arbeitet, dauert es 25 Minuten, um einen lebenden Ochsen in Steaks zu verwandeln. Zwanzig Jahre lang war er auf der Station des „Zweiten Zerlegers" (engl. *second-legger*), ein Job, der darin besteht, Keulen aus den Tierkörpern zu schneiden, während diese im Takt von stündlich 309 Rindern vorbeiwirbeln.

Die Rinder hätten tot sein sollen, bevor sie bei Moreno ankamen. Aber allzu oft waren sie es nicht.

„Sie blinzeln. Sie machen Geräusche", sagte er leise. „Der Kopf bewegt sich, die Augen sind weit offen und schauen sich um."

Moreno musste trotzdem schneiden. An schlechten Tagen, so sagt er, erreichten Dutzende von Tieren seine Station offensichtlich lebend und bei vollem Bewusstsein. Einige überlebten bis zum Schwanzabschneider, Ausweider, Häuter. „Sie sterben", so Moreno, „Stück für Stück."[9]

Schweine werden entweder ebenfalls mittels eines Bolzens, den man in ihr Gehirn schießt, oder mit einem elektrischen Schlag auf den Rücken betäubt. Wiederum gibt es nur einen Betäubungsarbeiter. Wenn die Methode der Elektrobetäubung zur Anwendung kommt, wird die Spannung vom Management oft niedriger gehalten, als sie für eine ordentliche Betäubung sein sollte, da mehr von dem Tier (mehr „Fleisch") ruiniert werden könnte, wenn eine höhere Spannung anliegt. Dadurch sehen sich die „Stecher", die den betäubten Schweinen die Halsschlagader öffnen, jeden Tag oder jede Nacht verzweifelten lebenden Tieren gegenüber. Früher oder später fügen sich viele der Arbeiter schwerwiegende Schnittverletzungen mit den langen rasiermesserscharfen Messern zu, die sie gegen die sich wehrenden Tiere einsetzen.

Andere Schlachthausarbeiter müssen Hühner und Truthähne an den Füßen ergreifen und sie kopfüber in Schlachtbügel an eine Förderkette hängen. Ihre Köpfe werden dann durch ein „Wasserbad" gezogen, eine Salzlösung, die an eine Stromquelle angeschlossen ist. Der extrem schmerzhafte elektrische Schock macht die Vögel bewegungsunfähig, betäubt sie jedoch nicht, so dass sie bei vollem Bewusstsein sind, wenn sie an der nächsten Station auf der Förderkette ankommen: Bei den Messern, die von einem Arbeiter gehandhabt werden oder maschinell arbeiten und die ihre Halsschlagader durchtrennen. Es kommt vor, dass es den Vögeln gelingt, den Kopf vom Wasserbad wegzuziehen und in ihrem panischen Flügelschlagen auch den Messern zu entkommen, so dass sie immer noch bei Bewusstsein sind, wenn sie die sich schnell voran bewegende Förderkette zur nächsten Station bringt: Dem großen Tank mit schmutzigem Wasser, in dem ihre Körper abgebrüht werden – dessen ungeachtet, ob sie tot oder lebendig sind.

Aufgrund der Deregulierung der Schlachtindustrie, also der zunehmenden Aufhebung von beschränkenden Bestimmungen über die letzten fünfzehn Jahre, besteht regierungsseitig praktisch keine Kontrolle, um den Tierschutz bei Nutztieren sicherzustellen. Die daraus entstandenen Zustände – hohes Arbeitstempo und grausame Behandlung der Tiere – schaden den Arbeitern gleichfalls, denn sie machen die „Fleischproduktion [...] zum gefährlichsten Fabrikjob in den Vereinigten Staaten".[10] Den eidesstattlichen Versicherungen von Arbeitern zufolge ist es diesen beispielsweise über lange Stunden nicht erlaubt, das Förderband zu verlassen, wodurch sie manchmal gezwungen sind, ihre Notdurft auf dem Boden des Schlachtraums oder in ihrer Kleidung zu verrichten.[11] Eisnitz schreibt:

> Im Verlaufe meiner Nachforschungen hörte ich von Arbeitern, die von Rindern erdrückt wurden, Verbrennungen durch Chemikalien erlitten, sich Stichverletzungen zuzogen, Knochenbrüche erlitten, Fehlgeburten hatten oder von der Hitze, dem Arbeitstempo und den Dämpfen in Ohnmacht fielen. [...] Da sich die Anlagengeschwindigkeit in den letzten fünfzehn Jahren mehr als verdreifacht hat, haben kumulative traumatische Belastungsstörungen um nahezu 1.000 Prozent zugenommen.[12]

Die Schlachthausarbeiter sind unsere Brüder und Schwestern, die den Tieren rund um die Uhr körperliche Grausamkeiten zufügen müssen. Vorrang haben die zu erzielenden Profite, nicht die „tierschutzgerechte Tötung" – falls man von so etwas überhaupt sprechen kann. Der *Humane Slaughter Act*, ein US-Gesetz zur Verringerung des Leidens von Schlachtvieh, sieht zum Beispiel keinerlei Strafen vor und ist nachweislich vollkommen ungeeignet, die sogenannten Nutztiere tatsächlich zu schützen. In diesem Gesetz sind Hühner, Truthähne, Fische und sonstige Tiere, die keine Säugetiere sind, noch nicht einmal aufgeführt. Es trägt nicht dazu bei, die zahlreichen Grausamkeiten in Schlachthöfen zu unterbinden, wie beispielsweise, dass Schweine oder Kühe, die nicht aufstehen können, an den Beinen oder am Hals gezogen werden; dass Tiere, die bei ihrer Ankunft an die Seitenwände der Transporter angefroren sind, von dort abgeschnitten oder abgezogen werden oder bei Bewusstsein befindliche und panische Tiere auf die Fördervorrichtung gehängt werden, um bei lebendigem Leib abgebrüht und gehäutet zu werden. Nach vorsichtigen Schätzungen werden mindestens fünf Prozent aller geschlachteten Landtiere nicht ordnungsgemäß betäubt. In absoluten Zahlen ausgedrückt, ergibt dies die erschütternde Zahl von 500 Millionen bis zu einer Milliarde Tieren, die allein in den Vereinigten Staaten jährlich gehäutet, abgebrüht oder zerlegt werden, während sie noch bei Bewusstsein sind.[13] Dies ist eine furchtbare emotionale Belastung für die Arbeiter, die noch zu der grausigen Arbeit, die sie verrichten, hinzukommt. Doch all dies lastet nicht nur auf den Schultern der Arbeiter. Wir alle sind verantwortlich. (Vor Gericht ist es sogar so, dass derjenige, der den Tod einer anderen Person beabsichtigt und einen Mörder beauftragt, stärker zur Verantwortung gezogen wird als derjenige, der den Mord ausführt.)

Natürlich leiden die Tiere nicht nur im Schlachthaus, sondern auch anderswo unter der Hand des Menschen. Die Arbeiter in den Tierfabriken, wo wehrlose Geschöpfe ihrer Eier, ihres Fleisch und ihrer Milch wegen eingesperrt werden, vollstrecken ein unglaublich grausames System. Wir könnten unseren angesehensten Wissenschaftlern die Aufgabe stellen, als rein wissenschaftliches Experiment ein System zu entwerfen, das das größtmögliche Maß an Schrecken, Schmerz, Grausamkeit und Elend erzeugt, sie wären doch in arger Bedrängnis, ein System zu ersinnen, das das System der modernen Massentierhaltung übertrifft. Dieses System ist durch die Herrschaft der großen Konzerne über ein lukratives Business entstanden. Ein Business, das darauf beruht, Millionen von Menschen mit den Körperteilen von unglückseligen Tieren zu versorgen und sie ideologisch zu beeinflussen, damit sie diese essen. Nichts kann diesem System so leicht das Wasser reichen.

In den großen Tierfabriken müssen Arbeiter die Tiere in unvorstellbar gesundheitsschädlichen und beengten Verhältnissen gefangen halten und sie betäubungslos verstümmeln. Das *Animal Welfare Act*-Gesetz, das Hunde, Katzen, Kaninchen und andere Tiere vor dem Missbrauch durch den Menschen schützt, klammert ausdrücklich *sämtliche* Tiere von seinem Schutz aus, die der Ernährung dienen. Jedwede Praktik, wie grausam sie auch sein mag, ist erlaubt, sofern sie als Industriestandard angesehen wird. So wird das Stutzen der Schnäbel bei Hühnern und Enten von der Regierung zugelassen, genauso wie das Aushungern der Hennen, um die Zwangsmauser einzuleiten, oder das Verstümmeln, Versetzen elektrischer Stöße, Einsperren und Zusammenpferchen der Tiere, denn dies sind gängige industrielle Praktiken. Die Ferkel-Babys schreien laut auf vor Schmerz, wenn ihnen die Ohren „gekerbt", also Fleischstücke ausgeschnitten werden, wenn ihre Schwänze „gestutzt" werden und man ihnen die Zähne abkneift oder abschleift, was äußerst schmerzhaft ist, so dass sie sich unter dem Stress der Überbevölkerung nicht gegenseitig die Schwänze abbeißen oder einander verletzen. Es ist auch gängige Praxis, den Schweinen die Nase zu brechen – entsprechend der Logik, dass dies die Eber davon abhält, in der Enge der Ställe miteinander zu kämpfen! Kälber müssen die Qualen des Brandmarkens mit glühenden Eisen ertragen, und ihre jungen Hörner werden entweder abgeschnitten, was oftmals starke Blutungen verursacht, mit Säure weggeätzt oder mit einem Brennkolben ausgebrannt. Schafe werden dem schmerzhaften Vorgang des sogenannten Mulesing unterzogen, wobei ihnen Haut- und Fleischstücke im Genital-/Afterbereich ohne Schmerzausschaltung weggeschnitten werden, um einen Befall mit Fliegenmaden zu verhindern. Auch das Scheren ist meist ein brutaler Vorgang, der nicht ohne schmerzhafte Schnittverletzungen und grobe Handhabung vonstatten geht, wobei die Schafe sogar manchmal zu Tode kommen. Sie werden selbstverständlich sowieso zum Schlachten geschickt, wenn ihre Wollproduktion nachlässt. Die männlichen Tiere bei Schafen, Schweinen und Kühen werden praktisch ausnahmslos kastriert, und eine Betäubung wird nicht durchgeführt, wenn man sie aufschneidet und ihre Hoden entfernt.

Gänsen und Enten werden genauso die Schnäbel gestutzt wie Hühnern, und sie werden gestopft, um *foie gras* (Stopfleber) zu produzieren, eine kostspielige Delikatesse, die das Ergebnis einer unnatürlich vergrößerten und traumatisierten Leber ist. Schon oft wurde dies als die grausamste Nahrung der Welt bezeichnet, und aus diesem Grund ist die Herstellung in Südafrika, Israel und in sieben europäischen Ländern gesetzlich verboten.[14] Die Leber der Vögel erfährt eine zwangsweise Vergrößerung, indem eine Metallsonde durch den Schlund eingeführt wird und unter Druck weit größere Mengen an Mais in den Magen gepresst werden, als dieser bewältigen kann. Dies verursacht oft eine „Explosion", ein Bersten der inneren Organe der Vögel. Sobald die Leber einer Ente oder Gans das Zehnfache ihrer natürlichen Größe erreicht hat, wird der Vogel geschlachtet, damit seine erkrankte Leber vom Menschen verzehrt werden kann.

Es fällt uns schwer, uns das Trauma vorzustellen, das die Arbeiter in den Tierfabriken den Tieren in gigantischen Größenordnungen – Milliarden von Geschöpfen sind davon betroffen – zufügen. Die meisten von uns wissen, wie es ist, wenn uns ein Arzt oder Zahnarzt Schmerz zufügt. Doch wir wissen, dass die Hände, die diesen Schmerz verursachen, letztlich gute Absichten hegen. Der Umstand, dass sie diese schmerzvollen Eingriffe zu unserem Wohl vornehmen, macht den zugefügten Schmerz hinnehmbar. Die Vorstellung, dass dieselben Hände schmerzvolle Prozeduren an uns durchführen, ohne dabei um unser Wohl besorgt zu sein, sondern weil sie daraus Profit ziehen oder es ihnen Spaß macht, ist in höchstem Maße grauenerregend, insbesondere wenn wir diesen Händen ohnmächtig ausgesetzt sind. Wenn wir durch unseren Fleisch-, Milch- oder Eierkauf Tiere einer solch entsetzlichen Situation aussetzen, tragen wir nicht nur Verantwortung für ihr Leid, sondern auch für die Verhärtung der Hände und der Herzen der Menschen, die ihnen dieses Leid zufügen.

Tierfabriken sind genau wie Schlachthäuser Orte der Brutalität, Konzentrationslager für Tiere, in denen alle möglichen Arten von Gräueln an den wehrlosen Insassen begangen werden. Die Zustände an diesen Orten bringen das Schlimmste im Menschen hervor. Verdeckt gefilmtes Videomaterial zeigt, dass die Arbeiter die Tiere systematisch terrorisieren, indem sie ihnen Fußtritte und Elektroschocks verpassen, sie anschreien, ihnen Messerstiche zufügen, sie verprügeln und über den Boden schleifen. Es gibt Bilder, die dokumentieren, dass sie sadistische Spiele spielen, wie beispielsweise Trockeneis in das Rektum von lebenden Hühnern einzuführen, damit die Vögel explodieren, oder mit ihnen Fußball spielen, sie mit Feuerwerkskörpern in die Luft jagen oder sie derart fest drücken, dass sie mit ihren Exkrementen andere Vögel bespritzen.[15] Menschen, die von Natur aus keine sadistischen Neigungen verspüren, können in diesem Umfeld zu Sadisten werden. Menschen, die als Kinder Missbrauch erfahren haben und paradoxerweise Spaß daran haben, anderen Schmerzen zuzufügen, können von der Arbeit in Schlachthäusern und Tierfabriken angezogen werden, denn dort gibt es eine unendliche Flut von wehrlosen Opfern, die sie foltern, schlagen und missbrauchen können. So benutzen manche Arbeiter in Schlachthäusern und Viehpferchen extrem schmerzhafte elektrische Treibstöcke, um behinderte oder festliegende Kühe, Schweine und Schafe zum Weitergehen auf die Schlachtstraße zu bewegen. Wenn man von einem elektrischen Treibstock berührt wird, ist dies nicht wie ein leichter elektrischer Schlag. Die Tiere verspüren die Kraft von Tausenden Volt an reinem Schmerz, vergleichbar mit einem Messerstich. Arbeiter wurden beobachtet und sogar gefilmt, wie sie diese Treibstöcke in den Mund oder den Anus von Tieren einführen und wie sie Tiere mit Messern in den Anus und in die Augen stechen. In Schweinefabriken ist es üblich, Schweine auszusortieren, deren Größe und Gewicht unter den Standards liegt, die es profitabel machen, sie weiter zu füttern. Die Arbeiter töten diese Schweine vor Ort, indem sie eine Methode anwenden, die in der Industrie als *„PACing"* bekannt ist. *PAC* steht für *„Pound Against Concrete"* (deutsch etwa „auf Beton schlagen") – die Arbeiter ergreifen die Schweine an ihren Hinterbeinen und schlagen sie auf den Boden.

In ihrem Buch *Slaughterhouse* berichtet Gail Eisnitz von Dutzenden aufgezeichneter Gespräche mit Schlachthausarbeitern, die eine schriftliche eidesstattliche Erklärung abgegeben haben. Sie beschreiben die alltäglichen Grausamkeiten, die sie ausüben, wenn das hohe Tempo der Anlage sie dazu zwingt, Tiere zu „verarbeiten", die noch bei Bewusstsein und aktiv sind, nachdem sie die Betäubungsstation passiert haben. Hier die Aussage eines „Stechers":

Sie sagen, dass du da unten in der Schlachtgrube aggressiv wirst von dem Blutgeruch. Das stimmt. Du denkst, wenn das Schwein mich tritt, dann werd' ich es ihm heimzahlen. Du bringst es ja sowieso um, das Schwein, aber das reicht nicht. Es soll leiden. Wenn du an ein lebendes kommst, denkst du, oh Klasse, dem Scheißer werd' ich's zeigen.

Noch was passiert: Du interessierst dich nicht mehr für die Sorgen der Leute. Ich war vorher sehr einfühlsam mit den Problemen der Leute, hatte immer ein offenes Ohr. Nach einer Weile stumpfst du ab. [...]

Es ist dasselbe mit so 'nem Tier, das dich annervt, bloß dass das bei dir in der Abstechgrube ist und du kannst es tatsächlich abmurksen. Aber du willst es nicht nur umbringen, du gehst voll zur Sache, stichst richtig fest zu, haust ihm die Luftröhre weg, lässt es in seinem Blut ersaufen. Brichst ihm die Nase. Vielleicht läuft ein lebendes Schwein in der Schlachtgrube rum. Es schaut mir zu beim Abstechen. Und dann nehm' ich einfach mein Messer und – zack – stech' ihm ein Auge aus, wie es da so sitzt. Und das Schwein kreischt los.[16]

Dieser Arbeiter und andere erzählten noch grausamere und grauenvollere Geschichten, sagten jedoch am Ende: „Das ist nichts, worauf jemand stolz sein sollte. Es ist einfach passiert. Es war meine Art, den Frust rauszulassen."

Ein anderer Arbeiter beschreibt die psychische Verhärtung, die unweigerlich eintritt:

Das Schlimmste, schlimmer als die körperliche Gefahr, ist der emotionale Preis, den man bezahlt. Wenn du für eine Weile in dieser Abstechgrube arbeitest, bekommst du die Einstellung, dass du Dinge tötest und es dir völlig egal ist. Du schaust vielleicht einem Schwein in die Augen, das da unten in der Schlachtgrube bei dir herumläuft, und du denkst dir, verdammt, das sieht eigentlich ganz nett aus. Du hast vielleicht Lust, es zu streicheln. Da unten in der Schlachtgrube sind schon Schweine angekommen und haben sich mit der Schnauze an mir gerieben, wie Hundewelpen. Zwei Minuten später musste ich sie umbringen – mit einem Schraubenschlüssel totschlagen. Ich konnte kein Mitleid haben, durfte nicht zimperlich sein. […] Ich brachte Dinge um. Meine Einstellung war: Es ist bloß ein Tier. Bring es um. Manchmal schaute ich Leute auch auf diese Art an. Ich hatte so Fantasien von meinem Vorarbeiter: Ich würde ihn kopfüber an die Förderkette hängen und ihn abstechen.[17]

Wie behandeln wohl Menschen, die ihren Tag damit verbringen, Tiere zu *PAC*sen, ihnen Elektroschocks zu verpassen, ihnen die Nase einzuschlagen, sie umzubringen, zu schlagen, abzustechen und aufzuschlitzen, ihre Partnerin oder Ehefrau und ihre Kinder? Wie gehen diese Menschen mit der Gewalt um, der sie um sich herum ausgesetzt sind und die sie schwächeren, wehrlosen Geschöpfen zufügen?

Die lebendigen Wurzeln unserer Arbeit

Die Viehzüchterkultur, in die wir hineingeboren wurden, zwingt kleine Jungen, zu lernen, hart zu sein und sich von ihrer natürlichen Sanftmut und ihrem Mitgefühl zu distanzieren. Die Arbeit des Viehzüchters, die sich vor viertausend bis zehntausend Jahren entwickelt hat, ist eine derbe und unbarmherzige Unterwerfung von kraftvollen Tieren. Für diese Arbeit braucht es Männer, die in der Lage sind, grausame Handlungen wie Verstümmelung, Einsperren, grobe Handhabung und Tötung durchzuführen – sowohl am Vieh, das nunmehr als wertvolle Ware angesehen wird, als auch an anderen Tieren, die potenzielle Räuber sind. Außerdem müssen sich Hirten oder Viehzüchter gegen andere Viehzüchter zur Wehr setzen, die Konkurrenten um kostbares Land und Wasser für ihre Tiere sind. Durch den Besitz von Tieren haben sich die aufstrebenden alten Hirtenkulturen, die das historische Fundament und den lebendigen Kern unserer heutigen Kultur bilden, von der Natur abgewandt und sind in eine feindselige Beziehung zu ihr getreten. Diese alten Kulturen haben deswegen heute so viel Macht über uns, weil wir das Verhalten, das den Kern dieser Kulturen ausmacht, beibehalten haben: Das Einsperren von Tieren und Essen der Nahrung, die wir von ihnen gewinnen.

Zwar mögen wir Menschen über die Jahrhunderte vielleicht einige Fortschritte im Umgang miteinander gemacht haben. Doch die fortwährende Praktik der Versklavung, Folter und Tötung von Tieren stand uns immer dabei im Weg, substanziellen sozialen Fortschritt zu erzielen. Obwohl wir Sklaverei, Ausbeutung, Folter und Mord an Menschen unter bestimmten Umständen anprangern, werden diese Handlungen in einem größeren Maßstab weiterhin wegdiskutiert und gerechtfertigt, und sie sind immer noch unbestreitbar weit verbreitet.

In seinem Buch *Für die Tiere ist jeden Tag Treblinka – Über die Ursprünge des industrialisierten Tötens* zeigt uns der Historiker Charles Patterson, dass die Parallelen zwischen der Art, wie die alten Hirtenkulturen sowohl Tiere als auch Menschen missbrauchten, sich bis heute fortsetzen (siehe Kapitel 2). Patterson unterstreicht die rationale, demokratische Kultur, aus der Nazi-Deutschland entstanden ist, und weist auf die frappierenden Ähnlichkeiten hin, die zwischen unserer Unterjochung anderer Menschen und unserer Unterwerfung von Tieren für die Zwecke unserer Ernährung bestehen. Adolf Hitler hatte an der Wand seines Büros ein gerahmtes Porträt von Henry Ford hängen, dem vollendeten Kapitalisten und Anhänger eines rassistischen Überlegenheitsglaubens, dessen Fließbandtechnik im Automobilbau Hitler zu seinen Massenvernichtungseinrichtungen inspiriert hat. Ford seinerseits war die Idee zu seiner Fließbandfertigung beim Anblick der Schlachtstraßen in den alten Schlachthöfen Chicagos gekommen. In Nazi-Deutschland wurden Juden, Kommunisten, Homosexuelle, Geisteskranke und andere „Brut" wie Nutztiere behandelt: Man versammelte sie in Viehpferchen, transportierte sie in Viehwaggons zu Konzentrationslagern, die modernen Tierfabriken glichen, wo sie einer Vivisektion unterzogen werden konnten, bevor sie in dieselbe Art von letztem Tunnel geschickt wurden, der üblicherweise das Schlachtvieh erwartet. Ironischerweise bedeutet der Begriff „Holocaust" ursprünglich „Brandopfer" und bezieht sich auf die Schlachtung und Opferung von Tieren, die als Opfergabe verbrannt wurden.

Dieselbe zugrunde liegende Dynamik ist auch heute noch am Werk. Überlegenheitsdenken, Elitismus und Exklusivismus werden von uns durchgängig verurteilt, da diese den Frieden und die soziale Gerechtigkeit zerstören. Doch wenn es um Tiere geht, vertreten wir genau diese Einstellungen, ohne sie zu hinterfragen, ja sogar voller Stolz. Die Lektion ist indes ganz einfach: Wenn wir uns gegenüber dem Leid verhärten, das wir aus Eigeninteresse Tieren zufügen, und dies mit Verweis auf unsere Überlegenheit oder unseren besonderen Status rechtfertigen, dann ist es nur ein kleiner und unvermeidlicher Schritt, bis wir dieselbe Art von Leid aus Eigeninteresse anderen Menschen zufügen und dies mit demselben Hinweis auf unsere Überlegenheit oder unseren besonderen Status rechtfertigen. Unaufhörliche Konflikte und Unterdrückung, die sich durch die menschliche Geschichte ziehen, sind unvermeidliche Nebenprodukte des Einsperrens und Tötens von Tieren zum Zweck unserer Ernährung. Gleiches gilt für das männliche Rollenmodell des harten Machos, dem der professionelle Tiermörder (Viehzüchter) ebenso wie der Soldat entsprechen muss. Wenn es uns danach verlangt, tierische Nahrung zu essen, dann ist dieses Leid der Preis, den wir dafür bezahlen müssen.

Freud und Leid der Arbeit

Zwar kritisieren progressive Stimmen der politischen Linken oft die konventionelle Wissenschaft und Religion und stellen sogar unsere grenzenlose Ausbeutung der Natur und Unterwerfung des Weiblichen infrage. Dennoch haben sie bisher fast vollständig darin versagt, den Zusammenhang zwischen dem Kernritual unserer Viehzüchterkultur – Tiere zu essen – und unseren destruktiven Werten und Institutionen zu erkennen. Egal ob politisch links oder rechts oder in der Mitte, in jedem Fall sind wir uns alle darin einig, diese elementare Grundursache unserer Probleme ignorieren zu wollen. Ein Beispiel hierfür ist der progressive Theologe und Priester Matthew Fox. In seinem Buch *Revolution der Arbeit. Damit alle sinnvoll leben und arbeiten können* sondiert er eingehend die Werte und Überzeugungen, auf denen unser Erleben der Arbeit und unsere Einstellung gegenüber der Arbeit beruhen. Er stützt sich auf eine breite Palette von Schriften, worunter sich die Bibel, die Bhagavad Gita und das Daodejing befinden, sowie Schriften von erleuchteten Dichtern und Heiligen wie Kabir, Rumi, Rilke, Franz von Assisi, Hildegard von Bingen, Meister Eckhart, und auf die zeitgenössischeren Stimmen von Thomas Berry, E. F. Schumacher und Theodore Roszak. Auf dieser Grundlage liefert er eine leidenschaftliche Argumentation für den grundsätzlich spirituellen Charakter von Arbeit. Wenn wir uns umschauen, so Fox, und den Kosmos, unsere Erde, die Natur und die Tiere betrachten, sehen wir unendliche Aktivität, die fortwährend vor sich geht. Jedes Element spielt seine ihm zugeteilte, wichtige Rolle. Jedes Element, sei es eine Zelle, eine Pflanze, ein Tier, ein Planet oder ein Stern, hat eine Funktion zu erfüllen im großen Ganzen, das sich entfaltet, und das genau ist seine Arbeit. Fox argumentiert, diese Arbeit zu tun sei gleichbedeutend damit, am Entstehen des unendlichen Universums beteiligt zu sein, und diese Aufgabe sei sowohl heilig als auch ekstatisch. „Die ganze Schöpfung", so schreibt er, „existiert aufgrund Gottes 'schierer Freude'. Die Arbeit der Schöpfung war eine Arbeit der Freude, deren einziger Zweck darin bestand, weitere Freude zu erschaffen. Dies gibt uns nicht nur die Erlaubnis, an unserer Arbeit Freude zu finden, sondern verpflichtet uns gleichsam dazu. Freude ist eine wesentliche Quelle der Motivation bei unserer Arbeit."[18]

Fox räumt jedoch ein, dass es ein großes Problem mit der Arbeit bei uns Menschen gibt: Immerhin sind über eine Milliarde Menschen gegenwärtig arbeitslos. Wenn wir uns in der Natur umschauen, sehen wir, dass jedes Lebewesen arbeitet und seinen Lebenszweck erfüllt. Nur wir Menschen sind arbeitslos, unterbeschäftigt, überarbeitet oder unfähig bzw. unwillig zu arbeiten. Wir sind die einzige Spezies, die andere Spezies versklavt, um sich von ihnen zu ernähren, die im Erwachsenenalter Milch trinkt und die Arbeit als unangenehm ansieht und versucht, sie zu vermeiden. Warum ist dies so? Wie vorherzusehen war, schreibt Fox die Schuld hierfür unserer Distanzierung von der Natur und der Spiritualität zu, die von der wissenschaftlichen und industriellen Revolution vorangetrieben wurde. Er ermahnt uns dazu, mehr Kreativität, mehr Liebe und mehr Freude in unsere Arbeit einzubringen, uns mehr um die Erde und umeinander zu sorgen und das Konzept der Arbeit zu „revolutionieren", so dass es dem entspricht, was Arbeit wirklich ist: Ihrem Wesen nach Freude, die der Ausdruck der Absichten unseres Herzens ist.

Was er *nicht* ausspricht, ist, dass die grundlegende und prägende Arbeit in unserer Viehzüchterkultur das brutale Einsperren, Verstümmeln und Töten von fühlenden Geschöpfen ist. Das ist wohl kaum eine Motivation und ein Grund zur Freude bei der Arbeit! Genau hier liegt die offensichtliche, aber unerkannte und unausgesprochene Ungereimtheit, die Wurzel unserer Probleme, begraben. Tausende Menschen verhungern täglich. Millionen arbeiten hart wie Sklaven für ein paar Pfennige am Tag unter gesundheitsschädlichen Bedingungen in Fabriken, um wertlosen Ramsch für die Konsumgesellschaft herzustellen. Weitere Millionen arbeiten als Soldaten und sind die Verursacher von Gewalt und Angst. Und dies alles hat seine Ursache auf unserem Teller.

Das Kommerzialisieren, Einsperren und Töten von Tieren ist die absolute Pervertierung des Begriffs „Arbeit", wie er von Fox definiert wird. Solange sich die Schlüsseltätigkeit in unserer Kultur nicht weg vom Morden der Tiere für unsere Ernährung und hin zum Schutz und zur Sorge für das Leben orientiert, können wir niemals die Arbeit „revolutionieren" oder „neu erfinden". Wir können lediglich technischen Fortschritt erzielen, der uns die Mittel gibt, Tiere, die Natur und einander noch wirksamer und grausamer auszubeuten und mehr tierisches Fleisch, mehr Eier und mehr Milchprodukte zu konsumieren als jemals zuvor in der menschlichen Geschichte.

Um Weltfrieden und Harmonie zu erreichen, müssen diejenigen, die Machtpositionen oder einflussreiche Positionen innerhalb der globalen Gemeinschaft innehaben, damit aufhören, Menschen, Tiere und die Natur zu unterwerfen, um unsere unersättliche Nachfrage nach tierischen Produkten zu stillen. Wir vergessen leicht, dass wir, die wir diese Zeilen lesen, in Wahrheit zu den reichsten und einflussreichsten Menschen auf diesem Planeten gehören. Aufgrund unseres relativen Wohlstands und unserer relativen Macht kann unser Beispiel, unsere Stimme, unsere Lebensführung einen Einfluss auf zahlreiche Menschen ausüben – sowohl in positiver als auch in negativer Hinsicht. Wir sind daher verpflichtet, diese Verantwortung gegenüber unseren Brüdern und Schwestern wahrzunehmen.

Die Wiederauferstehung der Arbeit

Unsere Kultur hat aufgrund der grundlegend gewaltsamen Natur ihrer Schlüsseltätigkeit – das Züchten und Töten von Tieren – eine elementare Abneigung gegen Arbeit in jeder Form. Überall ist zu hören, dass weniger arbeiten besser sei als mehr arbeiten und gar nicht arbeiten am besten sei. Die Geschichte, die wir alle aus der Genesis kennen, die Vertreibung aus dem Paradies, ist hierbei ausgesprochen bedeutsam, denn zu jener Zeit wurden wir von Gott für die Dauer unseres Verweilens auf dieser Erde zu harter Zwangsarbeit verdammt. Diese Metapher ist als Teil des Viehzüchter-Mythos sehr aufschlussreich, beschreibt sie doch die Arbeit als eine unliebsame Bürde und führt diese auf ein göttliches Dekret zurück, das mit unserer Verbannung aus dem Garten Eden einherging. Im Garten Eden aßen wir eine rein pflanzliche Kost, und das Konzept der Arbeit als einer getrennten Aktivität existierte nicht. Wir lebten in Harmonie mit den Tieren, mit der Erde und miteinander. Wir töteten keine Tiere, um uns von ihnen zu ernähren, und wir konkurrierten nicht miteinander. Unsere Arbeit war unser Leben, und sie bestand aus Freude, und alles war „sehr gut". Es gab keine Arbeit als eigenständige Aktivität und auch keine Vorstellung davon, dass wir errettet werden mussten, denn wir hatten noch nicht die Erbsünde begangen, andere Lebewesen als Objekte zu betrachten, die man steuern, benutzen und töten kann.

Viele andere Mythologien der Welt berichten ebenfalls von einem verlorenen Goldenen Zeitalter der Unschuld und des Friedens. Vielleicht sind diese Geschichten, wie Eisler und andere andeuten, Erinnerungen an die alten, Partnerschaft praktizierenden Kulturen, die von zeitgenössischen Anthropologen beschrieben werden und die existiert haben, bevor die Menschen Großwild jagten, vor der Viehzucht und vor der Unterwerfung der Tiere und der Frauen. Die Rückkehr in den Garten des Überflusses, der Unschuld und der natürlichen Glückseligkeit wurde seit jeher als das Ziel des religiösen Strebens im Abendland angesehen. Doch um tatsächlich dorthin zu gelangen, müssen wir den elementaren Mythos der Unterwerfung und Ausgrenzung, den unsere Kultur propagiert, von seinem Sockel stürzen. Tief in ihrem allerinnersten Wesen sehnt sich unsere Kultur – ebenso wie wir als einzelne Wesen – danach, über sich selbst hinauszugehen und spiralartig in eine Zeit des Miteinanderverbundenseins, der Barmherzigkeit und der kreativen Freude zurückzukehren. Die Saat dieser Sehnsucht ist in den Kern unserer Kultur und in unsere eigene geistige Essenz eingepflanzt.

Der Sündenfall, der Verlust von Gnade, Unschuld, Freiheit und Barmherzigkeit, hat begonnen, als wir von der Frucht der Illusion der dualistischen Trennung aßen und fortan keine Gnade mehr denen gegenüber walten ließen, die uns auf Gnade und Ungnade ausgeliefert waren. Der Sündenfall hat stattgefunden, als wir begannen, Tiere zu kommerzialisieren. Wir können unsere Arbeit wiederauferstehen lassen und sie von schändlicher Sklaverei in freudige Mitwirkung verwandeln. Dieser Pfad verlangt lediglich von uns, dass wir dieselben Chancen den Tieren zugestehen, die uns ausgeliefert sind: Befreien wir sie aus der Sklaverei, und gewähren wir ihnen die Freiheit, erneut voll an der Entfaltung ihres einzigartigen Daseinszwecks und Bewusstseins teilzuhaben! Was wir für uns selbst wünschen, müssen wir zuerst anderen zuteil werden lassen. Dies ist anscheinend ein zeitloses spirituelles Prinzip.

Um die Arbeit zu neuem Leben zu erwecken und aus den Niederungen der Belanglosigkeit, der Unzufriedenheit und der Ausbeutung, in die sie gefallen ist, herauszuholen, braucht es einen weitaus radikaleren kulturellen Umbruch als alles, was von der politischen Linken oder Rechten bisher vorgeschlagen wurde. Wir brauchen eine positive Verwandlung unserer Beziehung zu denen, die uns ausgeliefert sind. Das bedeutet ein Umschwenken von tierischer Nahrung zu pflanzlicher Nahrung und von einem Mythos des Todes und der Unterwerfung zu einem Mythos des

Lebens und der co-kreativen Zusammenarbeit. Alles andere wäre nur absurd und scheinheilig.

Wir bezahlen als Individuen, als Gesellschaft und als eine menschliche Familie einen bemerkenswert hohen Preis für Arbeit, die erniedrigend oder sogar zerstörerisch für uns selbst und für andere ist. Wenn wir primär des Geldes wegen arbeiten, verstoßen wir gegen unseren spirituellen Daseinszweck. Wir verkaufen unsere Lebensenergie und unsere Lebenszeit, die von unschätzbarem Wert sind. Spirituelle Traditionen und Lehren betonen ausnahmslos, dass jeder von uns in diesem Leben einen einzigartigen Zweck verfolgen und eine ihm eigene Mission erfüllen muss und unsere Arbeit genau darin besteht. Unsere Arbeit hat damit zu tun, dass wir unser Bewusstsein reinigen und erwecken, einen kreativen Beitrag zu unserer Gemeinschaft leisten sowie eine segensreiche Stimme und segensreiche Hände für andere sind. Sobald wir unsere Berufung erkennen und so weit wie möglich danach leben, entdecken wir Freude und Sinn, und unser Leben wird kostbar und mit Segen erfüllt. Indem wir uns als Individuum entwickeln und wachsen, können wir wahrhaftig zur Evolution unserer Spezies beitragen, und wir ziehen enorme Genugtuung aus diesem Bestreben.

Wenn wir es hingegen versäumen, unsere Zeit und Energie für diese Aktivität aufzuwenden, werden wir zutiefst frustriert und unzufrieden, gleichgültig, wie reich oder mächtig wir auch sein mögen. Diese Frustration stagniert, sammelt sich an, gärt und verwandelt sich in Bomben und Kugeln, in Giftmüllhalden und Krebsgeschwüre, in umherziehende Banden und Terroristen. Die Arbeit, so wie die Geburt und die Mahlzeiten, ist heilig, ein Sakrament. Indem unsere Kultur die Arbeit durch Konkurrenzdenken, Morden, Grausamkeit und Ausbeutung entweiht hat, hat sie eine Saat ausgebracht, die nichts als Elend für uns alle hervorbringt.

In ihrer gegenwärtigen modernen Ausprägung stellt die alte, bösartig unterjochende Viehzüchterkultur ihre Werte in gesteigerter, hochtechnisierter Form zur Schau. Sie tritt als Fastfood-Ketten, Megastädte, gigantische Schweinefarmen, schwimmende Schlachthäuser, nukleare Sprengköpfe sowie als grassierende Ungerechtigkeit, Ungleichheit und Ausbeutung in Erscheinung. Vor diesem Hintergrund bedeutet die Wiederbelebung der Arbeit zuallererst, die Wurzeln der Herrschaft in der Kommerzialisierung der Tiere, die unserer Ernährung dienen, zu erkennen. Der Schlüssel zur Wiedererlangung unseres Geburtsrechts und der Harmonie ist am offensichtlichsten aller Orte versteckt – auf unserem Teller. Wie es sich für mythisches Wissen gehört, lautet seine Botschaft: Wenn wir frei sein möchten, müssen wir zuerst diejenigen befreien, die wir angekettet haben. Wenn wir unseren Daseinszweck wiederfinden möchten, müssen wir anderen ihren Daseinszweck zurückgeben, den wir ihnen gestohlen haben. In dem Maße, wie wir die Gewalt von unseren täglichen Mahlzeiten entfernen, werden wir auf natürliche Weise unsere Fähigkeit steigern, unsere Spaltungen heilen, unsere Kreativität und Freude nähren sowie Schönheit und Güte wiederherstellen. Wir werden zu Vorbildern der Sensibilität und des Mitgefühls für unsere Kinder. Wenn wir unsere Nahrung einer näheren Betrachtung unterziehen, kann die Heilung unserer Kinder beginnen, und unsere Arbeit kann als ein segensreiches Instrument wiederauferstehen, mit dem wir Freude und Fürsorge in unsere Welt bringen.

KAPITEL ELF

VON DER ZERSTÖRUNG PROFITIEREN

„Die größte Sünde gegenüber unseren Mitgeschöpfen ist nicht, sie zu hassen, sondern ihnen gegenüber gleichgültig zu sein. Dies ist die Essenz der Unmenschlichkeit."
– George Bernard Shaw –

„Die Einwirkung von zahllosen Hufen und Mündern hat über die Jahre mehr dazu beigetragen, die Vegetation und die Landschaftsformen im US-amerikanischen Westen herauszubilden, als alle Wasserversorgungsprojekte, aller Tagebau, alle Kraftwerke, Autobahnen und Parzellierungen zusammengenommen."
– Philip Fradkin in *Audubon*, National Audubon Society –

„Schweine und Kühe und Hühner und Menschen konkurrieren alle um Getreide."
– Margaret Mead –

Die Industrialisierung der Viehzucht

Es fällt schwer, sich ein System zur Lebensmittelproduktion vorzustellen, das verschwenderischer, schädlicher, grausamer, krankheitsbegünstigender und zerstörerischer ist als unsere Massentierhaltung. Die Tiere, die wir für unsere Ernährungszwecke ihrer Freiheit berauben, werden mit himmelschreiender Grausamkeit behandelt. Dieselbe Grausamkeit lassen wir den wilden Tieren angedeihen, deren Lebensraum wir zerstören und die als Schädlinge und Konkurrenz von Viehzüchtern, Großbauern des Agrobusiness, Regierungsbehörden und der Fischfangindustrie vergiftet, mit Fallen gefangen und erschossen werden. Darüber hinaus geht die Massentierhaltung auch über alle Maßen verschwenderisch mit Wasser, Erdöl, Land und Chemikalien um. Sie zerstört Wälder und Fischbestände. Sie verschmutzt in extremem Maße das Land, das Wasser und die Luft. Und sie treibt einen enormen Aufwand, um die Märkte mit Produkten zu fluten, die außerordentlich schädlich für die menschliche Gesundheit sind.

Ohne das massive Injizieren von fossilen Brennstoffen in unser System der Lebensmittelproduktion könnten wir niemals die großen Mengen billiger tierischer Nahrung konsumieren, die heutzutage selbstverständlich für uns sind. Betrachten wir die steil ansteigende Kurve der Bevölkerungsentwicklung über die vergangenen einhundert Jahre, so erkennen wir, dass sie präzise der Kurve der Energieproduktion entspricht, deren Ansteigen uns die Erzeugung enormer Mengen an Nahrungsmitteln ermöglicht hat. Der Nahrungsüberschuss hat die menschliche Bevölkerungsexplosion angeheizt – und auch die Bevölkerungsexplosion bei eingesperrten Kühen, Schweinen, Hühnern, Fischen und anderen Tieren, die gezüchtet und geschlachtet werden.

In den 1950ern und 60ern hat die Industrialisierung der Landwirtschaft in den Vereinigten Staaten stattgefunden. Dieser Prozess wurde beschönigend als die „Grüne Revolution" bezeichnet. Unser gegenwärtiges System der Lebensmittelproduktion beruht auf der Verfügbarkeit von billigem Erdöl und Erdgas im Überfluss. Die industrielle Landwirtschaft ist abhängig vom Erdgas, um die zwölf Millionen Tonnen Stickstoffdünger zu produzieren, die jährlich in den USA verbraucht werden. Sie entsprechen der Energie, die in 100 Millionen Barrel Dieseltreibstoff enthalten ist.[1] Daneben werden Millionen Barrel Erdöl benötigt, um die 1,3 Millionen Tonnen Pestizide zu erzeugen, die jährlich verbraucht werden[2] (von denen über achtzig Prozent an vier Feldfrüchten angewandt werden, die Hauptbestandteile von Viehfutter sind: Mais, Soja, Weizen und Baumwolle).[3] Dieses Öl dient darüber hinaus dazu, die Billionen Liter Wasser in die Bewässerungssysteme zum Anbau dieser Feldfrüchte zu pumpen, die landwirtschaftlichen Maschinen anzutreiben, welche die menschlichen Arbeitskräfte praktisch ersetzt haben, Milliarden Tiere jährlich zu transportieren und unterzubringen sowie all die Viehpferche, Schlachthöfe, Tierkörperverwertungsanstalten und Kühltransporte zu betreiben. Billiges Erdöl ist auch Voraussetzung für die sogenannte „Blaue Revolution", die explosionsartige Entwicklung der industriellen Fischzucht und des industriellen Fischfangs. Die Fische in Fischzuchtbetrieben verbrauchen sowohl Getreide als auch andere Fische, und die immensen Fischfangflotten, die gegenwärtig weltweit die Fischbestände überfischen, benötigen ebenfalls riesige Mengen an billigem Dieseltreibstoff. Mit nachhaltigem Wirtschaften hat dies alles herzlich wenig zu tun. Statt des Bodens ist nun das Erdöl die Grundlage der Landwirtschaft. Zwar hat dies einer zunehmenden Anzahl Menschen ermöglicht, mehr tierische Produkte als je zuvor in der Geschichte der Menschheit zu konsumieren; doch der Preis, den wir alle dafür bezahlen müssen, ist unermesslich. Jetzt, da wir in ein neues Zeitalter der schwindenden Förderung fossiler Brennstoffe eintreten, zeichnen sich erbitterte und gewaltsame Konflikte um das kostbare Erdöl, das für unsere omnivoren Ernährungsgewohnheiten erforderlich ist, immer bedrohlicher ab.

Wie wir Boden, Wasser und fossile Brennstoffe verschlingen

Das größte Umweltproblem, das der Verzehr tierischer Nahrung verursacht, hat damit zu tun, dass die umfangreichen Populationen dieser Tiere zu essen brauchen, und zwar *viel* zu essen. Achtzig Prozent des in den USA angebauten Getreides und ungefähr die Hälfte des Fischfangs wird verschwendet, um Milliarden Tiere so groß und fett werden zu lassen, dass sie profitabel geschlachtet werden können, oder um Milchprodukte und Eier in den Mengen zu produzieren, die vom Verbraucher verlangt werden. Über neunzig Prozent des Eiweißes aus diesem Getreide verwandelt sich in Methangas, Ammoniakdämpfe, Harnsäure und Mist, die zur Wasser- und Luftverschmutzung beitragen. Zieht man in Betracht, wie viel Land, Getreide, Wasser und Erdöl benötigt werden und wie viel Verschmutzung anfällt, wenn sich eine Person entsprechend der durchschnittlichen US-amerikanischen Essgewohnheiten ernährt, so wären vorsichtigen Schätzungen zufolge dieselben Ressourcen ausreichend, um fünfzehn Personen mit einer reinen Pflanzenkost zu ernähren.[4] Zu verstehen, was das eben Gesagte beinhaltet, ist kritisch für unser Überleben, denn die auf Viehzucht basierende industrielle Landwirtschaft vernichtet in verheerendem Tempo die drei lebenswichtigen Güter, von denen sie abhängt: Boden, Wasser und fossile Brennstoffe.

Die meisten Menschen haben wenig Vorstellung davon, welch enorme Landflächen dem Anbau von Getreide vorbehalten sind, das an eingesperrte Schweine, Kühe, Schafe, Vögel und Fische verfüttert wird. Bereits jetzt wurden 135 Millionen Hektar Wald in den USA gerodet, um als Weidefläche für Vieh oder als Getreideanbaufläche für dessen Futter zu dienen. Dies entspricht einer Fläche, die größer als die Staaten von Texas, Kalifornien und Oregon zusammengenommen ist. Doch sie vergrößert sich beständig, denn ungefähr 1.554.000 Hektar werden jährlich gerodet. Das entspricht ca. 4.000 Hektar pro Tag, fast 3 Hektar pro Minute.[5] Diese permanente Abholzung schreitet *sieben Mal schneller* voran als die Abholzung aufgrund des Straßenbaus oder der Errichtung von Wohnhäusern, Parkplätzen und Einkaufszentren.[6] Sie bedeutet Verlust von Lebensräumen der wilden Fauna und Flora, Verlust der genetischen Vielfalt, Verlust von Mutterboden, Beeinträchtigung von Bächen und Flüssen sowie erhöhte Umweltverschmutzung. Wälder fabrizieren Humus, erzeugen Sauerstoff, reinigen die Luft, begünstigen Regenfälle und bieten Lebensraum für Tausende Tier- und Pflanzenarten.

Neben der Auslöschung riesiger Waldgebiete ist die Viehzucht außerdem verantwortlich für die Beschädigung und Zerstörung noch größerer Gebiete – die Rede ist von nahezu den kompletten Graslandschaften der Prärie und einem Großteil der Trockengebiete im Westen der USA. Diese komplexen und wunderschönen Ökosysteme waren einst Lebensraum für unzählige Pflanzen- und Tierarten, die nun verschwunden sind, weil die blühenden Landschaften in Monokulturen mit Futtergetreide umgewandelt wurden oder als Rinderweide dienen. Die Nutzung von Wäldern, Prärien und Trockengebieten für die Viehzucht zerstört komplexe miteinander verbundene Ökosysteme, so dass nur eine gewünschte Art auf dem Land überleben kann. Ranchbesitzer und Großbauern sehen die meisten Arten außer ihrem Vieh und dem Futtergetreide als Schädlinge an, die es auszurotten gilt. Der Eingriff in die komplexen Ökosysteme der Wälder, Prärien und Trockengebiete und deren Auslöschung, um dort Schlachtvieh weiden zu lassen oder dessen Futter anzubauen, ist nicht nur eine Zerstörung der biologischen Vielfalt und Intelligenz, sondern hat noch weitere schwerwiegende Auswirkungen.

Die wenigsten Menschen sind sich bewusst, wie sehr die Viehzucht unsere Wasservorräte beansprucht. Die Landwirtschaft verbraucht gestrichene fünfundachtzig Prozent aller Süßwasserreserven der Vereinigten Staaten[7], die vor allem zur Erzeugung tierischer Lebensmittel dienen. Die Produktion einer Tagesration Nahrungsmittel für einen omnivoren Menschen erfordert mehr als 15.000 Liter Wasser. Im Vergleich dazu kommt ein vegan lebender Mensch mit weniger als eintausend Litern aus.[8] Der hohe Wasserverbrauch stellt eine ernstzunehmende Umweltgefährdung dar, besonders in den Gebieten westlich des Mississippi, wo kostbare Grundwasserleiter erschöpft werden und Bäche und Flüsse in Bewässerungskanäle umgeleitet werden. Die Landwirtschaft führt den Tod und das Leiden von Vögeln, Fischen und anderen Wildtieren, die auf Wasser angewiesen sind, herbei, um die immensen Wassermengen für die Bewässerung des Futtergetreides bereitzustellen.

Vierzig Prozent des Wassers für die Bewässerung stammen aus unterirdischen Wasserleitern, die Jahrhunderte benötigen, um sich wieder aufzufüllen.[9] Der große Ogallala-Aquifer, der sich über einen Großteil Nordamerikas erstreckt, hat sich über Jahrtausende gebildet und war einer der größten Grundwasserleiter weltweit. Er wird rasch und unerbittlich erschöpft: Über 50 Billionen Liter Wasser jährlich werden aus ihm herausgepumpt, um die immensen Landflächen zu bewässern, auf denen Futtergetreide angebaut wird.[10] Zur selben Zeit werden Privatleute dazu angehalten, wassersparende Duschköpfe und Toilettenspülungen einzubauen, um ihren Wasserverbrauch zu drosseln. Boden- und Wasserspezialisten der *University of California* haben geschätzt, dass der Verzehr von einem Pfund kalifornischem Kopfsalat, Tomaten, Kartoffeln oder Weizen einem Wasserverbrauch von 90 Litern entspricht, während der Verzehr von einem Pfund kalifornischem Rindfleisch einem Wasserverbrauch von über 20.000 Litern entspricht. John Robbins stellt heraus, dass diese Wassermenge mehr als ausreichend ist, um ein Jahr lang täglich zu duschen![11] Ein Großteil dieses Wassers wird dazu benutzt, Getreide zu bewässern, das als Viehfutter angebaut wird. Es wird mit erdölgetriebenen Pumpen aus weit entfernten Flüssen und Grundwasserleitern gefördert, mit Dämmen, Kanälen und Pumpstationen herangeschafft, die der Steuerzahler finanziert und nicht das Agrobusinessunternehmen, das daraus Profit schlägt. Marc Reisner, Autor von *Cadillac Desert*, schlussfolgert: „So unwahrscheinlich dies auch erscheinen mag, die Wasserkrise des amerikanischen Westens kann – genau wie viele seiner Umweltprobleme – in einem einzigen Wort zusammengefasst werden: Vieh."[12]

Tierische Produkte erfordern außerdem immense Mengen an Öl zu ihrer Herstellung. So kostet es beispielsweise nur zwei Kalorien fossilen Brennstoffs, um eine Kalorie Eiweiß aus Soja zu erzeugen, und drei Kalorien für Weizen oder Mais, doch es kostet fünfundvierzig Kalorien Erdöl, um eine Kalorie Eiweiß aus Rindfleisch zu erzeugen![13] Die Viehzucht trägt überproportional zu unserem Erdölverbrauch bei, und damit zu Luft- und Wasserverschmutzung, Klimaerwärmung und Kriegen, die um die versiegenden Erdölreserven geführt werden.

Wie ist es möglich, dass *siebenundzwanzig Mal* so viel Erdöl benötigt wird, um einen Hamburger aus Fleisch herzustellen, wie einen Soja-Burger, und welche Folgen hat dies? Landwirtschaftlich genutzter Boden neigt zu Stickstoffarmut, denn die Pflanzen ziehen Stickstoff aus dem Boden, um Eiweiß zu synthetisieren. Traditionelle Lösungen für dieses Problem bestanden darin, Mist oder Guano auszubringen, um den Boden wieder anzureichern, Hülsenfrüchte als Gründünger zu säen sowie eine Fruchtfolge einzuhalten, also die angebauten Pflanzen zu variieren. Außerdem ließ man einen Teil des Landes brachliegen, damit sich der Boden regenerieren konnte.

Im Jahr 1909 gelang es zwei deutschen Chemikern, Fritz Haber und Carl Bosch, durch Fixierung des Luftstickstoffs synthetisch Ammoniak herzustellen. Das Haber-Bosch-Verfahren erlaubte nachfolgenden Wissenschaftlern, Verfahren zu entwickeln, mit denen man anorganischen Stickstoffdünger aus Erdgas billig und in großen Mengen herstellen kann. Die plötzliche Verfügbarkeit von Stickstoffdünger ermöglichte eine gewaltige Steigerung der Nahrungsmittelherstellung, die wiederum die Bevölkerungsexplosion über das letzte Jahrhundert beim Menschen und bei den sogenannten Nutztieren befeuert hat.[14] Derselbe Kunstdünger verursacht durch die Ausschwemmung von „nährstoffreichem" Wasser eine Nitratbelastung der Bäche und Flüsse, die zu den schwerwiegendsten Problemen der Wasserverschmutzung zählt, denn sie löst übermäßiges Algenwachstum aus, verringert den Sauerstoffgehalt und tötet Fische.

Neben Erdgas für Dünger benötigt unser Landwirtschaftssystem Erdöl für die Herstellung der gewaltigen Mengen an kohlenstoffbasierten Insektiziden und Herbiziden. Deren Produktion hat sich im Laufe der letzten zwanzig Jahre verdreiunddreißigfacht.[15] In der Zwischenzeit steigen die Ernteverluste aufgrund der Monokulturen und der Vernachlässigung traditioneller Verfahren zur Bodenregeneration von Jahr zu Jahr an. Wenn auf ausgedehnten Landstrichen nur eine einzige Feldfrucht angebaut wird, zieht dies „Schädlingsarten" magisch an, die sich von dieser spezifischen Pflanze ernähren. Aufgrund der fehlenden Artenvielfalt in den Pflanzen- und Insektenpopulationen des Gebiets werden nur sehr wenige Vögel und sonstige räuberische Arten angelockt, und die „Schädlinge" werden immun gegenüber den stetig steigenden Pestizid-Dosen, die gegen sie eingesetzt werden. Dieselbe Pflanzenart wird Jahr um Jahr auf demselben Boden angebaut, was zur weiteren Vermehrung von pestizid-resistenten Organismen beiträgt. Der unabhängigen Forschungseinrichtung *Worldwatch Institute* zufolge sind von den hauptsächlichen landwirtschaftlichen Schädlingsarten mittlerweile rund eintausend immun gegen Pestizide.[16] Die bevorzugten industriellen Methoden des Agrarbusiness verwandeln Millionen Hektar Land in Monokulturen: Toxische Felder des Todes für die wilde Fauna und Flora. Wenn Mutter Natur sich beharrlich dagegen zur Wehr setzt, gießen wir im Gegenzug Gift auf die Felder, die unsere Nahrung erzeugen. Eine der Auswirkungen dieser Schlacht, die wir gegen die Natur führen, sind nicht zuletzt die steigenden Krebszahlen.

Die moderne intensive Landwirtschaft führt außerdem unweigerlich zur Zerstörung des Mutterbodens, der Jahrhunderte braucht, um sich aufzubauen – ungefähr fünfhundert Jahre für einen Zoll (2,54 cm).[17] Aufgrund der Intensität der industriellen Bewirtschaftung erodiert Ackerboden dreißig mal schneller, als er sich bildet. Jedes Jahr gehen mehr als 800.000 Hektar Land durch Erosion und Versalzung infolge dauernder Bewässerung verloren.[18] In diesem Stadium sind die Böden der großflächigen Monokulturen ausgelaugt, ihre Vorräte an Mineralien und Nährstoffen erschöpft. Sie sind nicht viel mehr als ein lebloses Substrat, auf das die Agrarindustrie anorganischen Stickstoffdünger gießt, um Hochleistungskulturen mit fragwürdigem Nährwert zu produzieren, die hauptsächlich als Viehfutter dienen.

Diese intensive Landwirtschaft ist keine nachhaltige Landwirtschaft. Umso mehr sie das Land und die Wasserreserven schädigt und die Grundwasserleiter leert, umso mehr fossile Brennstoffe benötigt sie, um die Kulturen zu bewässern, Nährstoffe zu ersetzen, Schädlinge zu bekämpfen und die Produktion der jeweiligen Feldfrucht auf konstant hohem Niveau zu halten. Wenn wir nicht vom Konsum ressourcenzehrender tierischer Nahrungsmittel ablassen, müssen wir den Folgen des beschränkten und schwindenden Vorrats an fossilen Brennstoffen ins Auge blicken.

Richard Heinberg verdeutlicht in seinem Buch *Öl-Ende: 'The Party's Over' - Die Zukunft der industrialisierten Welt ohne Öl*, dass führende Öl-Experten der Meinung sind, die weltweite Erdöl-Förderung habe ihren

Höchststand erreicht, und wir seien nun dabei, in eine Phase der nachlassenden Produktion einzutreten, in der vorhandene Vorräte rasch erschöpft würden.[19] Auf vier Liter Erdöl, die gefördert werden, kommt nur ein Liter, der neu entdeckt wird, und dank der Fortschritte in der Geochemie und seismologischen Technologie wissen wir, dass noch unentdeckte Erdölreserven eher unbedeutend sind und rasch zur Neige gehen.[20] Wir fahren fort, unseren Verbrauch zu erhöhen und die schwerwiegenden Folgen zu ignorieren. Wir haben ja sehr viel Übung darin, die Folgen von etwas zu ignorieren, da wir dies dreimal täglich praktizieren. Der Öl-Experte C. J. Campbell sagte hierzu: „Es gab schon seit langem Warnsignale. Sie waren unübersehbar. Doch die Welt hat die Augen davor verschlossen und so versäumt, die Nachricht zu empfangen. Unsere mangelnde Vorbereitung ist an sich schon erstaunlich, wenn man bedenkt, welche Bedeutung Öl für unser Leben hat."[21] Dies ist weit weniger erstaunlich, wenn man in Betracht zieht, dass unsere Fähigkeit, Feedback zu ignorieren, Bestandteil der Mentalität der Unterwerfung und der Ausgrenzung ist, ohne die man keine Tiere essen könnte. Leider kooperieren wir nur allzu bereitwillig mit dem Militär-Industrie-Fleisch-Kartell, insofern wir unbewusst jedwedes gesunde Feedback unterdrücken, das unsere Ernährungsgewohnheiten bedrohen könnte.

Die Diskrepanz zwischen der galoppierenden Nachfrage nach fossilen Brennstoffen und deren beständig schwindender Verfügbarkeit wird zu einem anhaltenden Preisauftrieb führen, wenn die Nachfrage weiter steigt und Konflikte um das beschränkt verfügbare Öl ausbrechen. Mit dem kommenden unvermeidbaren Rückgang der Verfügbarkeit von fossilem Brennstoff sind die Tage der billigen tierischen Nahrung gezählt. Wir werden vielleicht erkennen, dass der Verzehr tierischer Nahrungsmittel eine untragbare Verschwendung unserer begrenzten Ölvorräte ist. Bereits jetzt sind die Menschen empört über den verschwenderischen Kraftstoffverbrauch der großen Geländewagen, die ungefähr dreimal unwirtschaftlicher sind als normale PKW. Werden wir uns genauso darüber empören, dass die Menschen Rindfleisch, Huhn, Fisch, Eier und Milchprodukte verzehren, die im Vergleich mit pflanzlichen Nahrungsmitteln um das Zehnfache, das Fünfzehnfache oder das Zwanzigfache unwirtschaftlicher sind – also um Faktoren, die die Unwirtschaftlichkeit der allergrößten Geländewagen bei weitem übertreffen? Es ist einfacher, den Kraftstoff zu sehen, den wir literweise direkt in unser Auto füllen, als den Kraftstoff, der literweise in unseren Käse, unsere Eier, Fischstäbchen, Hotdogs und Steaks gegossen wird.

Gifte in der Viehzucht

Ausgedehnte Monokulturen sind dem Anbau von Futter für die Tiere, die wir essen, gewidmet. Sie bedecken Millionen Hektar Land und werden ausgiebig mit toxischen Pestiziden und Düngemitteln begossen. Zwei der Kulturen, Mais und Soja, sind mittlerweile genetisch modifiziert und wurden zum Hauptbestand von Viehfutter: Über die Hälfte des gesamten Ackerlands in den USA sind dem Anbau dieser beiden Pflanzen gewidmet.[22] Sie wurden gentechnisch verändert, um Herbizidresistenz auszubilden, so dass landwirtschaftliche Betriebe üblicherweise das Zwei- bis Fünffache an giftigen Chemikalien auf diesen Feldern versprühen als auf Nicht-GVO-Kulturen, womit sie Flora und Fauna vernichten und unser Wasser in immer höherem Maße verschmutzen.

Diese toxischen Felder sind die Grundlage für die Milchprodukte und Eier, die wir verzehren, sowie das Rindfleisch, Geflügel, Schweinefleisch und für zahlreiche Fischsorten wie Wels, Forelle und Tilapia aus Fischzuchten. Die krebserregenden Rückstände von chemischen Düngemitteln und Pestiziden, die auf diesen Feldern ausgebracht werden, kontaminieren unsere Flüsse und Ozeane. Sie reichern sich in den tierischen Produkten an, die wir essen, und ebenfalls im menschlichen Fleisch und der menschlichen Muttermilch. Darüber hinaus enthält der Dung, mit dem das Viehfutter „angereichert" wird, Gifte in noch höherer Konzentration als das pflanzliche Futter, das die Tiere gezwungen sind zu essen.

Fungizide, Insektizide, Herbizide und Rückstände von Chemiedünger reichern sich in Viehdung an. Jeder, der schon einmal ein Haus gebaut hat, weiß, wie strikt die meisten Gemeinden im Hinblick auf die Abwasserentsorgung sind. Doch die Entsorgung von Abwässern aus der Viehzucht ist praktisch unkontrolliert. Zehn Milliarden Landtiere, die jährlich gehalten und getötet werden, scheiden massive Mengen an Kot und Urin aus. Die Größenordnungen sind nicht vergleichbar mit dem, was Menschen ausscheiden, oder auch nur das Doppelte oder Dreifache davon, sondern entsprechend einer Studie des US-Senats das 130-fache.[23] Die Abwässer von Nutztieren können Hunderte Male konzentrierter sein als unbehandelte Abwässer menschlichen Ursprungs.[24] Sie sind wegen der darin enthaltenen Rückstände von Bakterien, Chemikalien und Medikamenten weitaus schädlicher. So tragen die hohen Antibiotikakonzentrationen, die zusammen mit dem Viehdung in die Wasserläufe geschwemmt werden, nachgewiesenermaßen zur Vermehrung gefährlicher antibiotikaresistenter Bakterien in Flüssen bei.[25] Die Milchbetriebe in Zentralkalifornien produzieren mehr Abwässer als eine Stadt mit zwanzig Millionen Einwohnern, und eine einzige Mega-Schweinefabrik erzeugt mehr Abwässer als New York City![26] Die Entsorgung von Abwässern aus der Viehzucht ist weit weniger kontrolliert als die Entsorgung von Abwässern menschlichen Ursprungs, denn die Viehzuchtindustrie kann bei ihrem Widerstand gegen Regulierungsbemühungen auf die Unterstützung ihrer Freunde in Regierungsbehörden und in der Politik zählen, die ihr im Austausch für Wahlkampfspenden verpflichtet sind. Die unkontrollierten schädlichen Abwässer verschmutzen das Grundwasser, Flüsse, Seen und Ozeane.[27] Wenn gigantische offene Lagunen mit Schweineexkrementen überlaufen und diese Abwässer in Wasserläufe gelangen, kann die daraus resultierende Pfiesterien-Epidemie Millionen von Fischen töten und menschliche Badende in flussabwärts gelegenen Flussabschnitten und Buchten ernsthaft gefährden. Der *Environmental Protection Agency* zufolge wurden in den letzten zehn Jahren Flussläufe mit einer Gesamtlänge von über sechsundfünfzigtausend Kilometern durch Großmastbetriebe verschmutzt.[28] Wenn Tierfabriken das Grundwasser verschmutzen, werden normalerweise Steuergelder ausgegeben, um die Verschmutzung einzudämmen oder zu beseitigen – und nicht die Gelder der Verursacher in der Industrie.[29]

Die Exkremente von Nutztieren sind darüber hinaus für eine fürchterliche Luftverschmutzung verantwortlich, wie diejenigen, die das Unglück haben, in der Nachbarschaft solcher Betriebe zu wohnen, leidvoll attestieren können. Der Gestank verursacht mentalen Stress und Atembeschwerden, und wenn der Dung trocknet, kann er vom Wind meilenweit umhergeweht werden. Nutzvieh scheidet auch große Mengen Methangas aus, welches ein hauptsächlicher Faktor in der Erderwärmung ist, denn es hält Wärme stärker zurück als CO_2. Das Grillen von tierischem Fleisch ruft noch eine weitere Art von Luftverschmutzung hervor: Forscher haben herausgefunden, dass ein beträchtlicher Anteil des Smogs über Großstädten nicht aus Auspuffgasen stammt, sondern durch den Rauch und die Fettpartikel von Tausenden Fastfood-Restaurants und Privatküchen entsteht, in denen Fleisch gegrillt wird.[30]

Die Erde und die Wirtschaft heilen

Wir scheinen nicht zu erkennen, dass unsere Wirtschaft weitaus besser dastünde, wenn die Menschen sich für eine pflanzliche Ernährung entscheiden würden. Wenn wir alle Pflanzenkost verzehren würden, könnte unsere Ernährung auf der Grundlage eines kleinen Bruchteils des Landes und des Getreides sichergestellt werden, die eine Ernährung mit tierischen Produkten erfordert. Wissenschaftlichen Schätzungen zufolge genügt ein Hektar Land, um den Energiebedarf von zweiundzwanzig Personen zu decken, die Kartoffeln essen, neunzehn Personen, die Mais essen, dreiundzwanzig Personen, die Kohl essen, fünfzehn Personen, die Weizen essen, oder zwei Personen, die Huhn und Milchprodukte verzehren, und nur von einer Person, die sich von Rindfleisch oder Eiern ernährt.[31] Die Weltbevölkerung könnte problemlos ernährt werden, denn wir bauen gegenwärtig mehr als genug Getreide an, um zehn Milliarden Menschen zu ernähren.[32] Es ist die derzeitige Praktik, unser Getreide an unzählige Milliarden von Tieren zu verfüttern und diese zu essen, die über eine Milliarde Menschen zu chronischer Unterernährung und zum Hungertod verdammt, während eine andere Milliarde Menschen unter Übergewicht, Diabetes, Herzkrankheiten und Krebs leiden – Erkrankungen, die sämtlich mit einem hohen Anteil tierischer Produkte in der Ernährung in Zusammenhang stehen.

Die Medikamente, die wir einnehmen, um die genannten Beschwerden zu bekämpfen, werden mit dem Urin ausgeschieden, fließen ins Wasser und verwandeln sich in einen weiteren wesentlichen Beitrag zur Verschmutzung unserer Erde. Vor allem in der Umgebung der größeren Städte der industrialisierten Welt ist dies ein schwerwiegendes Problem. Giftstoffe – genau wie die anderen negativen Auswirkungen von tierischer Nahrung – verschwinden nicht einfach, nur weil wir sie hinunterschlucken. Sie werden direkt in die Ökosysteme ausgeschieden, obwohl ein bedeutender Anteil davon sich auch als Rückstände im Fettgewebe unseres Körpers ansammelt. Somit könnten wir durch die Umstellung auf eine pflanzliche Ernährungsweise die Verschmutzung unseres Planeten verringern, und unser eigener Körper würde ebenfalls weniger verschmutzt und weniger krank. Das würde uns aus dem Teufelskreis herausbringen, in dem wir die Erde und uns selbst mit immer giftigeren

Chemikalien begießen, was Teil eines Kriegszugs gegen die Natur ist, den wir nicht gewinnen können.

Durch eine Umstellung auf Pflanzenkost könnten wir den Verbrauch und Import von Erdöl reduzieren und den Ausstoß an Kohlenwasserstoff und Kohlendioxid, die zu Luftverschmutzung und Klimaerwärmung beitragen, drastisch senken.[33] Wir könnten pro Jahr Milliarden an Arztkosten und Ausgaben für Medikamente und Krankenversicherungen einsparen. Dies würde Einsparungen im persönlichen Bereich ermöglichen und dadurch die Wirtschaft neu beleben. Neue Mittel könnten bereitgestellt werden für kreative Projekte und für die Sanierung von Umweltschäden. Die trostlosen Monokulturen, die das Viehfutter erzeugen, könnten aufgeforstet werden. Es würde wieder Wälder und Bäche in der Landschaft geben, und Fauna und Flora könnten zurückkehren. Die marinen Ökosysteme könnten sich erholen und die Regenwälder anfangen zu heilen. Wenn dann unsere Nachfrage nach Rohstoffen aller Art drastisch nachlässt, würde der Druck auf die Umwelt verringert, und militärische Spannungen würden abgebaut. Das Getreide, das bislang dazu dient, das Vieh der Reichen der Welt zu mästen, könnte die hungernden Armen ernähren.

Wenn wir mit der Praktik aufhörten, die die spirituellen, psychologischen, sozialen und ökonomischen Kräfte erzeugt, die Gewalt und Krieg unter den Menschen antreiben, könnte das Militärbudget, das unsere wirtschaftliche Vitalität unterminiert, erheblich gesenkt werden. Die Militärausgaben der Vereinigten Staaten sind moralisch obszön: Über die Hälfte des gesamten verfügbaren Bundeshaushalts wird für den Verteidigungsetat aufgewendet. Es ist bekannt, dass Militärausgaben im Vergleich mit Ausgaben für Bildung, Umweltsanierung, soziale Dienstleistungen, Gesundheitswesen oder Bauwesen die wenigsten Arbeitsplätze schaffen und Produkte erzeugen, die für den Bürger wertlos sind, wie Bomben, Minen, Waffen und Waffentests, die immense Verschmutzung und Zerstörung verursachen.

Wenn wir uns den Folgen nicht stellen, so hat dies Folgen

Viel wurde geschrieben über die verheerenden Auswirkungen der Nutztierhaltung auf die Umwelt. Unter den zahlreichen Büchern und Artikeln zum Thema finden sich *Diet for a Small Planet*, *Ernährung für ein neues*

Jahrtausend, Mad Cowboy, Vegan: The New Ethics of Eating, The Food Revolution und viele andere mehr. Die Information ist verfügbar; wer sich dafür interessiert, kann Nachforschungen betreiben und herausfinden, dass eine Ernährungsweise, die auf tierischen Produkten basiert, als wesentliche treibende Kraft hinter den schwerwiegendsten direkten und indirekten Umweltproblemen steht, denen wir uns gegenübersehen: Artensterben, Zerstörung des Regenwalds, Luft- und Wasserverschmutzung, Versiegen der Wasserreserven, Klimaerwärmung, Abhängigkeit von importiertem Öl, Ausbreitung von Krankheiten, Verlust von Mutterboden, Dürren, Waldbrände, fortschreitende Wüstenbildung, die Zerstörung von Lebensräumen und sogar Krieg und Terrorismus. Diesbezügliche Informationen werden jedoch nicht in den Medien bekanntgemacht, und unser Verständnis dieser Zusammenhänge wird unterbunden, denn der Verzehr tierischer Nahrung ist wie ein Elefant in unserem Wohnzimmer, den wir alle vorgeben, nicht zu sehen. Dieses unerkannte Verhalten zerstört unsere menschliche Familie, doch es ist ein Tabu, es anzusprechen oder sich damit zu befassen.

Die Mentalität, die mit unser omnivoren Lebensweise einhergeht, spiegelt sich in unseren Institutionen wider. Ein Aspekt des Problems ist darin zu sehen, dass die in der industriellen Landwirtschaft verwendeten Gifte höchst profitabel für die wohlhabende und privilegierte Elite sind, die den kulturellen Diskurs mithilfe ihrer Macht über die Medien, die Regierung und das Bildungswesen beherrscht. Das Militär-Industrie-Fleisch-Medizin-Medien-Kartell hat kein Interesse daran, dass die Menschen ihren Verbrauch an tierischen Nahrungsmittel reduzieren, und bietet keinerlei Anreize dafür. Unseren Planeten mit hohen Dosen schädlicher Chemikalien und Düngemittel auf Erdölbasis zu vergiften, ist höchst profitabel für die Öl- und Chemieindustrie. Diese Schadstoffe lösen Krebs aus, was wiederum höchst profitabel für das Chemie-Pharma-Medizin-Kartell ist. Während die reichen Omnivoren der Welt kostbare Vorräte an Getreide, Erdöl, Wasser und Land damit verschwenden, Tiere zu mästen und diese verfetteten Tiere zu essen, fehlt es den Armen der Welt an Getreide zum Essen und an sauberem Wasser zum Trinken. Ihr chronischer Hunger und Durst und ihr Elend erschaffen ideale Bedingungen für Krieg, Terrorismus und Drogensucht, welche ebenfalls extrem profitable Industriezweige sind. Das reichste Fünftel der Weltbevölkerung leidet an Übergewicht, Herzkrankheiten und Diabetes, was gleichfalls eine profitable Einkommensquelle für die Industrie darstellt. Die multinationalen Konzerne profitieren vom Verzehr tierischer Nahrungsmittel genauso wie die Großbanken, die die Kredite vergeben, mit denen das gesamte Kartell aufgebaut wurde, und die nach einem saftigen Kapitalertrag trachten. Das System breitet sich unerbittlich über den gesamten Planeten aus. Die Erträge der Konzerne und Banken mögen zwar kerngesund sein, doch weltweit erkranken die Menschen, Tiere und Ökosysteme und werden ausgebeutet und vernichtet.

Dank ihrer gewaltigen Finanzmittel und ihres legendären Einflusses auf allen Regierungsebenen erhält die Agrarindustrie jedes Jahr Milliarden an Subventionen, Preisstützungen, Einkommensbeihilfen, Nothilfen, Warenkrediten, Direktzahlungen, Steuerguthaben, Steuervergünstigungen, Kraftstoff- und Futtermittelsubventionen, Weiderechten und weiteren Privilegien seitens der Regierung, darunter ein Programm für Exportvergünstigungen von Milchprodukten. Ohne diese Hilfen könnte die Industrie niemals in ihrer gegenwärtigen Form überleben. Ohne Bewässerungssysteme, Subventionen, Beihilfen für Maßnahmen zur Umweltsanierung und zahllose weitere vom Steuerzahler finanzierte Regierungsgeschenke würde das billigste Hamburgerfleisch mindestens fünfunddreißig Dollar [(ca. 25 €, A. d. Ü.)] pro Pfund kosten.[34] Das unter dem Namen *2002 Farm Bill* bekannte Gesetz hat beispielsweise für Entrüstung bei den mittel- und südamerikanischen Ländern gesorgt. Grund dafür war die noch nie dagewesene Summe von 182 Milliarden Dollar aus Bundesmitteln, die der US-Agrarindustrie zugeteilt wurde. Diese Zuwendung erlaubte es den US-amerikanischen Fleisch-, Milch-, Eier- und Getreideproduzenten, die lateinamerikanischen Märkte mit Niedrigpreisware zu überschwemmen, wodurch Landwirte vor Ort in den Ruin getrieben wurden.

Die Forschung, die Marion Nestle in *Food Politics* präsentiert, zeigt ausführlich, wie die Agrarindustrie die Regierungsstellen und ihre Politik fest im Griff hat, und wie unser System der Lebensmittelproduktion so konzipiert ist, dass es maximale Gewinne für die relativ wenigen großen Konzerne abwirft, die es beherrschen. Sie schreibt zum Beispiel:

Meine Aufgabe bestand darin, die redaktionelle Produktion des ersten – und bis dato einzigen – Berichts des US-Gesundheitsministeriums zu Ernährung und Gesundheit zu betreuen. [...] An meinem ersten Arbeitstag bekam ich die Instruktionen: Was auch immer die Forschung erbrachte, der Bericht sollte keinesfalls die Empfehlung enthalten, „weniger Fleisch zu essen", um die Aufnahme gesättigter Fette zu reduzieren, noch dürfte er Einschränkungen hinsichtlich des Verzehrs sonst einer Kategorie von Lebensmitteln nahelegen. Im industriefreundlichen Klima der Regierung Reagan würden die Lebensmittelhersteller, die von solch einem Hinweis betroffen wären, sich gegenüber ihren Geldempfängern im Kongress beschweren, und der Bericht würde niemals veröffentlicht werden.[35]

Wir sollten uns nicht der Illusion hingeben, dass Regierungsstellen und Behörden im Interesse der Verbraucher, der Umwelt oder der Tiere arbeiten. Zahlreiche Journalisten und Forscher haben darauf aufmerksam gemacht (wenngleich nur selten in den Mainstream-Medien), dass diese auf die finanzstarken und mächtigen Industrien und Konzerne ausgerichtet sind, unter deren konstantem und direktem Druck sie stehen. Dieselben Industrien stellen außerdem neues Regierungspersonal durch den „Drehtür-Effekt", den fliegenden Wechsel zwischen Anstellungen in der Wirtschaft und Positionen in den Regierungsstellen, die im Dienste dieser Industrien stehen. Ebenso wie das Verteidigungsministerium von der Waffenindustrie gelenkt wird, wird das Landwirtschaftsministerium von ehemaligen Ranchbesitzern, Führungskräften und Juristen der Fleisch-, Milch- und Eierindustrie geführt. Es liegt im Interesse dieser Industriezweige, die tierische Lebensmittel herstellen, den Verbraucher so weit wie möglich unwissend zu halten, was die schrecklichen Bedingungen, unter denen die Tiere leben müssen, sowie die entsetzlichen Auswirkungen dieser Nahrung auf die menschliche Gesundheit und die Ökosysteme unseres Planeten angeht.

Eine kleine Elite profitiert unverhältnismäßig von der Herstellung und Vermarktung tierischer Nahrungsmittel. Dies geschieht auf Kosten der eingesperrten Tiere, der kranken und verhungernden Menschen und der zukünftigen Generationen. Diese Elite ist das unvermeidliche Ergebnis der Mentalität der Unterwerfung und Ausgrenzung in unserer Gesellschaft. Sie kontrolliert das Agrobusiness, die Industrie, die Regierungs-, Bildungs- und Medieninstitutionen sowie die militärischen, medizinischen und finanziellen Institutionen. Diese Institutionen fördern den Konsum tierischer Produkte, denn die Unterwerfung der Tiere ist von fundamentaler Bedeutung für die Machtstrukturen der Elite. Dies geschieht seit deren Machtübernahme dank der Viehhaltung vor annähernd achttausend Jahren. Die uralten Machtstrukturen werden weiterhin in traditioneller Form aufrechterhalten. Geld und politische Macht werden unter der Kontrolle der Elite in den Händen weniger konzentriert. Durch die Manipulation der Bildungs- und Regierungsinstitutionen und der religiösen und weiterer gesellschaftlicher Institutionen kontrolliert diese Elite die Gedanken der Menschen.

Es ist kein Zufall, dass die multinationalen Konzerne zunehmend in unser kollektives und individuelles Leben eindringen und dieses kontrollieren. Die großen Konzerne sind Ausdruck unseres Wunschs, uns der Verantwortung zu entziehen. Beschönigend wird dies als „Haftungsbeschränkung" bezeichnet. Die Existenz dieser Konzerne ist in der Gewalt auf unserem Teller verwurzelt. Schließlich inhaftieren, missbrauchen und töten wir Tiere für unsere täglichen Mahlzeiten auf Weisen, für die wir nicht verantwortlich sein möchten. Über Jahrhunderte haben diese psychische Verletzung und emotionale Distanz in unserer Gesellschaft wachsende Bedeutung erlangt. In Kombination mit der für unsere Ernährungsgewohnheiten notwendigen Mentalität der Unterwerfung und Kommerzialisierung von Lebewesen verkörperten sie sich als Großkonzerne und wurden so zu den multinationalen Molochen, die uns und unsere Welt gegenwärtig beherrschen. Über die vergangenen anderthalb Jahrhunderte sind sie enorm gewachsen und konnten sich von den rechtlichen Einschränkungen befreien, denen sie in früheren Generationen unterlagen.[36] Sie werden mittlerweile von den Gerichten als juristische Personen anerkannt. Es sind allerdings Personen ohne Fleisch, Blut und Geist. Als bloße abstrakte Konstrukte existieren sie lediglich, um ihre Macht und den Wohlstand ihrer Investoren zu maximieren. Sie sterben nicht, sondern werden stattdessen nur immer stärker und virulenter. Sie sind unsere Schöpfungen und unsere Spiegelbilder, und doch üben sie Druck auf uns aus, damit wir auf Kosten unserer Familien, unserer sozialen Beziehungen, unserer Gemeinden, unserer Erde und unserer selbst ihren Interessen dienen. Umso mehr die Konzerne Kosten „externalisieren" können, indem sie diese auf die Arbeiter, die Tiere, die zukünftigen Generationen, die Regierungen, die Gemeinden usw. abwälzen, umso profitabler können sie sein.

Unsere Mahlzeiten tierischer Herkunft sind außerdem der Grund für unsere Gleichgültigkeit und unser Gefühl der Ohnmacht, die den ökologischen und sozialen Holocaust, von dem die Medien nicht wollen, dass wir ihn erkennen und verstehen, überhaupt erst möglich machen. Der Verzehr tierischer Nahrung vermindert unsere Empfindsamkeit und lähmt uns, indem er unsere Fähigkeit, zu reagieren und auf etwas einzugehen, reduziert – unsere Verantwortung im Sinne der Fähigkeit, „Antwort zu geben". Um die Gewalt auf unserem Teller zu essen, braucht es eine Flucht aus der Verantwortung, so dass wir zu dem Glauben gelangen, dass unsere Handlungen keine Bedeutung haben, keinen Unterschied machen. Diese irrige Annahme hat ihre Wurzeln in unserem halbbewussten Wissen, dass wir mit jeder Mahlzeit genau die Art von Leid und Verschmutzung verursachen, die wir natürlicherweise vermeiden möchten. Das Gesellschafts- und Wirtschaftssystem, das ich soeben beschrieben habe, muss auf eine große Bevölkerung mit „verlässlich" kranken, abgestumpften und abgelenkten Menschen zählen können. Die Menschen dazu zu ermuntern, kontinuierlich das Fleisch, die Körpersekrete und die Eier von misshandelten Tieren zu konsumieren, ist der beste Weg, eine solche Bevölkerung zu erhalten und die Rentabilität sicherzustellen – das goldene Kalb, um das die Konzerne tanzen.

Ein Weg, auf dem dies erreicht wird, ist die zunehmende Kontrolle der Konzerne über die Medizin und die Wissenschaft. Gegenwärtig richtet die Medizin- und Pharmaindustrie ihr Augenmerk auf die Genetik. In dem Maße, wie die Konzerne sich mit dringend benötigten Forschungsgeldern den Weg in die universitären Forschungseinrichtungen ebnen, kann man erkennen, dass die wissenschaftlichen Hypothesen mit den Richtlinien der Geldgeber, der Konzerne, konform gehen. Wissenschaftler werden durch Fördergelder, in Aussicht gestelltes Prestige und den Konformitätsdruck unter Kollegen ermutigt, Krankheit und Gesundheit als genetische Phänomene zu verstehen, weil diese Sichtweise profitabel für die Pharmaindustrie ist und außerdem mit der mechanistischen und reduktionistischen Mentalität übereinstimmt, auf der die konventionelle Wissenschaft beruht.

Ganz anders ist es, wenn Krankheiten als das Ergebnis unseres Denkens, unserer Lebensführung, unserer Ernährungsgewohnheiten, unserer Gefühle, unserer Handlungen und unserer Fähigkeit, unserer Berufung nachzugehen, und als Botschaften, Lektionen und Chancen für uns auf unserem spirituellen Weg angesehen werden. Dann nämlich haben wir die Macht, kreativ und direkt darauf zu reagieren und gesünder zu werden, indem wir Verantwortung für die Gesundheit unserer inneren und äußeren Umwelt übernehmen. Das wären natürlich ausgesprochen schlechte Nachrichten für die Kontrollmöglichkeiten und Profite der Konzerne. Wenn wir uns überzeugen lassen, dass unsere Krankheiten der „genetischen

Veranlagung" zuzuschreiben sind, auf die wir keinen Einfluss haben, dann haben uns die Konzerne genau da, wo sie uns haben wollen – in ihrer Hand. Und sie werden keine Gnade mit uns zeigen.

Die Gentheorie besitzt eine große Anziehungskraft, denn sie entbindet uns von unserer Verantwortung für unsere inneren Einstellungen und äußeren Handlungen. Wir begeben uns damit sicher in die Hände der Konzerne, die davon profitieren, dass wir unsere ultimative Verantwortung für unsere Gesundheit abgeben. Die verschriebenen Medikamente werfen nicht nur einträgliche Gewinne für die Medizinindustrie und für die Banken und andere Finanzinstitute ab, die sie unterstützen. Arzneimittel machen uns ohnmächtig, vernebeln unsere Sinne, lassen unsere Gefühle abstumpfen und schwächen unsere natürlichen Selbstheilungskräfte. Nach Angaben der pharmazeutischen Industrie wurden im Jahr 2001 in den Vereinigten Staaten 3,2 *Milliarden* Rezepte ausgestellt, *46 Prozent* der Erwachsenen nehmen mindestens ein verschreibungspflichtiges Medikament täglich ein – und diese Medikamentenverkäufe steigen um jährlich fünfundzwanzig Prozent![37] Die Nebeneffekte pharmazeutischer Produkte gehören nach wie vor zu den häufigsten Todesursachen, und praktisch alle diese Medikamente sind potenziell suchterzeugend. Zwischen 1962 und 1988 nahm die Drogenabhängigkeit beispielsweise um dreißig Prozent zu, während im gleichen Zeitraum die Medikamentenabhängigkeit um 300 Prozent zunahm.[38] Warum hören wir so viel über erstere und so wenig über letztere? Warum konzentriert sich der Kampf gegen Drogen ausschließlich auf jene Drogen, die nicht direkt zum Profit der Konzerne beitragen? Wenn wir versuchen, den Folgen unseres Handelns aus dem Weg zu gehen, so hat dies auch wiederum Folgen.

Eine pflanzliche Kost kann nicht patentiert werden, so dass das Pharmakartell keinerlei Interesse daran hat. Sie ist in Wahrheit eine enorme Bedrohung, und aufwendige Kampagnen werden geführt, um vom Thema abzulenken und uns weiszumachen, dass komplexe Kohlenhydrate schlecht für uns seien, während tierisches Eiweiß absolut notwendig sei, und dass die Wissenschaft uns von Diabetes, von Krebs und von den anderen Krankheiten erretten könne, die von unserer mitleidslosen Unterwerfung der Tiere zum Zweck unserer Ernährung verursacht wurden. Milliarden werden für Medikamente und andere materielle Mittel ausgegeben, um etwas zu heilen, das in Wahrheit eine ethische und spirituelle Krankheit ist. Wenn wir in den Tieren, die uns ausgeliefert sind, Krankheit und Tod säen, ernten wir dasselbe in uns selbst. Ein Großteil der aktuellen medizinischen Forschung ist im Grunde das offensichtlich verzweifelte Bestreben, Wege zu finden, wie wir weiterhin tierische Nahrung konsumieren können, aber den Konsequenzen unserer grausamen und unnatürlichen Praktiken entgehen können. Wollen wir in diesem Bestreben *wirklich* Erfolg haben?

Wir werden frei, wenn wir aufhören, mit dem System der Unterwerfung zu kollaborieren, das uns mit seinen Blutmahlzeiten füttern möchte. Wenn das Blut von Tieren an unseren Händen klebt, sind wir – vielleicht unwissentlich – Sklaven. Die mächtige Elite, die das Militär-Industrie-Fleisch-Medizin-Medien-Kartell steuert, trachtet danach, die Zügel immer fester anzuziehen. Mit einem erwachten Bewusstsein können wir dies überall um uns herum wahrnehmen. Gewalt erzeugt nur weitere Gewalt. Wir sind aufgerufen, mit Liebe darauf zu antworten, mit einer Liebe, die sich denjenigen zuwendet, die besonders verwundbar sind und missbraucht werden – den sogenannten „Nutztieren". Wir sind außerdem aufgerufen, die Botschaft zu verbreiten.

Unser Leben entspringt aus unseren Vorstellungen, und unsere Vorstellungen sind durch unsere täglichen Taten bedingt. Wie wir handeln, so formen wir unseren Charakter und so werden wir. Indem wir unsere Mahlzeiten bewusst in eine Verherrlichung des Friedens, des Mitgefühls und der Freiheit verwandeln, säen wir auf eine ausgesprochen wirkungsvolle Weise mächtige Saaten, die zur Heilung unserer Welt beitragen.

KAPITEL ZWÖLF

EINIGE ANTWORTEN AUF EINWÄNDE

„Wir müssen die Haltung von primitiver Grausamkeit Tieren gegenüber bekämpfen.
Tiere leiden im selben Maße wie wir. [...] Es ist unsere Pflicht,
dies die ganze Welt erkennen zu lassen."
– Albert Schweitzer –

„Die Tiere der Erde existieren aus ihnen eigenen Gründen. Sie wurden nicht für den
Menschen geschaffen, genauso wenig wie schwarze Menschen für weiße
oder wie die Frau für den Mann geschaffen wurde."
– Alice Walker –

„Zeus, der Vater, erschuf der sprechenden Menschen ein drittes, anderes Geschlecht,
aus Erz, dem silbernen nirgendwo gleichend, eschenentstammt, so furchtbar so wild;
die trieben des Ares keuchend Geschäft und die Tat der Gewalt, und Kornfrucht
vom Felde aßen sie nicht, steinhart war ihr Herz [...]."
– Hesiod, achtes Jh. v. Chr. –

Einwände nähren

Obwohl die in diesem Buch vorgestellten Gedanken weder kompliziert noch sonderlich schwierig zu verstehen sind, waren sie lange Zeit unsichtbar und praktisch unaussprechlich, denn sie stehen in direktem Widerspruch zu den ungeschriebenen Gesetzen unserer Viehzüchterkultur. Wenn man diese Gedanken betrachtet, diskutiert und nach ihnen handelt, sind ihre Auswirkungen in höchstem Maße subversiv für den Status Quo. Andere subversive soziale Theorien, die nur selten in den Schulen oder in den Medien behandelt werden – wie der Marxismus –, befassen sich nicht einmal annähernd mit dem tieferen Problem, um das es geht: Die Mentalität der Unterwerfung und Ausgrenzung, die unweigerlich aus un-

serer Praktik, Tiere zu kommerzialisieren und zu essen, entspringt. Diese
Mentalität führt zu Konkurrenzdenken, zur Unterdrückung des weiblichen Prinzips und zur Ausbeutung der Unterschichten durch die wohlha-
benderen Klassen der Vieh- und Kapitalbesitzer. Der Marxsche Aufruf:
„Proletarier aller Länder, vereinigt euch!" versäumte es, die zugrunde
liegende Ethik der Beherrschung der Tiere und der Natur infrage zu stellen, und war insofern nicht wahrhaft revolutionär. Er operierte innerhalb
des Rahmens der Vorstellung von der menschlichen Überlegenheit und
focht niemals die Mentalität an, die Lebewesen als Waren ansieht. Der
Veganismus hingegen ist der Aufruf, uns zu vereinen, weil wir wissen,
dass wir, solange wir selbst andere Lebewesen unterdrücken, unweigerlich eine Kultur der Unterdrückung erschaffen und in dieser leben müssen. Der Klassenkampf ist ein Ergebnis der Mentalität der Unterwerfung
und Ausgrenzung in der Viehzüchterkultur und als solches nur ein Teil
des Gesamtelends, das zwangsläufig mit dem Verzehr tierischer Nahrung
einhergeht.

Das vegane Bekenntnis und Gelöbnis, unsere Grausamkeit gegenüber
Tieren auf ein Minimum zu reduzieren, ist derart revolutionär in seinen
Auswirkungen, dass es oftmals in Bausch und Bogen abgelehnt wird,
weil es kognitive Dissonanz und tiefgreifende Beklemmung auslöst. Wir
sind von Geburt an so stark von der Viehzüchtermentalität geprägt, dass
sogar jene unter uns, die sich für eher progressiv halten, normalerweise
nicht bereit sind, die Ausbeutung von Mensch und Tier infrage zu stellen,
die wir mit unseren Ernährungsgewohnheiten bewirken. Wie ein Ball,
den man unter Wasser drückt, versucht unser natürliches Mitgefühl aufzutauchen, so dass wir permanent daran arbeiten müssen, es unterdrückt
zu halten. Wir schaffen es nur, den Ball unserer Güte und Intelligenz
unter Wasser zu halten, indem wir emotionale Distanz praktizieren und
außerdem eine Anzahl ideologischer Einwände gegen das Essen von
Pflanzenkost nähren. Wann immer der Ball aufzutauchen beginnt, sagen
wir diese Einwände mantraartig auf.

Sind Tiere vom ethischen Standpunkt unerheblich?

Einer der grundlegenden Einwände gegen den Veganismus lautet, dass
unser Mitgefühl gegenüber Tieren diesen einen höheren Stellenwert

verleihe, als sie verdienten. Mit diesem Einwand verdammt die herrschende Viehzüchterkultur Tiere zur Bedeutungslosigkeit und verlacht Veganer, welche sich um Tiere sorgen, wo es doch auf diesem Planeten Menschen gibt, die unter Armut, dem Auseinanderbrechen der Familien, Krieg, Drogenabhängigkeit, Terrorismus, der Umweltverschmutzung usw. leiden. Dieser Einwand ist nichts weiter als die Neuformulierung des grundlegend supremazistischen Credos der Viehzüchterkultur, das die Unterwerfung von Tieren legitimiert. Es basiert auf der Einstellung, dass Tiere nicht von Bedeutung seien, dass ihr durch uns verursachtes Leid kein Problem sei und sie gewissermaßen überflüssig oder ersetzbar seien. Die zentrale Praktik unserer Kultur, die Versklavung und Tötung von Tieren, hält unser Denken und Fühlen wie in einer Kiste innerhalb der engen Grenzen der Mentalität des Beherrschens und Züchtens gefangen. Wenn wir es schaffen, unseren Verstand und unser Herz auf die eine oder andere Art aus dieser Kiste zu befreien, werden wir in der Lage sein, zu erkennen, zu spüren und zu verstehen, was Tiere wirklich sind.

Wir werden erkennen, dass Tiere, wie wir selbst, der Ausdruck unendlicher, universeller Intelligenz der Liebe sind. Genau wie wir streben sie nach der Befriedigung ihrer Instinkte und der Erfüllung ihrer Wünsche und wollen Schmerz und Leid vermeiden. Wie wir sind sie zutiefst geheimnisvoll. Wenn wir überhaupt etwas über die Tiere gelernt haben, dann ist es, dass wir sie in keiner Weise in die Kategorien unseres beschränkten Fassungsvermögens einpassen können. Wenn wir Tiere in der Natur beobachten, sehen wir möglicherweise Konkurrenz, Kampf und Gewalt. Zahlreiche Wissenschaftler wurden ausgebildet, dies so zu sehen. Doch es ist auch möglich, Kooperation und gegenseitige Hilfestellung zu sehen, wie Kropotkin[1] und andere Wissenschaftler herausgefunden haben. Außerdem kann man ein Feiern des Lebens sehen, Freude, Humor, Liebe, Fürsorge sowie das erstaunliche Zusammenspiel und den wundersamen Ausdruck einer absolut unendlichen Vielfalt an Lebensformen. Es steckt eine tiefe Weisheit in der alten Redensart, dass wir die Dinge nicht so sehen, wie sie sind, sondern wie wir selbst sind.

Wir haben in unserem Bemühen, Tiere zu verstehen, noch nicht einmal an der Oberfläche dessen, was sie wirklich sind, gekratzt. Wie können wir wissen, wie es ist, als Wal zu schwimmen, in den Tiefen der Ozeane zu Hause zu sein und Wanderungen über Tausende von Kilometern zu unternehmen, sich in Unterwasser-Liedern auszudrücken und in bewusster Harmonie mit anderen Walen gemeinsam zu atmen? Oder wie es ist, in einem Schwarm Strandläufer zu fliegen, mühelos und synchron herumzuwirbeln, fünfzig Vögel, die sich wie ein einziger bewegen? Oder wie es ist, als Präriehund zu graben, komplexe unterirdische Anlagen zu bauen mit schier endlosen Kammern, Durchgängen und Interaktionsmöglichkeiten? Unser Verständnis der nichtmenschlichen Tiere und unser Wissen über sie sind weit mehr durch unseren Glauben an unsere eigene Überlegenheit, unsere verkannte kulturelle Programmierung und unsere Abspaltung von der Natur verzerrt, als wir uns eingestehen wollen. Unsere Theorien über die Tiere werden eines Tages als überholter Humbug angesehen werden, so wie wir heutzutage die mittelalterlichen Theorien zum Heilen durch Aderlass und Blutegel oder zum geozentrischen Weltbild betrachten.

Unser Verständnis ist derart von unserer Mentalität der Versachlichung verseucht und verzerrt, dass wir Tiere ausrotten und Spezies sowie Naturgemeinschaften in bisher nie dagewesenem Tempo vernichten. Bei genauer Betrachtung erkennen wir, dass Verständnis Liebe weckt und dass Liebe Verständnis bringt. Wenn unser angebliches Verständnis der Tiere in uns nicht den liebevollen Wunsch erweckt, ihnen zu erlauben, ihr Leben zu leben und ihren Daseinszweck zu erfüllen, und das Verlangen heraufbeschwört, sie zu ehren, zu respektieren und zu schätzen, dann ist es kein wahres Verstehen. Die Wissenschaft ist in vieler Hinsicht unfähig zu diesem authentischen Verstehen, und da sie oft auch ein Vehikel für die Macht der Konzerne ist, sollten wir uns auf unserer Suche nach Weisheit und Heilung besser nicht allzu sehr auf sie verlassen.

Der Mythos vom Menschen als Raubtier

Ein zweiter Einwand der Viehzüchterkultur gegen den Veganismus zielt darauf ab, dass der Verzehr tierischer Nahrung natürlich und richtig sein muss, weil wir uns schon seit ewigen Zeiten so ernähren. Als erste Reaktion auf dieses Argument kann man seine Gültigkeit infrage stellen. Wir wissen, dass es kontraproduktiv und beeinträchtigend ist, bestimmte Strategien und Glaubenssätze, die wir als Kinder hatten, in unser Erwachsenenleben hinüberzunehmen. Der Umstand, dass wir etwas seit langem tun, ist schwerlich ein Beweis dafür, dass es richtig oder angemessen ist. Dasselbe Argument wurde zur Verteidigung der Sklaverei in den USA im neunzehnten Jahrhundert gebraucht. Wie sollen wir Fortschritte machen oder uns entwickeln, wenn wir fortfahren, veraltetes Verhalten und überholte Ansichten zu rechtfertigen, indem wir ihnen eine Gültigkeit verleihen, die sie nicht verdient haben? Krieg, Genozid, Mord, Vergewaltigung und Ausbeutung von Menschen sind ebenfalls seit langem praktiziert worden. Würden wir deshalb wagen, ihre Langlebigkeit anzuführen, um sie zu rechtfertigen? Die Tatsache, dass wir dieses Argument gebrauchen, um die Versklavung, Ausbeutung, Tötung, Vergewaltigung und Ausrottung von Tieren zu rechtfertigen, lässt tief blicken. Es handelt sich um ein Pseudoargument, das unsere gesunde Sehnsucht, in Weisheit zu wachsen, und unser Streben, eine freiere, friedlichere und nachhaltigere Gesellschaft aufzubauen, untergräbt.

Als Zweites kann man den Wahrheitsgehalt dieses Einwands infrage stellen. Was heißt „eine lange Zeit"? Die Zeitspanne von zehntausend Jahren, seit wir Viehzucht betreiben und Tiere kommerzialisieren, genau wie die von zwanzig- bis sechzigtausend Jahren, seit wir Großwild jagen[2], sind sehr kurz im Vergleich mit den dreihunderttausend Jahren, seit der Homo sapiens existiert, und den sieben bis zehn Millionen Jahren, seit es Hominiden gibt. Unsere nächsten lebenden Verwandten, mit denen wir angenommene fünfundneunzig bis achtundneunzig Prozent unserer DNS gemeinsam haben, sind Gorillas, Bonobos und Schimpansen. Die kraftstrotzenden, sanften Gorillas essen ausschließlich Pflanzennahrung, genau wie Bonobos, und auch Schimpansen ernähren sich vorwiegend von pflanzlicher Kost. Unsere eigenen entfernten Vorfahren ähnelten ihnen vermutlich, wenn man ihre Physiologie mit der unsrigen vergleicht, und sie ernährten sich – den Fossilnachweisen von solch frühen Hominiden wie *Australopithecus* zufolge – überwiegend von pflanzlicher Kost.[3] Das Problem ist, dass unsere Kultur sich ihren eigenen Mythos vom „Menschen als Raubtier" geschmiedet hat, der sich auf das Essen von Tieren gründet und dieses gleichzeitig rechtfertigt. Dieser Mythos stützt die irrige Annahme, dass „der Mensch ein Raubtier und ein erbarmungsloser Killer ist, seit er existiert"[4], wie es der Schweizer Zoologe C. A. W. Guggisberg 1970 formuliert hat. Dieselbe Lüge – „der Mensch ist ein Raubtier" (Oswald Spengler) – wurde so oft wiederholt, dass wir sie geglaubt haben und sie nun bewahren und fortführen. Jim Mason erklärt hierzu:

Bestimmte Werte, die das Töten und den Verzehr von Tieren fördern, sind tief in unserer Kultur verankert. Wie könnten die Studien über die menschliche Ernährung, die menschliche Nahrungssuche und die menschliche Evolution *nicht* von ihnen beeinflusst sein? Mit Sicherheit sind die Fleischesser-Werte unserer eigenen Kultur ein Faktor bei der Überbewertung der Rolle des Jägers in der menschlichen Evolution gewesen, im selben Maße, wie ihre patriarchalischen Werte ein Faktor in der Überbewertung der Rolle des Mannes in der Evolution gewesen sind. In der Tat haben diese beiden kulturellen Verzerrungen perfekt zusammengewirkt, um das Bild vom „Mann als mächtigem Jäger" als Modell der menschlichen Evolution zu propagieren. Die Jagd als Arbeit der Männer war hochangesehen bei den zumeist männlichen Forschern in der Anthropologie. Und da die Jagd der Fleischbeschaffung diente, genoss sie ein doppelt gutes Ansehen bei den – fleischessenden – Forschern.

Der Schöpfungsmythos vom menschlichen Jäger hilft der fleischessenden Gesellschaft zudem bei der Überwindung eines störenden Problems. Die Menschen fühlen sich normalerweise sehr unwohl, wenn es darum geht, Tiere für unsere Ernährung zu töten. Die meisten würden wohl nicht dazu bereit sein, selbst ein Tier zu töten, es sei denn in einer Extremsituation. Selbst die Jägervölker des hohen Nordens betteten ihre Jagd- und Schlachthandlungen in Rituale ein, wovon die meisten, wie wir noch sehen werden, dazu dienten, Beklemmung und Missbehagen zu lindern.[5]

Die Anthropologen Donna Hart und Robert W. Sussmann erklären in ihrer jüngsten bahnbrechenden Synthese aus Fossilnachweisen und Primatologie, dass die frühen Menschen kein Gebiss hatten, das an den Verzehr von Fleisch angepasst gewesen war, und daher keine räuberischen Jäger waren. Sie argumentieren, dass die Auffassung vom „Mann als Jäger" und von unseren Vorfahren als „blutrünstigen Bestien" auf drei Dingen beruht: Der pervertierten abendländischen Sicht des modernen Menschen, dem christlichen Konzept der Erbsünde und... ganz einfach einer schlampigen Wissenschaft (Auslassungszeichen im Original).[6]

Wir müssen die ungeschriebenen Gesetze unserer Kultur hinterfragen und verstehen, wie sich diese Gesetze selbst fortschreiben. Niemand weiß mit Sicherheit, warum genau die Menschen begonnen haben, Tiere zu töten und zu essen. Plutarch gab vor fast zweitausend Jahren folgende Erklärung:

Es lässt sich allerdings annehmen, dass die Menschen, die es zuerst gewagt haben, Fleisch zu essen, durch Mangel und Not dazu bewogen worden sind. Denn diese waren noch nicht so sehr von unerlaubten Begierden beherrscht, sie lebten noch nicht in einem solchen Überfluss aller Notwendigkeiten, dass sie aus bloßem Übermut auf jene seltsame und unnatürliche Lüsternheit verfallen wären; nein, sie könnten, wenn sie bei der jetzigen Lage der Dinge Empfindung und Sprache bekämen, uns füglich zurufen:

„O ihr seligen, beglückten Menschen, ihr Günstlinge der Götter! [...] Wie vielerlei wächst euch! Wie vieles sammelt ihr ein! Welchen Reichtum könnt ihr von den Fluren, welche Wonne von den Pflanzen einernten! Euch ist es vergönnt, ohne einige Befleckung euch gütlich zu tun [...].

Was ist es also Wunder, wenn wir uns der Natur zuwider des Fleisches der Tiere bedienten, da man sogar Schlangen fraß und Baumrinden zernagte, da es ein großes Glück war, grünes Gras oder eine saftige Wurzel zu finden? Menschen, die Eicheln gekostet und gegessen hatten, tanzten vor Freuden um die Eiche oder Buche herum und nannten den Baum eine belebende Mutter, eine Ernährerin. [...]

Aber welche Wut, welche Raserei treibt denn euch bei dem jetzigen Überfluss an allen Bedürfnissen zur Mordsucht an? Warum belügt ihr die Erde, dass sie nicht imstande sei, euch zu ernähren? [...] Schämt ihr euch nicht, die milden, genießbaren Früchte mit Blut und Mord zu verunreinigen?"[7]

Heutzutage gibt es massenweise sich widersprechende Theorien darüber, warum wir mit dem Fleischessen begonnen haben. Sie sind allesamt bis zu einem bestimmten Grad dadurch verfälscht, dass sie aus der Vieh- züchterkultur selbst hervorgegangen sind. Zahlreiche Theorien machen die Migrationen der frühen Menschen aus den tropischen und subtropischen Klimazonen in kühlere Regionen, in denen Pflanzennahrung nicht so leicht verfügbar war, dafür verantwortlich. Viele Theorien sind durch die unsicht- baren Hypothesen der männlichen Forscher verzerrt, die davon ausgehen, dass Männer schon immer Frauen unterworfen, Großwild gejagt und Krieg

gegeneinander geführt haben. Sogar wenn sich diese Theorien als falsch
herausstellen, haben sie die Tendenz fortzubestehen, denn sie fügen sich
nahtlos in das allgemeine Paradigma der Viehzüchterkultur ein und dienen
den Interessen anderer Autoren, die ähnlich irrige Theorien vertreten.

Ein gutes Beispiel hierfür ist Peter D'Adamo und seine populäre Buchrei-
he zur Blutgruppendiät, die dazu anregt, tierische Nahrung in Abhängigkeit von der Blutgruppe zu sich zu nehmen. D'Adamo behauptet, Menschen
mit Blutgruppe 0 seien am besten an den Verzehr fleischreicher Nahrung
angepasst, denn ihm zufolge soll die Blutgruppe 0 die älteste Blutgruppe
sein.[8] Seine Bücher basieren auf komplett veralteter anthropologischer
Forschung, die postulierte, dass die frühesten Menschen (die angeblich die
Blutgruppe 0 hatten) Fleischesser waren. D'Adamo ignoriert die jüngere
Forschung, die gezeigt hat, dass die frühen „Jäger und Sammler" in Wahrheit viel mehr Sammler als Jäger waren. Die Massengesellschaft, die mit
dem Stereotyp des Macho-Höhlenmenschen aufgewachsen ist, der Frauen
an den Haaren hinter sich herschleift und zum Mittagessen Mammuts
verspeist, hängt D'Adamos Theorien eifrig an. Schließlich argumentiert
er in seinen Büchern, dass die meisten Menschen, da sie eine der „älteren"
Blutgruppen haben, Fleisch „brauchen" und ihnen eine vegane Ernährung
nicht bekommen würde. Diese Theorien gefallen natürlich den Massen,
haben doch vierzig bis sechzig Prozent der US-amerikanischen Bevölkerung Blutgruppe 0. Dennoch sind sie schlichtweg falsch. Viele glückliche,
gesunde Veganer haben Blutgruppe 0. Unsere Blutgruppe ändert nichts
daran, dass unser Organismus prinzipiell auf pflanzliche Kost ausgelegt ist
und die Tiere, die unserer Ernährung dienen, grausam behandelt werden.
Da die Theorie der Blutgruppendiät jedoch in perfektem Einklang mit der
grundlegenden Sichtweise unserer Viehzüchterkultur steht, verkaufen sich
D'Adamos Bücher gut und bieten einigen Menschen eine irrige Rechtfertigung dafür, ihre omnivoren Ernährungsgewohnheiten beizubehalten. Das
Gleiche könnte über die Diäten mit „Kohlenhydratminimierung" oder „mit
hohem Eiweißgehalt" gesagt werden, von denen voraussehbar war, dass sie
populär sind, sowie über die Diäten „mit hohem Eisengehalt" oder „mit
hohem Kalziumgehalt", welche den Verzehr tierischer Nahrung propagieren. Es ist nachgewiesen, dass uns eine rein pflanzliche Ernährung mit
ausreichend Kalzium, Eisen und Eiweiß versorgt, ohne die schädlichen
Wirkungen der Gewalt, des Adrenalins, des Cholesterins, der gesättigten
Fette und Giftstoffe, die tierischen Lebensmitteln eigen sind.

Angesichts der Probleme, die unsere Viehzüchterkultur charakterisieren, sind wir vielleicht wie der metaphorische Mann, der von einem Pfeil verwundet wurde, von dem Buddha seinen Studenten erzählte. Er sagte, der Mann wäre töricht, würde er zuerst herausfinden wollen, wer den Pfeil auf ihn schoss, warum er ihn schoss, wo er sich befand, als er schoss, und so weiter, noch bevor er sich den Pfeil entfernen und seine Wunde behandeln ließe, damit er nicht verblute, während er noch versuchte, Antworten auf seine Fragen zu erhalten. Nach dem Vorbild dieses Mannes können auch wir den Pfeil des Verzehrs tierischer Nahrung entfernen und die Wunde versorgen, die er hervorgerufen hat – und zwar jetzt sofort. Wir müssen nicht die ganze Geschichte kennen. Wir können leicht erkennen, dass es grausam und unnötig ist. Was auch immer Menschen in der Vergangenheit getan haben, wir müssen es ihnen nicht gleichtun, wenn ihr Tun auf einer Irreführung basiert. Vielleicht glaubten die Menschen in der Vergangenheit, sie müssten Tiere und Menschen versklaven, um selbst zu überleben. Vielleicht dachten sie, dass die damit einhergehende Grausamkeit ihnen irgendwie erlaubt sei. Für uns heutige Menschen ist sie ganz offensichtlich nicht notwendig, wie wir leicht bei einem Gang durch ein beliebiges Lebensmittelgeschäft sehen können. Je eher wir aus der Knechtschaft des veralteten Mythos erwachen, der uns weismachen will, dass wir von Natur aus Raubtiere sind, umso eher sind wir in der Lage, uns spirituell zu entwickeln und unseren Daseinszweck hier auf dieser Erde zu entdecken und zu erfüllen.

Wir sind gegenwärtig in einer günstigen Position, denn die industrialisierten Nationen der Welt, die prozentual die meiste tierische Nahrung konsumieren und generell auf der nördlichen Halbkugel liegen, profitieren von einem Lebensmittelvertriebssystem, mit dem pflanzliche Nahrung allen Einwohnern zur Verfügung steht, unabhängig vom Klima und der Topographie der Länder. Obst, Gemüse, Getreide, Hülsenfrüchte und sogar Sojamilch, Tofu, Tempeh usw. sind überall auf den Märkten erhältlich. Extrem wenige Menschen sind heutzutage darauf angewiesen, aufgrund ihrer geographischen Lage tierische Nahrung zu verzehren. Es ist der Gipfel der Ironie, dass eine Ernährung mit tierischen Produkten, die kompliziert, verschwenderisch, grausam und teuer in der Produktion sind, in unserer Gesellschaft als einfach angesehen wird, wohingegen eine vegane Ernährung auf der Basis von Pflanzenkost als kompliziert und schwierig angesehen wird. Nichtsdestotrotz kommt die Wahrheit langsam ans Licht, und der Druck innerhalb des alten Paradigmas steigt, da mehr Menschen sich weigern, Tiere als bloße Objekte anzusehen, die man essen oder für unsere Zwecke nutzen kann.

Die Rechtfertigung durch die Wissenschaft

Ein dritter Einwand geht dahin, dass die Wissenschaft Tiere in Experimenten benutzt. Wenn die Wissenschaft, die uns den technischen Fortschritt gebracht hat, den wir so wertschätzen, die Unterwerfung der Tiere nicht infrage stellt, wer sind wir dann, das zu tun? Wir können jedoch feststellen, dass wissenschaftliche Theorien stets die grundlegende Orientierung der Mainstreamkultur widerspiegeln und Wissenschaft und Kultur einander als Echo dienen und sich wechselseitig reproduzieren. Wie Thomas Kuhn in seiner klassischen Arbeit *Die Struktur wissenschaftlicher Revolutionen* demonstriert, widerstehen wissenschaftliche Paradigmen, genau wie kulturelle Paradigmen, der Veränderung. Die Wissenschaftsgeschichte weist nicht so sehr eine allmähliche Ansammlung von objektiv wahrem Wissen auf (welches ohnehin kaum existiert, denn der Kontext bestimmt über Bedeutung und Wahrheit), sondern eine Reihe von Umwälzungen in den Paradigmen, auf denen die Disziplinen aufbauen.

Paradigmen sind innere Muster, mit denen wir Wissen und Erfahrung Struktur geben und einen Sinn in der Welt erkennen. Diese Paradigmen werden erlernt. In der Schule lernen wir nicht nur inhaltlich, auf der oberflächlichen Ebene, z.B. Fakten und Konzepte aus den Bereichen Biologie, Geschichte oder Mathematik, sondern wir lernen gleichzeitig auf der paradigmatischen Ebene durch die Form des Lernvorgangs an sich. Es handelt sich um ein unsichtbares Lernen, das durch Lehrstrukturen vermittelt wird, wie das Ablegen von Prüfungen, die Konkurrenzsituation zwischen den Lernenden, die Aufteilung des Wissens in separate Fächer, das Benutzen von Tieren zum Sezieren, die Autorität der Lehrer über die Schüler usw. Durch dieses paradigmatische Lernen reproduziert sich die Kultur selbst. Das fundamentale Paradigma unserer Kultur und der Wissenschaft hinsichtlich der Natur – es lässt sich mit Quantifizierung und Kommerzialisierung umschreiben – wird auf diese Weise gelernt. Es wird jedoch zunehmend von Paradigmen einer höheren Ordnung angefochten, wie den veganen und spirituellen Paradigmen des Mitgefühls gegenüber allen Lebewesen und der Vernetzung allen Lebens. Wir können gegenwärtig verfolgen, wie sich die Spannung zwischen diesen verschiedenen Paradigmen in unseren kulturellen Institutionen niederschlägt.

Kuhn stellt heraus, dass Theorien und Erkenntnisse, die die vorherrschenden wissenschaftlichen Paradigmen herausfordern, typischerweise von Forschern stammen, die entweder jung oder fachfremd sind und aus diesem Grund mehr Freiheit haben, außerhalb der konventionellen paradigmatischen Schubladen zu denken. Die Reaktion derer, die sich innerhalb des herrschenden Paradigmas befinden, besteht darin, das neue Paradigma anfänglich zu ignorieren und zu verleugnen und später, wenn es an Stärke gewinnt, es lächerlich zu machen und anzugreifen. Schließlich, wenn das neue Paradigma fortfährt, mit der Zeit an Glaubwürdigkeit zu gewinnen, kann es das herrschende Paradigma stürzen und ersetzen. Was die Ernährung angeht, so kann es sich das herrschende Paradigma nicht länger erlauben, das vegane Paradigma einfach zu ignorieren – zu sehr steigt der Druck an, und er kommt primär von jungen Menschen sowie von Menschen, die auf gewisse Weise von außen kommen (die „ihr Zuhause verlassen haben").

Die Wissenschaft als wackere Verteidigerin des herrschenden Viehzucht-Paradigmas könnte sich letztlich als ein wirksames Instrument erweisen, um dieses vom Thron zu stoßen. Unter der Voraussetzung, dass sie offen und fair angewendet und publiziert wird, hat die Wissenschaft das Potenzial, leicht und eindeutig zu zeigen, dass pflanzliche Ernährungsweisen weitaus gesünder und nachhaltiger sind als solche auf Basis von tierischen Produkten. Sie kann nachweisen, dass Tiere eine breite Palette von Gefühlen erfahren, einschließlich physischer und psychischer Qualen, wenn sie eingesperrt und grausam behandelt werden. Indes steht das alte Paradigma immer noch unter dem Schutz jener, die die Finanzierung der wissenschaftlichen Einrichtungen kontrollieren. Wissenschaftliche Studien tendieren dazu, Schlussfolgerungen zu „beweisen", die mit der Agenda der Konzerne konform gehen. Dank der massiven Forschungsgelder für die Universitäten, die Konzerne mittlerweile bereitstellen, und dank der industriefreundlichen Ausrichtung der Regierung ist es für die beiden größten Industriezweige des Landes – Lebensmittelindustrie und Medizin – ein Leichtes, einen unaufhörlichen Strom von perfekt durch die Medien in Szene gesetzten Artikeln, Büchern, PR-Dokumenten und wissenschaftlichen Studien zu produzieren, die allesamt von der Rolle

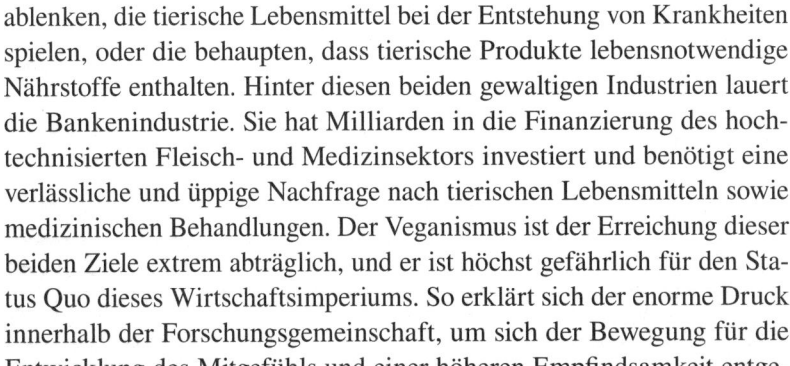

ablenken, die tierische Lebensmittel bei der Entstehung von Krankheiten spielen, oder die behaupten, dass tierische Produkte lebensnotwendige Nährstoffe enthalten. Hinter diesen beiden gewaltigen Industrien lauert die Bankenindustrie. Sie hat Milliarden in die Finanzierung des hochtechnisierten Fleisch- und Medizinsektors investiert und benötigt eine verlässliche und üppige Nachfrage nach tierischen Lebensmitteln sowie medizinischen Behandlungen. Der Veganismus ist der Erreichung dieser beiden Ziele extrem abträglich, und er ist höchst gefährlich für den Status Quo dieses Wirtschaftsimperiums. So erklärt sich der enorme Druck innerhalb der Forschungsgemeinschaft, um sich der Bewegung für die Entwicklung des Mitgefühls und einer höheren Empfindsamkeit entgegenzustellen, die die Ideale des Veganismus verkörpern.

Anstatt uns auf die Wissenschaft zu verlassen, damit diese den Veganismus und unsere grundlegende Pflanzenfresser-Physiologie für gültig befindet, sind wir vielleicht besser beraten, unsere Aufmerksamkeit auf einige universelle Wahrheiten zu richten: 1. Tiere sind unbestreitbar fähig zu leiden. 2. Unser physischer Körper ist in hohem Maße von unseren Gedanken, Gefühlen und Wünschen beeinflusst. 3. Wir können nicht Glück für uns selbst ernten, wenn wir die Saat des Elends für andere säen. Genauso wenig können wir frei sein, wenn wir andere in unnatürlicher Sklaverei halten. Wir sind alle miteinander verbunden. Dies sind Erkenntnisse unseres Herzens. Veganismus ist letztlich die Entscheidung, auf die Weisheit in unserem Herzen zu hören, das sich dem Verständnis der Vernetzung und essenziellen Einheit allen Lebens öffnet.

Ein vertieftes Verständnis dieser Wahrheiten wird der Wissenschaft die Orientierung geben, die sie so dringend benötigt. Einstein hatte recht und hat es vorausgesagt: „Ich fürchte den Tag, an dem die Technologie unsere Menschlichkeit überholt." Losgelöst vom unmittelbaren intuitiven Wissen um unsere Verbundenheit mit anderen kann die Wissenschaft die geistige Illusion unserer Getrenntheit intensivieren und uns rasch an den Rand der Selbstzerstörung bringen. Allmählich sollte uns dämmern, dass die konventionelle Wissenschaft in Wahrheit ihr eigener Mythos ist, der auf einem Gefüge von Grundsätzen und Wertvorstellungen beruht, das wie eine Art Religion unbesehen geglaubt und dem blind vertraut wird. Als eine Religion unter vielen fällt auch sie leicht der Prostitution durch diejenigen, die das Geld und die Macht haben, anheim – wie dies mit anderen Religionen geschehen ist.

Die Rechtfertigung durch die Religion

Unsere religiösen Einrichtungen predigen oft, dass wir spirituelle Wesen seien und die Tiere nicht, dass wir eine Seele hätten und sie nicht, weshalb es vollkommen in Ordnung sei, sie zu essen, weil uns die Herrschaft über den Rest der Schöpfung gegeben worden sei. Diese Argumente spiegeln die Sichtweise der Viehzüchterkultur wider, in der sie entstanden sind. Doch Bibelforscher weisen darauf hin, dass das hebräische Wort, das in der Schöpfungsgeschichte mit „Herrschaft" übersetzt wurde, die Konnotationen von „Statthalterschaft, Verwaltung, Verantwortung" habe. Sie betonen, dass es mit Sicherheit niemals die Extremformen der Ausbeutung, Gefangenschaft, Vernachlässigung und Folter, denen wir Tiere gegenwärtig systematisch unterziehen, umfassen oder legitimieren würde. Die Bibel wurde auf vielfältige Weise ausgelegt, und die religiösen Institutionen, die als Instrumente der moralischen und ethischen Orientierung unserer Kultur angesehen werden, haben – genauso wie die Wissenschaft – nahezu unhinterfragt das Viehzüchter-Paradigma übernommen, das in Tieren reine Besitztümer sieht.

Wenn wir jedoch hinter die oberflächlichen Lehrmeinungen schauen, stellen wir fest, dass es seit jeher laute Stimmen innerhalb der jüdischen und christlichen Traditionen gab, die sich gegen die Unterdrückung der Tiere aussprachen: Angefangen bei den späteren hebräischen Propheten wie Jesaja und Hosea bis zu Jesus und seinen jüdischen Anhängern, den frühen Kirchenvätern wie dem Heiligen Hieronymus, Clemens von Rom, Tertullian, Johannes Chrysostomos und Benedikt von Nursia, später dann John Wesley (Begründer des Methodismus), William Metcalfe (protestantischer Pfarrer und Autor des ersten Buchs zum Thema Vegetarismus in den USA), Ellen G. White (Mitbegründerin der Kirche der Sieben-Tage-Adventisten) sowie Charles und Myrtle Fillmore (Begründer der *Unity Church*), außerdem prominente jüdische Rabbiner und Autoren wie Schlomo Goren, Moses Maimonides, Rabbi Abraham Isaac Kook und Isaac Bashevis Singer.[9]

Die veganen Ideale der Barmherzigkeit und Gerechtigkeit für Tiere wurden seit Jahrhunderten zum Ausdruck gebracht, oftmals innerhalb des religiösen Establishments. Es ist faszinierend und lehrreich, wie diese Stimmen von der Viehzüchterkultur nahezu vollständig zum Verstummen

gebracht oder marginalisiert wurden. Es scheint sich hierbei um einen unbewussten Reflex zu handeln. Wenn wir uns mit der Lehre Jesu befassen,
entdecken wir eine leidenschaftliche Aufforderung zu Barmherzigkeit und
Liebe. Doch die Möglichkeit, dass der historische Jesus Veganer gewesen
sein könnte, ist für die meisten Christen eine allzu radikale Vorstellung.
Gleichwohl ist Jesus Aufforderung an uns, einander zu lieben und anderen
nicht anzutun, wovon wir nicht wollen, dass es uns selbst angetan werde,
die Essenz der veganen Ethik des grenzenlosen Mitgefühls, das alle um-
schließt, die durch unsere Handlungen leiden können.

Angesichts dessen ist es faszinierend, dass Keith Akers in *The Lost Religion of Jesus* überzeugend argumentiert, dass Jesus und seine frühesten
Anhänger ethische Vegetarier waren, die sich vor allem der Gewaltlosigkeit und der spirituellen Harmonie eines einfachen Lebens verschrieben
hatten. Akers stützt sich ausschließlich auf die frühesten schriftlichen
Quellen von und über die frühen Nachfolger Jesu, ein jüdisches Volk, das
als Ebioniten bekannt war. Seine sorgfältigen Nachforschungen offenbaren, wie die ursprüngliche Botschaft Jesu verfälscht und unterdrückt wurde. Er zeigt, dass inmitten der Glaubensspaltungen und der Spannungen
innerhalb der frühen Kirche die Nachfolger Jesu von ihren Zeitgenossen
eindeutig als ethische Vegetarier eingeordnet wurden, die die Darbringung
von Tieropfern im Tempel von Jerusalem ablehnten.

Die Botschaft Jesu war unannehmbar radikal. Es war die revolutionäre
vegane Botschaft der Barmherzigkeit und Liebe für alle Geschöpfe, die
einen direkten Schlag gegen die Mentalität der Unterwerfung und Ausgrenzung führt, auf welche die Viehzüchterkultur, in der wir heute leben,
gegründet ist und auch die Kultur zu Zeiten Jesu gegründet war. Jesus
stellte das Fundament des Kriegs und der Unterdrückung infrage, das
damals wie heute im Töten und Essen von Tieren zu sehen ist. Zu jener
Zeit waren die Tieropfer, die von Priestern im Tempel zu Jerusalem darge-
bracht wurden, die Hauptquelle für Wohlstand und Ansehen der jüdischen
religiösen Machtstrukturen und gleichzeitig die Fleischquelle für das ge-
meine Volk. Bei der Tempelaustreibung vertrieb Jesus die Händler, die den
Pilgern Opfertiere zum Kauf anboten, aus dem Jerusalemer Tempel. Dies
war ein offener Angriff auf das grundsätzliche Viehzüchter-Paradigma,
das Tiere lediglich als Eigentum, als Opferobjekte und als Nahrung sieht.
Akers schreibt daher: „Wir müssen uns gewahr sein, dass der Tempel mehr
einem Fleischergeschäft ähnelte als einer heutigen Kirche oder Synagoge.

Die 'Tempelreinigung' war ein Akt der Tierbefreiung."[10] Wie Akers, J. R. Hyland und andere geschrieben haben, war dieser unverhohlen revolutionäre Akt der Grund dafür, dass Jesus von der Machtelite der Viehzüchterkultur gekreuzigt werden musste.

Akers argumentiert, dass der Grund dafür, dass die frühe Kirche derart mit Glaubensspaltungen zu kämpfen hatte, darin zu sehen ist, dass Paulus und andere die Kirche in eine Richtung führen wollten, die der Lehre Jesu nahezu komplett entgegengesetzt war. (Paulus insbesondere widersetzte sich dem Veganismus, der offensichtlich ein Kernsatz der Lehre Jesu war.) Akers erhellt zahlreiche Passagen in der Apostelgeschichte des Lukas, wie Konflikte zwischen Paulus und Jakobus dem Gerechten, dem Bruder Jesu, vor dem Hintergrund der frühesten Schriften, die Clemens, Epiphanius, Tertullian und Origenes zugeschrieben werden und die nahelegen, dass Jesus, Jakobus der Gerechte, Simon Petrus und die direkten Apostel ethische Vegetarier waren, nicht hingegen Paulus, Barnabas und andere, die später dazukamen. Mit einer präzisen historischen Analyse zeigt Akers, wie gerade die von Paulus gegründete nicht-vegetarische Bewegung es schließlich – oft mit brutalen Mitteln – geschafft hat, den ursprünglichen Tenor der Lehre Jesu, die Gewaltlosigkeit, zu verdrängen, und warum die Urchristen, die vegetarischen Ebioniten, nicht überleben konnten.

In der Religion gilt das Gleiche wie in der Wissenschaft und in der Gesellschaft: Wesentliche paradigmatische Abweichungen dürfen nicht toleriert werden. Das beherrschende Paradigma der Ursprungskultur ist Ausbeutung, die durch Tieropfer symbolisiert und zum Ausdruck gebracht wurde. Damit Jesus von den Völkern dieser Kultur allseits als Christus und Heiland anerkannt wurde, musste seine Ablehnung der Tieropfer vertuscht und geleugnet werden. Warum wurde dann aber seine ebenfalls revolutionäre Ablehnung von Krieg, von religiösem Elitestreben, vom Erzielen persönlichen Profits auf Kosten anderer, von Nationalismus, Rassismus und vielen anderen grundlegenden Merkmalen der Ursprungskultur bewahrt und kanonisiert? Seine Missbilligung des Tötens von Tieren ist weitaus radikaler, praktischer und bedrohlicher für die etablierte Ordnung, denn sie stellt unsere Mahlzeiten infrage, die intime Landschaft unseres Alltagslebens. Schließlich erklären wir nicht dreimal am Tag jemandem den Krieg. Dasselbe Muster der Verleugnung setzt sich heutzutage fort. Wie bereits erwähnt, wurden die leidenschaftlichen Lehren der Begründer der *Unity Church*, Charles und Myrtle Fillmore, die für eine vegane Ethik der

Güte gegenüber Tieren eintraten, innerhalb von weniger als siebzig Jahren nahezu vollständig unterdrückt und vergessen! Während die Priester und Gemeindemitglieder eifrig und ehrerbietig die Bücher und Lehren der Fillmores zu den Themen Gebet, Metaphysik und Christliche Heilkunst diskutieren, werden ihre Lehren zum Veganismus ignoriert oder als eine ihrer „Marotten" abgetan.

Ein interessanter Einwand vieler Christen gegenüber der pflanzlichen Ernährung ist der in Matthäus 15:11 überlieferte Ausspruch von Jesus: „Nicht das, was zum Munde eingeht, verunreinigt den Menschen; sondern was aus dem Munde herauskommt, das verunreinigt den Menschen."[11] Dies wird oft so interpretiert, als gebe es uns die Erlaubnis, zu essen, was immer wir wollen, solange wir unser Augenmerk darauf richten, was wir sagen. Mittlerweile sollte deutlich geworden sein, dass dieser Einwand am wesentlichen Punkt vollkommen vorbeigeht. Wenn wir ein Hähnchen oder einen Cheeseburger an einem Imbissstand, in einem Restaurant oder auf einem Markt bestellen, dann ist *dies* genau der Moment, in dem wir Gewalt ausüben und „Mord" und „Diebstahl"[12] verursachen und Leid über wehrlose Tiere und benachteiligte Menschen bringen. In diesem Moment sind wir wie der General, der den Befehl gibt, jemanden in einem weit entfernten Land zu töten – obwohl er selbst niemals das Blut sieht oder den Schrei des Opfers hört, ist er gleichwohl verantwortlich für den Mord.

Viele Buddhisten greifen auf eine ähnliche Rechtfertigung zurück, um tierische Nahrung zu verzehren. Obwohl Gautama Buddha unmissverständlich den Verzehr von tierischem Fleisch untersagt hat, behaupten manche Buddhisten, er habe es erlaubt, Tiere zu essen, die nicht eigens für uns getötet wurden. Das Hähnchen auf dem Markt oder der Cheeseburger im Restaurant wurde nicht speziell für uns bestellt, sie waren bereits da. Doch diese Argumentation übersieht etwas Wesentliches: Wenn wir ein Hähnchen oder einen Cheeseburger bestellen, reduziert dies den Lagerbestand, und am nächsten Morgen wird aufgrund unseres Kaufs eine Bestellung für ein weiteres totes Hähnchen oder einen weiteren Cheeseburger aufgegeben, und Tiere werden transportiert und getötet, um den Bestellauftrag zu erfüllen – und dies geschieht sehr wohl *wegen uns*.

Ein anderer „religiös motivierter" Einwand gegen die Tatsache, dass wir uns um die Tiere sorgen sollten, die wir für unsere Ernährung misshandeln, beruht darauf, ihnen eine Seele abzusprechen, die wir uns selbst zugestehen. Die Mentalität der Unterwerfung ist unweigerlich eine Mentalität der Ausgrenzung. Sie hat Ausläufer, wie das Essen von Tieren auch, bis in die New-Age-Bewegung. Ein gutes Beispiel ist Gary Zukavs Bestseller *Die Spur zur Seele*, ein Buch, das von Menschen hoch geschätzt wird, die sich für progressiv, aufgeschlossen und spirituell halten. Es überrascht nicht, dass wir im Kapitel „Seelen" eine Erklärung Zukavs finden, nach der angeblich nur Menschen Individualseelen hätten und Tiere lediglich Teil von etwas seien, was er die „Gruppenseele" ihrer Spezies nennt. „Jeder Mensch hat eine Seele. Die Reise zur individuellen Seelenschaft ist es, was die Menschheit vom Tierreich unterscheidet. Tiere besitzen keine individuelle Seele. Sie haben Gruppenseelen. Jede Katze ist ein Teil der Gruppenseele der Katzen und so weiter."[13] Er sagt weiter, dass eine Hierarchie unter den Gruppenseelen der Tiere bestehe und Delphine und Affen höher stünden als Hunde, die wiederum höher stünden als Pferde usw. Allerdings liefert er keinerlei Beweise für seine Hypothesen.[14]

Es scheint sich nur um ein weiteres Buch im Ozean der Literatur zu handeln, den unsere Kultur produziert hat, mit dem versucht wird, den Missbrauch der Tiere mittels einer spirituellen Begründung zu rechtfertigen. Die Leser von Zukavs Büchern sind zweifelsohne beruhigt, da sie nun wissen, dass das Hühnchen, der Fisch, die Kuh oder das Schwein, das sie essen, nicht wirklich ein Individuum mit einer Seele, sondern nur ein Ausdruck der „Gruppenseele" seiner Spezies war. Das Absurde ist, dass das Buch vorgibt, die Spiritualität zu erwecken und das Bewusstsein zu entwickeln, während es in Wahrheit womöglich das Gegenteil tut – es verringert die Empfindsamkeit seiner Leser und macht sie blind für die Realität des Leids, das individuelle Tiere erdulden müssen, weil wir sie zu Objekten degradieren, zu bloßen Fragmenten einer hypothetischen „Gruppenseele".

Es wirft uns in die Ära der Sklaverei in den USA zurück, als religiöse Anführer mit der Bibel in der Hand ähnliche Formulierungen benutzten, um zu verkünden, dass schwarze Menschen keine individuelle Seele hätten, dass sie eher Tieren ähnelten als den mit einer Seele ausgestatteten weißen Menschen.[15] Es wirft uns auch auf Thomas von Aquin zurück, der vor tausend Jahren verkündete, dass weder Tiere noch Frauen eine Seele hätten. Obwohl Schwarzen und Frauen mittlerweile eine Seele zugestanden wurde, entscheiden scheinbar jene, die die Macht haben, ihren eigenen Zwecken entsprechend, wer eine Seele hat und wer nicht.

Voltaire in seiner Weisheit sagte (der Ausspruch wird ihm offenbar zu Unrecht zugeschrieben, A.d.Ü.): „Wer dich dazu bringt, Absurditäten zu glauben, bringt dich auch dazu, Ungeheuerlichkeiten zu tun." Kultur ist das Produkt eines Dialogs, und unser gesellschaftlicher Dialog wird nach wie vor von den Ideen und Anschauungen des ausbeuterischen Viehzüchter-Paradigmas beherrscht, die uns allen als Kindern eingeimpft wurden. Um den Gräueln Einhalt zu gebieten, müssen wir uns der absurden Vorstellung entledigen, dass Tiere empfindungslose, belanglose, seelenlose Besitzobjekte seien. Wir müssen unsere religiösen Institutionen auffordern, die Sphäre des ethischen Schutzes auf Tiere auszudehnen. Dies bedeutet natürlich, die Mahlzeiten, die sich im Zentrum unseres sozialen und religiösen Lebens befinden, infrage zu stellen und die Gewalttaten zur Sprache zu bringen, die mit diesen Mahlzeiten einhergehen und „vor unserer Nase versteckt liegen". Die folgenden Worte von Swami Prabhupada offenbaren eine Alternative zum herrschenden Paradigma unserer Kultur:

Prabhupada: Manche Menschen sagen: „Wir glauben, dass Tiere keine Seele haben." Das ist nicht richtig. Sie glauben, dass Tiere keine Seele haben, weil sie die Tiere essen wollen, doch in Wahrheit haben Tiere sehr wohl eine Seele.

Reporter: Wie können Sie wissen, dass das Tier eine Seele hat?

Prabhupada: Sie können das auch selber erkennen. Hier ist der wissenschaftliche Beweis. Das Tier isst, Sie essen. Das Tier schläft, Sie schlafen. Das Tier verteidigt sich, Sie verteidigen sich. Das Tier hat Geschlechtsverkehr, Sie haben Geschlechtsverkehr. Das Tier hat Nachkommen, Sie haben Nachkommen. Das Tier hat einen Ort, an dem es lebt; Sie haben einen Ort, an dem Sie leben. Wenn das Tier verletzt ist, blutet es; wenn Sie verletzt sind, bluten Sie. Wir stellen also all diese Übereinstimmungen fest. Warum leugnen Sie dann diese eine Übereinstimmung, die Präsenz der Seele? Das ist nicht logisch. Haben Sie ein wenig Logik studiert? In der Logik gibt es etwas, das wir Analogie nennen. Analogie bedeutet, eine Schlussfolgerung zu ziehen, indem man viele Punkte der Übereinstimmung findet. Wenn es so viele Punkte der Übereinstimmung zwischen Menschen und Tieren gibt, warum dann die eine Übereinstimmung abstreiten? Das ist nicht logisch. Das ist keine Wissenschaft.[16]

Schopenhauer schrieb als Kritik der Behandlung von Tieren durch manche Christen: „Schande über diese Moral, die versäumt, die ewige Essenz anzuerkennen, die in allem Lebendigen existiert und mit unerforschlicher Bedeutung aus allen Augen scheint, die die Sonne sehen."[17]

Ob wir glauben, dass Tiere eine Seele besitzen oder nicht, das Wissen darum, dass sie leiden wie wir, sollte ein zwingender Grund für religiöse Menschen sein, davon Abstand zu nehmen, Leid über sie zu bringen. Als Wächter und Vermittler unserer spirituellen Impulse und Lehren haben unsere religiösen Institutionen die unbedingte Pflicht, im Namen aller Lebewesen zu sprechen, die keine Stimme haben und wehrlos sind. In dem Maße, wie sie diese Pflicht versäumen, verraten sie ihre Mission und werden zu Wegbereitern des Schreckens und der Unterdrückung. Ein Untätigbleiben, wenn es darum geht, Leben zu schützen, ist auch eine Handlung, ein Wegschauen. Indem sie wegschauten und die Not wehrloser Tiere ignorierten, haben religiöse Institutionen die grausame Agenda unserer Kultur unterstützt, die Tiere zu Objekten reduziert. Das vorsätzliche Versäumnis, unschuldige Leben vor Grausamkeit zu schützen, ist eine immoralische Handlung. Durch ihre Versäumnisse hat die Religion ihren Auftrag verfehlt und ihre Glaubwürdigkeit als eine verlässliche moralische oder spirituelle Autorität verspielt.

Die Gleichgültigkeit der Religion gegenüber den Schutzbedürftigen ermöglichte es, dass die Gräuel weitergingen, und legitimierte die Gleichgültigkeit des gemeinen Volkes. Diese Gleichgültigkeit ist das paradigmatische Lernen, auf das unsere Kultur spezialisiert ist, insbesondere in Bezug auf die Not der Tiere, die wir benutzen und essen. Es ist unsere tagtägliche Lektion: Nicht sehen, nicht kümmern, sich distanzieren, ignorieren. Dieses Erlernen des Wegschauens bringt spirituellen Tod über jeden, der es praktiziert. Indem sie solches Verhalten befürworten, zeigen religiöse Institutionen, wie weit sie sich von der leidenschaftlichen Barmherzigkeit und der allsehenden Güte entfernt haben, die von denen gelehrt und gelebt wurde, deren spirituelle Entwicklung und Erleuchtung eben diesen Institutionen ursprünglich als Inspirationsquelle diente. Die spirituellen Lehren, die die Verbundenheit aller Lebewesen predigen, und die vegane Ethik des universellen Mitgefühls sind nicht nur unerlässlich in unserer Welt und haben das Potenzial, Veränderung herbeizuführen, sie stehen auch in absoluter Übereinstimmung mit dem Gebot, das im Kern aller Weltreligionen steckt: Liebe deinen Nächsten. Sie bedrohen den Status Quo, denn sie untergraben das vorherrschende Paradigma, das Gleichgültigkeit, Selbstverherrlichung und Gewalt legitimiert.

Als Omnivore verübeln wir es Veganern vielleicht, dass sie uns das Leid vor Augen führen, das wir verursachen. Wir würden lieber in Ruhe gelassen werden und hätten gern, dass all diese hässlichen Dinge verborgen bleiben. Doch unsere Gemütsruhe hat nichts mit Gerechtigkeit oder mit authentischem inneren Frieden zu tun. Es ist die Gemütsruhe des Ausblendens und Distanzierens, und der dafür zu bezahlende Preis ist entsetzlich hoch. Wir können unsere Mahlzeiten schönreden, indem wir sagen, dass wir stets dem Geist des Tiers dafür danken, dass es seinen Körper opfert, um uns zu ernähren. Würde uns jemand einsperren und foltern, unsere Kinder entführen und uns dann erstechen, wären wir damit einverstanden, solange er sich bei unserem Geist bedankt? Sich emotional zu distanzieren und unempfindlich zu werden, ist nicht gleichbedeutend mit innerem Frieden. Dieser ist die Frucht der Bewusstheit und eines Lebens in Übereinstimmung mit dem Verständnis, das von dieser Bewusstheit kommt.

Wenn wir Absurditäten glauben, begehen wir Ungeheuerlichkeiten, und wir geben diese an unsere Kinder weiter, Generation um Generation. Unsere gewalttätigen Handlungen sprechen eine so viel lautere Sprache als unsere friedfertigen Worte. Das ist das unerbittliche Dilemma der Viehzüchterkultur, in der wir zu Hause sind. Der einzige Weg, um dieses Dilemma zu lösen, besteht darin, uns in kognitiver und ethischer Hinsicht weiterzuentwickeln, um auf eine Ebene zu gelangen, auf der unsere Handlungen nicht unsere Worte Lügen strafen und uns damit zu Unbewusstheit und Verleugnung zwingen. Auf dieser Ebene ist es vielmehr so, dass unsere Handlungen mit unseren Worten in Einklang stehen und diese stützen und mit den universellen spirituellen Lehren übereinstimmen, die uns anweisen, einander zu lieben und barmherzig mit den Schwachen und Wehrlosen zu sein, anstatt sie auszubeuten und zu unterwerfen. Wir alle sind Verherrlichungen eines unendlich geheimnisvollen Geistes und haben Ehre und Respekt verdient. Wenn unsere Religionen dies nicht zur Geltung bringen und nicht alle Lebewesen darin einschließen, ist es an der Zeit, sie durch spirituelle Lehren und Traditionen zu ersetzen, die dies tun.

Andere Einwände

Unser Verstand bringt eine Reihe weiterer Einwände gegen den Veganismus hervor, um unser Denken einzuengen, indem er die Gefangenschaft und den Missbrauch anderer Wesen als gerechtfertigt hinstellt. Was für die Versklavung und Tötung unschuldiger Menschen gilt, gilt auch für die Versklavung und Tötung unschuldiger Tiere: Es gibt keinen stichhaltigen Grund dafür. Gleichwohl mag unser durch die Viehzüchterkultur indoktrinierte Verstand sich sträuben und die folgenden „Perlen" hervorbringen: Pflanzen können auch Schmerz empfinden. – Der Vegetarismus ist ebenfalls gewalttätig, denn die riesigen Mähdrescher töten die kleinen Feldmäuse und andere Feldtiere. – Was würden wir mit den ganzen Kühen tun, wenn niemand sie essen würde? – Tiere essen doch auch andere Tiere, also wieso dürfen wir das nicht? – Ich möchte nicht so strikt und borniert sein. – Ich möchte einfach normal essen. – Ich will nicht so ein Fanatiker sein wie die meisten Veganer/Vegetarier. – Ich will nicht, dass jemand mir vorschreibt, was ich essen soll.

Derartige Argumente sind in den Augen vieler Menschen eine Rechtfertigung dafür, dass wir Menschen fortfahren, „Nutztiere" zu kommerzialisieren, gefangen zu halten, zu verstümmeln, zu töten und zu essen – es ist also notwendig, auf diese Argumente einzugehen. Erstens, wenn wir uns wirklich so sehr um die Pflanzen, Feldmäuse und andere Feldtiere sorgen, brauchen wir uns nur daran zu erinnern, dass achtzig Prozent des gesamten in den USA angebauten Getreides an Tiere verfüttert wird, die Fleisch, Eier und Milchprodukte erzeugen. Folglich verschont die Umstellung auf eine pflanzliche Ernährung das Leben sehr vieler Pflanzen und auch der kleinen Geschöpfe, die in den Feldern leben.[18] Hunderte Millionen Hektar grüner Wälder, Lebensräume für Flora und Fauna, sind vernichtet worden und werden weiter vernichtet, damit Mais, Soja und andere Pflanzen angebaut werden können, die wir an die Milliarden Tiere verfüttern, welche wir pro Jahr verzehren. Außerdem werden Millionen Hektar Regenwald abgeholzt, um billiges Rindfleisch für US-amerikanische Fastfoodketten zu produzieren. Wenn wir uns wirklich um die Pflanzen und Tiere Gedanken machen, dann ist die Entscheidung, vegan zu werden, ein ausgezeichnetes Mittel, um Ökosystemen, Lebensräumen und Tierbeständen zu helfen, sich zu regenerieren. Zweitens können sich die Prärien, Berge und Trockengebiete der USA, die insbesondere im Westen des Landes von den Rinderherden verwüstet wurden[19], langsam erholen, wenn wir allmählich damit aufhören, Kühe zu züchten. Flüsse und Wasserleiter können sich regenerieren, und die Flora, Vögel, Fische, Präriehunde, Elche, Kojoten, Antilopen und andere einheimische Fauna können ihre Bestände erholen, wodurch angeschlagene und ausgebeutete Ökosysteme zu neuem Leben erwachen und sich wieder in ein Feuerwerk der Lebensfreude verwandeln.

Drittens stimmt es zwar, dass manche Tiere sich von anderen Tieren ernähren, doch auf Tiere mit einer Pflanzenfresser-Physiologie trifft dies nicht zu (außer sie werden vom Menschen dazu gezwungen). Tiere trinken auch nicht die Milch anderer Tierarten. Es ist aufschlussreich, dass wir den Vergleich mit den Tieren in diesem Fall als Argument ins Feld führen, nicht jedoch in anderen Fällen von tierischem Verhalten, das wir keinesfalls imitieren möchten, z.B. die Praktik bei den Männchen mancher Arten, ihre eigenen Jungen zu töten und zu essen. Die Palette tierischen Verhaltens ist immens und geheimnisvoll. Dies versetzt uns in die Lage, ein beliebiges menschliches Verhalten dadurch zu rechtfertigen, dass wir es bei manchen Tieren finden. Doch in anderen Fällen als beim Verzehr tierischer Nahrungsmittel würden wir dieses Argument nicht gelten lassen. Was die anderen Einwände angeht, so würden sich die Rechtfertigungen schnell in Luft auflösen, wenn wir jedes Mal, wenn wir etwas Fleisch essen möchten, das verängstigte Tier in unseren Armen halten, ihm in die Augen schauen und es dann mit einem Messer abstechen müssten. Der letzte Einwand schließlich ist besonders paradox: Uns allen wurde unser Leben lang vorgeschrieben, was wir zu essen haben – das ist ja gerade der alleinige Grund, wieso wir tierische Nahrung essen.

Dies bringt uns zu einem weiteren häufig vorgebrachten Einwand: Eine pflanzliche Ernährungsweise sei zu schwierig, zu unbequem oder wenig appetitanregend. Dieser nahezu universelle Einwand vonseiten der Viehzüchterkultur unterschlägt die Schwierigkeiten und Unbequemlichkeiten (milde ausgedrückt), die wir Tieren, hungernden und sozial benachteiligten Menschen und zukünftigen Generationen bereiten, indem wir tierische Nahrung essen. Er unterschlägt auch den Zusammenhang zwischen dem Verzehr tierischer Lebensmittel und den hartnäckigen Problemen der Umweltverschmutzung, des Terrorismus, der Drogenabhängigkeit, der chronischen Krankheiten usw., auf die ich bereits eingegangen bin.

Die Sklavenhalter brachten denselben Einwand vor, um die Benutzung von Menschen zu rechtfertigen. Anders als durch einen Krieg konnten sie nicht dazu gebracht werden, auf die Annehmlichkeiten der Sklaverei zu verzichten. Wie „schwierig, unbequem und wenig appetitanregend" muss denn das Leid noch werden, das wir heutzutage säen und ernten, bevor es uns dazu bringt, unser Paradigma und unser Verhalten zu ändern?

Ein ungleich ernsthafterer Einwand gegen den Veganismus ist die Umkehrung des vorherigen. Dieser Einwand besagt, dass wir nicht erwarten dürfen, dass sich großartige positive Veränderungen in unserem individuellen und gemeinschaftlichen Leben einstellen, einfach weil wir uns für eine einfachere, schmackhaftere und kostengünstigere Ernährungsweise entscheiden. Der Einwand ist von der Mentalität der Gewalt unserer Kultur beeinflusst, die glaubt, dass Frieden, Freude, Harmonie und Erfüllung schwierig zu erreichende Ziele sind. In der Tat sind sie schwierig zu erreichen, wenn wir tägliche Essensrituale pflegen, die uns zwingen, andere Lebewesen als Objekte anzusehen, diese erbarmungslos zu töten und darob schizophren und abgestumpft zu werden, um die ganze Angelegenheit vor uns selbst zu vertuschen. Wenn wir jedoch beginnen, Tiere als einzigartige Wesen mit Interessen, Gefühlen, Bedürfnissen und einem Daseinszweck wahrzunehmen, werden wir feststellen, dass sich Harmonie, Frieden und Freude mühelos und natürlich in unserem Leben zu entfalten beginnen. Indem wir Gewaltlosigkeit in unserem täglichen Leben praktizieren, können wir den gelassenen Gleichmut entdecken, der in der Tiefe unseres Seins strahlt.

Wenn es scheinbar so leicht ist, vegan zu werden, warum gibt es dann nicht mehr Veganer in unserer Kultur, vor allem unter den Millionen Menschen, die von sich sagen würden, dass sie dem spirituellen Wachstum, der sozialen Gerechtigkeit, dem Weltfrieden, der Religionsfreiheit und der Weiterentwicklung des Bewusstseins verpflichtet sind? Verantwortung für die Gewalt zu übernehmen, die wir uns selbst und anderen durch unsere Handlungen, Worte und Gedanken antun, ist ungleich schwerer, als anderen die Schuld für die Gewalt in der Welt zu geben. Nach der insgesamt kleinen Anzahl Menschen zu urteilen, die sich für den Veganismus entschieden haben, scheint es, dass dieses Bekenntnis einen gewissen spirituellen Durchbruch erfordert, der aufgrund der Mentalität der Unterwerfung und Ausgrenzung, von der wir alle seit unserer Geburt durchdrungen sind, eher rar ist. Der Veganismus hat etwas an sich, das nicht einfach ist, doch die Schwierigkeit liegt nicht im Veganismus selbst begründet, sondern in unserer Kultur.

Zwar ist der Veganismus an sich kein Allheilmittel, doch er beseitigt wirksam ein elementares Hindernis, das zwischen uns und unserem Glück, unserer Freiheit und unserer Entfaltung steht. Als der lebendige und permanente Ausdruck der Gewaltlosigkeit ist er ein enorm mächtiges Instrument der Veränderung in unserem persönlichen Leben, vor allem, weil unsere Kultur sich ihm so vehement widersetzt. Ein konsequent veganer Lebensstil ermuntert uns natürlich dazu, aus der einvernehmlichen Trance aufzuwachen, die zu bedingungsloser Konformität führt und Grausamkeit und Sklaverei erlaubt fortzubestehen. Wenn wir uns weigern, Tiere als Waren zu sehen, sind wir in der Lage, unzählige andere falsche Dogmen zu durchschauen. Welch grundlegende Umwälzung diese Erfahrung auch für das Individuum bedeutet, so birgt sie doch ein noch weitaus größeres Potenzial zum Umbruch für unsere Kultur als Ganzes, wenn diese den Schritt wagt und sich über den veralteten Standpunkt hinausentwickelt, der Tiere zu Rohstoffen degradiert.

Es ist, als wenn man in einem Boot sitzt, das mit einer langen Leine am Kai vertäut ist. Wenn wir ablegen, um eine andere Küste zu erreichen, machen wir zuerst zufriedenstellende Fortschritte, solange die Leine noch nicht gespannt ist. Danach lassen wir den Motor weiterlaufen, aber wir können keinen wirklichen Fortschritt mehr erreichen, obschon wir eine Menge Qualm, Wellen und Tumult erzeugen und uns eventuell seitwärts oder im Kreis herum bewegen. Bis wir erkennen, dass uns eine Leine zurückhält, und sie losbinden, werden wir unfähig sein, nennenswerte Fortschritte in unserem Bestreben zu erzielen, die andere Küste zu erreichen. Das Boot steht natürlich für unser Leben, die andere Küste für die Erfüllung unseres spirituellen, kreativen und intellektuellen Potenzials, und die Leine für unsere kulturell bedingte Praktik, Tiere zu kaufen, zu missbrauchen, zu töten und zu essen. Wenn wir die Leine losmachen, sind wir frei, um hinauszufahren und am Ende vielleicht die andere Küste zu erreichen. Wenn wir jedoch tierische Produkte verzehren, hindert uns eine unsichtbare Barriere daran, Fortschritte zu machen, denn die damit einhergehende emotionale Distanziertheit und unbewusste Grausamkeit halten uns in den seichten Gewässern unseres Potenzials zurück.

In dem Maße, wie sich unsere Kultur in Richtung einer veganen Lebensweise entwickelt, werden immense heilende und befreiende Kräfte freigesetzt. Es ist in der Tat so, dass die Vorstellung von unserer Kultur als einer veganen Kultur darauf hinausläuft, sich eine fast gänzlich andere Kultur vorzustellen. Dieses stets greifbare Potenzial ist unsere Perspektive für die nahe Zukunft. Jeder Einzelne von uns ist als Vertreter unserer Kultur ein wesentlicher Bestandteil dieses grundlegenden Wandels und Erwachens. Es ist aufregend, sich vorzustellen, dass Bildungs- und Regierungseinrichtungen, wirtschaftliche, religiöse und medizinische Institutionen darauf beruhen, die Rechte und Interessen sowohl der Menschen als auch der Tiere zu wahren. Wenn wir als Kultur aufhören, Geschöpfe zu kommerzialisieren, entfaltet sich auch in den zwischenmenschlichen Beziehungen eine neue Welt der Güte, Fairness, Kooperation, Freiheit und des Friedens.

Indem wir unsere eigene tägliche Ernährung in Einklang mit unserem mitfühlenden Bewusstsein bringen, verwandeln wir unser Leben und tragen zur positiven Entwicklung unserer Gesellschaft bei, und zwar weitaus mehr als durch jede andere denkbare Veränderung. Unmittelbar hinter der Veränderung in unseren individuellen Ernährungsgewohnheiten folgt in der Reihenfolge der Prioritäten die Notwendigkeit, Achtsamkeit und Gewaltlosigkeit in allen unseren Beziehungen zu pflegen, um unseren Verstand und unser Herz in Übereinstimmung mit der Wahrheit unser aller Verbundenheit zu bringen und uns zu ermöglichen, tiefer in den gegenwärtigen Augenblick einzutauchen und direkt das Mysterium, die Freude und die Schönheit des Seins zu erfahren.

KAPITEL DREIZEHN

ENTWICKLUNG ODER ZERFALL

„Solange es Menschen gibt, die auch nur eines von Gottes Geschöpfen aus dem
Schutz des Mitgefühls und des Erbarmens ausschließen, solange wird es Menschen
geben, die sich gegenüber ihren Mitmenschen ähnlich verhalten."
– Franz von Assisi –

„[…] ohne Liebe vermehrt die Ansammlung von Wissen
nur unsere Verwirrung und führt zur Selbstzerstörung."
– Krishnamurti –

„Alles, was zählt, ist die Intuition."
– Albert Einstein –

Die zwei begrenzten Sichtweisen

Wenn wir das Thema unserer Mahlzeiten tierischer Herkunft aus verschiedenen Blickwinkeln betrachten, stellen wir fest, dass das Essen von
Tieren sehr viel weitreichendere Auswirkungen hat, als man auf den ersten Blick vermuten würde. Wie ein kleiner Junge, der beim Quälen von
Fröschen erwischt wurde, brummelt unsere Gesellschaft: „Da ist doch
nix dabei", und sieht weg. Doch in Wahrheit ist sehr wohl etwas „dabei".
Tierische Lebensmittel sind ein gewaltiges Problem, nicht nur für die
bedauerlichen Geschöpfe, die uns ausgeliefert sind, sondern auch für uns
selbst. Unsere Handlungen haben die Macht, Einstellungen zu verstärken – unsere eigenen und die anderer. Diese Einstellungen potenzieren
wiederum die Auswirkungen der Handlungen, bis sich das Ganze zu den
verheerenden Wellen der Empfindungslosigkeit, der Konflikte, der Ungerechtigkeit, der Brutalität, der Krankheit und der Ausbeutung aufge-
schaukelt hat, die unsere Welt heutzutage erschüttern.

Sogar jene, die einräumen, dass unser Umgang mit Tieren in der Tat ein großes Übel ist, haben vielleicht das Gefühl, dass es sich damit wie mit anderen Übeln in der Welt verhält – es ist halt ein Nebenprodukt der menschlichen Unvollkommenheit, wie Unwissenheit, Stolz, Egoismus, Angst usw. Dieser Sichtweise zufolge ist der Schrecken, den wir über die Tiere bringen, zwar ein Problem, aber nicht der fundamentale *Ursprung* unserer Probleme. Und da dieses Problem die Tiere betrifft, die weniger wichtig als wir Menschen sind, wäre es demnach ein Problem von geringerer Bedeutung.

Einzig wenn wir über die Einschätzung des „da ist doch nichts dabei" und „es ist nur ein Problem von vielen" hinausgehen, sind wir in der Lage, aus unserer Konditionierung herauszutreten und der gesamten Tragweite unserer unerbittlichen Misshandlung der Tiere gewahr zu werden. Dann werden wir erkennen, dass dies die versteckte Raserei ist, die unsere weltweite Krise anheizt.

Die Spirale der Gewalt

Heutzutage wird viel davon geredet, die Spirale der Gewalt zu stoppen. Gemeint ist damit normalerweise das Phänomen, dass verletzte Menschen anderen Verletzungen zufügen. So neigen Menschen, die als Kinder missbraucht und vergewaltigt wurden, später als Erwachsene dazu, ihrerseits ihre Kinder zu missbrauchen und zu vergewaltigen. Sie setzen damit einen Teufelskreis der Gewalt in Gang, der über Generationen fortbesteht. Wir befassen uns mit dem Problem, indem wir versuchen, den Kindesmissbrauch zu unterbinden, doch wir sehen nicht die tiefere Dynamik. Diese Spirale der Gewalt gegen Menschen wird nicht zu einem Ende kommen, solange wir nicht die *zugrunde liegende* Gewalt beenden: Die erbarmungslose Gewalt, die wir Tieren zufügen, die unserer Ernährung dienen. Wir bringen dieses Verhalten und diese Empfindungslosigkeit unseren Kindern auf subtile, unabsichtliche, aber wirkungsvolle Art bei. Es handelt sich dabei um eine Art kulturell abgesegneten Kindesmissbrauch. Unsere Handlungen konditionieren unser Bewusstsein. Wenn wir daher unsere Kinder zwingen, tierische Nahrung zu essen, ruft dies ein tiefes Trauma bei ihnen hervor. Es zwingt sie, sich von ihren Gefühlen, von den Tieren und von der Natur zu distanzieren, und schafft einen Nährboden für Krankheit und psychische Panzerung. Das Trauma bleibt bestehen und wird an die nächste Generation weitergegeben.

Das Phänomen, dass verletzte Menschen anderen Verletzungen zufügen, entsteht dadurch, dass wir unsere Kinder zwingen, tierische Produkte zu verzehren. Verletzte Menschen verletzen hemmungslos Tiere durch ihre täglichen Essensrituale. Menschen werden immer gewalttätig miteinander umgehen, solange sie gewalttätig zu Tieren sind – wie könnte es auch anders sein? Wir tragen die Gewalt in unserem Magen, in unserem Blut und in unserem Bewusstsein. Sie zu vertuschen und zu ignorieren, lässt sie nicht automatisch verschwinden. Je mehr wir versuchen, sie verborgen zu halten, umso mehr haftet sie an uns und verfolgt uns, wie ein Schatten. Der Teufelskreis menschlicher Gewalt ist die permanente Projektion dieses Schattens.

Der Schatten

Um es mit den Worten von Jung zu sagen: Der enorme, hartnäckige, alles überragende Schatten unserer Kultur ist die Grausamkeit und Gewalt gegenüber Tieren, die sie bedingt, praktiziert, isst und fein säuberlich versteckt und leugnet. Wie in Kapitel 1 erwähnt, repräsentiert der Schattenarchetyp entsprechend der Jungschen Theorie diejenigen Aspekte unseres Selbst, die wir uns weigern anzuerkennen, denjenigen Teil von uns selbst, den wir verstoßen haben. Aus der Sicht unseres Selbst ist der Schatten das, was unser Selbst nicht ist, und im Fall unserer Ernährungsgewohnheiten ist er unsere eigene Grausamkeit und Gewalt, die wir verleugnen und unterdrücken. Wir reden uns ein, dass wir gute, gerechte, rechtschaffene, freundliche und sanftmütige Menschen sind. Wir essen halt nur gern Tiere. Aber das ist kein Problem, denn schließlich sind sie dazu da, um von uns benutzt zu werden, und außerdem brauchen wir das Eiweiß. Doch die extreme Grausamkeit und Gewalt, auf denen unsere Mahlzeiten beruhen, sind unbestreitbar. Und so wird unser kollektiver Schatten immer größer und bedrohlicher, je mehr wir seine Existenz bestreiten. Er sabotiert unsere Bemühungen, spirituell zu wachsen und gemeinschaftlich eine erwachte Kultur zu schaffen.

Wie die Jungsche Psychotherapie herausstellt, verschafft sich der Schatten *auf jeden Fall* Gehör! Aus diesem Grund fügen wir letztlich auch

uns selbst die Dinge zu, die wir Tieren zufügen. Der Schatten ist eine
lebendige und unbestreitbare Kraft, die letzten Endes nicht bezwungen
werden kann. Die ungeheuren psychologischen Kräfte, die notwendig sind,
um täglich Millionen von Tieren gefangen zu halten, zu verstümmeln
und abzuschlachten sowie das ganze blutige Gemetzel zu verdrängen und
unsichtbar zu machen, wirken auf zweierlei Weise. Zum einen werden
wir abgestumpft, gefühllos und gegen alles Mitleid gepanzert. Dies beeinträchtigt unsere Intelligenz und unsere Fähigkeit, Zusammenhänge
herzustellen. Zum anderen zwingen uns die Kräfte, das auszuleben, was
wir verdrängen. Dies geschieht mittels Projektion. Wir nehmen uns ein
geeignetes Ziel vor, das wir für seine Gewalttätigkeit, Grausamkeit und
Tyrannei hassen können – genau die Eigenschaften, die wir in uns selbst
nicht anerkennen wollen –, und dann greifen wir dieses Ziel an. Führen
wir uns vor Augen, welch immense Gewalt gegen Tiere wir verborgen
halten und welch gewaltigen Schatten dies erzeugt, dann wird die Existenz von 50.000 nuklearen Sprengköpfen[1] plötzlich nachvollziehbar. Unser
„endloser" Kampf gegen den Terrorismus wird dadurch nicht nur nachvollziehbar, sondern erscheint unvermeidlich, genau wie die verheerende
Zerstörung der Ökosysteme, die um sich greifende Ausbeutung der Armen der Welt sowie Selbstmorde, Süchte und Krankheiten, die zahllose
menschliche Leben zugrunde richten.

Unser Schatten ist das Selbst, das die schmutzige Arbeit für uns erledigt,
so dass wir in unseren eigenen Augen einwandfrei dastehen. Umso mehr
wir verdrängen und uns distanzieren, umso mehr innere Störungen tragen
wir mit uns herum, die wir auf eine äußere böse Macht projizieren müssen,
einen Feind oder Sündenbock, gegen den wir unsere verleugnete Gewalt
richten können. Wir sehen in diesen Feinden die Ausgeburt des Bösen
und verabscheuen sie, denn sie verkörpern Aspekte unseres Selbst, denen
wir uns nicht zu stellen wagen. Unsere Bemühungen, sie zu eliminieren,
treiben uns dazu, die abscheulichsten vorstellbaren Waffen zu konstruieren
und sie über die Jahrhunderte weiterzuentwickeln, so dass wir heutzutage
die Fähigkeit haben, die gesamte Menschheit hundertfach auszulöschen.
Dies ist nicht etwas in unserer Vergangenheit, wie die Generationen von
Inquisitionen, Kreuzzügen und Kriegen. Wir essen mehr Tiere, projizieren
mehr Feinde und fabrizieren mehr Waffen als jemals zuvor. Pro Minute
werden in unseren Schlachthöfen 20.000 Landtiere getötet und vom Pen-
tagon 760.000 Dollar (ca. 600.000 Euro) ausgegeben.[2] Diese enormen

Aufwendungen für die Entwicklung und den Unterhalt von Systemen, die anderen Menschen schaden und sie vernichten, sind ein besonders himmelschreiender Ausdruck der tragischen Unterdrückung der Intelligenz durch den Verzehr tierischer Nahrung. Das US-Militärbudget für 2004 belief sich auf 400 Milliarden Dollar. Diese Summe wurde von gerade einmal fünf Prozent der Weltbevölkerung ausgegeben, entspricht jedoch über vierzig Prozent des weltweiten Militärbudgets von 950 Milliarden Dollar. Dies sind enorme Ressourcen, die für Tod und Gewalt vergeudet werden. Schätzungen zufolge könnten wir mit jährlichen Ausgaben von lediglich 237,5 Milliarden Dollar über zehn Jahre die weltweite Gesundheitsvorsorge sicherstellen, der Unterernährung und dem Hungertod ein Ende machen, sauberes Wasser und eine Unterkunft für alle Menschen garantieren, Landminen räumen, Nuklearwaffen entsorgen, die Abholzung der Wälder stoppen, die Klimaerwärmung verhindern, das Ozonloch und den sauren Regen verhüten, die lähmenden Staatsschulden der Entwicklungsländer tilgen, der Bodenerosion entgegenwirken, saubere und sichere Energie bereitstellen, die Überbevölkerung eindämmen und Analphabetismus eliminieren![3] Doch fehlen uns der Wille und das Verständnis, um unsere Ressourcen konstruktiv zu nutzen. Stattdessen erweitern wir ohne Unterlass unser zum Bersten volles Arsenal an biologischen Waffen, chemischen Waffen, Nuklearwaffen, psychologischen Waffen und geheimen Hightech-Waffen. Die psychologische Distanz zwischen denjenigen, die diese Waffen benutzen, und ihren anvisierten Opfern ist ebenfalls kennzeichnend für unser grausames Schlachten und Missbrauchen der Tiere.

Piloten, die Bomben abwerfen, und Generäle und Politiker, die Entscheidungen treffen, bekommen den Schrecken und die Qualen, die diese Waffen anrichten, nie zu Gesicht. Unsere Kultur als Ganzes hat perfekt gelernt, sich von der Gewalt, die wir anderen antun, zu distanzieren, denn genau das ist es, was wir alle praktizieren, wenn wir tierische Nahrung verzehren: Irgendwo wird aufgrund unserer Entscheidung ein misshandeltes und verängstigtes Geschöpf angegriffen und totgestochen. Krieg und Lebensmittelherstellung haben zwei Dinge gemein: Ihr Vokabular enthält gleichermaßen beschönigende Begriffe, wie Tiere „ernten" oder „Kollateralschaden", und wir schirmen uns vom Gemetzel ab, sei es das in den Schlachthäusern oder das in den zerbombten Dörfern und Städten. Da wir den Blick von unserer Gewalt gegen Tiere abwenden, beschönigen und vertuschen wir unsere Kriegsgewalt gegen andere Menschen ebenso.

Die Massenmedien zeigen uns die bösen Feinde, die uns dazu nötigen, all die Bombenangriffe und das Töten zu veranstalten. Wir willigen nicht nur in all das ein; unbewusst hetzen wir dazu auf und fordern es – durch die Verleugnung und Projektion des riesigen Schattens, den wir mit unseren Ernährungsgewohnheiten erschaffen.

Jeden Tag sind wir dafür verantwortlich, dass dreißig Millionen Vögel und Säugetiere und fünfundvierzig Millionen Fische Opfer tödlicher Angriffe werden, damit wir sie essen können.[4] Dies wird als gute Nahrung für gute Menschen erachtet. Mit diesen Mahlzeiten nähren wir unseren Schatten, der umso stärker und kühner wird, je mehr er sich an unserer verdrängten Trauer, Schuld und Abscheu erlabt. Seltsamerweise fällt es uns umso schwerer, unseren Schatten zu sehen, umso größer und mächtiger er wird. Dabei befindet er sich buchstäblich nicht nur *unter* unserer Nase, sondern *in* unserer Nase und in all unseren Zellen. In der Psychotherapie ist bekannt, dass es befreiend, aber schwierig ist, seine eigenen Schattenarchetypen zu erkennen und zu verstehen, wie sie funktionieren. Wir widersetzen uns dem instinktiv. Aus diesem Grund werden verdeckt gedrehte Videoaufnahmen von Tiermisshandlungen in Tierfabriken und Schlachthöfen zumeist von Veganern angesehen, die keine tierischen Produkte konsumieren. Der Schatten ist per Definition das, was wir aktiv verdrängen. So vermeiden wir zwangsläufig Erfahrungen, die eine Bewusstwerdung des Verdrängten auslösen könnten. Selbst eingefleischte Jungianer, die ihre Zeit damit verbringen, über den Schatten zu schreiben, sind unfähig, den größten aller Schatten zu sehen, den Schatten, der aus unserer Misshandlung der Tiere entspringt, denn sie essen Tiere und beuten sie aus, so wie jeder das tut. Spirituelle und psychische Freiheit erlangen wir nur dadurch, dass wir fähig werden, die Schattenaspekte unseres Selbst zu erkennen und zu integrieren. Dies wird erst dann möglich sein, wenn wir aufhören, tierische Produkte zu verzehren, und dadurch den unwiderstehlichen Zwang, unser Bewusstsein abzuschotten, lockern und loslassen. Indem wir die Tiere von ihren Ketten befreien, befreien wir uns von den unseren.

Über Mittel und Zwecke

Alle fühlenden Wesen haben Interessen, und wir haben komplexe soziale und rechtliche Systeme geschaffen, um sicherzustellen, dass unsere Interessen nicht verletzt werden. Die Wahrscheinlichkeit, mit der wir unsere Interessen wahren können, hängt allerdings stark von der Rasse, der sozialen Klasse und dem Geschlecht, denen wir angehören, sowie anderen privilegierenden Faktoren ab. In jedem Fall ist es gegen unsere Interessen, wenn wir in unserer Bewegungsfreiheit eingeschränkt werden, für uns schmerzhaften oder schädigenden Übergriffen ausgesetzt sind, wenn man uns verhungern lässt, wir bestohlen oder getötet werden oder man uns dazu zwingt, unnatürliche und entwürdigende Handlungen auszuführen. Jemand, der uns solche Dinge antut, muss mit rechtlichen und sozialen Konsequenzen rechnen. Doch wir tun genau diese Dinge mit Tieren in einem unvorstellbar großen Umfang und vollkommen ungestraft. Wir legen Wert darauf, dass unsere Interessen gewahrt werden, doch wir scheren uns nicht um die ihren. Dies ist der Schatten, mit dem wir uns nicht auseinandersetzen, und der wahre Grund für die Spirale der Gewalt, über die wir uns hinausentwickeln müssen, wenn wir nicht untergehen wollen. Unser Untergang, obgleich tragisch, wäre ein immenser Segen für die meisten Tiere dieser Welt. Dieser zutiefst verstörende Gedanke sollte uns dazu anregen, unser Verhalten zu prüfen und zu ändern.

Wir können als Spezies nur überleben und gedeihen, wenn wir die zentrale Bedeutung unserer Mahlzeiten für die Formung unseres Bewusstseins anerkennen. Nahrung wird gegessen und wird zum physischen Vehikel von Bewusstsein. Man könnte sagen: Bewusstsein (wir) entscheidet, welche Art von Bewusstsein (Nahrung) es in sich aufnimmt. Wollen wir Angst oder Liebe kultivieren und essen? Verängstigte Tiere oder umhegte Pflanzen? Wir können keinen Turm der Liebe aus Ziegeln der Grausamkeit errichten.

Mahatma Gandhi und andere spirituell gereifte Menschen haben betont, dass die Mittel, die wir benutzen, und die Zwecke, die wir damit erreichen, ein und dasselbe sind. Es kann keinen Unterschied zwischen ihnen geben. Der engagierte Friedensaktivist A. J. Muste hat einmal gesagt: „Es gibt keinen Weg zum Frieden. Frieden ist der Weg." Der Pfad der spirituellen Entwicklung ist der Pfad der Konzentration auf diesen Moment. Wir müssen die Entwicklung und die positive Veränderung *sein*, die wir in der Welt sehen möchten. Um in Frieden zu leben, müssen wir Frieden *sein*. Um die süße Erfahrung des Geliebtwerdens zu machen, müssen wir lieben. Wir alle können dies in unserem eigenen Leben nachprüfen. Unsere Liebe muss, um wirklich zu existieren, ausgeübt und gelebt werden. Die Entwicklung unserer Fähigkeit zu lieben, ist nicht nur das Mittel der Evolution, sondern auch ihr Zweck. Wenn wir die Liebe vollkommen verkörpern, werden wir erkennen, dass unsere Einheit mit allem Leben eine Realität ist. Diese Erkenntnis wirkt befreiend. Liebe bringt Freiheit, Freude, Kraft, Anmut, Frieden und die segensreiche Erfüllung des selbstlosen Dienstes am anderen. Unsere wahre Natur, unser zukünftiges Selbst, lockt uns auf unwiderstehliche Weise als ein innerer Ruf, unsere Fähigkeit zu einer Liebe zu erwecken, die Verstehen ist. Durch die Liebe und das Verständnis, die in uns erwachen, erstreckt sich unser Mitgefühl auf einen immer größer werdenden Kreis von Wesen. Mitgefühl kann als die höchste Form der Liebe angesehen werden, denn es ist die Liebe des göttlichen Ganzen für alle seine Teile, die sich widerspiegelt in der Liebe der einzelnen Teile zueinander. Es beinhaltet den unwiderstehlichen Drang, tätig zu werden, um das Leiden derer zu mindern, die wir für „andere" halten. Dieser Drang setzt voraus, dass wir uns entwickeln und zu größerer Weisheit und innerer Freiheit gelangen, damit wir das Leid wirksamer lindern können. Mitgefühl ist daher sowohl die Frucht der Weiterentwicklung als auch die treibende Kraft hinter ihr. Liebe verlangt nach noch größerer Liebe.

Entwicklung ist die Essenz des Lebens. Alles, was lebt, ist in permanenter Entwicklung, in Wachstum und Wandel begriffen. Daher ist unser Sein vom Drang, uns zu entwickeln, erfüllt. Wir verwirklichen und entfalten uns durch Gelegenheiten, bei denen wir emotional, künstlerisch, intellektuell und spirituell wachsen können. Unser Leben ist kostbar, denn es ist eine solche Gelegenheit. Unser Leben hat einen Sinn in dem Maße, wie wir dem universellen und unleugbaren Ruf folgen, uns zu entwickeln und zu lieben.

Entwicklung beinhaltet nicht nur Veränderung, sondern tiefgreifende Verwandlung. In der Weltmythologie werden Helden, die den Ruf, ihr Zuhause zu verlassen, um sich auf die evolutionäre Reise zu machen, ungehört verklingen lassen, krank. Dasselbe gilt für uns als Kultur. Wir müssen die alte Stagnation und die bequemen Distanzierungen aus unserem Verstand und unserem Körper schütteln. Wir müssen unseren inneren evolutionären Drang, unser Mitgefühl und unsere intuitive Weisheit zu erwecken, willkommen heißen und unser Leben im Einklang mit der tiefen Wahrheit leben, dass wir aufs Engste mit allen Lebewesen verbunden sind. Diese Verwandlung zu verwirklichen, bedeutet, die Wahrheit der Liebe zu leben und unsere Verbundenheit mit allem aufrichtig zu verstehen – nicht einfach nur, darüber zu reden. Es bedeutet, unser Denken und unser Verhalten zu ändern: Wie wir die Tiere sehen und was wir essen. Wenn wir unseren Schatten anerkennen und uns davon befreien, kehrt das Mitgefühl zurück, und wir hören automatisch auf, ihn mit der Nahrung des verborgenen Grauens zu füttern.

Der intuitive Imperativ

Die Lektion ist ganz einfach. Wenn wir die Grausamkeit des Verzehrs tierischer Nahrung nicht beenden können, wie können wir uns anmaßen, die Empfindsamkeit, das spirituelle Bewusstsein, die Freude, den Frieden und die kreative Freiheit entfalten zu wollen, zu denen wir das Potenzial haben? Unser Entwicklungsplan sieht vor, dass wir unsere Intuition entwickeln, jenes höhere, post-rationale Wissen, das ein Ganzes in den Teilen erkennt, aus denen es besteht, und das uns aus dem Gefängnis des Egozentrismus befreit. Intuition ist unmittelbares Wissen, es ist unverfälscht von der Illusion eines Selbst, das sich als grundlegend getrennt empfindet. Es ist Wissen, das Heilung bringt, denn es sieht das größere Ganze, welches das Selbst, das rein auf seine logische Analyse angewiesen ist, niemals erkennen kann. Analyse und Rationalität beruhen auf den Verfahren des Teilens und des Vergleichens und sind dann und nur dann hilfreiche Werkzeuge, wenn sie der Weisheit und dem Mitgefühl untergeordnet sind, die dem direkten Wissen der Intuition innewohnen. Ohne Intuition werden Rationalität und Analyse zutiefst irrational: Sie werden zu Werkzeugen der Ausbeutung und des Konflikts, Handlanger einer desorientierten Selbstzerstörung. Analyse und Rationalität brauchen unbedingt das Mitgefühl und das Gefühl der Verbundenheit mit allem, die aus der Intuition erwachsen und ihnen eine Orientierung geben. Fehlt ihnen diese Orientierung, werden sie leicht zu Dienerinnen der hysterischen Angst, der Aggressivität und der Projektion und Schuldzuweisung, die unweigerlich entstehen, wenn wir Tiere kommerzialisieren und konsumieren.

Wie nicht anders zu erwarten, sind Rationalität und Analyse hochgeschätzt in unserem Bildungs- und Wissenschaftsbetrieb, wohingegen die Intuition ignoriert und unterdrückt wird. Die Intuition befreit, verbindet, erleuchtet – und sie bedroht das der Viehzüchterkultur zugrunde liegende Paradigma der gewaltsamen Unterwerfung der Tiere und des Weiblichen. Die Intuition sieht den Schatten deutlich und entwaffnet ihn, indem sie ihn annimmt, anstatt ihn zu nähren. Sie sieht das Tier, das sich hinter dem Hotdog, der Eiscreme, dem Omelette verbirgt. Sie spürt dessen Elend und Angst und nimmt es liebevoll an. Die Intuition öffnet die Tür zur Heilung. Sie sieht in einem Lebewesen niemals ein Objekt, das man benutzen kann, sondern betrachtet jedes Wesen als einzigartigen und vollständigen Ausdruck der unendlichen universellen Präsenz, den man ehren, respektieren, feiern und von dem man lernen kann. Die Intuition ist Sophia, die geliebte Weisheit, nach der wir uns sehnen und die wir suchen.

Der evolutionäre Imperativ ist ein intuitiver Imperativ. Intuition ist die Frucht eines spirituellen Reifungsprozesses. Wir kultivieren sie, indem wir Mitgefühl praktizieren, welches das heilige männliche Prinzip ist. Die Fähigkeit, unsere selbstbezogene Perspektive zu verlassen und die Dinge aus der Perspektive anderer zu sehen, lässt Mitgefühl entstehen. Dadurch lernen wir, die Illusion, die uns gefangen hält, indem sie uns weismacht, wir seien ein isoliertes Objekt in der Welt, hinter uns zu lassen und treten ein in das ekstatische Wissen um die enge Verbundenheit allen Lebens. Dies bringt uns dem Verständnis näher, dass Leben Bewusstsein und Bewusstsein in seiner Essenz auf ewig frei, ganz, strahlend und heiter ist. Unsere wahre Natur ist demnach rein und prachtvoll.

Wir sind unserer Natur nach keine Raubtiere, doch wurde uns weisgemacht, wir seien es. Dies geschah auf äußerst wirksame Art: Von Geburt an wurde uns beigebracht, wie Raubtiere zu essen. Dadurch wurden wir in eine räuberische Kultur eingeführt und gezwungen, uns selbst auf den tiefsten Ebenen unseres Selbst als Raubtiere zu sehen. Viehzucht ist nichts weiter als eine raffinierte und perverse Form des räuberischen Beutemachens, mit dem Unterschied, dass die Tiere eingesperrt werden, bevor wir sie angreifen und töten. Allerdings beschränkt sich dies nicht auf Tiere. Wir fühlen in unserem Innersten, dass unser Wirtschaftssystem Raubtierqualitäten hat, und alle unsere Institutionen basieren auf Kon-

kurrenzkampf. Wir machen aufeinander Jagd. Es mag aus der Perspektive
von innerhalb der herrschenden Gesellschaft unseres Planeten nicht so
offensichtlich sein, doch verhalten sich unsere Kultur, unsere Konzerne
und sonstigen Institutionen gegenüber jenen, die weniger industrialisiert,
weniger wohlhabend und weniger wehrhaft sind, auf eine Weise, die man
nur als räuberisch bezeichnen kann. Genau wie wir Tiere zu unserer Beute
machen und sie „ernten", benutzen wir Menschen und machen Jagd auf
sie. Wir benutzen zahllose beschönigende, gefällige Begriffe und sprechen
je nach Situation von „Entwicklungshilfe", „Privatisierung", „Werbung",
„Verkündigung des Evangeliums", „Kapitalismus", „Bildung", „Freihandel", „Kreditwesen", „Bekämpfung des Terrorismus" oder „Ausweitung
des Marktes". Das sanfte, liebende Herz unserer nicht-räuberischen Natur
ist von all dem verstört, doch es fährt fort zu scheinen. Und ist es auch von
einer Schicht der Konditionierung überwuchert, so beflügelt es uns doch
zu selbstlosem Geben, zu Mitgefühl und Erleuchtung, die allesamt von
unseren spirituellen Traditionen zum Thema gemacht werden.

Traditionen der Intuition und des Mitgefühls

Unsere religiösen Institutionen spiegeln generell das vorherrschende kulturelle Paradigma, das Tiere als Waren ansieht, und lassen ihnen daher
wenig Unterstützung in ihrem Leid zukommen. Trotzdem gibt es zahlreiche spirituelle Lehren und Traditionen innerhalb der Weltreligionen,
die uns dazu ermahnen, von der Raubtier-Mentalität abzulassen und uns
in Mitgefühl mit den Tieren zu üben. Diese spirituellen Traditionen stimmen außerdem grundlegend darin überein, dass sie die Intuition, das unmittelbare innere Wissen, als ein essenzielles Element der spirituellen
Disziplin und Praktik hervorheben. Dies trifft nicht nur auf die östlichen Traditionen zu, wie die verschiedenen Formen des Buddhismus,
Hinduismus, Jainismus und Taoismus, sondern auch auf die esoterischer
ausgeprägten westlichen Traditionen des Sufismus, des Kabbalismus, der
christlichen Mystik und viele andere. Diese Traditionen ermuntern ihre
Anhänger typischerweise dazu, ihre Intuition zu entwickeln. Sie erkennen an, dass wir durch Mitgefühl, das von intuitiver Offenbarung inspiriert ist, uns spirituell entwickeln und Weisheit, inneren Frieden und
Freiheit erlangen können.

Die spirituellen Traditionen sind sich auch darin einig, dass Intuition durch eine zweifache Disziplin begünstigt wird. Eine Seite dieser Disziplin besteht darin, Mitgefühl als primären Beweggrund in unserem äußeren Leben bewusst zu kultivieren und dies zu unserem ethischen Verhaltenskodex zu erheben. Die andere Seite besteht darin, Achtsamkeit, Bewusstheit und stille Empfänglichkeit in unserem inneren Leben zu praktizieren. Die beiden Seiten verstärken einander und führen zu spiritueller Weisheit.

Der erste universelle Aspekt der spirituellen Aktivität ist das Mitgefühl und sein Widerschein – ethisches Verhalten. Die Religionen befassen sich ausführlich mit der Ethik menschlichen Verhaltens. Dies liegt darin begründet, dass sie Wahrerinnen des spirituellen Impulses sind, der uns im Kern mit dem unendlichen Mysterium verbindet, das unsere Quelle ist, aber auch mit all den anderen Manifestationen dieser Quelle, die wir für die „anderen" halten, unsere „Nächsten" – die menschliche Familie und alle Lebewesen. Authentische spirituelle Lehren müssen notwendigerweise eine Ethik der liebenden Güte enthalten, denn diese spiegelt unsere Verbundenheit mit allen Wesen wider und steht in Resonanz mit der Wahrheit, dass alles, was wir aussenden, zu uns zurückkommt. Eine solche Ethik führt zu Harmonie in unseren zwischenmenschlichen Beziehungen, die nicht nur für sozialen Fortschritt, sondern auch für unseren individuellen inneren Frieden und spirituellen Fortschritt unabdingbar ist.

Mitgefühl und ein ethischer Verhaltenskodex sind essenziell für den zweiten Aspekt der spirituellen Entwicklung, für innere Ruhe und Achtsamkeit. Es wird uns nicht gelingen, den Zustand der entspannten, wachen und vollkommen bewussten Empfänglichkeit zu erlangen, von dem ein authentisches Leben abhängt, wenn wir uns mit einer emotionalen Panzerung umgeben, weil wir uns auf eine Weise verhalten, die anderen schadet. Wenn wir andere missbrauchen und uns anschließend hinsetzen, um in der Stille nachzudenken, zu meditieren, zu beten, uns zu öffnen oder unsere Erfahrung der inneren Gemütsruhe zu vertiefen, wird unser Verstand unerbittlich von egozentrischen Denkprozessen heimgesucht und abgelenkt. Dieser innere Aufruhr ist der Preis, den wir dafür bezahlen, dass wir anderen schaden. Er erschwert die Entfaltung unserer Intuition, die aus der inneren Stille und dem Mitgefühl geboren wird.

Wir können generell feststellen, dass der innere Aufruhr und die Abstumpfung einer Kultur umso stärker ist und sie umso extrovertierter und dominanter ist, je mehr sie Tiere unterdrückt. Dies hängt damit zusammen, dass Meditation ein seltenes Phänomen in den westlichen Kulturen ist, in denen die Menschen sich unbehaglich fühlen, wenn sie still sitzen sollen. Ruhige, offene Kontemplation würde der verdrängten Schuld und Gewalt hinsichtlich unserer Grausamkeit gegenüber Tieren erlauben, zutage zu treten, um geheilt und losgelassen zu werden. Stattdessen sind die Aktivitäten, die den Menschen in unserer Viehzüchterkultur am zuträglichsten wären, genau die Aktivitäten, die am sorgfältigsten vermieden werden. Wir sind zu einer Kultur geworden, die süchtig ist nach Lärm, Ablenkung, Geschäftigkeit und Vergnügen um jeden Preis. Dies ermöglicht der von uns verzehrten Gewalt, begraben, blockiert, verleugnet zu bleiben und selbstgerecht auf andere projiziert zu werden.

Spirituelle Traditionen wissen um den Wunsch der Menschen nach lichtvollen und ruhigen Bewusstseinszuständen, in denen unser üblicherweise unruhiges und zwanghaftes Denken nachlässt und in den Hintergrund tritt. Diese Sehnsucht hat eine breite Palette von Meditationstechniken entstehen lassen, die die Menschen dabei unterstützen, besser im Hier und Jetzt präsent zu sein und vielleicht die transzendente Realität zu erfahren, die wir Gott oder das Absolute nennen können. Durch diese Erfahrung werden die Mauern, die uns normalerweise von anderen und von der Welt trennen, durchlässig, und wir können auf direkte Weise erkennen, dass wir nicht essenziell getrennt von anderen sind und dasselbe Licht, das in uns scheint, in jedem scheint. Dieses unmittelbare, intuitive Wissen verstärkt und vertieft unser Mitgefühl.

Die Verbindung zwischen Intuition und Mitgefühl ist in den östlichen und auch westlichen spirituellen Traditionen allgemein anerkannt und erstreckt sich nicht nur auf andere Menschen, sondern auch auf Tiere. In der buddhistischen Tradition beispielsweise ist die intuitive Weisheit das heilige Weibliche, und das Mitgefühl ist das heilige Männliche, und die beiden bedingen und nähren sich gegenseitig in uns allen. Sie sind unsere wahre Natur und unser Potenzial. Es ist allgemein bekannt, dass Mönche und Nonnen aus diesem Grund auf den Verzehr von tierischem Fleisch verzichten sollen, insbesondere während einer Meditationsklausur. Dasselbe gilt im Wesentlichen für die Traditionen des Hinduismus, Jainismus, Sikhismus und Taoismus sowie für das Bahaitum. In den katholischen Orden, die am stärksten in der kontemplativen Tradition stehen, darunter die Zisterzienser und die Trappisten, sind die Mönche ebenfalls dazu angehalten, auf Fleisch zu verzichten, speziell zu Zeiten des intensiven Gebets und der Reinigung.

Ein Beispiel: Samadhi und Shojin

Meditation ist keine exotische oder ausgefallene Aktivität. Sie gehört zum grundlegenden menschlichen Potenzial und bezeichnet einfach einen Zustand des Geistes, in dem dieser präsent, offen, entspannt und bewusst ist. Ein meditativer Zustand kann durch die unterschiedlichsten Arten von Aktivitäten herbeigeführt werden: Chanten, singen, stillsitzen und auf unsere Atmung achten, bewusst durch die Natur gehen, tanzen, sich im Kreis drehen, Musik machen, laufen, ein Gebet sagen, gärtnern usw. Aktivitäten, die wir gerne ausführen, bringen unseren Geist tendenziell stärker ins Hier und Jetzt und können daher meditative Praktiken sein.

Ein Beispiel für den Zusammenhang zwischen meditativer Praktik und Mitgefühl gegenüber Tieren kann im Samadhi und dem aus der Zen-Tradition stammenden Konzept von Shojin gesehen werden. Obwohl es sich um Beispiele aus spezifischen Traditionen handelt, sind die ihnen zugrunde liegenden Prinzipien universell genug, damit wir sie alle anwenden können, ungeachtet unserer religiösen Einstellungen. Samadhi beschreibt einen Zustand tiefer meditativer Stille. Der Geist überwindet seine übliche konfliktbeladene, besorgte, geschäftige und geräuschvolle Verfassung, beruhigt sich und wird klar, hell, frei, entspannt und ruht ausgeglichen im gegenwärtigen Augenblick. Shojin ist „Verzicht auf tierische Nahrungsmittel aus religiösen Gründen". Diese Haltung gründet sich auf die religiöse Kernlehre des Ahimsa, das Gewaltlosigkeit bedeutet und sich in dem Verzicht ausdrückt, anderen fühlenden Wesen Schaden zuzufügen. Shojin und Samadhi werden als komplementär angesehen: Shojin reinigt die Verbindung aus Körper und Geist und ermöglicht den Zugang – obschon es ihn nicht garantiert – zur spirituell bereichernden Erfahrung des Samadhi.

Manche Zen-Traditionen unterscheiden zwei Stufen von Samadhi. „Absoluter Samadhi" bezeichnet den inneren Zustand der auf einen Punkt gerichteten, entspannten und klaren Aufmerksamkeit. Der Körper verharrt dabei reglos, zumeist in sitzender Position. Der Geist ist vollkommen im Hier und Jetzt versunken, und der übliche innere Dialog ist verstummt.

Im „positiven Samadhi"[5],der auf der Erfahrung des absoluten Samadhi aufbaut, funktionieren wir in der Welt: Wir laufen, gärtnern, kochen, putzen usw. Dabei ist unser Geist vollkommen präsent, aufmerksam gegenüber den Erfahrungen, die sich in jedem Moment bieten. Dies ähnelt der Praktik der Achtsamkeit und der daoistischen Praktik des Wu wei oder „Nichthandelns", bei dem sich die Illusion eines getrennten Handelnden in der Unmittelbarkeit der Erfüllung des Potenzials des gegenwärtigen Augenblicks auflöst. Im christlichen Bereich ähnelt es dem „Praktizieren der Präsenz (Gottes)" und der Praktik, die (in den Thessalonicher-Briefen, A.d.Ü.) in der Ermahnung „betet ohne Unterlass" ausgedrückt wird. Absoluter Samadhi hingegen kann mit einem Zustand des tiefgreifenden Eins-Werdens mit dem Göttlichen verglichen werden.

Sowohl absoluter als auch positiver Samadhi sind universelle menschliche Potenziale, die weit über spezifische Traditionen und Begrifflichkeiten hinausgehen. Sie heilen den Geist und den Körper auf einer tiefen Ebene und verbinden uns wieder mit unserer wahren Natur. Aufgrund der Angst, Scham und Verletztheit, die wir alle erlebt haben, scheinen diese Zustände jedoch schwierig zu erreichen und zu praktizieren und erfordern eine gewaltige kontinuierliche Hingabe an eine unablässige Selbstkultivierung. Um in die innere Stille des Samadhi einzutreten, müssen wir geduldig unsere Aufmerksamkeit auf den gegenwärtigen Augenblick richten. Dies erfordert, dass unser Geist nicht von unseren äußeren Aktivitäten gestört wird. Aus diesem Grund ist die Geisteshaltung des Shojin, die Tiere als Subjekte und nicht als Waren sieht, die verzehrt oder benutzt werden können, so unermesslich wichtig auf dem Pfad der spirituellen Entwicklung. Die Haltung von Shojin ist Mitgefühl und bedeutet, anderen zu erlauben, frei zu sein. Shojin zu praktizieren, befreit uns von den inneren geistigen Zuständen, die mit dem Verzehr tierischer Nahrung einhergehen. Diese mentalen Zustände – Unruhe, Sorge, Angst, Panik, Verzweiflung, Traurigkeit, Trauer, Nervosität, Aggressivität, Wut, emotionale Distanziertheit, Trägheit, Verworrenheit und Benommenheit – sind unvermeidliche Begleiterscheinungen, wenn wir uns omnivor ernähren. Sie werden als Schwingungsfrequenzen mit der Nahrung, die wir essen, in uns eingebracht. Außerdem entstehen sie auch in uns selbst durch unsere unbestreitbar gewalttätigen und unheilbringenden Entscheidungen in Ernährungsfragen und durch die innere psychische Blockade, die diese Entscheidungen erfordern. Durch unsere negative geistige Verfassung wird Meditation üblicherweise zu einem negativen Erlebnis. Unsere Verfassung verhindert, dass die Meditation wirklich unseren Geist beruhigt und ihm hilft, höhere Ebenen der spirituellen Erleuchtung zu erreichen. Daher müssen wir zuerst Reinheit in unseren Handlungen erlangen und aufhören, wehrlosen Geschöpfen zu schaden. Dies erreichen wir durch Achtsamkeit, den sehr alten Geist des Shojin, der das Fundament des Veganismus ist.

Um wirksam zu sein, um unseren Verstand zu zähmen, muss dieser Geist der Gewaltlosigkeit und des Mitgefühls *gelebt* werden. Andernfalls ist unser Geist zu sehr beeinträchtigt, um in den inneren Frieden des Samadhi einzutreten. Diese Stille und Gelassenheit des Geistes macht den Kern des spirituellen Lebens aus, ungeachtet welcher Religion oder Nicht-Religion wir angehören. Sie erfordert die innere Reinheit eines guten Gewissens. Sie ermöglicht die Auflösung der alten inneren Mauer, die das „Ich" hier drinnen von „der Welt" dort draußen trennt. So kann ein tieferes Verständnis der unendlichen Vernetzung allen Lebens gedeihen.

Shojin und Veganismus sind unerlässlich, denn sie fördern den inneren Frieden, der für spirituelle Reife notwendig ist. Es sind Formen der inneren und äußeren Übung und Disziplin. Sie schaffen die Voraussetzungen für die meditative Erkundung, die uns für die Wahrheit des *Interseins* (ein von Thich Nhat Hanh geprägter Neologismus für die Verbundenheit aller Dinge, A.d.Ü.) öffnet. Aus diesem Grund ist Shojin so wesentlich für Samadhi, und aus demselben Grund sind Veganismus und Gewaltlosigkeit wesentlich für tiefes Gebet, Meditation und spirituelles Erwachen. Mitgefühl im Äußeren und Stille im Inneren nähren einander. Shojin und Veganismus sind wesentlich für unsere spirituelle Gesundheit, denn sie beseitigen ein fundamentales Hindernis auf unserem Weg.

Obschon der Veganismus häufig von unseren westlichen Mainstream-Religionen verunglimpft und abgelehnt wird, sind diese Religionen in Wahrheit auf dem Geist des Veganismus aufgebaut. Dies wurde von Steven Rosen, Norm Phelps, Keith Akers, J. R. Hyland, Andrew Linzey, Tony Campolo, Steven Webb und vielen anderen herausgearbeitet. Rosen erläutert beispielsweise, dass von Mohammed bekannt ist, dass er eine strikt vegetarische Ernährungsweise befolgte. Rosen zufolge finden sich zahlreiche Passagen im Koran und in Mohammeds Lehren, die uns eindringlich dazu ermahnen, uns der Gewalt gegen Kamele, Kühe, Vögel und andere Tiere zu enthalten.[6]

Viele Autoren haben sich diesem Thema vom jüdisch-christlichen Standpunkt genähert und kamen zu dem Schluss, dass sowohl die Lehren der Heiligen Schrift und darauf bezogene Kommentare als auch die Praktiken und Lebenswege einflussreicher Juden und Christen die unmissverständliche Anweisung enthalten, das vegane Mitgefühl auf nichtmenschliche Tiere auszuweiten. So stellt Norm Phelps in *The Dominion of Love* heraus, dass das Alte und auch das Neue Testament die von ihm so genannten beiden Obersten Direktiven[7] enthalten. Diese beiden elementaren spirituellen Lehren – Gott zu lieben und unseren Nächsten zu lieben – sind das Kernstück der jüdisch-christlichen spirituellen Tradition. Gott ist das unendliche Ganze, das unser aller Sein enthält, und es gibt keinen Weg, unsere Liebe konkret auf Gott auszudehnen, da Gott vollkommen über uns hinausgeht. Daraus folgt, dass Gott zu lieben bedeutet, Gottes Schöpfung zu lieben und für sie zu sorgen. Dies führt uns direkt zur zweiten Obersten Direktive, unseren Nächsten zu lieben. Es gibt keinen in der Bibel begründeten oder sonstigen Grund, Tiere aus dem Kreis unserer Nächsten auszuschließen, denn sie sind unsere Nächsten auf dieser Erde, und wir wissen, dass sie leiden und zu Emotionen fähig sind. Gott konkret zu lieben, bedeutet demnach, Gottes Schöpfung und alle unsere Nächsten zu lieben und für sie zu sorgen. Gott abstrakt zu lieben, bedeutet, uns durch die innere stille Empfänglichkeit (Samadhi) bei der Meditation und beim Gebet für eine direkte Erfahrung der Präsenz Gottes zu öffnen, die uns ermöglicht, Gottes liebende Hände und Stimme in der Welt zu *sein*. Man erkennt folglich, dass die Kernaussage der biblischen Lehren uns eindringlich darauf hinweist, Mitgefühl für alle Geschöpfe walten zu lassen und eine vegane Ethik der Verantwortung und Fürsorge für die gesamte Schöpfung zu praktizieren.

Bietet der Schamanismus eine Antwort?

Das Wohl der Menschen, das Wohl der Tiere und das Wohl der Umwelt sind vollkommen und untrennbar miteinander verknüpft. Die Dilemmata unserer Welt können aufgelöst werden, sofern wir ein lebendiges Verständnis davon entwickeln und unser universelles Mitgefühl erwecken, so wie es Pythagoras, Jesus, Buddha, Plotin, Gandhi, Albert Schweitzer und unzählige andere deutlich formuliert haben. Die schamanischen

Traditionen enthalten zwar zahlreiche wertvolle Lehren und offenbaren uns in mancherlei Hinsicht eine stärker multidimensionale Sicht der Welt und der menschlichen Potenziale als die herkömmliche westliche Wissenschaft und Religion; dennoch sind auch sie Produkte der Jagd- und Viehzuchtkulturen. Obschon sie Tiere anscheinend mit weniger Geringschätzung betrachten, als unsere Kultur dies tut, scheinen sie gleichzeitig Tiere als Nahrung und rituelle Objekte zu nutzen. Oftmals greifen sie auf Pflanzen zurück, um die veränderten Bewusstseinszustände einzuleiten, die zentral für die Fähigkeiten des Schamanen sind, sich zwischen den Welten zu bewegen, außergewöhnliche Leistungen zu vollbringen und zu heilen.

Ironischerweise ist es so, dass Kulturen, die Tiere essen und sie für Bekleidung, zu Unterhaltungszwecken und für rituelle Opfer benutzen, Pflanzen als Drogen verwenden, um der Realität zu entfliehen – seien es die industrialisierten Viehzüchterkulturen oder die ursprünglicheren schamanischen Kulturen. Beispielhaft hierfür ist der Gebrauch von Heroin und anderen Opioiden, Psilocybin und anderen aus Pilzen gewonnenen Substanzen, Ayahuasca, Peyote, Cannabis, Tabak, Kokain und alkoholischen Produkten aus der Fermentierung von Früchten und Getreide. Es gibt noch viele weitere. Die Anwender dieser pflanzlichen Substanzen haben vergessen, dass der Geist die Quelle seiner Erfahrungen ist. Visionen und veränderte Bewusstseinszustände, die durch den Gebrauch von pflanzlichen Drogen hervorgerufen werden, können auch direkt erreicht werden.

Unsere Misshandlung von Tieren ist ein spirituelles Problem. Es spiegelt ein falsches Verständnis, aufgrund dessen Tiere zu Dingen reduziert werden. Die schamanischen Traditionen, obgleich sie Kulturen entstammen, die nicht so offenkundig ausbeuterisch sind wie die unsere, sehen dennoch in Tieren Objekte, die für Nahrung, Kleidung, Heilungszeremonien und andere Zwecke benutzt und getötet werden können. Vielleicht können sie uns lehren, Tiere mehr zu respektieren, als wir dies gegenwärtig tun, und nicht mehr von der Erde zu nehmen, als wir brauchen. Dennoch – auf die Gefahr hin, ein weites Thema zu übergeneralisieren – scheinen schamanische Traditionen zu „Kirchturmpolitik" zu neigen, indem sie vorrangig um das Wohl eines speziellen Stammes oder einer bestimmten Gruppe von Menschen besorgt sind und Menschen gegenüber Tieren privilegieren. Angeregt vom Stereotyp des „Edlen Wilden" und der Desillusionierung angesichts der modernen Kultur wünschen wir uns vielleicht eine Rückkehr zu dem, was uns als die gute alte Zeit eines primitiveren Lebens erscheint, einer Zeit vor Tierfabriken, Zoos, mechanisierter Produktion, Nuklearwaffen usw. Jedoch besteht der Ausweg nicht darin zurückzugehen, sondern hindurchzugehen. Wir müssen vorwärts gehen. Zum einen entsprechen die primitiven Kulturen oft nicht dem romantisierenden Bild, das wir uns von ihnen machen. Einige Stämme der Indianer Nord- und Südamerikas praktizierten beispielsweise Kannibalismus, führten Kriege, im Laufe derer sie Völkermord an anderen Stämmen begingen, und schreckten nicht vor entsetzlichen rituellen Foltermethoden an Gefangenen anderer Stämme zurück. Zum anderen können schamanische Traditionen von den Tiermissbrauchsindustrien vereinnahmt werden. So sehen wir Rindfleischproduzenten, die das Fleischessen mit romantisierenden Bildern der Prärie-Indianer verknüpfen, und die japanische Walfang-Industrie benutzt die Waljagd durch die Makah-Indianer im Nordwestpazifik, um das weltweite Walfang-Moratorium zu unterlaufen und ihre Walfang-Praktiken zu rechtfertigen.[8]

Das Gesagte soll nicht heißen, dass die schamanischen Traditionen den Völkern, die sie praktizierten, nicht gute Dienste geleistet haben oder sie uns heutzutage keine tiefgreifenden Erkenntnisse vermitteln können. Wenn der Kodex der amerikanischen Indianer, der vorschrieb, sich um „all unsere Geschwister" zu sorgen, bis an seine spirituellen und praktischen Grenzen ausgelotet wird, kommt er in mancherlei Hinsicht dem edlen Bodhisattva-Ideal des Mahayana-Buddhismus nahe, welches darin besteht, sein Leben in den Dienst an allen fühlenden Wesen zu stellen, indem man die eigene vollständige spirituelle Erleuchtung verwirklicht. Die beiden Herangehensweisen stellen das universelle Mitgefühl ins Zentrum der Motivation aller, die dem spirituellen Weg folgen.

Indes, wenn wir heutzutage eine Versammlung amerikanischer Indianer besuchten, würden wir feststellen, dass tote Tiere als Nahrung serviert werden, die aller Wahrscheinlichkeit nach von denselben Produzenten stammen wie diejenigen, die bei christlichen oder jüdischen Festveranstaltungen serviert werden – und die Teilnehmer an dieser Art von Veranstaltung wären bereit, ihre Mahlzeiten energisch zu rechtfertigen.

Der vegane Imperativ

Es ist erkennbar, dass die elementaren Lehren der großen Weltreligionen im Sinne des kulturellen und spirituellen Wandels sind, zu dem der Veganismus aufruft. Sämtliche große Weltreligionen kennen ihre eigene Variante der Goldenen Regel, deren Kernaussage die Güte gegenüber anderen Lebewesen ist. Sie alle begreifen Tiere als fühlende Wesen, die uns gegenüber wehrlos sind, und beziehen sie in die moralische Sphäre unseres Verhaltens ein. Es finden sich auch starke Stimmen in all diesen Traditionen, die betonen, dass sich unsere Güte gegenüber anderen Wesen auf unser Mitgefühl gründen soll. Es geht dabei um mehr als nur darum, für das Leid anderer empfänglich zu sein. Das Mitgefühl enthält die explizite Aufforderung, zu *handeln*, um das Leid anderer zu lindern. Wir stehen folglich nicht nur in der Verantwortung, davon abzusehen, Tieren und Menschen zu schaden. Wir müssen auch tun, was in unserer Macht steht, um andere davon abzuhalten, ihnen zu schaden, und darüber hinaus die Voraussetzungen schaffen, um andere zu informieren, zu inspirieren und ihnen zu helfen, damit sie auf eine Weise leben können, die Güte und Respekt für alles Leben beinhaltet. Dies ist das hohe Ziel, zu dem uns die Kernlehren der Weisheitstraditionen der Welt rufen. Es ist ein evolutionärer Imperativ, ein spiritueller Imperativ, ein Imperativ des Mitgefühls und im Grunde ein veganer Imperativ. Die Motivation, die hinter einer veganen Lebensweise steht, ist dieses universelle spirituelle Prinzip des Mitgefühls, das sowohl im weltlichen Kontext als auch in den religiösen Traditionen der Welt formuliert wurde. Der Unterschied liegt darin, dass der Veganismus mit Nachdruck betont, dass dieses Mitgefühl praktiziert werden muss. Die Worte Donald Watsons, der den Begriff „vegan" 1944 erschuf, offenbaren diese praktische Ausrichtung und sind es wert, zitiert zu werden:

> Der Veganismus bezeichnet eine Philosophie und Lebensform, die danach strebt, so weit wie möglich und praktisch durchführbar, alle Formen der Ausbeutung und Grausamkeit an Tieren für Essen, Kleidung oder andere Zwecke zu vermeiden. Darüber hinaus fördert er die Entwicklung tierfreier Alternativen, die Tieren, Menschen und der Umwelt zugute kommen.

Buckminster Fuller hat des öfteren betont, dass der Weg, um kulturellen Wandel zu erreichen, nicht so sehr darüber führt, destruktive Haltungen und Praktiken zu bekämpfen, sondern darüber, diese als veraltet zu erkennen und positive, höherwertige Alternativen vorzuschlagen. Die wettbewerbsorientierte, gewalttätige Mentalität der alten Viehzüchterkulturen, die Lebewesen zu Handelswaren degradiert, ist im heutigen Zeitalter der Nuklearwaffen und der globalen Vernetzung zutiefst überholt und unzeitgemäß. Ebenso unzeitgemäß ist es, wenn wir darin fortfahren, die tierische Nahrung dieser alten Kulturen zu essen, welche der Gesundheit unseres Körpers und Geistes und der kostbaren Ökologie unseres Planeten in extremem Maße abträglich ist. Tierische Produkte zu essen, ist ein unhaltbares Überbleibsel einer anderen Zeit, über die wir uns hinausentwickeln müssen. In der Tat sieht man mit der stetig wachsenden Fülle an veganen und vegetarischen Kochbüchern und veganen Lebensmitteln wie Sojamilch, Sojaeiskrem, Reissirup, Tofu, vegetarischen Burgern usw. sowie frischen Produkten aus biologischem Anbau, wie Gemüse und Obst, Körner, Nüsse, Pasta und Getreide, mehr und mehr Alternativen aus dem Boden sprießen. In dem Maße, wie wir dem veganen Imperativ Folge leisten, erweitert sich auch das Angebot an Büchern, Videos, Webseiten, vegetarischen/veganen Restaurants und Menüs, Tierrechte-Gruppen und veganen Organisationen.

Erst wenn wir die Rolle erkennen, die unsere systemische Gewalt gegen Tiere bei der Entstehung unserer Probleme spielt, können wir beginnen, diese Probleme zu begreifen und zu lösen. Um ein Problem wirklich zu lösen, müssen wir uns auf eine höhere Ebene begeben und faktisch über es hinausgehen, indem wir es verstehen. Solange wir Tiere missbrauchen und kommerzialisieren, bleiben wir an dieselbe illusorische Entwicklungsstufe angekettet, auf der sich unsere Probleme abspielen, und durchleben diese wieder und wieder in Form von Gewalt, Stress, Unfreiheit und Krankheit.

Die falsche emotionale Erziehung von Jungen

Der Bestseller *Was braucht mein Sohn? – Wie Eltern die emotionale Entwicklung fördern können* ist beispielsweise von zwei erfahrenen Psychologen geschrieben und enthält eine Fülle an Informationen, die das Verständnis des enormen Leidensdrucks erleichtern, unter dem Jungen in unserer Kultur stehen. Doch das Buch befasst sich nicht mit den zugrunde liegenden Ursachen, die diesen Leidensdruck auslösen und die in unserer sozial gebilligten brutalen Behandlung von Tieren zum Zweck unserer Ernährung liegen. Die Autoren, Dan Kindlon und Michael Thompson, tragen Material zusammen, das glaubwürdig veranschaulicht, wie Jungen in unserer Kultur durch das Stereotyp vom „harten Mann" emotional geschädigt werden. Sie führen weiter aus, dass diese emotionalen Verletzungen die Jungen nicht nur unglücklich machen, sondern sie für ihr gesamtes Leben „verbiegen" und auch beträchtliches Leid bei Mädchen und Frauen verursachen.

Die beiden Autoren machen das kulturell aufgezwungene Bild der stoischen, gefühllosen Männlichkeit dafür verantwortlich, in dem sie die elementare Ursache für den Schmerz und Stress der Jungen ausmachen. Sie dokumentieren und diskutieren die Art, wie Jungen beigebracht wird, sich von ihren Gefühlen zu distanzieren. Von allen Seiten wirken kulturelle Kräfte auf diese ein, die sie in dieselbe Richtung drängen: Ihre Eltern, ihre Lehrer, kulturelle Institutionen, die Medien und die anderen männlichen Kinder oder Jugendlichen. Die Autoren bezeichnen die Kultur der heranwachsenden Jungen als „die Kultur der Grausamkeit" und schreiben eindringlich über die verheerenden emotionalen Folgen der psychischen und physischen Grausamkeiten und Hänseleien, denen Jungen im Umgang miteinander ausgesetzt sind.

Das Buch bietet ergreifende Einblicke in die Wut, den Schmerz, die Verzweiflung, die Scham, die Hoffnungslosigkeit, die Depression, die Abstumpfung und die Bedrängnis und Einsamkeit, die Jungen erleben. Die Autoren weisen auf den Zusammenhang zwischen diesen inneren emotionalen Qualen und den äußeren Problemen von Teenagern hin, wie Suizid (die dritthäufigste Todesursache), Alkohol- und Drogenmissbrauch, verbotene sexuelle Praktiken sowie Gewalt und Grausamkeit. Sie schlagen als Lösung vor, „den Jungen Vorbilder für männliches Heldentum an die Hand zu geben, die über das Stereotyp des muskelbepackten, egozentrischen und einfältigen Helden hinausgehen".[9] Sie empfehlen einen verständnisvolleren Umgang mit Jungen, der auf harsche Disziplin verzichtet und sie stattdessen ermuntert, Zugang zu ihren Gefühlen zu finden und diese offen auszudrücken.

Doch *Was braucht mein Sohn?* ist als Beitrag für die Viehzüchterkultur, in der wir leben, vollkommen akzeptabel, denn es stellt nie den

Zusammenhang mit der wirklichen Quelle der „falschen emotionalen Erziehung" der Jungen her, die in unserer kulturellen Praktik des Verzehrs
versklavter und geschlachteter Tiere zu sehen ist. In ihren Bemühungen,
mit den Jungen in Kontakt zu kommen, nehmen die beiden Psychologen des öfteren ihr Mittagessen mit ihnen zusammen ein, und es kommt
paradoxerweise vor, dass sie mit ihnen Hamburger essen gehen.[10] Als
Omnivore inmitten einer omnivoren Gesellschaft können sie anscheinend
nicht die tieferen Verbindungen aufdecken, die zwischen der Gewalt, die
wir Tieren zufügen, und der „falschen emotionalen Erziehung" unserer
Jugend, speziell der Jungen, bestehen. Sie erkennen auch nicht die of-
fensichtlicheren Zusammenhänge an der Oberfläche, wie zum Beispiel,
dass Jungen normalerweise stärker dazu ermuntert werden, Fleisch zu
essen, als Mädchen – und dass sie dadurch angeregt werden, sich als
„räuberisch" und als privilegiert zu begreifen. Jungen werden zudem für
gewöhnlich eher dazu angehalten, sich „abzuhärten", indem ihnen Aktivitäten vorgeschlagen werden, bei denen sie Tiere täuschen und angreifen,
wie Fischen und Jagen. Selbst wenn die Autoren diese Zusammenhänge
gesehen hätten, waren sie wohl besser beraten, nicht darüber in einem
Buch zu schreiben, von dem sie selbst und ihre Verleger erhofften, dass
es den Weg in die Bestsellerlisten finden würde. Wie es scheint, ist der
Schatten der Gewalt, die tierischer Nahrung innewohnt, zu gewaltig und
bedrohlich, als dass das Massenbewusstsein unserer Kultur ihm direkt
ins Auge blicken könnte. Und doch ist es genau das, was wir tun müssen,
damit wir uns als Kultur weiterentwickeln können.

Kindlon und Thompson legen mit ihrem Buch *Was braucht mein Sohn?*
auf umfassende, profunde und offenkundige Weise Zeugnis dafür ab,
dass die aus der Viehzüchterkultur geborene Mentalität der Unterwerfung,
Ausgrenzung und Grausamkeit gegenüber Tieren nach wie vor quickle-
bendig ist. Es ist diese Mentalität, die Jungen dazu zwingt, sich von ihren
Gefühlen zu distanzieren. Wie ihre Väter und deren Väter zuvor können
Jungen heutzutage in diesem Geist aufwachsen: Sie töten konkurrierende
Viehzüchter, rivalisieren um die Macht, indem sie Vieh/Kapital anhäufen,
und am Ende des Tages verspeisen sie das Fleisch und die Körpersekrete
ihrer versklavten und getöteten Tiere wie bei einer rituellen Feier. Was
befeuert dieses herzlose Treiben, Generation um Generation, so dass wir
nicht nur unfähig sind, es infrage zu stellen, ja sogar, es zu erkennen
und das Problem intelligent zu erörtern? Die Gewalt, die wir systema-

tisch an Tieren ausüben, sucht unsere Jungen heim, und so setzt sich der Kreislauf fort und verwüstet unsere Erde, die Generationen und unsere Gefühlslandschaft.

Die Geburt des postrationalen Bewusstseins

Wir haben unsere bestehende Praktik, Tiere zu essen, aus verschiedenen Blickwinkeln betrachtet und dabei gesehen, wie sie ein inneres mentales Klima der Zerstreutheit und Getrenntheit erzeugt. Dieses verringert unsere natürliche Intelligenz und Fähigkeit, sinnvolle Zusammenhänge herzustellen; gleichzeitig werden wir abgestumpft und emotional gelähmt. Der daraus entstehende Teufelskreis der Gewalt hält uns in Mustern des Konkurrenzkampfs und des Konsumdenkens gefangen, die das destruktive elitäre Wirtschaftssystem antreiben, das Lebewesen zu Handelswaren degradiert, seit es vor zehntausend Jahren mit der Viehzüchterkultur entstanden ist. Obwohl uns zahlreiche Menschen und Traditionen dazu ermahnt haben, Mitgefühl zu praktizieren und direktes intuitives Wissen zu entwickeln, sind wir im Omnivorismus, Egozentrismus und im distanzierten analytischen Denken verhaftet geblieben. Zwar hat uns dies technischen Fortschritt ermöglicht, doch unseren emotionalen und spirituellen Fortschritt hat es blockiert, und dies hat schmerzhafte Folgen – für uns, für unsere Kinder und für deren Kinder.

Prärationale Vorgänge mögen als instinktiv bezeichnet werden, und viele von uns glauben gern, dass wir uns dank der Entwicklung und des Gebrauchs komplexer symbolischer Zeichensysteme, die uns die Fähigkeit zu konzeptuellem Denken verleihen, über den Instinkt – und also über die Tiere – hinausentwickelt haben. Matthew Scully stellt in seinem Buch *Dominion* heraus, dass manche Wissenschaftler und Theoretiker, wie Stephen Budiansky, John Kennedy und Peter Carruthers, behaupten, dass es unsere menschliche Sprache ist, die uns die Fähigkeit zu denken verleihe, und wir ohne Sprache und also ohne Denken nicht bewusst wären.[11] Man darf sich fragen, wie diese Wissenschaftler den folgenden Ausspruch Albert Einsteins deuten würden:

> Die Quelle des Denkens ist ein Zusammenspiel von Bildern. Weder geschrieben noch gesprochen scheinen Wörter und Sprache irgendeine

Rolle in meinem Denkprozess zu spielen. Die geistigen Gebilde, die mir als Elemente des Denkens zu dienen scheinen, sind [...] mehr oder weniger klare bildliche Vorstellungen, die sich (absichtlich) reproduzieren und kombinieren lassen.[12]

Wir können argumentieren, dass Tiere größtenteils unbewusst sind, da ihnen anscheinend eine komplexe Sprache fehlt, die es ihnen erlauben würde, Gedanken in Worten zu formulieren, so wie wir es tun. Auf dieser Grundlage können wir urteilen, dass ihr Erlebnis des Leidens unwichtiger oder weniger intensiv für sie ist. Derselbe Gedankengang könnte jedoch ins Feld geführt werden, um Handlungen zu rechtfertigen, die menschlichen Kleinkindern oder senilen älteren Menschen Schaden zufügen. Wenn es irgendeinen Unterschied geben sollte, dann kann man davon ausgehen, dass Wesen, denen die Fähigkeit fehlt, ihre Situation zu analysieren, intensiver unter unseren Taten leiden, weil sie nicht in der Lage sind, durch den inneren Dialog einen Abstand zwischen sich und ihr Leiden zu bringen. Solange wir im Labyrinth des egozentrischen Denkens gefangen bleiben, finden wir leicht Gründe, um unsere Grausamkeit gegenüber anderen zu rechtfertigen, unseren gleichgültigen Blick und unsere supremazistische Position zu entschuldigen, das Leiden, das wir anderen zufügen, herunterzuspielen und immer so weiterzumachen, indem wir rationale Gründe für unsere Handlungen finden und unser Bewusstsein von der Wirklichkeit unserer Gefühle und von unserem essenziellen Einssein mit anderen Wesen abschirmen.

Spirituelle Gesundheit erfordert Innenschau. Wir müssen uns darin üben, die stürmischen Wellen unserer zwanghaften verbalen Denkprozesse zu glätten, damit wir mit der tieferen Wirklichkeit unseres Seins, die immer in unserem Herzen scheint, in direkten Kontakt treten können. Ohne diese innere Praktik und die dazugehörige Praktik des mitfühlenden Verhaltens anderen gegenüber, rast unser Verstand vor sich hin, handelt entsprechend seiner vorprogrammierten Denkmuster, unfähig, seine elementare egozentrische Wahnvorstellung aufzugeben oder diese auch nur zu erkennen. Wir halten diesen Zustand irrtümlicherweise für „bewusst", wohingegen er in Wahrheit zutiefst unbewusst ist. Doch in unserer Arroganz verkünden wir, dass wir bewusst sind, weil wir „denken" (zwanghaft mit uns selbst plappern) können, und dass Tiere unbewusst sein müssen, weil sie dies nicht können.

Indem wir darauf verzichten, Tierprodukte zu konsumieren und dadurch unseren Nächsten Leid zuzufügen, und indem wir Zeit mit Meditation und stiller Besinnung zubringen, die unser Bewusstsein schließlich aus dem Sumpf zwanghaften Denkens herausziehen können, kommen wir in die Lage, ansatzweise zu verstehen, was Bewusstsein wirklich ist. Wir werden erkennen, dass wir in dem Maße, wie wir uns für den gegenwärtigen Augenblick öffnen und in unserer inneren geräumigen Stille verweilen, jenseits des unaufhörlichen inneren Dialogs unseres geschäftigen Verstandes, die strahlende, freudvolle Gelassenheit des reinen Bewusstseins erfahren können. Postrationales intuitives Wissen kann als ein Gefühl der Verbundenheit mit allen Lebewesen entstehen. Wenn wir nicht länger eine bloße Ansammlung konditionierter Gedanken sind, die sich um das Gefühl drehen, ein getrenntes Selbst zu sein, spüren wir tiefer in die Natur des Seins hinein und fangen an, außerhalb der Grenzen des linearen Denkens zu *wissen*. Damit einhergehend, erhalten wir ein Verständnis davon, dass unsere grundlegende Natur nicht böse, unfrei, selbstsüchtig oder unbedeutend ist, sondern ewig währt, frei ist, rein ist und essenziell Liebe ist. Wenn wir unsere Schwingungsfrequenz von diesem klaren Zustand absenken und erneut beginnen, verbal zu denken, erkennen wir, dass der mit konditioniertem Denken beschäftigte Geist niemals fähig ist, das Verständnis zu erlangen, das in ihn strömt, wenn der Geist ruhig sein kann.

Was sind wir also? Und was sind die Tiere? Unsere Begrifflichkeiten offenbaren nur unsere Konditionierung, die uns daran hindert, wirklich zu verstehen. Wir sind alle „Nächste" füreinander, wir sind geheimnisvoll, und wir sind alle Ausdruck des ewigen Lichts des unendlichen Bewusstseins, dem wir die Erschaffung und den Fortbestand dessen verdanken, was wir das Universum nennen. Das intuitive Wissen, das uns dies offenbaren könnte, ist jedoch den meisten unzugänglich, weil wir eine nach außen ausgerichtete Kultur sind und es versäumen, die inneren Ressourcen und die Disziplin zu entwickeln, die uns ermöglichen würden, auf diese tiefere Weisheit zuzugreifen. Unser Geist und unser Bewusstsein sind fast komplett unerforschtes Land, weil wir in einer Viehzüchterkultur aufgewachsen sind, der die Innenschau zutiefst unangenehm ist. Unsere Wissenschaft ignoriert in himmelschreiender Weise das Bewusstsein, in dem sie eine unzugängliche, nicht quantitativ messbare und nicht zu öffnende „Blackbox" sieht, und lenkt uns damit ab, dass sie sich ausschließlich auf messbare Phänomene konzentriert. Unsere Religionen raten von der Meditation ab und reduzieren das Gebet auf eine dualistische Karikatur des Fragens und Anflehens einer äußeren, rätselhaften und projizierten männlichen Wesenheit.

Der Einfluss der Viehzücherkultur und unser nicht besänftigter Schuldkomplex, der vom Elend in unseren täglichen Mahlzeiten herrührt, haben unsere heilige Verbindung mit der unendlichen liebenden Quelle unseres Lebens entstellt und zu einem ironischen Zerrbild werden lassen: Wir vergleichen uns mit Schafen und flehen unseren Hirten um Gnade an, aber da wir selbst keine Gnade zeigen, fürchten wir in unserem tiefsten Inneren, dass auch uns keine Gnade zuteil werden wird – und leben in Furcht vor unserem unausweichlichen Tod. Nun können wir entweder feilschen und vermessen von uns behaupten, dass wir errettet wurden und unsere Sünden vergeben sind (ungeachtet der Gräuel, die wir Tieren und Menschen außerhalb unserer „Wir-Gruppe" antun). Oder aber wir weisen das ganze konventionelle religiöse Dogma als vollkommen absurdes Gewäsch in Bausch und Bogen zurück und verlassen uns fortan nur auf den oberflächlichen Materialismus der Wissenschaft. Wie auch immer sich dies vollzieht, unser spiritueller Impuls wird durch die Schuld, die Gewalt und den Reduktionismus, die mit der Haltung und dem Verzehr von „Nutztieren" einhergehen, unweigerlich unterdrückt und entstellt.

Trotz all unserer wissenschaftlichen und theologischen Theorien wissen wir doch sehr wenig über das menschliche Bewusstsein, denn als eine Kultur von „Allesfressern" fühlen wir uns unbehaglich in Gegenwart unserer selbst. Wir haben den Kontakt zu unserem inneren Drang verloren, zu lernen, lange genug still und ungestört zu sein, um uns dem größeren Licht und der höheren Weisheit zu öffnen, die jenseits der engen Grenzen des konzeptuellen Denkens liegen. Um in die Freude, den Frieden und das Wunder des gegenwärtigen Augenblicks einzutreten, braucht es innere Stille, die uns direktes Erfahren ermöglicht. Diese Praktik kommt sowohl anderen als auch uns selbst zugute. Klare Bewusstheit erfordert, dass wir von schädigenden Handlungen Abstand nehmen, die unseren Geist in Aufruhr halten, und innere Stille praktizieren.

Da ich als Pianist viel improvisiere, kann ich aus persönlicher Erfahrung bezeugen, dass Denken den Fluss der musikalischen Kreativität unterbricht. Die kreativste und am stärksten inspirierte Musik kommt zu mir in den Momenten, in denen ich stärker im vollen Bewusstsein bin, jenseits des Denkens, im gegenwärtigen Augenblick, und der Musik erlaube, durch mich hindurch zu fließen. Man nennt diesen Zustand heutzutage „im *Flow* sein", im Schaffensrausch, und er wird als eine Voraussetzung für „Spitzenleistungen" angesehen. Zwanghaftes Denken schaltet den *Flow* ab und schränkt das Bewusstsein ein. Vielleicht sind Tiere ständig im *Flow*. Joseph Campbell bemerkte einmal, als er Vögel beobachtete, die „mit einem Affenzahn" durch ein Gewirr von Zweigen flogen, ohne diese auch nur mit einer Flügelspitze zu streifen, es sei sehr wohl möglich, dass Tiere in einem Reich jenseits aller Fehlleistungen lebten, vollkommen präsent im Leben auf eine Weise, die unser mit Konzepten vollgestopfter Verstand nicht wirklich verstehen könne.

Indem wir die Wahrheit des Mitgefühls in unseren Mahlzeiten und in unserem Alltag *leben*, können wir ein Feld des Friedens, der Liebe und der Freiheit erzeugen, das in die Welt hinausstrahlt und sich für andere als Segen erweist, indem es sie auf leise und subtile Weise dazu ermutigt, dasselbe zu tun. Wir entdecken vielleicht, dass wir mit unserem Herzen „denken" können, ohne Worte, und wir können lernen, das Bewusstsein der Tiere zu würdigen, und beginnen, in aller Bescheidenheit die Geheimnisse zu erforschen, die sie bergen. Vermutlich gibt es viel, was wir von Tieren lernen können. Sie besitzen nicht nur zahlreiche Fähigkeiten, die die heutige Wissenschaft nicht erklären kann, sondern sie sind auch genau wie wir Pilger auf dieser Erde, welche uns ihre Anwesenheit in unserem Leben schenken und die lebendige Welt auf unzählige Arten bereichern. In der Tat ist es so, dass ohne die bescheidenen Regenwürmer, Bienen und Ameisen, die wir unbarmherzig töten und unterwerfen, die Ökosysteme unserer Erde zusammenbrechen und zugrunde gehen würden. Das ist etwas, was man über unsere Spezies nicht gerade sagen kann!

Wer sind wir also? Was ist unsere eigentliche Aufgabe auf dieser Erde? Ich würde behaupten, dass wir erst beginnen können, Antworten auf diese Fragen zu finden, wenn wir den veganen Imperativ ernst nehmen und Mitgefühl gegenüber anderen Geschöpfen in unser Leben integrieren. Dann wird der Frieden unter den Lebewesen endlich möglich sein, genauso wie ein tieferes Verständnis der Geheimnisse der Heilung, der Freiheit und der Liebe.

KAPITEL VIERZEHN

REISE DER VERWANDLUNG

„Lebe zuerst ein mitfühlendes Leben. Dann wirst du verstehen."
— Buddha —

„Indem wir Ehrfurcht vor dem Leben haben,
gehen wir eine spirituelle Beziehung zur Welt ein."
— Albert Schweitzer —

„Tausende hacken an den Ästen des Übels herum,
doch nur einer trifft die Wurzel."
— Henry David Thoreau, *Walden* —

Das Juwelennetz unserer Lebenswege

Wie können wir am besten zum Erwachen unserer Kultur und zu deren Entwicklung hin zu mehr Intelligenz, Mitgefühl, Frieden und Erfüllung beitragen? Wir haben alle ein einzigartiges Stück zum großen Puzzle beizusteuern. Es bildet sich dadurch heraus, dass wir auf die Träume, Hoffnungen und Sehnsüchte in unserem Herzen reagieren, die im Laufe unseres speziellen Lebenswegs entstehen. Wenn wir unser Leben als ein Wunder und ein Potenzial ansehen, bringen wir anderen dasselbe Gefühl entgegen. Dieses Gefühl offenbart sich als Respekt und Verständnis ihnen gegenüber und als Wunsch, mit ihnen zu kooperieren und sie zu unterstützen. Dies ist ein elementarer Ausdruck unseres natürlichen gesunden Menschenverstands. Wenn wir unserem Leben einen hohen Wert beimessen, messen wir dem Leben anderer ebenso Wert bei und

verspüren den natürlichen Wunsch, ihnen zu dienen. Wenn wir unser Leben als eine Last empfinden, die uns zuwider ist, werden wir mit großer
Wahrscheinlichkeit eine geringe Meinung vom Wert des Lebens anderer haben. Wir können diese Haltung umkehren, indem wir uns für eine
mitfühlendere Ernährungsweise entscheiden und die Kostbarkeit unseres
Lebens – allen Lebens – betrachten und bejahen. Unser Drang, uns mitfühlend zu verhalten, wird stärker, wenn wir unser Gefühl der Verbundenheit mit allem kultivieren. In dem Maße, wie wir freier werden und
dankbarer für unser Leben sind, werden wir ganz natürlich und unweigerlich zu einer Kraft für den positiven Wandel in der Welt.

Um die einzigartige Natur und Kraft unserer Reise besser zu verstehen, mag es hilfreich sein, unser Leben in Augenschein zu nehmen und
die verborgenen Saaten unserer Vergangenheit offenzulegen, die nun wie
lebendige grüne Sprossen in unser Bewusstsein drängen. Kleine unscheinbare Saaten können zu starken und schönen Bäumen im Garten unseres
Lebens heranwachsen, wenn man sie würdigt und ehrt. Ich schenke Ihnen
dieses Kapitel als ein bescheidenes Beispiel für einen solchen Vorgang
und ermutige jeden von Ihnen, im Boden Ihres eigenen Gartens nach
verborgenen Saaten zu suchen, die vielleicht schon keimen und nur darauf
warten, sich zu wunderschönen und nützlichen Pflanzen zu entwickeln.
Insbesondere können wir dadurch, dass wir die Saaten des Veganismus
in uns aufspüren, diese gedeihen lassen und unser Verständnis dessen
vertiefen, was unser einzigartiger Beitrag zum Heilungsprozess unserer
Welt sein kann. Wir werden viele beeinflussen, denn unsere Lebenswege
sind alle miteinander verknüpft.

In der Avatamsaka-Tradition des Mahayana-Buddhismus gibt es eine
zentrale Metapher, die als die Lehre vom Juwelennetz bekannt ist. Es
handelt sich dabei nicht nur um eine Metapher, sondern um ein Bild, über
das man meditiert, um eine tiefere Einsicht in die Wahrheit des Seins zu
erlangen. Das Universum wird mit einem unendlichen Netz verglichen,
dessen Knoten durch Juwelen gebildet werden. Jedes *Dharma* im Universum – jedes Wesen, jedes Ding, jedes Ereignis – ist eines dieser Juwelen.
Derart ist jedes Wesen, Ding und Ereignis durch Raum und Zeit hindurch
mit jedem anderen Wesen, Ding und Ereignis verbunden. Mehr noch:
Wenn wir ein beliebiges Juwel in diesem großen Netz näher betrachten,
sehen wir, dass sich *alle* anderen Juwelen des kosmischen Netzes in diesem einen Juwel spiegeln! Jedes einzelne individuelle *Dharma* enthält alle

anderen, und wenn wir eines davon wirklich kennen, kennen wir alle. Die alte Lehre, die sich aus dieser Metapher ableitet und ihre Grundlage ist, ist bekannt als die Lehre des bedingten Entstehens und der gegenseitigen Durchdringung und *Abhängigkeit* aller Phänomene. Ein jedes Ding hängt von allem anderen ab; nichts ist jemals getrennt, und jedes Teilchen enthält das gesamte Universum. Wir sind alle auf tiefgreifende und radikale Art und Weise miteinander verbunden!

Wir erkennen, dass unsere Geschichten und unsere Lebenswege eng miteinander verknüpft sind und jeder Lebensweg, obschon er einzigartig ist, auf geheimnisvolle Weise alle anderen Lebenswege aller Lebewesen mit enthält. Wir lernen von anderen, obwohl wir im tiefsten Inneren verstehen, dass es letzten Endes keine „anderen" gibt. Wir haben alle dieselbe Quelle gemein, und die Mauern, die wir bauen, um uns voneinander zu trennen, sind eine Illusion. In dem Maße, wie wir uns entwickeln und wie die imaginären Mauern sich auflösen, nehmen unser Mitgefühl und unsere Freiheit zu, ebenso wie unser Verständnis des Interseins allen Lebens sich vertieft. Diese Lehre der tiefgreifenden Verbundenheit allen Lebens ist nicht auf den Buddhismus beschränkt, sondern wurde über Jahrhunderte von Menschen aus vielen Traditionen und Kulturen gelehrt. Eine universelle Lehre, die untrennbar mit dem Verständnis des Interseins verknüpft ist, ist Achtsamkeit: Die Ausbildung unserer Fähigkeit, vollkommen in unseren Handlungen präsent zu sein und den Zusammenhang zwischen unseren Handlungen und ihren Auswirkungen zu erkennen. Achtsamkeit bringt Freiheit und Erkenntnis, indem sie unsere Bewusstheit steigert. Umso bewusster und achtsamer wir sind, umso freier werden wir.

Was das Essen angeht, so müssen wir auf eine Reise gehen. Diese wird uns erlauben, einerseits das überallhin ausstrahlende Geflecht des Leidens zu erfassen, das wir als Kultur durch die täglichen heiligen Handlungen unserer Mahlzeiten weben, bewahren und vergrößern, und andererseits das Netz unserer Verbundenheit, in dem Freiheit, Mitgefühl und Liebe wachsen und unsere Welt erhellen können. Eine Reise, die in Achtsamkeit angetreten wird, ist eine Pilgerreise, denn sie hat einen spirituellen Zweck: Unsere Bewusstheit und unsere Fähigkeit, zu lieben und zu verstehen, zu steigern. Unsere Kultur macht gerade die ersten zögerlichen Schritte auf einer Reise der Verwandlung, an der wir alle teilnehmen und zu der wir alle mit unserer persönlichen Reise einen Beitrag leisten. Diese Reise entfaltet sich zwangsläufig über einen bestimmten Zeitraum. Doch die *Gestalt*, auf die sie verweist, ist unsere lebendige, atmende Situation – unser heutiges gemeinsames Leben. Es ist unsere gemeinschaftliche Pilgerreise, und für diese ist Achtsamkeit unabdingbar.

Saaten der Inspiration

Meine Reise, auf der ich den allgegenwärtigen Missbrauch von Tieren für unsere Ernährung infrage stellen sollte, begann auf eine auf den ersten Blick recht unwahrscheinliche Weise. Die Familie und das Umfeld, in die ich hineingeboren wurde und in denen ich aufwuchs, zeigten keinerlei Interesse an einer pflanzlichen Ernährungsweise. Infolgedessen aß ich während der ersten zweiundzwanzig Jahre meines Lebens – wie die meisten Amerikaner – große Mengen Fleisch, Eier und Milchprodukte. Ich stieß jedoch auf inspirierende Saaten, die zuerst noch in mir schlummerten, aber im weiteren Verlauf meines Lebens heftig zu keimen und zu wachsen begannen. Obwohl diese Saaten meine eigene persönliche Reise betreffen, können sie vielleicht auch bei anderen halb verborgene Saaten erhellen, die bereit sind, frische Keime des Verständnisses auszutreiben.

Für mich persönlich war eine von diesen Saaten der Umstand, in der Stadt Concord im Staat Massachusetts geboren zu werden und aufzuwachsen. Diese Stadt ist die Heimstatt von zwei so genannten Revolutionen, die die Vereinigten Staaten erlebt haben: Der politischen Revolution in den 1760ern und 1770ern und der literarischen Revolution in den 1840ern und 1850ern. Die Tatsache, in Concord geboren und aufgewachsen zu sein, gab mir ein Gefühl des intensiven Verbundenseins mit diesen beiden Revolutionen. Ich sah mich als der Sohn dieser Revolutionen und hatte den Wunsch, sie zu hinterfragen, die Beweggründe zu verstehen, die zu ihnen geführt hatten, und sie meinerseits fortzuführen. Ich glaube, dass diese beiden Revolutionen zum Aufkommen der veganen Revolution beigetragen haben, welche eine kulturelle Revolution von immenser Bedeutung ist, die das Potenzial hat, unsere Kultur in ihrem Innersten zu heilen.

Die politische Revolution gipfelte im Beginn des amerikanischen Unabhängigkeitskriegs mit den Gefechten von Lexington und Concord am 19. April 1775 an der *North Bridge* in Concord. Die Bauern und Dorfbewohner, die in Concord und in anderen kleinen Städten rund um Boston wohnten, setzen der britischen Imperialherrschaft heftigsten Widerstand entgegen und kämpften gegen die ungerechte Wirtschaftshoheit, die ihnen von der Britischen Ostindien-Kompanie und weiteren britischen multinationalen Konzernkräften aufgezwungen wurde, welche zu dieser Zeit die militärische und politische Unterstützung und Legitimation der britischen Regierung genossen. Diese Revolution des 18. Jahrhunderts führte schließlich zur amerikanischen Unabhängigkeit vom britischen Kolonialreich und markierte den Beginn des epischen amerikanischen Experiments der Demokratie und Gleichheit, des kulturellen Pluralismus und der individuellen Freiheit, das nach wie vor Menschen aus aller Welt inspiriert und in seinen Bann zieht.

Es ist bemerkenswert, dass die literarische und philosophische Revolution des folgenden Jahrhunderts ebenfalls ihren Anfang in Concord nahm. Sie entsprang den Lebenswegen und Schriften der amerikanischen Transzendentalisten, die hier lebten – Ralph Waldo Emerson, Henry David Thoreau, Bronson Alcott, Louisa May Alcott, William Ellery Channing, Nathaniel Hawthorne –, und vieler anderer, wie Walt Whitman, die von den Transzendentalisten beeinflusst waren und hierher reisten, um sie zu besuchen. Wir ehren diese Denker heutzutage aufgrund der eingehenden Infragestellung der traditionellen Werte, die sie anstießen, und aufgrund der künstlerischen, literarischen und spirituellen Inspiration, die die Welt ihnen verdankt. Emersons philosophische Schriften, wie *Natur*, seine rednerischen Beiträge, wie die *Harvard Divinity School Address*, und seine Dichtung, die insofern eine Pionierleistung war, als sie östliche philosophische Ideen zum ersten Mal in die Vereinigten Staaten brachte, machten ihn zur lebenden Legende, zum Magneten, der Schriftsteller und Denker aus vielen verschiedenen Richtungen anzog und dessen Einfluss heutzutage immer noch deutlich spürbar ist. Er ermahnt uns dazu, die Natur zu lieben und zu respektieren, unser Selbst zu erkunden und die grundlegend spirituelle Natur aller Erscheinungen zu würdigen. Er betont, dass wirkliche Weisheit materialistisches Wissen *transzendiert* und die Natur ebenfalls ein Ausdruck des Göttlichen ist. Whitman schrieb: „Lange Zeit köchelte ich auf kleinster Flamme vor mich hin, doch Emerson brachte mich zum Kochen."

Thoreau war stark von Emerson beeinflusst (und umgekehrt). Hinsichtlich seines Einflusses hat Thoreau seinen Lehrer und Mentor auf gewisse Weise in den Schatten gestellt. Sein radikales Experiment, das darin bestand, in der Einsamkeit am See *Walden Pond* nahe Concord zu leben und „alles Mark des Lebens auszusaugen", ist nach wie vor Inspirationsquelle für spirituell Suchende und bereitete maßgeblich den Weg für die Einpflanzung des introspektiven inneren Zuhörens in den exzessiv extrovertierten kulturellen Boden Amerikas. Die Philosophen von Concord erkannten klar, dass ein inneres Element in ihrer Kultur fehlte, die übermäßig auf äußere Eroberungen und Erfolge ausgerichtet war. Thoreau besaß die zu dieser Zeit umfangreichste Bibliothek mit Werken über die östliche Philosophie. Sein Buch *Über die Pflicht zum Ungehorsam gegen den Staat* (nach wie vor eine der wichtigsten Quellen des gewaltlosen Widerstands und eine bleibende Offenbarung der Macht und Verantwortung des Individuums, sich einer ungerechten Regierungspolitik aktiv zu widersetzen) hat Tolstoi, Gandhi und Martin Luther King inspiriert sowie das Leben zahlloser Menschen beeinflusst.

Bronson Alcotts radikal progressive Ideen bezüglich der Kindererziehung werden heutzutage wiederentdeckt und endlich gewürdigt. Er war ethischer Veganer und der treibende Motor hinter der Gründung von *Fruitlands*, einem unwahrscheinlichen Experiment einer vegetarischen Gemeinschaft, die im Umland von Concord angesiedelt war. Die Transzendentalisten von Concord waren die ersten Amerikaner, die zahlreiche erhabene und feinsinnige Ideen aus taoistischen, buddhistischen, jainistischen und vedantischen Schriften erforschten und ins westliche Denken hineinwebten. Sie schlugen eine Brücke zu einer Denkweise, die eine respektvolle Haltung gegenüber der Natur, eine Hervorhebung der grundlegenden Güte und des immensen Potenzials der menschlichen Natur und die Erforschung einer gewaltlosen, einfachen und von innerer Betrachtung geprägten Lebensweise umfasste.

Die amerikanischen Wurzeln der tiefgreifenden Infragestellung unserer Nahrung und der Entwicklung eines philosophischen Fundaments für eine mitfühlendere Beziehung zu Tieren können zu den progressiven Schriftstellern um Emerson im Concord der Mitte des neunzehnten Jahrhunderts zurückverfolgt werden. Thoreau schrieb: „Ich hege keinen Zweifel daran, daß es ein Schicksal des Menschengeschlechts ist, im Verlaufe seiner allmählichen Entwicklung das Essen von Tieren hinter sich zu lassen, genauso wie die wilden Naturvölker aufgehört haben, sich gegenseitig aufzuessen, nachdem sie in Kontakt mit zivilisierteren gekommen waren." Der weise und hochgeschätzte Emerson stellte seine Fähigkeit unter

Beweis, Zusammenhänge herzustellen, denen die meisten Menschen aus-
weichen, indem er schrieb: „Wenn Sie gerade getafelt haben, sind Sie der
Komplizenschaft schuldig, wie sorgfältig auch immer das Schlachthaus in
taktvoller meilenweiter Entfernung verborgen sein mag." Bronson Alcotts
Tochter, Louisa May, schlussfolgerte: „Pflanzliche Ernährung, ruhiger
Schlaf. Tierische Nahrung, Albträume. Pflückt, was euer Körper braucht,
im Obstgarten; holt es nicht von der Schlachtbank. Ohne Fleischnahrung
könnte es kein Kriegsgemetzel geben." Ihr Ausspruch verdeutlicht den
Zusammenhang zwischen der Gewalt, die mit dem Essen von Tieren ein-
hergeht, nächtlichen Albträumen und dem Albtraum der menschlichen
Gewalt, die sich gegen andere Menschen richtet.

Vielleicht habe ich in meiner Kindheit die noblen und mutigen Gedanken dieser spirituellen Pioniere gespürt, als ich durch die Wälder und
die Straßen von Concord streifte und an den Ufern des *Walden Pond*
entlangging, in dem ich schwimmen lernte. Obschon es in der Außenwelt wenig gab, was mich dazu hätte anregen können, die grausamen
Ernährungsgewohnheiten, mit denen ich aufwuchs, infrage zu stellen,
waren es vielleicht die Gedanken und Gefühle dieser Lichtgestalten, die
durch die inneren Welten, welche ich parallel zur Außenwelt erkundete, zu
mir hindurchsickerten. Ich bin mir sicher, dass wir alle Erinnerungen an
derartige Erfahrungen mit „Saatkörnern" haben, die sich nun in unserem
Bewusstsein entfalten, wenngleich wir diese vielleicht nur schemenhaft
wahrnehmen. Wir lernen voneinander, und wir pflanzen Saaten ineinander. Durch Beispiele, Handlungen, Worte, künstlerische und sonstige Ausdrucksformen, Schriften und Gesten berühren wir einander, manchmal
auf tiefgreifende Weise. Als Kinder sind wir empfänglicher gegenüber
diesen Einflüssen und können enormen Nutzen daraus ziehen oder enormen Schaden dadurch erleiden.

Mehrere andere Saatkörner haben meine Reise auf besondere Weise beeinflusst. Eines davon war der Umstand, dass ich mit einem großherzigen
und sanftmütigen Deutschen Schäferhund aufwuchs. Ich war das älteste
von drei Geschwistern, und *Bismarck* kam zu uns, als ich ungefähr ein
Jahr alt war. Er blieb mein treuer Freund bis zu seinem Tod in meinen
Teenagerjahren, der für unsere ganze Familie ein schmerzlicher Verlust
war. Er begleitete uns stets auf unseren häufigen Wanderungen und Cam-
pingausflügen in die Berge von New Hampshire und Vermont. Meine
Eltern verabscheuten Grausamkeit gegenüber Tieren und das Töten von

316 @ Ernährung und Bewusstsein

Tieren, so dass Jagen oder Fischen niemals zu den Aktivitäten auf unseren Ausflügen in die Natur gehörten. Mein Vater vermittelte mir von klein auf seine Liebe zur Natur, und er brachte mir auch Klavierspielen bei und regte mich dazu an, die geheimnisvolle Kraft der Musik zu erforschen, die uns erhebt und dank derer wir uns entspannen oder tiefe Gefühlsregungen ausdrücken können. Er war semiprofessioneller Pianist, und seine Liebe zur Musik und zur Harmonie war eine beständige Inspiration. Ich werde mich immer daran erinnern, wie er meinem Bruder und mir dort oben in den Bergen beigebracht hat, mehrstimmig zu singen.

Ein weiteres bedeutendes Saatkorn auf meinem Lebensweg war die Tatsache, dass ich in die Familie eines Zeitungsverlegers hineingeboren wurde. Zu der Zeit, als ich auf die Welt kam, erwarben meine Eltern eine winzige Wochenzeitung in der Gegend von Concord. Ich wuchs inmitten einer turbulenten Welt von Zeilensetzmaschinen und Druckerpressen, von Sonderaktionen, wöchentlichen Redaktionsschlüssen und einem endlosen Defilee von Lokalpolitikern und örtlichen Geschäftsleuten auf. Meines Vaters Flut an Leitartikeln und sonstigen Artikeln, meiner Mutter Gemälde und Grafiken sowie das beständige Wachstum der kleinen Zeitung waren Dreh- und Angelpunkt unseres Familienlebens. Die Zeitung, *The Beacon* (dt. *Der Leuchtturm* oder *Die Bake*, A.d.Ü.), gedieh prächtig und expandierte. Mein Vater konnte weitere Zeitungen in Städten in der Nähe von Concord gründen oder aufkaufen. Als ich auf der Highschool anfing, hatten wir eine Kette von dreizehn Zeitungen mit mehreren hundert Angestellten. Sie war in einem geräumigen Neubau in der Nachbarstadt Acton untergebracht. Ich konnte aus nächster Nähe die sagenhafte Macht der Presse beobachten. Ich sah Senatoren, Kongressabgeordnete und Lokalpolitiker, die zu meinem Vater kamen und auf seinen Rückhalt hofften. Ich sah örtliche Geschäftsleute, die Werbung benötigten. Ich erkannte auch, dass unsere Zeitung die Geschäftsleute ebenfalls brauchte und sie eifersüchtig verteidigen würde. Da wir unmittelbar in die Versammlungen, die Probleme und die Lokalpolitik unserer Stadt eingebunden waren, hatte ich den Eindruck, eine Insider-Ansicht unserer Gemeinde zu haben.

Ein weiteres Saatkorn war das in unserer Familie vorhandene Gefühl, wahre Amerikaner zu sein, das sich wie ein roter Faden durch unser Leben zog. Mein Vater war extrem patriotisch und liebte es, den Revolutionär Patrick Henry zu zitieren und die Nationalflagge zu hissen. Die Vorfahren meiner Mutter waren als Pilgerväter auf der *Mayflower* 1620 angekommen, und die Tuttle-Vorfahren waren als Puritaner 1630 auf der *Planter* aus England gekommen. An jedem 19. April versammelten sich Tausende Menschen auf der *Old North Bridge* in Concord, um den „Schuss, der um die ganze Welt gehört wurde", den Beginn des Amerikanischen Unabhängigkeitskrieges in Concord, zu feiern und nachzustellen. Mein Vater verkleidete sich als *Minuteman*, als Angehöriger der Miliz, und nahm am sechs Meilen (ca. zehn Kilometer) langen Marsch von Acton nach Concord teil, um auf den Spuren der ursprünglichen Marschroute zu gehen und die historische Schlacht nachzuspielen. Da ich im Bewusstsein aufwuchs, von den Pilgervätern und den Gründervätern abzustammen, fühlte ich mich dem „Amerikanischen Traum" stark verbunden. Mir gefielen die Ideale, für die die Vereinigten Staaten eigentlich stehen, und auch die Idee der Revolution. Die Pilgerväter und die Puritaner schätzten genau wie Emerson und Thoreau die Einfachheit und das Leben in der Gemeinschaft und sahen im Leben im Wesentlichen eine spirituelle Suche. Als diese Saaten zu keimen begannen, veränderten sie meine Sichtweise: Ich sah das Leben zunehmend wie eine Pilgerreise an und konzentrierte mich in der Folge weniger auf das Kaufen und das Konkurrieren, als vielmehr auf das Ziel der Pilgerreise. Ich begann auch zu verstehen, dass eine solche Sichtweise als einigermaßen subversiv betrachtet werden würde.

Der Biomilchhof von *Camp Challenge*

Eine weitere Saat, eine Erfahrung aus meiner Kindheit, die in meinen Erinnerungen eindringlich hervorsticht und für die ich dankbar bin, denn sie hat dazu beigetragen, mein Herz zu erwecken, ist die Tötung einer Kuh auf einer idyllischen Milchfarm im Bundesstaat Vermont, deren Zeuge ich wurde. Ich war ungefähr zwölf Jahre alt und nahm an einem Sommerlager in den Green Mountains teil, das als *Camp Challenge* bezeichnet wurde. Zur Philosophie und zu den Gepflogenheiten dieses Lagers gehörte es, uns Jungs auf positive Weise herauszufordern. Ich habe viele Erinnerungen an solche Herausforderungen: Anspruchsvolle Wildwasser-Kanufahrten, Fünf-Tages-Ausflüge in die steilen Gebirgshänge, wochenlange Aufenthalte im Freien mit über dem Lagerfeuer zubereiteten Mahlzeiten und Waschen im eiskalten Bachwasser. Höhepunkt war ein Zwei-Tage-Solo-Überlebenstraining in der Wildnis, für das wir nur mit drei Streichhölzern, einem Messer sowie einer Angel ausgerüstet waren.

Das Lager war an einen Biomilchhof im Tal unten angeschlossen, auf dem wir manchmal beim Heumachen oder Unkrautjäten mithalfen. Einmal gingen wir Jungs alle zum Hof hinunter, und man trug jedem von uns auf, eine der Hennen einzufangen, die frei herumliefen. Man zeigte uns, wie man ihren Kopf zwischen zwei Nägeln auf einem am Boden liegenden Brett fixierte und sie mit einer Hand festhielt, während man ihr mit der anderen Hand mithilfe eines Beils den Kopf abschlug. Ich hatte das Glück, dass mir als einem der wenigen mit dem ersten Hieb ein glatter Schnitt gelang. Ich sah zu, wie meine kopflose Henne genau wir ihre Leidensgenossinnen in der Scheune umherlief und Blut aus ihrem Hals spie, bis sie dahinschied. Man brachte uns allen bei, wie man die leblosen Körper in brühend heißes Wasser taucht, rupft und ausweidet. Anschließend gab es tagelang Huhn zu essen. Mir war bei der Sache nicht ganz wohl, aber ich war ein gut geschulter „Allesfresser", und im Alter von zwölf Jahren wusste ich, dass ich hart sein musste und manche Tiere dazu da waren, um von den Menschen gegessen zu werden. Wir mussten sie essen, andernfalls würden wir krank werden.

Einige Wochen später gingen wir wiederum alle zum Hof hinunter. Unter einem wunderschönen blauen Himmel sahen wir Pferde und Kühe und Felder mit Bohnen und Weizen. Man brachte uns zu einer Scheune, in deren Mitte auf dem hölzernen Boden eine einzelne Kuh stand. Es war eine der Milchkühe, und Tom – Besitzer und Leiter des Lagers sowie der Farm, ein stattlicher Naturbursche, der in der Gegend von Dartmouth aufgewachsen war und den wir alle mächtig bewunderten – erklärte uns, dass sie nicht genug Milch gab und wir sie daher als Fleischquelle nutzen würden. Er hielt ein Gewehr in der Hand und zeigte auf eine präzise Stelle auf ihrem Kopf, wo die Kugel sie treffen müsse, damit sie zu Boden ginge. Er fragte die älteren Jungs, ob einer von ihnen den Schuss versuchen wolle. Einer der Jungs hob seine Hand, nahm das Gewehr, legte an und feuerte ihr aus nächster Nähe eine Kugel in den Kopf, während wir anderen darum herum standen und zusahen. Die Kuh schwankte, doch sie blieb stehen. Tom gab das Gewehr einem anderen Jungen, der es versuchen wollte. Er schoss ebenfalls auf die Kuh. Wiederum schwankte sie unter dem Aufprall der Kugel, doch blieb weiter stehen und blinzelte nur.

Dann griff sich Tom das Gewehr, legte an und feuerte. Ich war verblüfft, wie die Kuh augenblicklich zu Boden krachte. Unweit der Stelle, wo ich stand, ergossen sich Kot und Urin aus ihrem Hinterteil. Tom ergriff sofort ein langes Messer, schwang sich rittlings auf ihren niedergestreckten Körper und trennte mit einem einzigen kräftigen Hieb ihren Kopf fast vollständig vom Rumpf. Ich sah überrascht, wie weit das Blut aus ihrem offenen Hals herausspritzte. Es wurde von ihrem nach wie vor schlagenden Herzen herausgepumpt und flog in langen, roten, flüssigen Bögen weit durch die Luft und bespritzte uns alle, die wir herumstanden, während ihr Körper sich auf dem blutgetränkten Boden krümmte. Wir sahen alle stumm zu, bis sie schließlich aufhörte, sich zu bewegen und zu bluten. Viele von uns mussten sich die blutbespritzten Arme und Beine abwischen. Während ich so da stand, erschüttert und entsetzt über das, was ich soeben mitangesehen hatte, wischte sich Tom die Augenbraue ab und erklärte uns mit ruhiger Stimme, dass das Fleisch nicht genießbar gewesen wäre, wenn ihr Herz nicht das Blut herausgepumpt hätte; es wäre blutdurchtränkt und unbrauchbar gewesen. Die nächste Stunde verbrachten wir damit, den Körper der Kuh auszuweiden. Wir zogen die verschiedenen Organe heraus, bestimmten sie und hielten sie in den Händen. Ich bemerkte, dass die Blutlachen auf dem Holzboden zu großen Klumpen roten Gelees gerannen. Auf einmal rief uns Tom zu sich, um uns etwas an ihrer Anatomie zu zeigen, das er in der Hand hielt. Sie hatte anscheinend ein Problem an den Eierstöcken, und er zeigte uns die fehlgebildete Stelle und sagte uns, dass sie aus diesem Grund getötet werden musste. Am Ende luden wir die verwertbaren Teile in den Laderaum eines Transporters; sie würden zum Fleischer gebracht werden. Wir alle sollten für den Rest des Monats von ihrem Fleisch essen. Einige der Jungs nahmen Souvenirs mit: Zitzen, den Schwanz, die Augen, das Hirn.

Im darauffolgenden Sommer kam ich wieder nach *Camp Challenge*. Obwohl mir das Wandern, Kanufahren und Leben in der freien Natur sehr gefielen, war mir bang zumute, als wir nach einigen Wochen von Tom abermals aufgefordert wurden, zum Biomilchhof hinunterzugehen. Wieder stand an diesem herrlichen Sommertag eine einzelne Kuh vor der Scheune. Es würde ihr letzter Tag sein, und sie sah aus, als fühlte sie sich sehr unwohl. Tom sagte, dass er es dieses Jahr nicht in der Scheune tun wolle; wir würden sie daher auf ein höher gelegenes Grasplateau bringen, das wenige Hundert Meter entfernt lag. Wir legten ein Seil um ihren Hals und versuchten, sie den kleinen Hügel hinaufzuziehen. Sie wollte uns nicht folgen und widersetzte sich mit aller Kraft. Umso mehr wir zogen, umso mehr sträubte sie sich. Ich war von ihrer Kraft überrascht. Wir waren schätzungsweise an die dreißig Kinder, die am Seil zogen, und wir konnten sie kaum dazu bringen, sich von der Stelle zu bewegen. Als klar wurde, dass wir so nicht zum Ziel kamen, holte Tom eine schwere Kette, schlang sie um ihren Hals und befestigte sie am Heck seines Allrad-Pritschenwagens. Einige von uns setzten sich auf die Ladefläche, andere liefen neben dem Wagen mit, während die Kuh, die sich immer noch heftig wehrte, den Hügel hinaufgezogen wurde. Dann passierte etwas Unvorhergesehenes. Wir näherten uns mit der sich sträubenden Kuh dem Grasplateau, und die Räder des Wagens drehten sich unaufhaltsam, als plötzlich die Kette riss, der Wagen einen Satz nach vorn machte und wir, die wir darin saßen, alle herunterfielen! Die Kuh stand dort auf der Straße, hielt den Kopf schief und schaute zu uns herauf. Als ich sie dort so stehen sah, stumm und doch so ausdrucksstark, wünschte ich mir, wir könnten sie einfach in Ruhe und weiterleben lassen. Doch ich glaubte daran, dass sie unsere *Nahrung* war – und dies ihr einziger Daseinszweck sei. Der Widerspruch zwischen diesen beiden Standpunkten in mir, sie als ein Lebewesen zu sehen und sie als Fleisch anzusehen, war stark. Ich kann mich nicht genau daran erinnern, was anschließend geschah. Irgendwie schafften wir sie auf das Plateau und vollbrachten das, was getan werden musste: Sie erschießen, ausbluten, ausweiden, die Teile zum Fleischer transportieren und in den folgenden Wochen von ihrem Fleisch essen. Als ich dieses Mal daran teilnahm, war ich im Unterschied zum vorigen Mal nicht entsetzt und schockiert, denn ich hatte das alles vorher bereits gesehen. Ich hatte meine Gefühle verloren.

Saaten des Verstehens

Über neun weitere Jahre fuhr ich unerschütterlich fort, das Fleisch, die Milch und die Eier von Tieren zu konsumieren. Ich wusste ganz einfach nicht, dass man ohne dies überleben konnte, und ich war niemals jemandem begegnet, der sich pflanzlich ernährte. Als ich auf das *Colby College* in Maine kam und vom Vegetarismus hörte, wurde ein Funke in mir entfacht, doch die Programmierung meines geerbten Omnivorismus war immer noch viel zu stark, als dass ich meine grundlegenden Ernährungsgewohnheiten infrage gestellt hätte.

Als ich im dritten Jahr am *Colby College* studierte, hörte ich von *The Farm* in Tennessee, einer relativ frisch gegründeten spirituellen Gemeinschaft von ungefähr achthundert Menschen, die hauptsächlich aus San Francisco stammten. Umso mehr ich über *The Farm* las, umso neugieriger wurde ich, und eines der Dinge, die mich am meisten daran faszinierten, war der Umstand, dass alle dort Vegetarier waren. Es war eigentlich eine vegane Gemeinschaft (wenngleich der Begriff noch nicht gebräuchlich war), denn die Menschen dort lebten nicht aus gesundheitlichen Gründen vegetarisch, sondern aus ethischen und spirituellen Gründen, und sie aßen keinerlei Tierprodukte, nicht einmal Eier, Milchprodukte oder Honig. Ich war zu diesem Zeitpunkt in meinem Leben immer noch keinem Vegetarier begegnet, doch in den Büchern, die von *The Farm* veröffentlicht wurden, sah ich Bilder von fröhlichen, gesund aussehenden und höchst kreativen Menschen, die es sich zur Aufgabe gemacht hatten, einen nachhaltigeren und harmonischeren Lebensstil zu verwirklichen. Ich verfasste meine Abschlussarbeit im Fachgebiet Organisatorisches Verhalten über *The Farm* und untersuchte die Theorie und Praxis einer Gemeinschaft, die auf Kooperation statt Konkurrenz, auf Teilen statt Besitzen und auf Mitgefühl statt Unterdrückung gegründet war. Die Lebensweise dieser Gemeinschaft zu studieren, war ein Projekt, das mir Augen und Ohren öffnete. Erfolg wurde in spirituellen anstelle von materiellen Werten gemessen, und die Lebensqualität sowie der Dienst an der Menschheit und an allem Leben standen über der Ansammlung von Reichtum und Besitz. Ihr Daseinszweck war unmissverständlich formuliert: „Wir sind hier, um mitzuhelfen, die Welt zu retten!"

In meinen letzten beiden Jahren am *Colby College* spürte ich einen tiefgreifenden Wandel in mir vorgehen. Mich dürstete nach einer tieferen Verbindung mit der Natur und mit Spiritualität, und so begann ich, die Meditation und sowohl östliche als auch westliche spirituelle Traditionen zu erforschen. Ein Buch aus dem ausgehenden neunzehnten Jahrhundert beeindruckte mich zutiefst: *Cosmic Consciousness* von R. M. Bucke. In diesem Buch, das mich maßgeblich beeinflusste, stellt der Autor die Theorie vor, dass sich die überwiegende Mehrheit der Menschen dessen bedient, was er Selbstbewusstsein nannte – ein unbefriedigender Zustand des Egozentrismus –, während bestimmte Menschen einen Zustand erreicht hatten, den er kosmisches Bewusstsein nannte. Bucke sagte vorher, dass diese höhere Bewusstseinsstufe, die sich durch

322 ⊚ Ernährung und Bewusstsein

moralische Erhebung, intellektuelle Erleuchtung, spirituelle Weisheit und
den Verlust der Todesangst auszeichnet, die nächste Stufe der menschlichen Entwicklung sein werde. Als ich diese Worte las, kam mir die Welt
der Karriere, die nach dem Studium auf mich wartete, wie eine trostlose
und mittelmäßige Ablenkung von meinem wahren Lebensziel vor, das
darin bestehen musste, ein Bewusstseinsniveau zu erreichen, das höher
entwickelt war als die engstirnige Verfolgung eigennütziger Interessen,
die ich um mich herum sah. Ich sprach mit meinem Bruder über diese
Ideen, und er stimmte mir von ganzem Herzen zu. Gemeinsam arbeiteten
wir einen Aktionsplan aus.

Das Zuhause verlassen

Nach dem Abschluss unseres Studiums am *Colby College* entschieden
mein Bruder Ed und ich im Spätsommer 1975, wir waren damals zwanzig bzw. zweiundzwanzig Jahre alt, uns auf eine spirituelle Pilgerreise zu
begeben. Mit kleinen Rucksäcken und großen Erwartungen verließen wir
unser Elternhaus in Massachusetts. Mich verlangte danach, tiefer in die
Spiritualität einzudringen, die Wahrheit über mich selbst direkt heraus-
zufinden und dieses Leben auf der Erde besser zu begreifen, indem ich
mithilfe der spirituellen Disziplin bewusst nach einem Ausweg aus dem
Gefängnis des „Selbstbewusstseins" suchte.

Wir entdeckten ein Buch über das Leben und die Lehren von Ramana
Maharshi (1879-1950), einem Weisen aus Südindien, der empfahl, auf dem
Weg zu spirituellem Verständnis ununterbrochen über die Frage „Wer bin
ich?" zu meditieren. Diese Praktik gründet sich auf das Verständnis, dass
wir mehr als unser physischer Körper oder unsere Gefühle, Gedanken
und Überzeugungen sind. Die Wahrheit dessen, was wir sind, übersteigt
unsere Konditionierung, die Illusionen, denen wir unterliegen, und den
physischen Tod, und wir können diese Wahrheit direkt erfahren. Dazu
müssen wir lediglich so weit und so aufrichtig wie möglich dieser Frage
nachgehen, wer oder was wir wirklich sind.

Auf diese Frage konzentrierte ich mich also, während wir durchs Land
in Richtung Westen reisten – vielleicht nach Kalifornien, wie wir dachten.
Nach einigen Wochen waren wir bis Buffalo gekommen, und ich fühlte
die Wirkung der neuen Erfahrung der Meditation und Selbsterforschung.

Umso mehr ich der Fragestellung nachging, umso tiefer fühlte ich meine Verbindung mit den Bäumen, den Vögeln und den Menschen, die ich sah, und umso offener wurde ich für den Gedanken unserer universellen Verwandtschaft. „Was genau ist dieses 'Ich', das ständig beschützt werden möchte und seine Bedürfnisse befriedigt sehen will?", fragte ich mich unaufhaltsam, „und das sich selbst als getrennt ansieht?"

In Buffalo angekommen, entschieden wir uns, nach Süden zu gehen, ohne zu versuchen, per Anhalter weiterzukommen, sondern indem wir fünfzehn bis zwanzig Meilen (24 bis 32 Kilometer) am Tag zu Fuß gingen, von einer Kleinstadt in die nächste, und uns völlig in die Hände des Universums begaben, das für uns sorgen würde. Wir hatten kein Geld dabei und schliefen zumeist in den Kirchen der kleinen Städte, durch die wir kamen, auf dem Boden. Doch irgendwie kamen wir immer an etwas Essbares. Ich war mehr und mehr vom Wahrheitsgehalt der Aufforderung überzeugt, die besagt: „Trachtet zuerst nach dem Reich Gottes und nach seiner Gerechtigkeit, so wird euch alles andere zufallen." Kleinere Wunder widerfuhren uns praktisch jeden Tag in Form von glücklichen Fügungen und Begegnungen mit Menschen, die uns wie Engel erschienen. Paradoxerweise dachten sie oft von uns, *wir* seien die Engel. Unsere Sicherheit schien durch unsere vollkommene Wehrlosigkeit gewährleistet sowie vielleicht durch das Kraftfeld der Fragestellung, auf die wir uns auf unserer Wanderschaft konzentrierten.

Ich bemerkte, dass sich mein Herz für andere öffnete und ich den Wunsch verspürte, ihnen zu helfen. Manchmal bestand diese Hilfe darin, zu lernen, etwas anzunehmen. Ein andermal ging es darum, dass wir Menschen, die sich uns auf ganz natürliche Weise anvertrauten und unseren Rat suchten, großzügig unsere Zeit und Energie schenkten, um sie zu beraten. Jeden Tag verbrachten wir mehrere Stunden still sitzend in innerer Einkehr und gingen der scheinbar unendlichen und unmöglichen Frage „Wer bin ich?" nach. Die Frage erfüllte noch meinen Geist, wenn wir wieder Stunde um Stunde wanderten. Warum denke ich, dass ich mich nur in diesem Körper befinde und nicht im Körper dieser anderen Person oder dieses Hundes? Genau wie ich haben sie ihre Eigeninteressen und streben danach, das zu bekommen, was ihnen gefällt, und das zu vermeiden, was ihnen nicht gefällt. Ich bemerkte, wie sich mein Griff um den Gedanken, dass ich grundlegend von allem anderen getrennt sei, spürbar lockerte. Ich begann, dasselbe „Ich" in anderen zu sehen. Ich konnte die

Welt durch ihre Augen sehen, ihre Perspektive verstehen und ihre Gefühle nachempfinden. Dies sollte schon bald Folgen haben.

Eines Tages bot uns ein freundlicher Mann an, wir könnten einige Tage in seiner idyllischen kleinen Sommerhütte an einem Fluss verbringen. Wir gingen hin und quartierten uns in der Hütte ein, doch leider gab es keine Verpflegung, so dass wir uns in der Umgebung auf die Suche nach Nahrung machten. Wir fanden große Mengen wilder Möhren und einige Rohrkolbenwurzeln. Das alles war nicht sonderlich appetitanregend, und da wir Angelruten gefunden hatten und ich in *Camp Challenge* angeln gelernt hatte, machte ich mich daran, einige Fische zu fangen.

Ein feiner Nieselregen ging herunter, und ich steckte den ersten Fisch, den ich gefangen hatte, in die Tasche meiner Regenjacke. Ich war überzeugt, dass er bald schon tot sein würde. Als ich einen zweiten Fisch fing, steckte ich ihn in meine andere Tasche. Ich war recht zufrieden mit mir und ging zurück zur Hütte, um das Abendessen zu kochen. Die Rohrkolbenwurzeln und wilden Karotten schmorten vor sich hin, als ich daran ging, die Fische zu putzen. Bestürzt musste ich feststellen, dass die beiden Fische noch am Leben waren und sich in Zuckungen wanden. Mir wurde klar, dass sie am Sterben waren, doch noch waren sie nicht tot. Der alte Reflex kam in mir hoch, und ich packte einen der Fische, um ihn heftig auf den Boden zu schlagen. Als ob ich aus einem Albtraum aufgewacht wäre, stand ich da und konnte nicht glauben, was ich soeben getan hatte. Doch ich glaubte, dass ich jetzt nicht aufhören durfte. Der Fisch war immer noch lebendig! Es brauchte noch zwei Schläge auf den Boden, und dann musste ich den anderen Fisch genauso töten, bevor ich sie ausnehmen und zubereiten und wir sie zum Abendessen verspeisen konnten.

Ich hatte ihre Todesangst und ihren Schmerz und die Gewalt, die ich diesen unglücklichen Geschöpfen zugefügt hatte, fühlen können. Ich schwor, nie wieder zu angeln. Die Selbsterforschung tat ihre Wirkung und entlarvte schonungslos mein konditioniertes Verhalten und meine ebenso konditionierte Scheinheiligkeit. Die alte Programmierung, dass es doch „nur Fische" waren, fiel vollkommen von mir ab. Ich sah mit anderen Augen, was tatsächlich geschehen war, wie ich gewaltsam und hinterlistig in ihre Welt eingedrungen war und ihnen absichtlich Leid zugefügt hatte. Da befand ich mich nun auf einer spirituellen Pilgerreise und bemühte mich nach besten Kräften, die tieferen Wahrheiten der Existenz zu entdecken, und handelte doch entgegen dieser noblen Absichten, indem ich zuerst die

Fische mit einem Köder austrickste, der einen grausamen Widerhaken verbarg, und sie danach tötete.

Am nächsten Tag wanderten Ed und ich weiter. Obwohl ich immer noch sehr wenig über Vegetarismus wusste, dämmerte mir, dass es eine bessere – ja, sogar eine notwendige – Lebensweise sein müsse. Auf kleinen Nebenstraßen führte uns unser Weg weiter nach Süden, durch den Staat New York und nach Pennsylvania, durch Pennsylvania hindurch und nach West Virginia. Fast jeden Abend suchten wir einen örtlichen Pfarrer auf und verbrachten die Nacht in einer Kirche, wo uns manchmal auch eine Mahlzeit angeboten wurde. Wir übernachteten auch gelegentlich in Obdachlosenheimen oder Gefängnissen, bei Privatpersonen, in Gemeinschaften, auf Feldern und in Wäldern. Dank Hans Apfelkern (Johnny Appleseed, ein Ökopionier, der im ganzen Mittelwesten der USA Apfelbäume anpflanzte, A.d.Ü.) waren unsere Rucksäcke fast immer mit Äpfeln gefüllt, und gelegentlich fanden wir einen verlassenen Garten mit reifen Zucchini. Ich begann, meinen Fleischkonsum stark einzuschränken, wenn uns welches angeboten wurde, obwohl ich befürchtete, ich würde nicht genug Eiweiß zu mir nehmen, wenn ich komplett darauf verzichtete.

Hunde waren eine gelegentliche Bedrohung für uns, wenn wir über die Nebenstraßen wanderten. Ich vermute, dies lag daran, dass sie uns als Fremde sahen, die in ihr Revier eindrangen. Eines Morgens gingen wir an einem Haus im ländlichen West Virginia vorüber, als ein großer Deutscher Schäferhund ohne zu bellen auftauchte und hinter uns herlief. Ich zuckte zusammen, als ich plötzlich fühlte, wie seine Nase von hinten mein Bein anstupste. Wir liefen über viele Meilen, und er blieb an unserer Seite, ein wunderschönes Tier, freundlich und dynamisch, er lief vor uns her und verhielt sich wie ein Beschützer. Zum Mittagessen hielten wir auf einem kleinen Hügel über der Straße und aßen ein paar Äpfel. Danach meditierten wir für eine halbe Stunde, wie es unserer Gewohnheit entsprach. Der Hund saß still neben uns, blickte aufmerksam in die Ferne und strahlte ein tiefes Gefühl des Friedens und der Kraft aus. Wir waren angesichts dieses Hundes der Bewunderung voll! Er war allem Anschein nach ein vollendeter Meditierer. Wir gingen weiter und kamen zu einer Kurve, wo wir ein Haus auf einem Hügel sahen. Sofort kam ein großer Hund den Hügel herunter in unsere Richtung gestürzt, und er sah so aus, als ob er nichts Gutes im Schilde führte. Unser Freund, der Deutsche Schäferhund, befand sich zu diesem Zeitpunkt einige hundert Meter hinter uns. Was für eine Freude war es, mitanzusehen, wie er von hinten über den Hügel wie ein Blitz herangestürmt kam und den anderen, angreifenden Hund abfing und zu Boden warf, bevor dieser uns erreichen konnte! Nachdem er durch wiederholtes strenges Knurren eingeschüchtert worden war, rannte der andere Hund zu seinem Haus zurück, und wir drei setzten unseren Weg fort. Wir erfreuten uns gegenseitig unserer Gesellschaft, bis der große Hund uns schließlich ansah, kehrtmachte und nach Hause trottete. Ich fragte mich, wie irgendjemand *nicht* vom Geist dieses Wesens berührt sein konnte. Und doch, wäre er in einem Käfig eingesperrt oder würde er, wie in China, bloß als ein Stück Fleisch angesehen, das gegessen wird, oder aber, wie es das Los der Kojoten und Wölfe ist, als Schädling, der zum Abschuss freigegeben ist, könnten seine Präsenz und sein individuelles Wesen überhaupt nicht zum Ausdruck kommen.

Unser langer Weg nach Süden setzte sich durch die Hügel von West Virginia und dann ins östliche Kentucky und schließlich nach Tennessee hinein fort. Die Menschen dachten, wir seien unterwegs auf einer Abenteuertour, um die Welt zu entdecken, doch für uns war es eine innere Reise. Meditation und Selbsterforschung waren unsere wichtigsten Beschäftigungen an jedem Tag. Wir waren bestrebt, uns immer auf den gegenwärtigen Augenblick zurückzubesinnen, und trachteten danach, das kosmische Bewusstsein zu erlangen. Ich war mir sicher, dass höhere Bewusstseinsstufen als diejenigen, die ich selbst erfahren und an den Menschen um mich herum festgestellt hatte, potenziell erreichbar waren. Spirituelle Lehrer und manche Dichter sprachen eindeutig und leidenschaftlich von deren Existenz.

Im Laufe der Wochen trennten wir uns nach und nach von vielen Dingen. Ersatzschuhe und Reservekleidung wurden nacheinander verschenkt, wodurch unsere Rucksäcke allmählich leichter wurden. Es fühlte sich wunderbar befreiend an, selbst weniger sperrige Gegenstände loszulassen und aus unserem Gepäck zu entfernen, wie ein kleines Adressbuch mit den Anschriften einiger Freunde, die über das ganze Land verstreut wohnten und von denen ich dachte, dass wir sie auf unserer Reise besuchen könnten. Ich warf es relativ früh auf unserem Weg weg, als wir uns im Norden von New York befanden. Bald darauf gaben wir unsere eiserne Reserve von 200$ weg, die wir in Form von 50$-Scheinen in unseren Rucksäcken versteckt hatten. Ich nahm sogar meine Brille ab und packte sie beiseite. Dies war eine echte Herausforderung, denn ich hatte sehr starke Gläser, bedingt durch eine Sehschärfe von 6/120 in meinem besseren Auge! Die Welt war für einige Wochen verschwommen, doch sie wurde zunehmend klarer, als meine Augen und mein Gehirn allmählich ihre natürliche Sehfähigkeit zurückerlangten. Mir wurde bewusst, dass es meine Angewohnheit, eine Brille oder Kontaktlinsen zu tragen, war, die meine Sehschärfe beeinträchtigt hatte und die mich zeit meines Lebens zu einem treuen Kunden der Optikerindustrie hätte werden lassen. Obschon es anfangs ein wenig beängstigend war, diese künstlichen Barrieren zwischen mir und der Welt zu entfernen, empfand ich es zunehmend als befreiend. Ich habe nunmehr seit über fünfundzwanzig Jahren keine Augengläser mehr getragen.

In dem Maße, wie die goldenen Herbsttage ins Land gingen und wir weiter nach Süden wanderten, begann ich, mich lebendiger als je zuvor zu fühlen. Es war, als ob Schichten einer Panzerung abblätterten. Wellen purer Freude strömten plötzlich über mich hinweg, und ich fühlte mich, als würde mein Herz vor Glück zerspringen. Diese Freude schien nichts mit dem zu tun zu haben, wovon ich immer gedacht hatte, dass es einen glücklich machen würde. Wir hatten kein Geld, praktisch keinen materiellen Besitz und keine Ahnung, wo die nächste Mahlzeit oder Unterkunft herkommen würden. Warum sollten also diese unerklärlichen Wellen des Glücksgefühls so lebhaft aus meinem Inneren aufsteigen? Eines stand fest: Wir lebten *unser* Leben, nicht ein Leben, das uns durch Bilder in den Medien oder von unseren Eltern, Lehrern, Verwandten oder Autoritätspersonen diktiert worden war. Es war vielleicht die grundlegende Daseinsfreude, die spontan aufkommt, wenn wir unserem inneren Ruf, uns weiterzuentwickeln, Folge leisten. Jedenfalls schien diese Freude ein Feld der Freiheit und des Segens um uns herum zu erzeugen, das uns beschützte und manchmal fast fühlbar war.

Die Suche nach dem Verstehen war alles für uns. Wir wussten instinktiv, dass wir an nichts festhalten sollten. Ich erinnere mich an einen Sonntag in einer kleinen Stadt in West Virginia, in der wir gebeten wurden, die Morgenlektion für die Schüler der Sonntagsschule zu geben. Wir erklärten ihnen, dass wir die Wahrheit der Lehren Jesu gefunden hatten: „Trachtet zuerst nach dem Reich Gottes und nach seiner Gerechtigkeit, so wird euch alles andere zufallen." Hinterher machte die Kirche eine kleine Kollekte und übergab uns als Überraschungsgeschenk 30$, als wir uns auf den Weg in die nächste Kleinstadt machten. Am folgenden Tag kauften wir

zwei Mittagessen für je 5$ in einem Restaurant mit dem unerwarteten
Geschenk von 30$ und gaben der Serviererin die restlichen 20$ als Trink-
geld. Wir wanderten weiter, mit leeren Taschen und freien Herzen. Eines
Tages, als wir schon seit geraumer Zeit nichts gegessen hatten und nichts
in unseren Rucksäcken hatten, erblickte ich eine Plastikverpackung ein
wenig abseits der Straße. Es war ein frisches Sandwich! Wir aßen jeden
Bissen so langsam wir konnten und mit allergrößter Dankbarkeit. In all
den Monaten unserer Wanderschaft mussten wir niemals ernsthaft Hunger
leiden.

Saaten der Gemeinschaft

Schließlich wurden wir auf unerklärliche Weise zu einer neu gegründeten
Gemeinschaft von etwa einem Dutzend Menschen in Kentucky geführt.
Sie bereiteten uns einen herzlichen Empfang, und wir erfuhren, dass sie
allesamt Vegetarier und *The Farm* angegliedert waren! Sie brachten uns
bei, wie man Sojabohnen kocht, und wir hörten zum ersten Mal von etwas, das sie „Tofu" nannten. Unsere Gastgeber erzählten uns, dass sie
vegetarische Schuhe trügen und das Leid, das sie Tieren verursachten,
so gering wie möglich halten wollten. Ich hatte vage Kenntnis von Hühnern, die einander in überfüllten Käfigen in Tierfabriken die Augen aus-
picken, von Kälbern, die gebrandmarkt und kastriert werden, und von
Schweinen, die in Schlachthöfen schreien. Ich hatte auch Tiertransporter
mit Kälbern darin gesehen, aber ich kannte wenig Einzelheiten, und ich
wusste auch nicht, wie man gesunde pflanzliche Mahlzeiten zubereitet.
In einer Atmosphäre der Offenheit und Fürsorglichkeit sprachen wir über
all diese Dinge. Wir arbeiteten und wir aßen zusammen, wir spielten und
wir meditierten zusammen, und es kam mir bald absurd und fast barbarisch vor, auch nur daran zu denken, das Fleisch von Tieren zu essen. Ich
gelobte in meinem Inneren, von nun an ein Vegetarier zu sein.

   Bald darauf brachen wir wieder auf und setzten unsere Pilgerreise südwärts in Richtung *The Farm* fort, wobei wir unsere meditativen Praktiken
beibehielten. Wir erreichten schließlich *The Farm* und hielten uns dort
mehrere Wochen auf. Diese Erfahrung besiegelte meinen Vegetarismus
vollständig und war es absolut wert, die monatelange Wanderung auf uns
zu nehmen, um dorthin zu gelangen. Fast tausend Menschen, von denen

die meisten als verheiratete Paare mit ihren Kindern in selbstgebauten Häusern wohnten, hatten auf einem Stück sanft hügeligen Farm- und Forstland eine Gemeinschaft erschaffen. Die Menschen trugen ihr Haar lang, als Zeichen ihrer Stellungnahme für Natürlichkeit und wider die militärische Gesinnung, die für die Verwüstung Vietnams verantwortlich war. Die Gemeinschaft hatte den rechtlichen Status eines Klosters, und sie war strikt vegan, um zu vermeiden, dass Tieren, Menschen oder der Umwelt Schaden zugefügt wird. *The Farm* besaß eine eigene Schule, ein eigenes Telefonsystem, eine Soja-„Molkerei", eine Druck- und Verlagsgesellschaft, eine Rockband, eine Sonntagmorgenmesse sowie *Plenty* (später *Plenty International*, A.d.Ü.), ein aufstrebendes Sozialprogramm, das veganes Essen und Gesundheitsdienstleistungen sowohl in Zentralamerika als auch in den Ghettos Nordamerikas anbot. Stephen Gaskin, der spirituelle Leiter, war ein Schüler von Zen-Master Suzuki Roshi, dem Gründer des *San Francisco Zen Center*.

Das Essen war köstlich, und die Atmosphäre mit nichts vergleichbar, was ich je irgendwo erlebt hatte. Die Menschen waren freundlich, dynamisch, aufgeweckt. Ein starkes Gefühl der Zielorientiertheit war allen eigen: Man wollte daran arbeiten, eine bessere Welt zu erschaffen, man wollte miteinander teilen, und man wollte einander und die örtliche Gemeinschaft ehren und respektieren. Die Soja-„Molkerei" stellte Tofu, Sojamilch, Sojaburger und „Ice Bean" her, die erste Eiskrem aus Sojabohnen. Die Schule servierte den Kindern vollkommen vegane Mahlzeiten. Die Kinder waren von Geburt an vegan und wuchsen zu großen, starken und gesunden Menschen heran. Die Gärten, Felder und Gewächshäuser versorgten alle Menschen mit Nahrung. Es gab verschiedene Teams, in denen die Menschen zusammen arbeiteten: Sie bauten, reparierten, kochten, unterrichteten, bestellten die Felder und bewirkten zusammen, dass *The Farm* bemerkenswert autonom war. Während meines Aufenthalts arbeitete ich in der Buchdruckerei. Meine Aufgabe bestand darin, Exemplare des überaus beliebten und wegweisenden Leitfadens für spirituelle Geburtshilfe *Spiritual Midwifery* aus der Druckpresse zu entnehmen. Von überall her im Land kamen Frauen zum Geburtshilfezentrum von *The Farm*, um dort ihre Babys mit Unterstützung der erfahrenen und liebevollen Hebammen auf die Welt zu bringen. Den Frauen, die über eine Abtreibung nachdachten, sagte man, dass sie nach der Geburt entscheiden könnten, ob sie ihr Baby wirklich nicht behalten möchten, und dass es in diesem Fall von einem der Paare adoptiert werden könnte, die auf *The Farm* lebten. Obwohl zahlreiche Frauen bei ihrer Ankunft diese Option erwogen, hat keine Frau jemals entschieden, ihr Baby nicht zu behalten, nachdem sie von den fürsorglichen Hebammen von *The Farm* durch den Geburtsprozess begleitet worden war.

Ich war tief berührt von der liebevollen Aufmerksamkeit, die die Menschen einander entgegenbrachten, und von dem Mut, den die gesamte Gemeinschaft bewies, indem sie praktisch vollkommen konträr zu den Werten der größeren, sie umgebenden Gesellschaft funktionierte. Die Menschen dort waren allesamt – so wie ich selbst – in einer Kultur der Unterwerfung aufgewachsen, die Tiere für Zwecke der Ernährung, der Kleidung, der Unterhaltung und der Forschung missbrauchte und tötete und die besonderes Gewicht auf Konkurrenzdenken, privates Eigentum, Konsumstreben und beschränkte Haftung für große Konzerne legte. Wir waren dazu erzogen worden, die Erde, die Tiere und selbst die Menschen als Waren anzusehen, die von einem Markt benutzt wurden, um egozentrischen Gewinninteressen zu dienen. *The Farm* war ein lebendes Beispiel einer veganen Lebensweise, bei der Güte, Mitgefühl und Respekt für alle Geschöpfe, ein Leben in freiwilliger Einfachheit und mit angemessener Technologie sowie das Teilen von Ressourcen im Vordergrund standen. Es ging darum, sein Glück durch starke, gesunde Familienbande und Sozialkontakte, Hilfe für andere, spirituelles Wachstum und kreativen Ausdruck zu finden, anstatt durch persönliche Bereicherung und sozialen Aufstieg. Mir schien es, dass diese Menschen sich viel mehr der realen Umsetzung der Lehren Jesu in ihrem Leben annäherten als die Mainstream-Religionen. Das gelebte Ideal der Menschen von *The Farm* war die Überzeugung, dass alles Leben heilig ist, und ihre Bestrebung war es, eine Gemeinschaft und eine Lebensweise zu entwerfen, die diesem Ideal entsprachen und die eine Inspiration für andere und ein Vorbild für einen nachhaltigen Lebensstil sein sollten. Es versteht sich von selbst, dass Banken, Konzerne und Regierungsinstitutionen *The Farm* gegenüber extrem feindselig eingestellt waren. Obwohl die Gemeinschaft nach wie vor existiert, ist sie nun kleiner und auf gewisse Weise weniger radikal als zu ihrer Glanzzeit in den 1970ern und frühen 80ern.

Obschon wir ernsthaft erwogen, uns dieser Gemeinschaft anzuschließen, erhielten wir eine intuitive Anweisung, weiter südwärts nach Huntsville, Alabama, zu gehen. Bei unserer Ankunft entdeckten wir das örtliche

Zen-Zentrum. Dort konnten wir unsere Energie der Meditation weihen, ungefähr acht Stunden täglich still sitzen und außerdem beim Betrieb des Zentrums helfen. Dies war eine perfekte Situation für uns; wir konnten uns unserer Meditationspraktik widmen sowie exzellente Anleitung und Unterweisung erhalten. Über die nächsten Jahre lebte ich in mehreren buddhistischen Meditationszentren in Atlanta und später in San Francisco. Allerdings lockerte ich meine vegane Ernährungsweise etwas, denn die meisten Menschen in diesen Zentren aßen Eier und Milchprodukte. Ich war mir zu diesem Zeitpunkt noch nicht des Ausmaßes der Gewalt bewusst, die mit diesen Nahrungsmitteln einhergeht.

1980, als ich in Kagyu Droden Kunchab lebte, einem Zentrum in San Francisco, das dem tibetischen Vajrayana-Buddhismus angehört, hatte ich das Glück und die Gelegenheit, dem Dalai Lama zu begegnen und ihm die Übersetzung eines alten tibetischen Meditationstextes vorzulegen, an der ich gearbeitet hatte und die unser Zentrum mit meiner Hilfe veröffentlichen konnte. Zuvor an diesem Tag hatte der Dalai Lama eine Zeremonie geleitet, bei der wir alle das Bodhisattva-Gelübde ablegten. Dieses wird als Grundlage der Vajrayana-Meditationspraktik verstanden: Man gelobt, vollständige spirituelle Erleuchtung anzustreben, um anderen Lebewesen von höchstem Nutzen zu sein. Eine Unstimmigkeit, mit der ich und viele andere uns schwertaten, bestand darin, dass wir zwar Vegetarier waren, die meisten der Lamas, von denen wir angeleitet wurden, hingegen regelmäßig Fleisch aßen. Sogar der Dalai Lama selbst, obwohl er die Jagd und sämtliche Formen von Tiermissbrauch streng verurteilte und sowohl das tibetische Volk als auch die westlichen Buddhismus-Anhänger zum Vegetarismus ermunterte, aß jeden zweiten Tag Fleisch, angeblich auf den Rat seines Arztes hin. Vielleicht waren seine Gründe auch politischer Natur, denn als höchste und am meisten sichtbare Autorität des Tibetischen Buddhismus würde es beachtlichen Mut von ihm erfordern, von der Praktik der meisten Lamas abzuweichen und dem ethischen Vegetarismus zu folgen, der von den ursprünglichen buddhistischen Lehren vorgeschrieben wird. Glücklicherweise stellte er im April 2005 diesen bemerkenswerten politischen Mut unter Beweis, und die Pressestellen berichteten: „In einer Mitteilung sagte der Dalai Lama, er sei kürzlich zu einer vegetarischen Ernährungsweise übergegangen, und rief die Menschen dazu auf, das Töten und Ausrotten der Tiere zu beenden."[1] Aufgrund der herausragenden Stellung des Dalai

Lama als Vorbild des Friedensstifters sind dies gute Neuigkeiten für uns alle. Es gibt ermutigende Anzeichen, dass junge Tibeter in Indien ebenfalls in diese Richtung gehen.[2] (Nach aktuellem Stand ist der Dalai Lama nicht länger Vegetarier, A.d.Ü.)

Der SonggwangSa-Tempel

1984 hatte ich zum zweiten Mal Gelegenheit, in einer veganen Gemeinschaft zu leben. Dieses Mal war es in einem alten Zen-Kloster in Südkorea. Ich reiste dorthin und nahm als Mönch am dreimonatigen Sommer-Intensiv-Retreat teil. Wir standen morgens um 2 Uhr 40 auf und begannen unseren Tagesablauf, der aus Meditation und dem Praktizieren der Stille und der Einfachheit bestand. Wir aßen vegane Mahlzeiten mit Reis, Suppe, Gemüse und gelegentlich Tofu, und nach der Abendmeditation um 21 Uhr zogen wir uns zur Nachtruhe zurück. Die Mahlzeiten wurden schweigend eingenommen. Jeder von uns hatte vier Schüsselchen: Drei für Reis, Suppe und Gemüse und ein viertes für Tee. Wir verwendeten den Tee, um die anderen Schüsselchen auszuspülen, und tranken ihn dann, damit auch nicht ein einziges Reiskorn der Verschwendung anheimfiele.

Die Gemeinschaft bestand aus etwa siebzig Mönchen sowie einigen weltlichen Mitarbeitern, die bei bestimmten Aufgaben behilflich waren. Die veganen Wurzeln des Klosters waren alt und reichten tief. Für viele Jahrhunderte hatten Menschen in diesem Tempel auf diese Weise gelebt, meditiert und ihr Leben in Gewaltlosigkeit verbracht. Keines der Gewänder enthielt Seide oder Leder, und obwohl ich mich dort zur Zeit der sommerlichen Moskitoplage aufhielt, kam es überhaupt nicht infrage, eine der Mücken oder irgendein anderes Geschöpf zu töten. Wir benutzten lediglich ein Moskitonetz in der Meditationshalle. Während der Monate der Stille und Meditation, des reglosen Verharrens über scheinbar endlose Stunden, kam ein tiefes und freudiges Gefühl in mir auf, ein Gefühl der Solidarität mit allem Leben, und ich spürte, dass ich empfänglicher für die Energie von Situationen wurde.

Als ich nach vier Monaten in die Hektik des amerikanischen Alltags zurückkehrte, wurde ich einer tiefgreifenden Veränderung in mir gewahr, und der Vegetarismus, den ich seit ungefähr neun Jahren praktizierte, ging spontan und natürlich in einen Veganismus über, von dessen Wurzeln es mir so vorkam, als würden sie bis ins Zentrum meines Herzens reichen. Bis dahin hatte ich irrtümlich geglaubt, dass meine täglichen veganen Nahrungs- oder Kleidungseinkäufe persönliche Entscheidungen wären, lediglich Optionen. Nun erkannte ich klar, dass der Verzicht darauf, Tiere als Waren zu behandeln, keine Option oder Entscheidung war, denn Tiere *sind* ganz einfach keine Waren. Es ist genauso undenkbar, ein Tier zu essen oder seine Haut zu tragen oder seine Misshandlung zu rechtfertigen, wie es undenkbar ist, einen Menschen zu essen oder seine Haut zu tragen oder seine Misshandlung zu rechtfertigen. Als ich dies vollständig erkannte und in meinem Herzen verstand, fühlte ich eine tiefgreifende Erleichterung und Mündigkeit, die unbeschreiblich bereichernd waren.

Aufgrund von Kontakten, die ich direkt vor meiner Abreise nach Korea während der Erlangung meines Masters an der *San Francisco State University* geknüpft hatte, war es mir möglich, bei meiner Rückkehr Geistes- und Sozialwissenschaften und Philosophie an einem College in der *San Francisco Bay Area* zu unterrichten. Nach ungefähr sechs Monaten des Unterrichtens beschloss ich, mich für ein Postgraduiertenstudium (*Ph.D.*) an der *U.C. Berkeley Graduate School of Education* einzuschreiben. Hierfür musste ich einen Aufnahmetest absolvieren, den *Graduate Record Examination* (GRE). Interessanterweise erzielte ich ein außergewöhnlich hohes Ergebnis. Die Organisation Mensa teilte mir mit, dass meine Punktzahl einem IQ entsprach, der im obersten Viertel des obersten Perzentils der Bevölkerung angesiedelt war. In meinen jüngeren Jahren, als ich mich omnivor ernährte und mich nicht in Meditation übte, hatte ich bei dieser Art von Tests nie sonderlich gut abgeschnitten. Das ist vollkommen nachvollziehbar. Eine vegane Ernährungsweise versetzt nicht nur unser körperliches System in die Lage, besser zu funktionieren. Noch wichtiger ist, dass sie uns mental befreit und befähigt, Zusammenhänge herzustellen. Diese mentale Fähigkeit ist die Grundlage der Intelligenz. Regelmäßig praktizierte meditative Stille erlaubt unserem Geist, sich zu entspannen und sich mit dem Quell intuitiven Potenzials zu verbinden, das anscheinend ebenfalls unsere Fähigkeit, Verbindungen herzustellen, verbessert. Eine vegane Ernährungsweise zu befolgen und innere Stille zu praktizieren, ist eine mächtige Kombination! Ich stellte fest, dass ich in der Lage war, das volle Kursprogramm am College zu unterrichten und gleichzeitig das komplette Kursprogramm in Berkeley zu besuchen, so dass ich typischerweise mit acht bis zehn Kursen gleichzeitig jonglierte. Nicht nur, dass mein Unterricht wunderbar verlief, als Student hatte ich nur A-Noten und einige A-Plus-Noten in über sechzig einzelnen Leistungsnachweisen. Meine Doktorarbeit mit dem Titel *The Role of Intuition in Education* wurde für den *Best Dissertation Award* nominiert. Es gibt keinen Grund für mich, darauf stolz zu sein oder dies als persönlichen Verdienst für mich in Anspruch zu nehmen. Es ist nur eine von zahllosen Veranschaulichungen der grundlegenden Wahrheit, dass wir alle ein enormes Potenzial haben, das verwirklicht werden kann, wenn wir unsere wesenhafte Natur verstehen und im Einklang mit ihr leben. Das größte Hindernis auf diesem Weg ist unsere ererbte und durch unsere Ernährungsgewohnheiten verstärkte Mentalität des Konkurrenzdenkens und der Ausgrenzung, die uns in einem Zustand verharren lässt, in dem wir abgelenkt, gelähmt und unfähig sind, sinnvolle Zusammenhänge herzustellen.

Nachdem ich über sechs Jahre am College unterrichtet und dies auch sehr gern getan hatte, spürte ich den Ruf, meine Lebensweise zu ändern und im Land umherzureisen, um Konzerte mit Pianomusik aus eigener Komposition zu geben und Seminare über die Entwicklung der Intuition abzuhalten. Obwohl mir das College eine Gehaltserhöhung bot, um mich zum Bleiben zu bewegen, vernahm ich den unwiderstehlichen Ruf, wieder auf Wanderschaft zu gehen. Ich hatte bemerkt, dass in all den Jahren, seit ich meine Pilgerreise von Neuengland aus angetreten hatte, eine neue Art erhebender und wirbelnder Musik begonnen hatte, durch das Klavier in mich zu strömen. Wenn ich mich stärker auf die Musik konzentrierte und vor Publikum spielte, verstärkte sich diese Musik und wurde vom Publikum begeistert aufgenommen. Ich spürte, wie sich durch die Musik mein Herz und meine innere Vision einer inspirierenden spirituellen Energie öffneten, die mich mit der Erde sowie mit der Misere der Tiere und der Menschheit verband. Musik, die aus der geheimnisvollen inneren Stille entspringt, war schon immer ein Vehikel für intuitives Verständnis und für eine Energie, die unseren Geist erhebt und uns heilt.

Obwohl ich damals keine Ahnung davon hatte, machte Tausende von Meilen entfernt in der Schweiz eine junge Malerin namens Madeleine eine ähnliche Veränderung durch, während ich 1975 in *The Farm* meine Ernährung auf pflanzliche Kost umstellte. 1990, als ich für eine Konzerttournee in Europa war, begegnete ich Madeleine zufällig in einem kleinen Schweizer Dorf, und seither wurde mir das Glück zuteil, mich ihrer Gegenwart als meiner Lebenspartnerin und liebevollen Weggefährtin erfreuen zu dürfen.

Die Kraft der Gemeinschaft

Die Gemeinschaften, in denen wir aufwachsen und die wir unser Zuhause nennen, beeinflussen uns zutiefst. Wenn wir dies verstehen, können wir erkennen, warum wir Tiere als Waren betrachten und es oft schwierig finden, uns für eine vegane Ernährung und Lebensweise zu entscheiden. Unsere Kultur ist vollkommen durchdrungen und geprägt von der Ausbeutung der Tiere für unsere Ernährung.

Während Kulturen normalerweise danach trachten, sich unverändert zu reproduzieren, können sie sich durchaus weiterentwickeln oder werden durch Druck von außen dazu gezwungen, sich zu verändern. Die Ausbreitung der Viehzüchterkultur von Zentralasien in den Mittelmeerraum und den Mittleren Osten und von da aus nach Europa vollzog sich über mehrere Jahrtausende und wurde durch physische Gewalt, die Unterwerfung der Frau und die Indoktrination der Kinder bewerkstelligt, wie Eisler in ihrem Werk *The Chalice and the Blade* belegt.[3] Jeremy Rifkin dokumentiert in seinem Buch *Das Imperium der Rinder*, wie die Rinderkultur von Europa nach Nordamerika gelangte und wie aufgrund der europäischen (insbesondere der britischen) Nachfrage nach Rindfleisch und dank der enormen europäischen finanziellen Investitionen in amerikanische Rinderzucht das Kapital bereitstand, das unser junges Land und seine Wirtschaft antrieb. Lynn Jacobs dokumentiert mit *Waste of the West* die nahezu komplette Dezimierung der Weideflächen im amerikanischen Westen und die fast vollständige Ausrottung von Indianern, Büffeln, Präriehunden, Wölfen und allen Tieren, die nicht zum Viehbestand gehörten und als „Schädlinge" klassifiziert wurden. Bis zum heutigen Tag werden jährlich Millionen von Tieren, darunter Kojoten, Luchse, Mustangs, Präriehunde, Büffel, Biber, Waschbären, Amseln, Dachse und Bären durch Bundes- und Staatsbehörden wie die „*Wildlife Services*" des Landwirtschaftsministeriums (*USDA*) vergiftet, erschossen, mit Fallen gefangen oder (mitsamt ihrer Jungen) bei lebendigem Leib in ihrem Bau verbrannt. Dies ist eine Tragödie, die unsägliches Leid mit sich bringt.

Als ich in Korea war, bestaunte ich die wunderschönen terrassenförmigen Reisfelder, die sich in die Täler schmiegten und an den Hängen emporzogen. Hier konnte genug Reis angebaut werden, um das koreanische Volk zu ernähren. Im Unterschied zu den Vereinigten Staaten sah man jeden Tag Menschen in den Reisfeldern, die sich um die Kulturen kümmerten. Aufgrund der US-amerikanischen und europäischen Investitionen war die koreanische Kultur jedoch in Veränderung begriffen. Amerikanische Lebensmittelkonzerne und US-Fernsehsender mitsamt ihrer Werbung drangen in das Land vor, erzeugten eine Nachfrage nach westlichen Luxusgütern, vor allem nach Rindfleisch. Texanische Rancher reisten nach Korea und nahmen die Gelegenheit wahr, um Investoren zu zeigen, wie man Reisfelder in Rindermastbetriebe umwandelte. Anstatt viele Menschen mit dem Reis zu ernähren, der darauf angebaut wurde, konnte ein Stück Land nunmehr nur noch einige wenige reiche Menschen mit Rindfleisch ernähren. Der Preis für Reis schnellte in die Höhe und erreichte ein Niveau, das sich arme Menschen nicht mehr leisten konnten. Gleichzeitig begann der ökologische Albtraum der Verschwendung und Verschmutzung, der immer mit moderner Tierzucht einhergeht. Die Verbreitung der Viehzüchterkultur in Korea wurde durch die christlichen Missionare, die eine beachtliche Präsenz im Land aufgebaut haben, stark vorangetrieben. Diese Entwicklung kann durch die buddhistischen Klöster mit ihren Lehren und ihrem Beispiel des Mitgefühls und Veganismus verlangsamt werden, doch nur in dem Maße, wie sie weiterhin respektiert werden und von Bedeutung für das Leben einer zunehmend unter Druck stehenden Bevölkerung sind.

Die Verbreitung der Viehzüchterkultur findet seit Jahrhunderten statt und setzt sich heute unvermindert fort. Ihr Reichtum und ihre Bereitschaft, sowohl finanziellen Druck als auch physische Gewalt auszuüben, machen es schwer, sich ihr zu widersetzen. In dem Maße, wie sie sich durchsetzt, breiten sich Unterdrückung, Ungleichheit, Gewalt, Konkurrenzdenken und Konflikte aus. Es ist eine Kultur der Ausbeutung und des räuberischen Beutemachens. Sie verfestigt bei all ihren Mitgliedern die Praktik, die ihren Kern ausmacht: Die Haltung und den Verzehr von Tieren, die als Waren angesehen werden.

Um in der feindseligen Umgebung der Viehzüchterkultur existieren zu können, müssen vegane Gemeinschaften stark und engagiert sein. Die meisten unter ihnen, wie *The Farm* und der SonggwangSa-Tempel, sind im Wesentlichen spirituelle Gemeinschaften. Ihre Praktik des Veganismus ist eingebettet in eine umfassendere Ausrichtung auf einen spirituellen Lebensweg, wobei besonderer Wert auf Mitgefühl, die Kultivierung von innerem Frieden und Harmonie sowie den Beitrag zur moralischen Regenerierung der Menschheit gelegt wird. Doch das Leben in einer veganen Gemeinschaft kann heutzutage auch an vielen anderen Orten erfahren werden, wodurch der Übergang zu einer veganen Lebensweise einfacher und natürlicher wird. Die Anzahl der vegetarischen und veganen Gemeinschaften ist im Wachsen begriffen. Dies ist ein Ergebnis der Ausbreitung von nicht-westlichen spirituellen Traditionen hier in der westlichen Welt. Es gibt eine steigende Anzahl von Heilungszentren und Zentren, die religiöse Retreats anbieten, die auf Veganismus aus gesundheitlichen Gründen und aus Gründen der spirituellen Reinigung Wert legen. Es existieren auch zeitlich beschränkte Gemeinschaften, wie Tierrechte- und Vegetarier-Konferenzen sowie örtliche vegetarische Vereine, die Wissen vermitteln und Inspiration bieten. Die Unterstützung durch irgendeine Form der Gemeinschaft ist entscheidend, denn sie bietet einen Rahmen, Vorbilder und praktische Anleitung, die besonders wichtig in den Anfangsphasen der Umstellung auf eine weniger grausame Ernährung und Lebensweise sind.

Saaten bringen Früchte entsprechend ihrer Art hervor. Sowohl *The Farm* als auch der SonggwangSa-Tempel sind die Blüten einer Saat, die von weisen und mitfühlenden Menschen vor mindestens 2.500 Jahren gepflanzt und seither durch die Jahrhunderte hindurch von zahllosen engagierten Menschen umhegt und neugepflanzt wurden, oftmals im Angesicht großer Widrigkeiten. Die zukünftigen Generationen von Menschen und Tieren sind von uns abhängig: Wir müssen tun, was in unserer Macht steht, um die Saaten der Gewaltlosigkeit, der Intelligenz und des Mitgefühls zu nähren und in unserem kulturellen Garten wachsen zu lassen, so dass wir ihnen eine Erde hinterlassen, die bei bester Gesundheit ist, und eine Lebensweise, die sich auf Freiheit und Fürsorge gründet. Jeder von uns kann ein Feld der Freiheit sein. Durch die Kraft unseres Beispiels und unserer Absicht machen wir es den Menschen um uns herum leichter, es uns gleichzutun. Das Feld wird wachsen und sich durch unsere Kultur ausbreiten wie eine gütige, wohlwollende Revolution.

Obwohl die Reise, über die ich hier berichtet habe, natürlich einzigartig ist, wie es all unsere individuellen Reisen sind, glaube ich, dass das zugrunde liegende Muster universell ist. Wir alle wurden in eine Viehzüchterkultur hineingeboren, die Tiere kommerzialisiert. Wir alle sind von der Grausamkeit, der Gewalt und dem räuberischen Wettbewerbsdenken beeinflusst, die unsere Mahlzeiten erfordern und die unsere Kultur verkörpert. Uns allen wurde beigebracht, unserer Kultur gegenüber loyal und relativ unkritisch zu sein, uns von dem monumentalen Grauen, das wir unnötig bewahren und weiterführen, emotional zu distanzieren und die verheerenden Auswirkungen nicht wahrzunehmen, die dies auf allen Ebenen unseres individuellen und kollektiven Lebens hat. Uns allen werden dieselben Beweise vorgelegt, und wir hören denselben Ruf nach Gnade und Gerechtigkeit.

Die Saaten des Erwachens und des Mitgefühls schlummern in uns allen. Sie sind vielleicht schon dabei zu keimen. Unsere individuelle Reise der Verwandlung und der spirituellen Entwicklung fordert uns auf, zu hinterfragen, was uns darüber beigebracht wurde, wer und was wir und andere tatsächlich sind. Wir müssen die Saaten der Erkenntnis und der Klarheit in uns entdecken und kultivieren und die Zusammenhänge erkennen, die zu ignorieren man uns beigebracht hat. In dem Maße, wie wir auf diesem Weg fortschreiten und wie unsere Kultur vom Netz unserer Reisen durchflochten wird, werden sich unsere Lebenswege gegenseitig befruchten und Saaten aussäen. Dadurch können wir die Verwandlung fortführen, die bereits in vollem Gange ist, und das überholte alte Paradigma, das einen Teufelskreis der Gewalt erzeugt, überwinden. Wenn wir die Ausgrenzung und Unterwerfung auf unserem Teller entwurzeln und ausreißen, können die Saaten des Mitgefühls endlich frei Blüten treiben. Dieser Vorgang hängt vor allem von uns ab: Wir müssen die Saaten wässern und mit unserer einzigartigen Lebensreise in vollem Umfang unseren Beitrag leisten. Wir hängen alle voneinander ab. Wenn wir die Wesen befreien, die wir Tiere nennen, werden wir unsere eigene Freiheit wiedererlangen. Indem wir sie lieben, werden wir lernen, einander zu lieben und vollkommen geliebt werden.

KAPITEL FÜNFZEHN

DIE REVOLUTION LEBEN

„Mein Ziel ist nicht bescheiden. Es geht zu diesem Zeitpunkt um nichts Geringeres
als die Verwandlung der gesamten Menschheit."
– Jill Purce –

„Jeden Tag sterben vierzigtausend Kinder in der Welt, weil sie nichts zu essen haben.
Wir im Westen, die wir überernährt sind und Tiere mit Getreide füttern,
um Fleisch zu produzieren, essen das Fleisch dieser Kinder."
– Thich Nhat Hanh[1] –

„Die wahre menschliche Güte kann in ihrer absoluten Reinheit und Freiheit nur denen
gegenüber zum Ausdruck kommen, die keine Macht haben. Die wahre moralische
Prüfung der Menschheit, die elementarste Prüfung, äußert sich in der Haltung der
Menschen zu denen, die ihnen ausgeliefert sind: die Tiere. Und gerade hier ist es zu
einem grundlegenden Versagen der Menschen gekommen, zu einem so grundlegenden
Versagen, dass alle anderen darin ihre Ursache haben."
– Milan Kundera, Schriftsteller, *Die unerträgliche Leichtigkeit des Seins* –

Das Hologramm

Die Wellen, die von unseren Entscheidungen in Ernährungsfragen ausgehen, breiten sich unglaublich weit aus und sind höchst komplex. Sie
erstrecken sich bis in das System unserer elementaren Anschauungen und
Glaubensgrundsätze und beeinflussen unsere Beziehungen zueinander
und zur Ordnung der Schöpfung. Aus welcher Warte wir auch immer

es betrachten, wir entdecken, dass uns unsere kulturell aufgezwunge-
nen Ernährungsgewohnheiten abstumpfen, blenden und einschränken.
Durch die Versklavung und den Verzehr von Tieren werden unser Geist
und unsere körperliche Hülle unerbittlich verschmutzt. Unsere Herzen
verhärten. Unsere Gefühle und unsere Wahrnehmung werden blockiert.
Furcht, Gewalt und Unterdrückung entstehen in unseren Beziehungen.
Unser kostbarer Planet wird verwüstet. Milliarden terrorisierter Lebewesen werden auf grauenvolle Weise gefoltert und getötet. Unsere Spiritualität wird abgetötet. Unsere angeborene Intelligenz und unsere Fähigkeit,
wesentliche Verbindungen herzustellen, werden gehemmt, wodurch wir
zutiefst unselbstständig, hilflos und ohnmächtig werden.

Das facettenreiche menschliche Dilemma zu bewältigen, bedeutet, die
Mentalität der Unterdrückung zu bewältigen, die unsere Mahlzeiten uns
auferlegen. Wenn wir den Blick abwenden, wie wir es üblicherweise tun,
werden unsere Existenz und all unsere Vorhaben absurd, zerstörerisch,
selbstmörderisch und dienen der Selbsttäuschung. Wenn wir hingegen
unsere Ernährungsgewohnheiten als das ansehen, was sie sind, und dem
Ruf unseres Geistes folgen, der uns ermahnt, die Folgen unserer Taten zu
begreifen, dann werden wir offen für Mitgefühl, Intelligenz, Freiheit und
sind bereit, die Wahrheit unserer Verbundenheit mit allem Leben zu leben.
Dies kommt einer immens positiven Revolution gleich, einer spirituellen
Verwandlung, die das Potenzial hat, unsere Kultur einen Quantensprung
in ihrer Entwicklung vollführen zu lassen: Von einer Ära des Konsums,
der Unterwerfung und des Egozentrismus in eine Ära der Kreativität, der
Befreiung, der Integration und der Kooperation. Sind wir bereit für eine
solche spirituelle Revolution? Wenn wir uns weigern, werden sich Un-
frieden, Stress und Zerstörung angesichts steigender Bevölkerungszahlen
und ausbeuterischer Technologie mit Sicherheit verschärfen. Wann ist eine
Raupe bereit, sich zu verwandeln? Das offensichtlichste Zeichen ist darin
zu sehen, dass ihr unersättlicher Appetit nachlässt, weil ein innerer Impuls
ihre Aufmerksamkeit in neue Richtungen lenkt.

Die spirituelle und kulturelle Revolution, die uns ruft, muss bei unserer
Nahrung ansetzen. Nahrung ist unsere primäre Verbindung mit der Erde
und ihren Geheimnissen und mit unserer Kultur. Sie ist das Fundament der
Wirtschaft und die zentrale innere spirituelle Metapher für unser Leben.
Das Ausmaß des kollektiven spirituellen Umbruchs, der eintreten wird,
wenn wir von einer Nahrung der gewalttätigen Unterdrückung zu einer

Nahrung der Güte und des Mitgefühls übergehen, kann gar nicht überbewertet werden. Der Schlüssel zum Veganismus ist darin zu sehen, dass er gelebt wird. Niemand kann lediglich in der Theorie Vegetarier sein! Im Unterschied zu vielen religiösen Lehren, die hauptsächlich theoretisch und auf unser Innenleben bezogen sind, ist der Veganismus ganz praktisch. Die Motivation des Veganismus ist Mitgefühl. Er hat nichts mit persönlicher Reinheit oder individueller Gesundheit oder Seelenheil zu tun, abgesehen davon, dass diese Nebeneffekte anderen zugutekommen. Er ist eine konkrete, sichtbare Lebensweise, die aus einem Gefühl der Fürsorge und Verbundenheit entspringt und dieses Gefühl weiter verstärkt.

Selbst wenn wir so betäubt und abgestumpft sind, dass das Leid der Tiere uns nicht mehr berührt und wir uns nur um andere Menschen sorgen, müssen wir schnell erkennen, dass das menschliche Elend, das durch den Verzehr von Tierprodukten hervorgerufen wird, ebenfalls ein Grund ist, uns für eine pflanzliche Ernährung zu entscheiden. Der Hungertod von Menschen, die verheerenden emotionalen Folgen des Tötens und Einsperrens von Tieren, die Verschmutzung und Verschwendung von Wasser, Land, Erdöl und anderen notwendigen Ressourcen sowie die Ungerechtigkeit und Gewalt, auf die das System aufgebaut ist, das tierische Lebensmittel produziert, zwingen uns dazu, unsere kulturbedingten Essgewohnheiten aufzugeben. In dem Maße, wie wir Zusammenhänge herstellen und offen für Feedback werden, wird eines zunehmend deutlicher: Es ist eines der größten Geschenke, die wir der Welt, der Menschheitsfamilie, den zukünftigen Generationen, den Tieren, uns selbst und den uns Nahestehenden machen können, vegan zu leben und unser Leben der Aufgabe zu widmen, andere zu ermuntern, es uns gleich zu tun.

Dies erfordert, dass wir die zugrunde liegenden Anschauungen und Einstellungen unserer Kultur infrage stellen und uns von diesen nicht nur in der Theorie, sondern auch in der Praxis befreien. Dieser innere Akt, bei dem wir „unser Zuhause verlassen", erfordert in vielerlei Hinsicht einen spirituellen Durchbruch. Die entscheidende Tat besteht darin, nicht mehr wegzusehen und sich nicht vom Leid zu distanzieren, das wir anderen durch unsere Entscheidungen in Ernährungsfragen zufügen. Stattdessen müssen wir bereit sein, hinzusehen, zu erkennen, zu reagieren und uns wieder mit allen unseren „Nächsten" zu verbinden und in Einklang mit dieser Tatsache der Verbundenheit mit allem zu leben. Dies bringt uns auf natürliche Weise dazu, Nahrung, Unterhaltung, Kleidung und sonstige

342 ⊚ Ernährung und Bewusstsein

Produkte auszuwählen, die so wenig wie möglich wehrlosen Lebewesen unnötige Grausamkeit zufügen. Wenn wir dies tun, werden uns die Auswirkungen unserer Handlungen in der Welt stärker bewusst. Unsere spirituelle Verwandlung vertieft sich, unsere Empfindsamkeit nimmt zu, und wir verspüren den Wunsch, ein größerer Segen für andere zu sein und denjenigen unsere Stimme zu leihen, die keine Stimme haben. Wenn wir einmal vegan geworden sind, sind wir es für immer, denn unsere Motivation ist nicht persönlicher und egozentrischer Natur, sondern basiert auf der Sorge um andere und auf unserer unbestreitbaren Vernetzung mit anderen Lebewesen.

Dieser Drang, uns als barmherzig zu erweisen und die Wehrlosen zu beschützen, ist tief in uns verwurzelt. Obschon er von unserer Viehzüchterkultur unterdrückt wurde, gibt es genügend Anzeichen, dass er in uns allen vorhanden ist und danach verlangt, sich zu äußern. Wir sind beispielsweise bereit, gemeinschaftlich Millionen Dollar zu spenden, um einem einzigen Tier zu helfen, wenn wir die Geschichte dieses Tieres erfahren und unsere Intelligenz und unser Mitgefühl davon geweckt werden, weil wir eine Verbindung mit ihnen herstellen. Umso mehr wir uns verbinden, umso mehr verstehen wir, und umso mehr lieben wir. Diese Liebe treibt uns nicht nur dazu an, unser Zuhause zu verlassen und jene Einstellung unserer Kultur zu hinterfragen, die zu Unterwerfung und Ausgrenzung führt. Sie treibt uns auch dazu an, wieder „nach Hause zurückzukehren", um für jene zu sprechen, die wehrlos sind und keine Macht haben.

Das Gegenteil von Liebe ist nicht Hass, sondern Gleichgültigkeit. Wenn wir den Schleier anheben und das Leid ansehen, das unsere Ernährungsgewohnheiten verursachen, wenn wir uns mit der Realität der wehrlosen Wesen verbinden, die aufgrund unserer Entscheidungen in Ernährungsfragen so furchtbar zu leiden haben, löst sich unsere Gleichgültigkeit auf und Mitgefühl – ihr Gegenspieler – entsteht, welches uns drängt, im Namen derer zu handeln, die leiden. Eine hauptsächliche Gefahr besteht darin, dass wir unser Zuhause verlassen und nicht mehr zurückkommen. Wir könnten erwachen und uns dem Unheil und Übel bewusst werden, die der Kommerzialisierung lebender Wesen in unserer Kultur innewohnen, aber ohne dieses Erwachen, diese Erkenntnis in unsere Kultur zu tragen, indem wir unsere Stimme diesen Wesen leihen. Wenn wir das, was wir verstanden haben, nicht auf für uns sinnvolle Weise artikulieren können, laufen wir Gefahr, dass es in uns stagniert und sauer wird und sich in Zynismus, Wut, Verzweiflung und Krankheit verwandelt. Dies würde weder uns noch sonst jemandem nützen.

Wir alle besitzen einzigartige Begabungen, mit denen wir unseren Beitrag zur drängendsten Aufgabe leisten können, der wir uns in diesem Stadium unserer menschlichen Evolution gegenübersehen: Unsere ererbte Herrschermentalität zu verwandeln, indem wir diejenigen befreien, die wir für unsere Ernährung versklavt haben. Die wesentlichen Elemente dieser Mission sind: Eine vegane Lebensweise anzunehmen, uns zu informieren, unser spirituelles Potenzial zu kultivieren und uns zusammenzuschließen, um dabei mitzuhelfen, andere ebenfalls aufzuklären. Die spirituelle Revolution braucht uns alle, ungeachtet unserer religiösen Überzeugungen, Volkszugehörigkeit, sozialen Schicht oder anderer Variablen. Jeder von uns hat ein Stück des Puzzles beizusteuern, und unser Gesamterfolg hängt davon ab, dass jeder von uns seine Talente und Leidenschaften entdeckt und diese einbringt, um permanent am Erfolg des Werkes mitzuarbeiten.

Opfer, Täter und Zuschauer

Wenn wir vegan leben und anfangen, einen leichteren Fußabdruck auf der Erde zu hinterlassen, beginnen wir vielleicht auch, zu erkennen, wie stark wir von den omnivoren Essgewohnheiten der großen Mehrheit unserer Mitmenschen beeinträchtigt werden. Unsere Freiheit als Omnivore, fast jedes nicht-menschliche Wesen zu essen, das wir möchten, beschränkt die Freiheit anderer auf vielfältige Weise. Zum Beispiel sehen wir, wie verschmutzt Flüsse und Seen durch die Tierzucht sind, so dass wir uns nicht länger daran erfreuen können, etwa indem wir darin schwimmen. Wir entdecken, dass die Luft und das Grundwasser durch die Tiermissbrauchsindustrien unnötig verschmutzt sind. Wir müssen mitansehen, wie man unseren Freunden bei der Jagd nachstellt und sie von Jägern oder Fischern gefoltert werden. Wir müssen Werbeplakate mit ekelerregenden Bildern von gekochtem Tierfleisch sehen. Unser Geld wird uns von der Regierung weggenommen, um damit Viehzüchter und Betreiber von Tierfabriken, Milchwirtschaftsbetrieben und Mastbetrieben zu subventionieren und darüber hinaus Programme zur Kontrolle der Wildfauna zu finanzieren, die ohne jede Notwendigkeit noch mehr unserer Freunde töten. Wälder, an denen wir uns erfreuen könnten, werden abgeholzt, um Platz zu schaffen für die immensen trostlosen Monokulturen, die das Futtergetreide für das Vieh liefern. Die Preise für Produkte und Dienstleistungen, die wir in Anspruch nehmen, sind höher, als es eigentlich notwendig wäre, denn diese müssen nicht nur die staatlichen Abgaben enthalten, mit denen die Tierprodukte subventioniert und auf ein künstlich niedriges Preisniveau gedrückt werden, sondern auch die enormen Krankenversicherungskosten für die omnivoren Angestellten der großen Konzerne, die von diesen getragen werden und die sie in Form von höheren Preisen für alle Produkte an den Verbraucher weiterreichen. Die kostspieligen medizinischen Verfahren, die Omnivore aufgrund von Herzkrankheiten, Krebserkrankungen, Nierenleiden, Übergewicht usw. benötigen, erhöhen die Krankenversicherungsbeiträge auf ein Niveau, das für viele Menschen mit niedrigem Einkommen unbezahlbar ist. Die US-Kriegsmaschinerie wird uns allen ebenfalls aufgezwungen: Wir müssen nicht nur dafür bezahlen, sondern auch mitansehen, wie sie die Leben von Menschen vernichtet, die am Hungertuch nagen, um das billige Erdöl zu beschaffen, das für die Verschwendung der Unmengen an Getreide und Energie bei der Produktion tierischer Nahrungsmittel gebraucht wird. Wenn wir als Veganer gegenüber der Gewalt des Lebensmittelsystems stärker sensibilisiert sind, können wir erkennen, dass die Omnivoren ihrerseits ebenfalls Opfer dieses Systems sind.

Wir können auf viele Arten Teil der Lösung werden, anstatt ein Teil des Problems zu sein. Wenn wir tierische Nahrung kaufen oder essen, werden wir selbst zu Erfüllungsgehilfen der kulturellen Bewahrung unnötiger und grauenhafter Gewalt. (Sollten Sie den geringsten Zweifel hieran hegen, sehen Sie sich bitte einige der Videos an, die im Abschnitt „Quellen" am Ende des Buchs aufgelistet sind. Sie werden nur die Spitze des Eisbergs des Grauens erblicken, der so riesig und so grässlich ist, dass es unser Fassungsvermögen übersteigt.)

Bei Gewaltverbrechen, die in der Öffentlichkeit begangen werden, gibt es drei Rollen: Die des Täters, die des Opfers und die des Zuschauers oder Zeugen. Selbstverständlich hoffen die Täter, dass die Zuschauer schweigen und wegsehen, so dass sie ihre schädliche Handlungen ungestört ausführen können. Die Opfer hingegen hoffen, dass die Zuschauer eingreifen, dass sie etwas sagen, etwas tun, sich nicht heraushalten, sondern versuchen, die Täter von ihren schändlichen Taten abzuhalten, sie daran zu hindern. Was

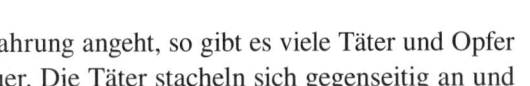

den Verzehr tierischer Nahrung angeht, so gibt es viele Täter und Opfer und nur wenige Zuschauer. Die Täter stacheln sich gegenseitig an und werfen den Zuschauern argwöhnische, feindselige Blicke zu. Die Stimme der Opfer kann nicht gehört werden.

Wenn wir das Ganze aus der Nähe betrachten, stellen wir fest, dass die Täter ihrerseits auch Opfer von Gewalt sind – aus diesem Grund sind sie Täter geworden – und dass ihre Gewalt nicht nur den Tieren schadet, sondern auch ihnen selbst und den Zuschauern ebenfalls. Alle drei Parteien sind in einem schmerzhaften Klammergriff gefangen, und es sind die Zuschauer, die in dieser Situation die wahre Macht haben. Sie können entweder wegschauen und dadurch ihr stillschweigendes Einverständnis geben, oder sie können die Tat bezeugen und eine dritte Dimension des Bewusstseins und der Wahrnehmung in die Spirale der Gewalt bringen, in der Täter und Opfer hoffnungslos verstrickt sind. Der Zuschauer bietet ein Beispiel der Gewaltlosigkeit und spricht im Namen der Opfer, die keine Stimme haben (sowie auf einem subtileren Niveau auch im Namen der Täter, die auf gewisse Weise die Opfer ihrer eigenen Handlungen sind). Es ist möglich, dass die Täter die Zuschauer missbilligen, weil sie sich verurteilt und unwohl oder schuldig fühlen. Doch die Zuschauer agieren nur als das Gewissen der Täter und fordern diese auf, doch bitte bewusster zu werden und ihre Gewalttaten zu beenden, was zum Besten aller ist. Das Schuldgefühl und die Scham, die Täter für ihre Gewalttaten empfinden, stammen von ihrer natürlichen Güte und Fürsorge, die sie blockiert haben und die sie missachten. Ihre Haltung gegenüber den Zuschauern kann sogar von Empörung geprägt sein: „Wenn du Vegetarier sein willst, gut, aber schreib' doch *uns* nicht vor, was *wir* zu tun und zu lassen haben!" Obwohl dies auf den ersten Blick ein vernünftiger Standpunkt zu sein scheint, erkennen wir schnell, dass sich diese Reaktion aus der emotionalen Distanzierung und den Vorurteilen herleitet, die unserer Kultur innewohnen. Die Täter würden sicher nicht mit derselben Dreistigkeit sagen: „Wenn du deinen Schoßhund nicht schlagen und erstechen willst, dann ist das ok, aber schreib' doch mir nicht vor, ob ich meinen schlagen und erstechen darf." Wir wissen alle, dass wir nicht berechtigt sind, andere – insbesondere die Wehrlosen – zu behandeln, wie es uns gefällt. Wir wissen auch, dass, falls wir dafür verantwortlich sind, wenn jemandem Schaden zugefügt wird, andere Menschen das Recht haben, uns aufzufordern, damit aufzuhören.

Als Täter müssen wir uns der Herausforderung des Wahrheitsfelds stellen, das von Zuschauern erzeugt wird, die aufmerksam beobachten und ihre Stimme erheben. Womöglich nehmen wir am Ende die Herausforderung an, überprüfen unsere Anschauungen und stellen fest, dass unser Verhalten moralisch nicht vertretbar ist, unterlassen dieses Verhalten und schließen uns den Rängen der Zuschauer an. Als Zuschauer müssen wir uns der Herausforderung stellen, kreativ auf die Situation einzugehen, mit Liebe, Verständnis und Fingerspitzengefühl zu reagieren, und uns bemühen, in immer stärkerer Übereinstimmung mit den Werten des Mitgefühls, der Aufrichtigkeit und der Integrität zu leben. Umso mehr wir in Einklang mit unseren Werten leben, umso stärker wird das Wahrheitsfeld, das wir ausstrahlen, und umso mehr machen unsere Worte, Gesten und Taten Eindruck auf die Täter. Niemand unter uns ist vollkommen unschuldig, denn in gewissem Maße sind wir alle seit jeher in den drei Rollen unterwegs. Als Nicht-Veganer sind wir angesichts unserer mangelhaften spirituellen und ethischen Verbindung aufgefordert, langsamer zu werden, anzuhalten, achtzugeben, uns wieder zu verbinden, unseren verleugneten Schatten anzunehmen und unseren Heilungsprozess zu beginnen. Als Veganer sehen wir uns der Herausforderung gegenüber, unseren Widersprüchen und unserer Angst vor Repressalien die Stirn zu bieten. Wir müssen achtsam sein und unseren Heilungs- und Erweckungsprozess vertiefen, indem wir uns bemühen, unsere Gedanken, Worte und Taten in Einklang mit unserem Verständnis des Interseins zu bringen und immer stärker Frieden und mutige Liebe zu verkörpern. Unser Bewusstsein zu kultivieren, ist entscheidend dafür, dass wir Glück, Frieden und Freiheit erlangen können.

Was ist mit den Opfern, den Tieren? Wer sind diese Wesen, die so wehrlos und unfähig sind, Vergeltung zu üben, die von einem herzlosen, mechanisierten System, das zur Befriedigung egoistischer Interessen und Erzielung von Profit entwickelt wurde, unerbittlich bestraft werden?

Unsere Verbindung zu Tieren

Obschon wir in eine Kultur hineingeboren wurden, die die Unterschiede zwischen uns und anderen Tieren herausstreicht, sagt uns unsere tatsächliche Erfahrung etwas anderes. Wir haben kein Problem damit, Tiere zu essen, solange wir sie von den Kategorien ausschließen, die wir für uns selbst definiert haben. Doch wir unterscheiden uns weit weniger von den

Tieren, als unsere Essgewohnheiten uns zwingen zu glauben. Diejenigen
unter uns, die Haustiere haben, hegen keinerlei Zweifel, dass diese über
ausgeprägte Persönlichkeiten und Vorlieben, Emotionen und Neigungen
verfügen sowie psychischen und physischen Schmerz fühlen und diesen
zu vermeiden suchen. Es gibt enorme Mengen an anekdotenhaften Beweisen, dass Tiere sich altruistisch verhalten können, sowohl gegenüber
Mitgliedern ihrer eigenen Spezies als auch gegenüber Tieren außerhalb
ihrer Spezies. Daneben gibt es auch klinische Nachweise, so wie die
grausamen Experimente an Affen, denen Futter gegeben wurde, wenn
sie anderen Affen schmerzhafte Schocks verpassten. Forscher haben herausgefunden, dass die Affen lieber Hunger litten, als ihren Artgenossen
Schocks zu verpassen, insbesondere wenn sie selbst früher Schocks erhalten hatten. Die Wissenschaftler waren überrascht (und vielleicht auch
beschämt?) von dem Altruismus der Affen. Obwohl dies unserer wahren
Natur entspricht, muss man sich fragen, ob wir Menschen solch nobles
Verhalten an den Tag legen würden.

Zusätzlich zu ihrer Fähigkeit zur Empathie haben Tiere die Fähigkeit,
psychisch zu leiden, und zeigen oft stereotype Verhaltensmuster, wenn
wir sie durch grausame Behandlung in die Geisteskrankheit treiben. Die
extreme Beengtheit, in der Tiere gehalten werden, die der Produktion
von Nahrung oder Pelzen, der Forschung und der Unterhaltung dienen,
ruft solch tiefgreifende Schäden an ihrer emotionalen und physischen Gesundheit hervor, dass sie dieselben Verhaltensweisen ständig wiederholen,
etwas, das sie in Freiheit nie tun würden. Schimpansen und Schweine
sind dafür bekannt, dass sie ihren Kopf stundenlang gegen die metallenen
Gitterstäbe ihrer Käfige schlagen. Elefanten schwingen mit dem Kopf hin
und her und heben monoton die Füße an (sogenanntes „Weben", A.d.Ü.).
Füchse, die auf Pelztierfarmen in überfüllten Käfigen eingepfercht sind,
laufen monoton im Kreis herum oder schaukeln Mitleid erregend mit dem
Körper hin und her, weil sie durch die Unmöglichkeit, ihren natürlichen
Bedürfnissen nachzugeben, in den Wahnsinn getrieben werden. Genau
wie diese Tiere können auch wir Menschen stereotype Verhaltensweisen
zeigen, wenn wir geistig verwirrt sind und unsere Verbindung mit unserem
Daseinszweck verlieren.

Es ist erhellend, zu sehen, wie die Merkmale, die wir zum Zeichen
unserer Einzigartigkeit erhoben haben, wie das Verwenden von Werkzeugen, künstlerisches Schaffen, das Erleben „höherer" Emotionen, Sinn

für Humor, der Gebrauch von Sprache usw. nacheinander weggebrochen sind, in dem Maße, wie wir mehr über die Fähigkeiten der Tiere gelernt haben. Natürlich haben wir bestimmte Merkmale und Fähigkeiten, die uns eigen sind. *Jede Spezies* hat bestimmte Merkmale und Fähigkeiten, die ihr eigen sind. Die Tatsache, dass wir Tiere essen, macht uns im Unterbewusstsein so nervös, dass wir in neurotischer Manier unsere Einzigartigkeit und unsere Trennung von ihnen überbetonen. Dies macht es uns möglich, sie aus dem Kreis der Lebewesen, die uns am Herzen liegen, auszuschließen.

Nicht nur, dass wir mit den Tieren unseren wunderschönen gemeinsamen Heimatplaneten hier in diesem Universum teilen, sie haben mit uns auch die Verwundbarkeit aller Sterblichen gemein sowie alles, was damit einhergeht. Trotz all unserer tapferen Anstrengungen ist es schwierig zu entscheiden, ob unser Leben als Menschen über die Jahrhunderte und Jahrtausende wirklich besser geworden ist. Zwar verfügen wir heutzutage über Bequemlichkeiten und Möglichkeiten, von denen unsere Vorfahren nicht zu träumen gewagt hätten, doch andererseits haben wir Stress, Krankheiten und Frustrationen, die sie sich nie hätten vorstellen können. Was die Tiere angeht, so kann man jedenfalls sagen, dass sich ihre Situation eindeutig verschlechtert hat, insbesondere über die letzten Generationen von Menschengeschlechtern. Als die Lebensmittelindustrie ihre Herden vom Freien in Konzentrationslager verbrachte, kam die extreme Form der Viehzucht in Tierfabriken auf. Mit der Genmanipulation ist gerade eine neue extreme Form der Tierfabriken im Entstehen begriffen, bei der man auf genetischer Ebene an den Tieren herumpfuscht, so dass sie ihre biologische Integrität und Identität verlieren. Dies geht einher mit einer ungekannten Zerstörung der Lebensräume wilder Tiere und der Dezimierung ihrer Bestände für Buschfleisch, Medikamente, Forschung, Unterhaltung und andere menschliche Zwecke. Die Tiere haben also verschiedene Stadien durchgemacht: Zuerst lebten sie frei von menschlichen Einflüssen, dann wurden sie gelegentlich bejagt, dann gezüchtet, dann eingesperrt und schließlich entweder zum Aussterben gebracht oder genmanipuliert und eingepfercht – reduziert auf den Status von Objekten, von patentierbarem Eigentum zum menschlichen Gebrauch.

Wie es scheint, sind wir als Kultur immer noch so umnachtet, dass wir von Gewaltanwendung nur dann ablassen, wenn uns Strafe oder Rache drohen – und da Tiere zu beidem unfähig sind, gibt es nichts, was sie vor uns schützen könnte. Die modernen Extreme, denen Tiere ausgesetzt sind, ohne Einsicht, geschweige denn Reue vonseiten der Täter, erfordern von uns, dass wir eine radikal bewusste Position einnehmen, die die Wurzeln unserer gewalttätigen Mentalität anpackt. Während es unserer Mainstreamkultur extrem vorkommen mag, für eine vegane Revolution einzutreten, die eine Kommerzialisierung der Tiere von Grund auf zurückweist, kann nur eine solche scheinbar extreme Position ein wirksames Gegenmittel für den extremen Missbrauch darstellen, dem wir Tiere aussetzen. Aus dem Blickwinkel unserer wahren angeborenen Natur, die nach Liebe, Kreativität und spiritueller Entwicklung strebt, ist Veganismus in Wahrheit alles andere als extrem.

Unseren Himmel und unsere Hölle säen wir selbst. Wir leben in einer Kultur, die geistlos Tiere ausbeutet und die Unterwerfung der Wehrlosen durch die Starken, Männlichen, Wohlhabenden und Privilegierten fördert. Diese Kultur hat natürlich politische, ökonomische, rechtliche, religiöse, bildungsbezogene und andere institutionelle Instrumente erschaffen, um diejenigen, die an der Macht sitzen, von den Folgen ihrer Taten abzuschirmen und um die Gewalt und die Ungleichheiten, die der Erhalt des Systems erfordert, zu legitimieren. Über die Jahrhunderte hat sie ein ausgeklügeltes wissenschaftliches und religiöses Bezugssystem entwickelt, das in seinem Reduktionismus und Materialismus die Kontinuität der Folgen unserer Handlungen kategorisch leugnet. Eine der vielen Arten, wie dies Ausdruck findet, ist die Verweigerung dieses Systems gegenüber der Vorstellung, dass wir als Bewusstseinsformen mehrere Dimensionen und mehrere Leben erfahren können, und insbesondere der Vorstellung, dass menschliches Bewusstsein als tierisches Bewusstsein wiedergeboren werden kann. Diese Vorstellungen werden von unserer Viehzüchterkultur aus verständlichen, durchschaubaren Gründen angestrengt unterdrückt. Doch sie werden in vielen Kulturen als logisch und wahr angesehen, die Tiere nicht auf genauso bösartige und systematische Weise missbrauchen, wie unsere Kultur dies in den letzten acht bis zehn Jahrhunderten getan hat. Man weiß, dass Täter und Opfer auf unzählige subtile oder offensichtliche Weisen ihre Rollen wieder und wieder tauschen. Die Spirale der Gewalt umfasst womöglich größere Dimensionen, als wir es uns in unserer Viehzüchterkultur eingestehen möchten. Zumindest gibt es viele weise Traditionen, die bestätigen, dass es der Fall ist. Bis wir in der Lage sind, die Sachlage von der allerhöchsten Warte aus zu betrachten, täten wir

350 ed the head ran

gut daran, den Rat eines jeden wahrhaft erleuchteten spirituellen Lehrers zu beherzigen: „Seid gütig zueinander!"

Verlust und Wiedergewinnung des gesunden Menschenverstands

Die zugrunde liegenden Anschauungen der Kultur, in die wir hineingeboren wurden, sind fehlerhaft und überholt. Wenn wir sie nicht infrage stellen und ändern, werden sie uns weiter in nur noch schlimmeren kulturellen Wahnsinn treiben, genauso wie sie die Tiere in den Wahnsinn treiben, die wir gnadenlos unterwerfen. Den Irrsinn unserer Handlungen und Überzeugungen anzuerkennen, ist der erste und entscheidende Schritt hin zur Heilung und zum Erwachen. Die Anzeichen sind eindeutig: Wir produzieren Massenvernichtungswaffen und setzen sie ein, während Millionen Menschen verhungern. Wir greifen unsere lebendige Erde so brutal an, dass innerhalb von fünfundzwanzig Jahren mehr Arten zum Aussterben gebracht wurden als in den vorhergehenden fünfundsechzig Millionen Jahren zusammengenommen. Und wir würfeln gentechnisch Organismen zusammen, ohne jegliche Rücksicht auf die Auswirkungen, die derartig künstliche Geschöpfe auf die filigran miteinander verwobenen lebenden Fäden der Lebensgemeinschaften unserer Erde haben.

Die gewaltigen Finanz- und Medienmächte, die uns daran hindern, dies zu erkennen, fahren fort, die Viehzüchterkultur und deren überholte und repressive Anschauungen überall in der Welt zu verbreiten. Die multinationalen Konzerne, die an den missbrauchten Tieren verdienen, sind ein Beispiel dafür. Sie umfassen die gigantischen Einzelhandelsunternehmen sowie die riesigen Mischkonzerne im Bereich der Viehwirtschaft, die unentwegt daran arbeiten, mit ihren Tierfabriken und Schlachtbetrieben in weniger industrialisierte Länder zu expandieren. Da die Menschen in diesen weniger wohlhabenden Gesellschaften weitaus weniger Tiere pro Kopf essen, stellen sie lukrative Märkte mit einem enormen Wachstumspotenzial dar. Die Chemie-, Pestizid- und Pharmakonzerne befürworten sämtlich diese Expansion und profitieren von ihr. Karitative Organisationen wie *Heifer International*, die Viehzucht in Entwicklungsländern einführen, tragen oft direkt zu derselben grausamen Mentalität bei, die Menschen dazu bringt, Tiere lediglich als das zu sehen, was *Heifer International* „die vier Ms" nennt: Fleisch, Milch, Dung und Geld (die

englischen Begriffe lauten auf „m": *meat, milk, manure, money*; A.d.Ü.)
Heifer International ist nichts weiter als eine weitere Fassade der eisernen
Faust der Gewalt. Die Organisation treibt die Indoktrination der Welt mit
dem System der Viehzüchterkultur, das Unterwerfung und Missbrauch
propagiert, so umfassend wie möglich voran und verhärtet dabei die Herzen der einheimischen Kinder. Wie die Weltbank und der Internationale
Währungsfonds, stellt sich auch die US-Regierung mittels ihrer Entwick-
lungshilfeprogramme in den Dienst der einflussreichen Viehzuchtindustrien unserer Nation, indem sie deren Produkte aufkauft, um sie auf den
internationalen Märkten zu vertreiben. Außerdem richtet sie Kredite und
Programme ein, die verarmte Länder dazu zwingen, das amerikanische
Modell der erdölbasierten industriellen Landwirtschaft zu übernehmen
(wovon US-Banken und US-Mineralölgesellschaften profitieren und wodurch Märkte für die US-Fleisch-, Milch-, Eier-, Chemie-, Pharma- und
Medizinindustrie geschaffen werden). Zwei Drittel der US-Getreideex-
porte dienen als Viehfutter, anstatt die hungrigen Menschen zu ernähren.[2]

Es gibt eine Vielzahl erbaulicher und großherziger Bewegungen, Organisationen und Bestrebungen, die sich für Frieden, soziale Gerechtigkeit,
Gleichberechtigung oder Umweltschutz einsetzen und das Leid benachtei-
ligter, wehrloser oder marginalisierter Menschen lindern. Leider wird bei
quasi all diesen Bemühungen versäumt, die zugrunde liegende Ursache
dieser Probleme anzupacken, die in unserer Unterwerfung der Tiere für
unsere Ernährung zu sehen ist. In dem Maße, wie die Menschen mehr
über die Folgen des Verzehrs tierischer Nahrung lernen, kann man jedoch
feststellen, dass es mehr und mehr Individuen und Gruppen gibt, die aktiv
und kreativ werden, um ihre Mitmenschen für dieses Thema zu sensibilisieren, und die dadurch mithelfen, Hunger, Grausamkeit, Verschmutzung
und Ausbeutung an ihrer Wurzel auszumerzen.

Die Bewegung *Food Not Bombs* organisiert beispielsweise freiwillige
Helfer und Essensspenden, um vegane Nahrung aus biologischem Anbau
an benachteiligte hungrige Menschen in 175 Städten in ganz Amerika, Europa und Australien zu verteilen. Die Bewegung ist bewusst dezentralisiert
und netzartig in ihrem Ansatz; so gibt es autonome örtliche Einheiten,
die ihre eigenen karitativen Operationen des Mitgefühls organisieren.[3]

Die weltweiten Anhänger von Ching Hai, einer angesehenen vietnamesi-
schen spirituellen Meisterin, deren Schülerzahlen in die Hunderttausende
gehen, haben vegane Restaurants in zahlreichen Städten rund um die Welt

gegründet und versorgen Katastrophenopfer, Strafgefangene, Kinder und ältere Menschen mit veganem Essen, Kleidung, Obdach und Hilfeleistungen.[4] Obwohl die Meisterin von ihren Schülern verlangt, zweieinhalb Stunden pro Tag zu meditieren, zu geloben, weder Fleisch noch Eierprodukte zu verzehren, sich des Alkohols und der Drogen zu enthalten und nicht in Berufen zu arbeiten, welche die Ausbeutung von Tieren oder Menschen fördern, wächst ihre Bewegung unaufhörlich. Dies zeigt die Wirksamkeit und Kraft eines spirituellen Ansatzes, denn in weniger als zwanzig Jahren war sie der unmittelbare Anstoß für Hunderttausende Menschen, zu einer veganen Ernährung überzugehen. Anstatt ihre Bewegung zu bremsen, hat ihre beharrliche Forderung, dass ihre Schüler die Grausamkeit in ihren Mahlzeiten reduzieren, ihrer Bewegung vielleicht paradoxerweise Auftrieb gegeben. Menschen, denen es ernst ist mit dem spirituellen Wachstum, sind offenbar in der Lage, grundlegende Veränderungen in ihrem Leben vorzunehmen, und begrüßen dies womöglich sogar als eine willkommene Gelegenheit.

Dies sind nur zwei Mut machende Beispiele dafür, wie die vegane Revolution des Mitgefühls, der Gerechtigkeit und der Gleichberechtigung in unserer Kultur und in der Welt zunehmend Fuß fasst. Eine positive Dynamik ist fraglos im Entstehen begriffen, trotz der etablierten Kräfte der Unterwerfung und gewaltsamen Kontrolle, die diese unterbinden möchten. Wie bei einer Geburt oder einer Metamorphose ringt ein neuer Mythos darum, durch uns zu entstehen und den überholten Viehzüchter-Mythos abzulösen. Die dabei auftretenden Veränderungen sind womöglich sehr viel umfassender und bedeutender, als es auf den ersten Blick aussieht. Zwar werden diese Veränderungen von den Massenmedien mit Ignoranz gestraft oder kleingeredet, doch die scheinbar winzigen Veränderungen können plötzlich „wie eine Rakete abgehen", sobald die kritische Masse erreicht ist. Es ist unerlässlich, dass wir alle zur positiven Revolution beitragen, zu der unsere Zukunft aufruft.

Eingehendere Erforschung und Diskussion der Auswirkungen

Eine gründlichere und offenere Erforschung und Diskussion der Auswirkungen unserer Entscheidungen in Ernährungsfragen würde unsere Kultur stärker für die negativen gesundheitlichen, wirtschaftlichen, öko-

logischen, psychologischen und sozialen Folgen des Verzehrs tierischer
Nahrung sensibilisieren und die mannigfaltigen Vorteile einer natürlichen, pflanzlichen Ernährung für uns alle sichtbar machen. Die Möglichkeiten zu weitergehender Forschung und öffentlicher Diskussion, um das
Verständnis unserer Praktik, Tiere zu kommerzialisieren und zu essen,
zu vertiefen und positivere Alternativen zu erkunden, sind quasi unbe-
schränkt. Einige Beispiele umfassen die weitergehende Erforschung des
individuellen gesundheitlichen Nutzens einer pflanzlichen Kost sowie in
einem größeren Maßstab, was die Umstellung auf eine pflanzenbasierte
Ernährungsweise im Hinblick auf eine bessere Luft- und Wasserqualität,
auf die Verfügbarkeit von mehr Nahrung für die hungernden Menschen
in der Welt und auf eine geringere Nachfrage nach Erdöl, Antibiotika,
sonstigen Medikamenten, Chemikalien und anderen Ressourcen bedeuten würde. Eine nähere Untersuchung verdiente auch die Frage, welche
Folgen es hat, wenn Millionen Hektar Land freigegeben werden, die
gegenwärtig versklavt sind, damit darauf Vieh weiden oder das Futter
für dieses Vieh angebaut werden kann. Das Potenzial für einen enormen
Heilungsprozess der Ökosysteme und für eine Regeneration der wilden
Flora und Fauna könnte erforscht und diskutiert werden, genauso wie die
wirtschaftlichen, sozialen, politischen, medizinischen, psychologischen
und spirituellen Dimensionen dieser Veränderungen.

Über die psychologischen Zusammenhänge zwischen der Misshandlung und dem Töten von Tieren und der Misshandlung und dem Töten
von Menschen wird bereits geforscht und publiziert. Dieses Thema könnte sicher vertieft werden, indem man die Verflechtung zwischen dem
Verzehr von Tierprodukten und Übergewicht, Teenagerschwangerschaf-
ten, dem Zusammenbruch der Familienstrukturen, Krankheiten, Stress,
emotionaler Abstumpfung, Angstzuständen, Suizid usw. untersucht. Eine
eklatante Ungereimtheit, die weiter erforscht werden sollte, ist die Anschauung, die der Vivisektion zugrunde liegt: Dass wir gesünder werden
können, indem wir die Gesundheit anderer Lebewesen zerstören. Unser
Wohlergehen ist untrennbar mit dem Wohlergehen anderer Lebewesen
verknüpft; wir können folglich nicht Gesundheit für uns selbst ernten,
indem wir die Saat der Krankheit und des Todes für andere säen. Wir
stellen nicht nur unsere Überheblichkeit unter Beweis, sondern auch eine
bemerkenswerte Beschränktheit zur Schau, wenn wir im Namen der
Verbesserung unserer Gesundheit Tiere in Käfige einsperren, foltern

und mit Krankheiten infizieren. Wir können das Ergebnis unserer Taten bereits erkennen, da ständig neue Krankheiten auftauchen oder bereits bekannte sich verbreiten und oftmals immun gegen unsere zunehmend verheerend wirkenden Medikamente werden. Ein anderes Beispiel einer solchen Forschung wäre die Untersuchung des Zusammenhangs des Konsums tierischer Nahrung mit dem steigenden Gebrauch und Missbrauch von schädlichen Drogen wie Alkohol, Rauschgift und Arzneimitteln. Charles Fillmore schrieb 1915, zu Zeiten der Abstinenzbewegung, die schließlich in die Prohibition führte:

Die Behauptung wurde aufgestellt, und wir haben bisher nicht davon gehört, dass sie widerlegt worden sei, dass man noch niemals einen betrunkenen Vegetarier zu Gesicht bekommen habe. Hier scheint also ein Mittel gegen die Maßlosigkeit beim Alkoholgenuss zu existieren, das weitaus effektiver ist als all die Entzugskuren, denen sich Männer unterziehen. Ein jeder mag für sich selbst testen, dass der Verzicht aufs Fleischessen auch das Verlangen nach starken Getränken wie Bier, Whisky, Wein, Tee und Kaffee beseitigt. Hört auf, Fleisch zu essen, selbst wenn es nur für einen Monat ist, und dieser unnatürliche Durst, den eine fleischliche Mahlzeit mit sich bringt und nach sich zieht, wird aufhören. Es gibt eine physiologische Ursache hierfür. Fleisch befindet sich immer zu einem gewissen Grad in Verwesung, und der Verfall wird noch intensiviert, wenn es in den Magen eingebracht wird. Das saftige Steak, nach dem sich Fleischliebhaber die Lippen lecken, ist gesättigt mit salzigem Harnstoff, der im Magen nach Flüssigkeit verlangt. Physiologen sagen, dass der Saft im Steak der Urin des Tiers sei, der sich auf dem Weg zu den Nieren befunden habe. Indem er diesen Schmutz isst, macht der Mensch nicht nur aus seinem System eine Kloake für verrottendes Tierfleisch, sondern führt in seinen Magen einen Reizstoff ein, der sofort nach einem kühlenden Lösemittel verlangt.

Angesichts dieses ständigen Fiebers vom verrottenden Fleisch in unseren Mägen, das nach einem kühlenden Schluck schreit, ist es ein Wunder, dass überhaupt irgendjemand der Trunksucht entgangen ist. Lasst uns das Fleischessen ausradieren, und die Männer werden bald schon abstinent sein, ohne dass es der Inkraftsetzung eines einzigen Gesetzes bedarf. Keiner, der die Nahrung aufnimmt, die die Natur zubereitet hat, wird jemals das Verlangen nach einem starken Getränk haben, nicht einmal nach Tee oder Kaffee. Demnach ist die sichere Kur für alle Trinkgewohnheiten der Verzicht auf das Fleischessen und auf alle anderen tierischen Produkte. Dies beinhaltet Butter und Eier. Getreide, Gemüse, Nüsse und Öle besitzen all die Elemente, die für den Erhalt des menschlichen Körpers notwendig sind.[5]

Zusätzlich zu den physiologischen Zusammenhängen zwischen dem Konsum von Tierprodukten und dem Verlangen nach starken Getränken, die Fillmore beschreibt, könnten noch viele andere mögliche Zusammenhänge im Kampf unserer Gesellschaft gegen die furchtbaren Auswirkungen der Drogen- und Alkoholsucht erforscht und eingehender diskutiert werden. Da wären die eher offensichtlichen psychologischen Zusammenhänge, auf die bereits hingewiesen wurde. Unsere Viehzüchterkultur misshandelt von Natur aus ihre Kinder, indem sie sie zwingt, sich emotional von denen zu distanzieren, die sie essen, und sich von ihrem eigenen natürlichen Gefühl der Empathie abzukoppeln. Diese Misshandlung ist mit der dazugehörigen Verhärtung und dem Mangel an emotionaler Verbindung mit Sicherheit ein einflussreicher Faktor beim Entstehen von Drogenmissbrauch und von weiteren Pathologien. Ein anderer Faktor ist die Tatsache, dass tierische Nahrung mit den Schwingungen des Kummers und Elends, der Hoffnungslosigkeit und Verzweiflung angefüllt ist – Schwingungen, die empfindsame Menschen, die diese essen, zu Drogenmissbrauch und in die Abhängigkeit treiben können. Und da wir unweigerlich ernten, was wir in anderen säen, werden wir zwangsläufig die Konsequenzen unserer fehlgeleiteten „Forschung" an Tieren ernten – noch mehr menschliche Süchte. Schließlich gibt es da noch die makrobiotische Sichtweise, aus der tierische Nahrungsmittel in ihrer energetischen Auswirkung auf den Körper extrem Yang sind und bewirken, dass sich das Energiefeld des Körpers zusammenzieht. Der Körper hat dann natürlicherweise und unweigerlich ein Verlangen nach Nahrungsmitteln und Substanzen, die extrem Yin und ausdehnend sind. Diese extremen Yin-Nahrungsmittel sind Alkohol, weißer Zucker, Drogen jeglicher Art, Tabak und Koffein. Getreide, Hülsenfrüchte und Gemüse sind tendenziell weder extrem Yin noch extrem Yang, sondern eher ausgewogen und erzeugen daher nur wenig Gelüste nach besonderen Substanzen. Wenn wir extreme Nahrungsmittel verzehren, zwingen wir unseren Körper, ständig zwischen zwei Polen zu pendeln, und wir haben abwechselnd Heißhunger auf zusammenziehende

Nahrungsmittel, wie Fleisch, Käse, Eier und Salz, und dann wiederum auf ausdehnende Nahrungsmittel, wie Süßigkeiten, Kaffee, Alkohol, Drogen und Tabak, bis zum Überdruss.

Wie können diese Zusammenhänge der Öffentlichkeit näher gebracht werden? Vielleicht wäre es eine Möglichkeit, die beliebten Zwölf-Schritte-Programme wirksamer zu gestalten, indem man den heimtückischen Einfluss von tierischen Lebensmitteln auf den mentalen, emotionalen und körperlichen Zwang, Alkohol und andere schädliche Substanzen zu konsumieren, anerkennt. Die Zwölf Schritte der Anonymen Alkoholiker, der *Narcotics Anonymous* (Drogensüchtige), der *Overeaters Anonymous* (Menschen mit Ess-Störungen) und ähnliche Programme sind sämtlich auf zeitlose Prinzipien aufgebaut: Sich auf die Unterstützung von anderen mit ähnlichen Zielen stützen, indem man Selbsthilfegruppen gründet, und sich „auf eine Macht verlassen, die größer ist als man selbst und die unsere geistige Gesundheit wiederherstellen kann". Zwölf-Schritte-Programme haben sich bewährt, weil sie einen fundamental spirituellen Ansatz haben und die Menschen dazu bringen, sich auf ein mentales und spirituelles Niveau zu begeben, das höher ist als jenes, auf dem ihr Problem entstanden ist. Sie ermuntern zur Innenschau und leiten die Menschen dazu an, die schädlichen Auswirkungen vergangener Taten auf andere Menschen demütig anzuerkennen und zu versuchen, diese wiedergutzumachen. Sie halten die Menschen auch dazu an, den bewussten Kontakt mit der höheren Macht zu vertiefen und sich nicht auf den eigenen Willen zu verlassen, sondern auf den Wunsch, den Willen der höheren Macht zu erfüllen.

Leider sind Tiere nicht in der moralischen Bestandsaufnahme derer, denen man durch frühere Taten geschadet hat, enthalten. Das Essen und das Benutzen von Tieren wird nicht infrage gestellt. So erklärt sich vielleicht, warum die Menschen in den Anonymen-Alkoholiker-Gruppen gesagt bekommen, sie blieben für immer alkoholabhängig und dürften nicht den geringsten Tropfen Alkohol anrühren, wenn sie nicht rückfällig werden wollten. Da sie fortfahren, Tiere zu essen, bleiben die zugrunde liegenden Spannungen bestehen. Körper und Geist verlangen natürlicherweise immer noch nach Alkohol, Drogen, Süßigkeiten, extremem Yin und Ablenkung von dem Grauen, das täglich mit den Mahlzeiten verzehrt wird. Wenn wir die Tiere in den Kreis von Wesen einbeziehen, die von Bedeutung sind, wenn es darum geht, wen wir mit unseren Taten schädigen, dann können wir zur Wurzel der zerstörerischen Abhängigkeiten vordringen, von denen die Menschen in unserer Kultur geplagt werden. Dies bedeutet nicht, dass alle Muster des abhängigen Verhaltens zwangsläufig verschwinden werden, sobald man seinem Leben eine vegane Ausrichtung gibt, doch es ist ein entscheidender Schritt. Inneres Unkrautjäten, Achtsamkeit und die Kultivierung der inneren Stille, der Geduld, der Großzügigkeit und der Dankbarkeit sind ebenfalls wesentliche Dimensionen der spirituellen Gesundheit.

Wenn wir das Ausmaß unserer gewohnheitsmäßigen Ausbeutung der Tiere für unsere Ernährung verringern, werden wir feststellen, dass das Niveau unserer körperlichen und geistigen Krankheiten, unserer Konflikte und der ökologischen und sozialen Zerstörung gleichermaßen absinkt. Anstatt den Körper unserer Erde zu verwüsten und ihre Geschöpfe zu dezimieren und einzukerkern, können wir uns mit der Erde vereinigen und eine Kraft werden, die Schönheit erschafft und Liebe, Mitgefühl, Freude, Frieden und Fröhlichkeit verbreitet. Wenn wir die Natur entspannt und absichtslos betrachten, sehen wir ein absolut unzähmbares Fest der lebendigen Schönheit. Tiere in der Natur sind sowohl lebensfroh als auch rätselhaft. Sie spielen, singen, rennen, fliegen zum Himmel empor, springen, rufen, tanzen, schwimmen, verbringen Zeit zusammen und stehen miteinander auf unendlich geheimnisvolle Weise in Verbindung.

Wenn wir die Tiere befreien, können wir Menschen uns dieser Feier anschließen und mit unserer Liebe und Kreativität daran mitwirken. Konkurrenzverhalten und Ausbeutung anderer Menschen können wegschmelzen, wenn wir unsere natürliche Empfindsamkeit zurückgewinnen. Unsere Erde wird auf natürliche Weise heilen, wenn wir aufhören, Fische und andere Wasserfauna zu töten und Wasser auf derart unnachhaltige Weise zu verschmutzen und zu verschwenden. Die Wälder werden sich regenerieren, die wilde Flora und Fauna wird zurückkehren, denn wir benötigen weit weniger Ackerland, um die Bevölkerung pflanzlich zu ernähren. Die gesamte Erde wird erleichtert sein, wenn der unerträgliche Druck einer omnivoren Menschheit von ihr genommen ist. Wir werden von der Lähmung befreit sein, die uns davon abhält, eine kreative Lösung für das sich abzeichnende Versiegen der fossilen Brennstoffe und für andere Herausforderungen, mit denen wir uns herumschlagen, zu finden.

Diese Veränderung in unserem Bewusstsein würde die erste Revolution einleiten, seit die Viehzüchter-Revolution mit der Domestizierung von Schafen und Ziegen vor zehntausend Jahren begann. Diese Revolution trieb uns aus dem Garten Eden heraus und in ein existenzielles Gefühl der Getrenntheit. Sie hat das Konkurrenzdenken begünstigt und die Kultivierung eines emotional distanzierten Reduktionismus und einer materialistischen Technologie. Die Evolution schlägt offenbar gegenwärtig eine ganz andere Richtung ein und orientiert sich hin zu Integration, Kooperation, Mitgefühl, Einbeziehung und Entdeckung unserer wesentlichen Einheit mit allem Leben. Wenn wir unser Verständnis der Körper-Geist-Verbindung, der Verbindung zwischen Tier und Mensch sowie unserer Verbindung mit den größeren Einheiten, in die wir eingebettet sind, erforschen, diskutieren und vertiefen, wird sich unser spiritueller Daseinszweck offenbaren.

Privileg und Sklaverei

Auf einer fundamentalen Ebene ist die Botschaft, die uns durch unsere kulturell verordneten Mahlzeiten rituell injiziert wird, eine Botschaft des Privilegs. Als Menschen verstehen wir uns als den Tieren überlegen, welche wir als Objekte betrachten, die für unseren Gebrauch und unser Vergnügen versklavt und getötet werden können. Mit dieser Viehzüchtermentalität, die unsere besondere und privilegierte Stellung gegenüber Tieren propagiert, erzeugen wir unweigerlich weitere Kategorien des Privilegs. Wohlstand, Geschlecht und Rasse bestimmen den Umfang unseres Privilegs innerhalb einer menschlichen Hierarchie auf einer Skala, auf der am einen Ende reiche weiße Männer und am anderen Ende verarmte nicht-weiße Frauen und Kinder stehen. Selbst arme Menschen haben jedoch ein gewisses Privileg im Vergleich mit Tieren. Diese hierarchische, autoritäre soziale Struktur – allgegenwärtig, unsichtbar, selbstverständlich – ist das zwangsläufige Ergebnis der Kommerzialisierung und des Verzehrs von Tieren.

Die wohlhabende Elite übt ihr Privileg und ihre Autorität durch all unsere sozialen Institutionen aus und benutzt Nahrung als eine Methode, um Kontrolle auszuüben. Da die Qualität unserer Nahrung direkte Auswirkungen auf unsere geistige und physiologische Gesundheit und unsere Lebensqualität hat, können wir durch die Senkung der Qualität unserer Nahrung kränker, schwächer, abgelenkter, gewalttätiger, gestresster, betäubter,

verwirrter und ohnmächtiger gemacht werden. Dies ist vielleicht die wahre
Agenda hinter den böswilligen Bemühungen, die Normen für biologisch
angebaute Nahrung zu verwässern und Lebensmittel einzuführen, die –
aufgrund von Bestrahlung, Genmanipulation, Hinzufügung künstlicher
Farbstoffe, schädlicher Geschmacksverstärker wie Mononatriumglutamat
(MNG oder MSG), chemischer Konservierungsstoffe, bekanntermaßen
krebserregender Stoffe wie Aspartam und gefährlicher gentechnisch
hergestellter Hormone wie Rinder-Somatotropin und krebsauslösender
Wachstumshormone – höchst giftig sind. Dies geschieht zusätzlich zur
Förderung einer Ernährung auf Basis tierischer Produkte, die die aller-
größte Vielfalt und Intensität an Giftstoffen in sich konzentrieren und
die Menschen zwangsläufig verwirrt und ohnmächtig machen. Indem
sie unsere Nahrung kontrollieren und für die Verbreitung von Junkfood
und Tierprodukten sorgen, können jene mit dem höchsten Privileg unsere
gesamte Bevölkerung verwirrt und krank machen, insbesondere die an-
fälligsten und uninformierten Menschen. Es bestehen beispielsweise gut
dokumentierte Zusammenhänge zwischen der Verschlechterung unserer
Nahrungsversorgung und bestimmten neu erfundenen Pathologien wie
der Aufmerksamkeitsdefizitstörung (ADS).[6]

Wir müssen diese Zusammenhänge eingehender erforschen und diskutieren, und wir müssen einen schonungslosen Blick auf den Missbrauch
unseres eigenen Privilegs werfen. Als Gesellschaft unterlassen wir es
systematisch, einen Zusammenhang zwischen dem Leid, das anderen direkt zugefügt wird, und unserem privilegierten Status herzustellen. Diese
„anderen" sind vielleicht Fische, Hühner, Schweine oder Sklaven auf Ka-
kaoplantagen. Indem wir uns weigern, Tiere zu unterwerfen, stellen wir
die wesentlichen Zusammenhänge her und stoßen innere Türen auf, hinter
denen sich das Erkennen und die Dekonstruktion des Missbrauchs von Privilegien in unserem Leben verbergen. Gerechtigkeit, Gleichberechtigung,
Veganismus, Freiheit, spirituelle Entwicklung und universelles Mitgefühl
sind untrennbar miteinander verbunden.

Solange wir andere beherrschen, werden wir beherrscht werden. Sogar
jene, die an der Spitze der Pyramide stehen, die weißen reichen Männer
mit den meisten Privilegien, sind paradoxerweise versklavt. Da sie die
Saat der Angst und der Unterwerfung aussäen, können sie nicht inneren Frieden, Freude, Liebe und Fröhlichkeit ernten. Unglücklichsein,
Drogensucht, Suizid und Geisteskrankheit suchen die wohlhabendsten

Familien heim und veranschaulichen die offensichtliche und unausweichliche Wahrheit, dass wir alle miteinander verbunden sind. Spirituelle Gesundheit, die Quelle unserer Lebensfreude, erfordert, dass wir diese Wahrheit in unserem Alltagsleben beherzigen und danach leben. Wenn wir ein Segen für andere sind, sind wir selbst gesegnet. Wenn wir in anderen Lebewesen und nicht Dinge sehen, wird unser eigenes Sein befreit und bereichert.

Die letzten Tage, in denen wir Tiere essen

Bleibt ausreichend Zeit, damit wir als Menschheitsfamilie den Übergang zu einer mitfühlenden veganen Lebensweise vollziehen können? Es ist eine Frage der Aufklärung und des Erreichens der kritischen Masse. Ein jeder von uns hat eine wesentliche Rolle bei dieser größten aller menschlichen Aufgaben zu spielen. Der Widerstand vonseiten der herrschenden Kultur ist verständlicherweise immens und drückt sich in einem scheinbar endlosen Reigen von Gegenmaßnahmen aus. Da ist zum einen die allgegenwärtige Praktik des Essens versklavter Tiere an sich mitsamt der medialen und gesellschaftlichen Aufmerksamkeit und Unterstützung, die einer solchen Praktik unweigerlich zukommt, und mitsamt den gehorsam von den religiösen und wissenschaftlichen Institutionen unserer Kultur erfundenen Rechtfertigungen für diese Praktik. Darüber hinaus gibt es vorhersehbare Anstrengungen, staatliche und rechtliche Mittel einzusetzen, um das Lebensmittelkartell vor jeglicher Infragestellung zu schützen. Zahlreiche US-Staaten haben bereits auf Drängen der mächtigen Fleisch-, Milch- und Eierlobby sogenannte „*Food disparagement*"-Gesetze (wörtlich: „Nahrungsmittel-Verunglimpfung", A.d.Ü.) verabschiedet. Diesen Gesetzen zufolge ist eine öffentliche Kritik an Lebensmitteln nicht gestattet und stellt einen Straftatbestand dar! Die Staaten, in denen die Viehzuchtindustrien am stärksten vertreten sind, unternehmen auch Anstrengungen, Gesetze zu verabschieden, die es zu einem Verbrechen machen, Foto- oder Videoaufnahmen im Inneren von Farmen, Milchwirtschaftsbetrieben, Mästereien, Fischzuchten und Fischfangbetrieben sowie Schlachthöfen anzufertigen, es sei denn mit Erlaubnis der Industrien und Besitzer der Betriebe. (Das ist zwischenzeitlich erfolgt, bislang dreizehn US-Staaten haben die von Kritikern *Ag-Gag bills* – deutsch etwa „Agrobusiness-Knebel-Gesetze" – genannten Gesetze verabschiedet, A.d.Ü.). Es gibt offenbar viel zu verbergen. Die Tatsache, dass wir in einer vermeintlich offenen Gesellschaft leben, ist eine schwerwiegende Bedrohung in den Augen der Kräfte, die ein Interesse daran haben, dass wir weiterhin „Allesfresser" bleiben, und die jegliche Diskussion oder Infragestellung und das Aufzeigen der Folgen dieser Praktiken im Keim ersticken möchten. Es werden sogar Gesetze verabschiedet, nach denen es ungesetzlich ist, in der Öffentlichkeit über Ernährung zu sprechen, es sei denn, man ist geprüfte(r) Diätassistent(in)! Kürzlich gab es in der Stadt Columbus den Fall einer Dozentin in der Erwachsenenbildung, der vom Staatlichen Prüfer des Verwaltungsrats der Ernährungswissenschaftler von Ohio mitgeteilt wurde, sie dürfe das Video *Ernährung für ein neues Jahrtausend* nicht in der Öffentlichkeit vorführen, denn, so die Begründung, „dies könnte als unerlaubte Ausübung des Berufs des Diätassistenten gewertet werden, weil manche Personen ihre Lebensgewohnheiten aufgrund des Films ändern könnten".[7]

Zusätzlich zu solchen „Schlägermethoden" werden auch subtilere Taktiken angewandt. Die *National Eating Disorders Association*, eine gemeinnützige Organisation, die sich der Vorbeugung von Essstörungen verschrieben hat, verzeichnet nun einen neuen Typ von Störung, Orthorexie genannt:

> Orthorexia Nervosa. Obwohl nicht klinisch als Essstörung anerkannt, stimmen einige Ärzte und Psychologen darin überein, dass eine krankhafte Fixierung auf „gesunde" Nahrung, ein Zwang, sich „korrekt" zu ernähren, letztendlich als ein behandlungsbedürftiger Zustand angesehen werden kann.[8]

Anscheinend werden diejenigen, die fraglos dem grausamen und gesundheitsschädlichen durchschnittlichen US-amerikanischen Ernährungsschema folgen, das aus Fastfood-Hamburgern und Hotdogs besteht, von den Experten für geistige Gesundheit als psychologisch gesund und normal eingestuft, wohingegen diejenigen, die sich diesem Irrsinn verweigern, so beurteilt werden, dass sie eine „krankhafte Fixierung auf ‚gesunde' Nahrung" und einen „Zwang, sich ‚korrekt' zu ernähren" aufweisen und möglicherweise gezwungen werden, sich einer irgendwie gearteten „Behandlung" zu unterziehen. Man kann die subversive Wirkung, die die

Entscheidung für eine pflanzliche Ernährungsweise in den Augen der etablierten Mentalität der Unterwerfung und Ausgrenzung hat, und die Maßnahmen, zu welchen unsere Gesellschaft zu greifen bereit ist, um eine offene Diskussion und Infragestellung ihrer entscheidenden Rituale zu verhindern und zu unterdrücken, gar nicht überschätzen!

Zwar kann man angesichts der unglaublichen Trägheit unserer Kultur, dank derer die Praktik des Tiere-Essens bewahrt wird, leicht den Mut sinken lassen. Doch man darf nicht übersehen, dass diese Praktik den Keim ihrer Selbstzerstörung in sich trägt. Bei der Geschwindigkeit, mit der sie die Ökosysteme unseres Planeten und seine Ressourcen – und unsere geistige Gesundheit und Intelligenz – dahinrafft, kann sie nicht mehr sehr lange fortbestehen. Wir erleben vielleicht gerade jetzt die letzten Tage mit, in denen die Menschen noch Tiere essen.

Der Film des Lebens auf der Erde

Um aus der kulturellen Trance des Omnivorismus aufzuwachen, müssen wir uns nur daran erinnern, wer wir sind. Wir haben weder die Psyche noch die Physiologie fürs Töten und für eine räuberische Lebensweise. Doch aufgrund einer Mentalität, die das Ergebnis einer kulturellen Indoktrination ist und die für unsere Ernährungsweise erforderlich ist, essen wir wie Raubtiere. Wir werden abgestumpft, exklusivistisch und materialistisch und vergessen, dass wir im Wesentlichen Bewusstsein sind, das eine Erfahrung in Raum und Zeit macht. Als Bewusstsein sind wir ewig, frei und wohlwollend. Wir sind mit allen anderen Erscheinungsformen von Bewusstsein verbunden, und auf einer tieferen Ebene sind wir alle eins, denn wir stammen aus einer gemeinsamen Quelle. Diese Quelle ist unendliche Intelligenz und unendliches Bewusstsein; aus dieser Quelle entspringt die phänomenale Realität, und sie durchdringt diese Realität. *Um die Tiere zu befreien, die wir missbrauchen, müssen wir uns zuerst selbst von der Wahnvorstellung der fundamentalen Getrenntheit befreien*, indem wir unsere äußere Aufgabe der Aufklärung, des Teilens und Helfens und unsere innere Aufgabe der Entdeckung unserer wahren Natur erfüllen.

Um es mit einer Metapher auszudrücken, so sind wir alle Teile des Films auf der Erde. Während es so scheint, als seien wir die Bilder auf der Leinwand, teilen wir auf einer tieferen Ebene ein gemeinsames Erbe: Wir sind auch das Licht, das die Ausstrahlung des Films möglich macht. Dieses Licht ist Bewusstsein, es ist unsere grundlegende Natur, und es entstammt einer unendlichen und unfassbaren Quelle. Wenn wir beginnen, diese grundlegende Natur zu erkennen, die wir mit allen Lebewesen gemein haben, so vertieft dies nicht nur unseren Wunsch, ihr Leid zu mindern, sondern es stärkt auch unsere Fähigkeit, diese Aufgabe zu verwirklichen. Es hat eine zutiefst heilende Wirkung, Opfer und Täter nicht nur in diesen Rollen, sondern auch in ihrer spirituellen Vollkommenheit und Ganzheit zu sehen. Wir erkennen, dass es keine Feinde gibt – keine essenziell bösen Menschen oder vollkommen hoffnungslosen und zerstörerischen Situationen. Vielmehr gibt es Gelegenheiten, zu wachsen, zu lernen, zu dienen und zusammenzuarbeiten, um das Bewusstsein reifen zu lassen und Mitgefühl und Verständnis in die schmerzhaften und ungerechten Situationen zu bringen, die sich um uns herum abspielen. Da wir alle aufs engste miteinander verbunden sind, besteht der größte Segen, den wir über andere – Tiere wie Menschen – bringen können, darin, ihre Schönheit, Unschuld und Rechtschaffenheit zu sehen und diese Eigenschaften in ihnen anzusprechen.

Die Welt, die wir sehen, ist das Ergebnis unserer Gedanken und unserer Sichtweise. Wenn wir die tierische Nahrung auf unserem Teller genau betrachten, sehen wir enormes Leid, Hände, die missbrauchen, und verhärtete Herzen. Wenn wir noch genauer hinsehen, erkennen wir, dass diese Hände und Herzen selbst missbraucht und verletzt worden sind und sich danach sehnen, getröstet und geliebt zu werden, zu trösten und zu lieben. Wenn wir erkennen, dass Missbraucher stets selbst missbraucht worden sind, sind wir weniger darauf aus, sie zu verurteilen, und bemühen uns eher, zu verstehen und die Gefährdeten vor Missbrauch zu schützen. Wenn wir unsere Wunden heilen und aufhören, tierische Nahrung zu verzehren, werden wir in höherem Maße fähig, zur Heilung unserer Kultur beizutragen. Wir erkennen, dass wir nicht so sehr die Faust des Urteils und der Strafe sein müssen – denn Leid, das wir willentlich zufügen, wird uns zu gegebener Zeit unweigerlich wieder selbst treffen –, sondern vielmehr die Hand der Gnade, der Hilfe und der Heilung sein können.

Wenn wir uns unserer Verbundenheit mit allen Lebewesen bewusst werden, entwickelt sich in uns ganz natürlich der Wunsch, anderen zu helfen und ein Segen für sie zu sein. Dies ist eine Rolle, die wir ohne Burnout und ohne Wut übernehmen können. Das schreckliche Leid, das wir mitansehen, wird uns sicherlich verstören und empören, doch die Empörung verwandelt sich in Mitgefühl und Kreativität, anstatt in Wut, Verzweiflung oder Rachsucht. Über Wut und Verzweiflung hinauszuwachsen, während wir unsere Herzen für den Ozean aus Grausamkeit, Gleichgültigkeit und Leid auf dieser Erde offenhalten, ist keine leichte Aufgabe. Dies erfordert von uns, unsere Weisheit und unser Mitgefühl zu kultivieren, sowohl in der inneren stillen Empfänglichkeit, die uns mit der ewigen Wahrheit unseres Seins verbindet, als auch in den äußeren, Sinn in unser Leben bringenden Handlungen des Dienstes an anderen und der Hilfe für andere. Indem wir ein inneres Feld des Friedens, der Güte, der Freude und der Einheit erzeugen, tragen wir dazu bei, ein planetares Feld des Mitgefühls zu erschaffen, das dieses Bewusstsein widerspiegelt.[9]

Wenn wir unerschütterlich an der Wahrheit des Seins festhalten, wissend, dass Mitgefühl unwiderstehlich ist und es die Erde durch uns und viele andere umspannt, und wenn wir in unserem Alltagsleben entsprechend diesem Verständnis leben und es mit anderen teilen, erschaffen wir ein Feld der Güte und säen Saaten des kulturellen Wandels aus. Es gibt keine Feinde, denn wir sind alle miteinander verbunden. Die spirituelle Verbindung zwischen Tieren und Menschen erwächst aus dem Verständnis, dass wir alle Ausdruck eines ewigen, wohlwollenden Bewusstseins sind. Indem wir diese Verbundenheit anerkennen und in Harmonie mit ihr leben, wird unser Leben zu einem Gebet des Mitgefühls und der Heilung. Eine positive Herangehensweise ist essenziell, denn sie mobilisiert unsere spirituellen Ressourcen, erzeugt Enthusiasmus und bringt mehr Freude und Liebe in unsere Welt.

So wie die Wellen die Ausdrucksform des Ozeans und untrennbar von diesem sind, sind wir sowohl das Licht, das den Film ermöglicht, als auch die Bilder auf der Leinwand, die von diesem Licht angestrahlt wird. Jeder von uns ist einzigartig und trägt mit seiner Stimme, seiner Leidenschaft und seinem Geist zur Geschichte bei, die sich in dem Film entfaltet. Dank dieser Erkenntnis können wir unser Leben mit dem Ziel führen, anderen zu helfen und segensreich für sie zu sein, wobei wir sowohl ein Gefühl der Dringlichkeit haben, welches nötig und angebracht ist, als auch über Weitsicht und Überblick verfügen, so dass wir andere nicht beschuldigen oder uns mit ihnen in Auseinandersetzungen verwickeln. Vorwürfe und Auseinandersetzungen bringen nur Widerstand hervor und verstärken die Illusion der Getrenntheit. Unsere spirituelle Entwicklung ist der Aufruf, uns selbst und die Tiere, die wir in Knechtschaft halten, zu befreien. Sie gründet sich auf die Erkenntnis der Einheit von Ursache und Wirkung: Welche Saaten auch immer wir in unserem Bewusstsein säen, werden wir in unserem Leben ernten. Die alte Feststellung gilt nach wie vor: „Denn niemals hört im Weltenlauf die Feindschaft je durch Feindschaft auf. Durch Liebe nur erlischt der Hass, ein ewiges Gesetz ist das."[10] Letzten Endes müssen wir der Wandel sein, den wir in der Welt sehen wollen, wie Mahatma Gandhi betonte.

Die Botschaft des Wapiti-Hirschs

Eines Nachts im August 1991, hoch in den *Olympic Mountains*, einem Gebirge im westlichen Teil des Staates Washington. Ich stieg eine scheinbar endlose und steile Reihe von Serpentinen hinauf, in der Hoffnung, es zu meinem Kleinbus zurück zu schaffen, der am Ausgangspunkt meiner Wanderung geparkt war. Ich hatte mich zu weit ins Gelände vorgewagt, um einen Gebirgssee zu erreichen. Nun musste ich ohne Nahrung und Wasser viele Meilen in steilem Gelände zurückmarschieren. Ich war erschöpfter als je zuvor in meinem Leben. Jeder Schritt kostete mich enorme Anstrengung. Im fahlen Mondlicht betete ich um Kraft und Energie, um den beschwerlichen Aufstieg zurück auf die Spitze des Bergrückens fortsetzen zu können. Ich war am Rande der totalen Erschöpfung und dachte schon, ich sei gezwungen, am kalten, kahlen Hang zu biwakieren, als ich eine Präsenz an meiner Seite spürte. Während ich im unheimlichen Mondlicht weitertrottete und dabei mit aller Kraft meine Füße über den Boden schleifte, wagte ich einen Blick zu meiner rechten Seite. Ich erblickte einen Wapiti-Hirsch, nur drei bis vier Meter von mir entfernt. Ein majestätischer Wapiti-Hirsch, der langsam an meiner Seite lief. In dem surrealen Zustand, in dem ich mich aufgrund meiner Erschöpfung und meines einsamen Marschs im Mondlicht bereits befand, überraschte mich seine Anwesenheit nicht einmal. Wir liefen minutenlang Seite an Seite. Die reine Anwesenheit dieses mächtigen Tiers, das so nah an meiner Seite lief, gab mir enormen Auftrieb. Während wir so liefen, dankte ich ihm mental für seine Fürsorge und Hilfe und spürte ein tiefes Gefühl der Seelenverwandtschaft mit ihm, über die übliche Bedeutung dieses Begriffs hinaus. Ich fühlte unsere absolute Verbundenheit als eine unverrückbare Tatsache. Mit ihm an meiner Seite fühlte ich meine Energie auf natürliche Weise steigen. Schon bald war ich in der Lage, schneller und mit mehr Zuversicht zu marschieren. Es dauerte nicht lange, und der Hirsch beschleunigte seine Schritte, kreuzte meinen Weg und verschwand in die Nacht. Nach weiteren zehn Minuten hatte ich die Spitze des Bergrückens erreicht und konnte zum Parkplatz hinuntergehen.

Obwohl ich enorm durstig und hungrig war und sich in meinem Kleinbus üppige Wasser- und Lebensmittelvorräte befanden, hielt ich inne und dankte zuerst still dem Hirsch und dem wohlwollenden Mysterium dieses Universums. Mein Herz war voller Dankbarkeit für die überwältigende Präsenz der Liebe und des Mitgefühls, von der ich fühlte, dass sie durch diesen Hirsch auf mich herunterschien. Ich erkannte, dass ich meinem Bruder, dem Hirsch, nicht mit Gedanken oder Worten zu danken brauchte, denn er wusste um unsere Verbindung. Der Dank, den ich ihm zukommen lassen könnte, konnte nur in Form von Taten sein, um ihn und all meine Brüder und Schwestern auf dieser Erde zu schützen, die heilige Erscheinungsformen einer unendlichen Liebe sind, die mir in dieser Nacht durch den Hirsch, die Sterne, den Mond und die nächtliche Bergluft zulächelte.

Der Hirsch lehrte mich, mir jeden Tag Zeit zu nehmen, um dankbar zu sein, meine innere Verbindung mit dem großen Mysterium zu fühlen und mich dem inneren Quell der Freude und des Friedens zu öffnen. Die mächtigsten Mittel gegen Grausamkeit, Missbrauch und Gleichgültigkeit sind nicht Wut und Traurigkeit, sondern Liebe, Frieden, Freude und warmherziger kreativer Enthusiasmus für das kostbare Geschenk des menschlichen Lebens. Ganz so, wie Thich Nhat Hanh weise formuliert hat, dass wir ohne inneren Frieden nicht unseren Beitrag zur Friedensbewegung leisten können, so gilt auch, dass wir ohne innere Freiheit nicht zur Befreiung der Tiere beitragen können, welche die unabdingbare Voraussetzung für eine sinnerfüllte menschliche Freiheit ist.

Das Erlebnis mit dem Wapiti-Hirsch ist eine der vielen Segnungen, die der Umstand, vegan zu sein, mir geschenkt hat. Der Veganismus weckt in uns ein tiefes Gefühl des Friedens, wenn wir in Kontakt mit der Natur oder mit Tieren sind, ein Gefühl der Verwandtschaft, der Kameradschaft und der Harmonie mit allem Leben. Er fördert ein Gefühl des inneren Reichtums, das über die Jahre wächst und sich vertieft, ein Gefühl der Sanftmut und die Überzeugung, dass unser Leben einen Sinn und ein Ziel hat. Vegan zu leben, ist nicht so sehr eine Entscheidung, die man mit dem Intellekt trifft, sondern vielmehr eine natürliche Folge eines inneren Reifeprozesses. Obschon es sicher hilfreich ist, verstandesmäßig das gewaltige Mandala der negativen Folgen des Verzehrs tierischer Nahrung zu begreifen, stellen wir fest, dass wir durch unsere Intuition in den Veganismus getrieben werden. Wenn sich unser intuitives Herz öffnet, öffnet es sich dem Verständnis unserer Verbindung mit anderen und der Notwendigkeit, diese in den Kreis der Lebewesen, die uns am Herzen liegen, einzubeziehen.

In unserer Kultur, die derart von der Mentalität der Unterwerfung und Ausgrenzung durchdrungen ist, erfordert die Entscheidung für den Veganismus einen spirituellen Durchbruch. Diesen Durchbruch kann man in keiner Weise in anderen erzwingen, doch man kann ihn definitiv fördern. So trägt es zum Reifungsprozess bei, den Vorhang zu lüften und dem entsetzlichen Leid, das tierischer Nahrung innewohnt, ins Auge zu sehen, Fragen zu stellen, sich mit spirituellen Lehren zu befassen, das überlegene Wissen der Intuition zu kultivieren und das Beispiel anderer Veganer zu betrachten. Sobald wir das universelle Gesetz oder Prinzip klar erkennen und erfassen, auf dem der Veganismus beruht, erfahren wir eine spirituelle Wandlung, die bessere Perspektiven für Freiheit und Glück bietet. Wenn wir erst einmal erkennen und verstehen, werden wir zu einer Stimme für jene, die keine Stimme haben, zu einer Note im glorreichen Chor der Heilung und des Erwachens, der in unserem kollektiven Bewusstsein erklingt.

Vom überholten Exklusivismus zum Konzept des „Wir alle"

Unsere überkommenen Ernährungstraditionen erfordern eine Mentalität der Gewalt und der Verleugnung, die lautlos jeden Aspekt unseres individuellen und kollektiven Lebens durchdringt. Sie durchsetzt unsere Institutionen und erzeugt die Krisen, Dilemmata, Ungleichheiten und das Leid, die wir vergeblich zu verstehen und wirksam zu lösen versuchen. Eine neue Art, sich zu ernähren, die nicht länger auf Privileg, Kommerzialisierung und Ausbeutung basiert, ist nicht nur möglich, sondern absolut erforderlich und unabdingbar. Unsere angeborene Intelligenz verlangt es so.

Der vegane Kongressabgeordnete Dennis Kucinich sagte 2002 in einer Rede:

Ich habe Menschen gesehen, die unglaubliche Schwierigkeiten überwunden haben, als sie sich bewusst wurden, dass sie Teil einer Sache waren, die über sie selbst hinausging, und die unaufhaltsame Kraft spürten, die aus dem Einssein erwächst.

Gewalt ist nicht unvermeidbar. Krieg ist nicht unvermeidbar. Gewaltlosigkeit und Frieden sind unvermeidbar. Wir können diese Welt in ein Geschenk des Friedens verwandeln, das die Präsenz des universellen Geistes in unserem Leben untermauert. Wir können dieses Geschenk, das unsere Kinder vor Furcht, Schaden und Zerstörung bewahrt, in die Zukunft senden.[11]

Wenn sich unser Herz einem tieferen Verständnis öffnet, weitet sich der Kreis der Lebewesen, denen unser Mitgefühl gilt, auf natürliche Weise und schließt mehr und mehr „andere" ein – nicht nur unseren eigenen Stamm, unsere Sekte, Nation oder Rasse, sondern alle menschlichen Wesen und nicht nur Menschen, sondern andere Säugetiere und auch Vögel, Fische, Wälder und das gesamte wunderschöne miteinander verwobene Fresko des Lebens, die ganze pulsierende Schöpfung. Alle Wesen. Uns alle.

Wenn wir uns von einer pflanzlichen Ernährung angezogen fühlen, dann ist diese keineswegs eine Einschränkung für uns, sondern die harmonische Erfüllung unserer inneren Vision. Zuerst denken wir, es ist eine Option, die wir wählen können, doch mit der Zeit erkennen wir, dass es überhaupt keine Option ist, sondern der freie Ausdruck dessen, was wir sind. Es ist keine Ethik, die wir von außen überwachen müssen, sondern unsere eigene strahlende Liebe, die sich spontan ausdrückt – unsere Liebe für uns selbst und für die Welt. Fürsorge ist in diese Welt geboren und lebt durch uns, in uns. Das ist nicht etwas, das wir als unser Verdienst in Anspruch nehmen könnten. Es ist kein Anlass, stolz zu sein. Der Verzicht darauf, Tiere zu essen und zu benutzen, ist das natürliche Ergebnis des Verstehens – ein Verstehen, das nicht länger im dunklen und starren Verlies des engstirnigen Egozentrismus in Ketten gehalten wird. Von außen mag dies wie Veganismus aussehen und so genannt werden, doch es ist einfach Bewusstheit und der Ausdruck unseres Gefühls der Verbundenheit. Es tritt natürlicherweise als Integration und Fürsorge in Erscheinung. Man sollte kein großes Aufheben darum machen, denn es ist die normale Funktionsweise unserer wahren Natur, die unfehlbar Wesen sieht, und nicht Dinge, wenn ihr Blick auf unsere Mitgeschöpfe auf dieser Erde fällt.

Wir schulden den Tieren unsere aufrichtige und umfassende Entschuldigung. Wehrlos und unfähig, Vergeltung zu üben, wie sie sind, haben sie unter unserer Herrschaft Höllenqualen durchlitten, die die meisten von uns niemals mitangesehen oder anerkannt haben. Nun, da wir es besser wissen, können wir besser handeln, und indem wir besser handeln, können wir besser leben und den Tieren, unseren Kindern und uns selbst einen wirklichen Grund zur Freude und zum Feiern geben.

ANMERKUNGEN

KAPITEL EINS ◎ DIE MACHT DER NAHRUNG

1 Um nur einige zu nennen: Weber, Durkheim, Veblen, Mumford, Riesman, Fromm, Wirth, Marcuse und Bellah in der Soziologie und Sozialwissenschaft, James, Freud, Adler, Reich, Jung, Maslow, Skinner, Sheldon, Rogers und Allport in der Psychologie, Heidegger, Husserl, Sartre, Whitehead, Camus, Buber, Wittgenstein, Popper, Kuhn, Polanyi, Gebser und Jaspers in der Philosophie, Bateson, Churchman, Varela, Mitroff, Fuller und Prigogine in der Systemtheorie sowie zahllose weitere.

2 Einige dieser zeitgenössischen radikalen Stimmen umfassen Noam Chomsky, Mary Daly, Helen Caldicott, Daniel Berrigan, David Icke, Michael Parenti, Howard Zinn, E.F. Schumacher, Theodore Roszak, Jim Hightower und Adrienne Rich. Beispielhaft für all jene, die gegenwärtig über holistische Heilkunde, Spiritualität und Frieden schreiben, seien Matthew Fox, John Shelby Spong, Ken Wilber, Jean Houston, Gary Zukav, Andrew Harvey, Eckhart Tolle, Deepak Chopra, Pema Chödrön, Andrew Cohen, Ram Dass, Joan Borysenko, Wayne Dyer, Stanislav Grof, George Leonard, Neale Donald Walsh, Larry Dossey, Caroline Myss, Dan Millman, David Hawkins, Marianne Williamson, Robert Johnson, Sam Keen, James Twyman und Peter Russell genannt.

KAPITEL ZWEI ◎ DIE WURZELN UNSERER KULTUR

1 Jim Mason, *An Unnatural Order: Why We Are Destroying the Planet And Each Other* (New York: Continuum, 1993), p. 143.

2 Ibid., p. 138.

3 Ibid., pp. 142–143.

4 *Merriam-Webster's Collegiate Dictionary*, Zehnte Ausgabe (Springfield, MA: Merriam-Webster, 1996), p. 308.

5 Cynthia Eller, *The Myth of Matriarchal Prehistory: Why an Invented Past Won't Give Women a Future* (Boston: Beacon Press, 2000), p. 41.

6 Riane Eisler, *The Chalice and the Blade: Our History, Our Future* (New York: HarperCollins, 1987), p. 44.

7 Riane Eisler, *Sacred Pleasure: Sex, Myth, and the Politics of the Body* (New York: HarperCollins, 1995), p. 92.

8 Ibid., pp. 95–96.

9 Ibid., p. 96.

10 Mason, p. 140.

11 Ibid.

12 Ibid., p. 146.

13 Cappeller Sanskrit-Wörterbuch: *f.* gavyaa. Wunsch nach mehr Rindern, Kriegseifer; siehe auch Monier Williams: goSu + gam → in die Schlacht ziehen [Rinder erobern] RV. ii, 25, 4; v, 45, 9; viii, 71, 5; aus der Korrespondenz des Autors mit Claude Setzer, Ph.D.

14 Mason, p. 137.

15 Leonardo da Vinci, *Notes*, zitiert in Andrea Wiebers und David Wiebers, *Souls Like Ourselves* (Rochester, MN: Sojourn Press, 2000), p. 62.

16 Joanne Stepaniak, *Being Vegan* (Los Angeles: Lowell House, 2000), p. 3.

KAPITEL DREI DIE NATUR DER INTELLIGENZ

1 Siehe z.B. John Bradshaw, *Bradshaw on: The Family* (Deerfield Beach, FL: Health Communications, 1988, 1996).

2 Charles Fillmore, "Vegetarianism", *Unity Magazine*, June 1915.

3 Charles Fillmore, "The Vegetarian", *Unity Magazine*, May 1920.

4 Charles Fillmore, "The Unity Vegetarian Inn" (Unity Village, MO).

5 Keith Akers, *The Lost Religion of Jesus* (New York: Lantern Books, 2000), p. 157.

6 Gregory Bateson, *Mind and Nature* (New York: Bantam, 1979), p. 12.

7 Für eine eingehende Diskussion der bisher ungeklärten Dimensionen der Intelligenz bei Tieren siehe: Rupert Sheldrake, *Dogs That Know When Their Owners Are Coming Home and Other Unexplained Powers of Animals* (New York: Three Rivers Press, 1999) und ebenso dessen *Seven Experiments That Would Change the World* (New York: Inner Traditions, 2002) sowie Jean Houston, *Mystical Dogs: Animals As Guides to Our Inner Life* (Makawao, HI: Inner Ocean Publishing, 2002), um nur eine kleine Auswahl an Büchern zu diesem Thema zu nennen.

8 Dan Kindlon und Michael Thompson, *Raising Cain: Protecting the Emotional Life of Boys* (New York: Ballantine, 1999), p. 174.

9 *Rainforest Alliance Newsletter*, September 2001, p.1.

10 Greg Critser, *Fat Land* (New York: Houghton Mifflin, 2003), p. 171.

11 Ronald Goodman, *Circumcision: The Hidden Trauma* (Boston: Vanguard, 1997).

12 Paul M. Fleiss, "Protect Your Uncircumcised Son: Expert Medical Advice for Parents", *Mothering*, November/Dezember 2000, p. 44.

13 John Robbins, *The Food Revolution: How Your Diet Can Save Your Life and the World* (Berkeley: Conari Press, 2001), p. 48.

14 John Robbins, *Diet For a New America* (Walpole, NH: StillPoint, 1987), p. 330.

15 Die Vereinigten Staaten haben beispielsweise eine der weltweit höchsten Pro-Kopf-Raten, was den Verzehr von tierischen Nahrungsmitteln angeht, und darüber hinaus die höchste Krebsrate. Mit nur vier Prozent der Weltbevölkerung stellen die Vereinigten Staaten fünfundzwanzig Prozent der Strafgefangenen weltweit. Das Land mit den meisten tierischen Häftlingen hat also auch die meisten menschlichen Häftlinge.

16 Amnesty International, *Torture Worldwide: An Affront To Human Dignity* (New York: Amnesty International, 2000), p. 2. Siehe auch www.amnestyusa.org.

17 Ibid., pp. 112–113.

18 Jim Mason, "Inside a Turkey Breeding Factory: Of Rape and Pillage", *Farm Sanctuary News*, Herbst 1997, pp. 5–7.

19 U.S. Bureau of Justice Statistics, *Criminal Victimization*, 2003 (Washington DC: September 2004). Siehe R.A.I.N.N. (Rape, Abuse, & Incest National Network), www.rainn.org/statistics.html. Im Jahr 2003 wurden 198.500 Opfer von Vergewaltigungsversuchen oder sexuellen Übergriffen verzeichnet (im Schnitt alle zwei Minuten ein Vorfall) und 87.000 Opfer von vollzogenen Vergewaltigungen (alle sechs Minuten ein Vorfall).

20 Michael Greger, "SARS: Another Deadly Virus from the Meat Industry", *VegNews* Mai–Juni 2003, p. 10.

KAPITEL VIER DAS ERBE UNSERER ERNÄHRUNGSGEWOHNHEITEN

1   Joseph Mercola und Rachael Droege, "Why Junk Food Is so Tempting, and How to Beat Your Temptation", Mercola-com e-newsletter, Ausgabe 516, 17. März 2004.

2   Neal Barnard, *Turn Off the Fat Genes* (New York: Three Rivers Press, 2001), p. 108.

3   Neal Barnard, "Breaking the Food Seduction", in *Good Medicine From the Physicians Committee for Responsible Medicine,* Sommer 2003, pp. 10–12.

4   Dr. med. Russell Blaylock zufolge fügen z.B. Fastfoodketten ihrem Fleisch große Mengen an Mononatriumglutamat (MNG oder MSG) zu, einen gesundheitsschädlichen und suchterzeugenden Geschmacksverstärker. Siehe Russell Blaylock, *Excitotoxins: The Taste that Kills* (Health Press).

5   Siehe beispielsweise Carol Simontacchi, *The CrazyMakers: How the Food Industry is Destroying our Brains and Harming Our Children* (New York, Putnam: 2000), p. 99: „Mononatriumglutamat oder andere Geschmacksverstärker geben den Lebensmitteln einen weitaus intensiveren und attraktiveren Geschmack, als man ihn normalerweise kennt. Dies führt zur Abstumpfung unseres Geschmacksempfindens bezüglich der natürlichen Aromen in ‚echter‘ Nahrung. Im Vergleich dazu schmeckt normale Nahrung fade, was Kinder dazu bringt, natürliche Nahrung beharrlich abzulehnen."

KAPITEL FÜNF DIE INTELLIGENZ MENSCHLICHER PHYSIOLOGIE

1   John McDougall, "Vegan Diet Damages Baby's Brain—Sensationalism!" *VegNews* März/ April 2003, p. 10.

2   E. A. Hooton, *Man's Poor Relations* (Garden City, NY: Doubleday, 1940), p. 412.

3   Die Fleischfresser unter den Tieren haben über drei Mal so viel Magnesiumphosphat in ihren Zähnen als wir, was diesen größere Härte verleiht: „Menschliche Zähne enthalten normalerweise 1,5 Prozent Magnesiumphosphat, wohingegen die Zähne von Fleischfressern zu nahezu 5 Prozent aus Magnesiumphosphat bestehen." Vasu Murti, *They Shall Not Hurt or Destroy: Animal Rights and Vegetarianism in the Western Religious Traditions* (Cleveland: Vegetarian Advocates Press, 2003), p. 122.

4   Fleischfresser haben einen Verdauungstrakt, der drei Mal ihre Körperlänge ausmacht. Hingegen haben Primaten, die als Fruchtfresser eingeordnet werden, einen Verdauungstrakt, der zwölf Mal ihre Körperlänge ausmacht. Der Verdauungstrakt von Pflanzenfressern, wie Huftieren und Wiederkäuern, ist etwa dreißig Mal so lang wie ihre Körperlänge. Siehe Ibid., pp. 121–122.

5   Robert O. Young und Shelley R. Young, *The pH Miracle* (New York: Warner, 2002).

6   John McDougall, "Need Potassium? Take Vegetables, Not Pills", *McDougall Newsletter,* April 2004.

7   Riane Eisler, *Sacred Pleasure: Sex, Myth, and the Politics of the Body* (New York: HarperCollins, 1995), p. 38.

8   Aufstellung der empfohlenen Tagesdosis an Energie, Kohlenhydraten, Ballaststoffen, Fett, Fettsäuren, Cholesterin, Eiweiß und Aminosäuren (Makronährstoffe), herausgegeben vom *Institute of Medicine* der *National Academy of Sciences* (2002), zitiert in Michael Greger, *Carbophobia* (New York: Lantern, 2005, p. 83). Dr. Greger fährt fort: „In ihrem Bericht, der Transfette verurteilt, konnten sie nicht einmal einen maximalen Zufuhrwert festlegen, denn 'jegliche stufenweise Steigerung der Aufnahme von Transfetten erhöht das Risiko von koronaren Herzkrankheiten'."

9   In seinem Buch *Turn off the Fat Genes* (New York: Harmony, 2001, p. 132) schreibt Neil

Barnard: „Von der alten Vorstellung, dass man verschiedene pflanzliche Nahrungsmittel sorgfältig kombinieren oder miteinander ergänzen müsse, um ausreichend Eiweiß aufzunehmen, ist man abgerückt. Die US-Regierung und die Organisation der Diätassistenten *American Dietetic Association* (umbenannt in *Academy of Nutrition and Dietetics*, A.d.Ü.) stimmen darin überein, dass man auch ohne spezielles Kombinieren problemlos genug Eiweiß aufnimmt, solange eine pflanzliche Ernährung normal abwechslungsreich gestaltet wird."

10 V. Messina und K. Burke, "Position of the American Dietetic Association: Vegetarian Diets", *Journal of the American Dietetic Association*, 97, 1997, pp. 1317–1321.

11 Colin Campbell, Interview, 1994, zitiert in Andrea Wiebers und David Wiebers, *Souls Like Ourselves* (Rochester, MN: Sojourn Press, 2000), p. 51.

12 John Robbins, *Diet For A New America*, pp. 172–173. (Auf Deutsch erhältlich unter dem Titel *Ernährung für ein neues Jahrtausend*, A.d.Ü.)

13 Ibid., p. 177.

14 Andrew Weil, *Spontaneous Healing* (New York: Random House, 1995), pp. 145–147.

15 Andrew Weil, *Eight Weeks to Optimum Health* (New York: Random House, 1997), p. 70.

16 Young und Young, p. 23.

17 Zitiert in Greg Lawson, "The Broccoli Link", *Animal Rights Online* newsletter, 5. Juni 2003; siehe auch http://biology.berkeley.edu/crl/index.shtml.

18 R. Mazess, "Bone Mineral Content of North Alaskan Eskimos", *Journal of Clinical Nutrition*, 27:916, 1974.

19 John McDougall, *McDougall's Medicine* (Piscataway, NJ: New Century Publishers, 1985), p. 67.

20 Einen guten Überblick über die Forschung zum Zusammenhang zwischen dem Verzehr tierischer Nahrung und der Entwicklung von Krankheiten sowie eine Liste von Primärquellen bietet John Robbins, *The Food Revolution*, Part 1, pp. 11–150.

21 "A Diet Rich in Profit", *Adbusters Journal*, November/Dezember 2002.

22 Für weitere Einzelheiten siehe Felicia Drury Kliment, *The Acid Alkaline Balance Diet* (New York: Contemporary Books, 2002).

23 J.T. Dwyer, L. G. Miller, N. L. Arduino, et al. "Mental Age and I.Q. of Predominately Vegetarian Children." *Journal of the American Dietetic Association*, 76, 1980, pp.142–147. In dieser Studie weisen Verhaltenstests an vegetarisch ernährten Kindern darauf hin, dass deren Hirnentwicklung normal ist. Tatsächlich hatten sie bezüglich ihrer geistigen Fähigkeiten einen einjährigen Vorsprung verglichen mit ihrem chronologischen Alter, und ihr durchschnittlicher IQ lag deutlich über dem Durchschnitt (mit durchschnittlich 116 Punkten).

24 Plutarch, "On Eating Flesh", *Moralia*, Vol. 5, Tract 1. (Deutsch: „Über das Fleischessen, erste Abhandlung", *Plutarchs moralische Abhandlungen*, Siebenter Band. A.d.Ü.)

25 Greg Critser, *Fat Land* (New York: Houghton Mifflin, 2003), p. 170.

26 "A Diet Rich in Profit", *Adbusters Journal*, November/Dezember 2002.

27 Neal Barnard, *Turn off the Fat Genes*, p. 134.

28 U.S. Department of Agriculture, "A Comparison of Low-Carbohydrate vs. High-Carbohydrate Diets", zitiert in Eve Hightower, "Pasta Preferred", *E Magazine,* Januar/Februar 2003, p. 42.

29 Andrew Weil, *Spontaneous Healing* (New York: Random House, 1995), pp. 145–147.

30 Sheldon Rampton und John Stauber, *Mad Cow U.S.A: Could the Nightmare Happen Here?* (Monroe, ME: Common Courage Press, 1997), pp. 39–51, 210–218.

31 Nicholas Fox, *Spoiled: The Dangerous Truth About a Food Chain Gone Haywire* (New York: Basic Books, 1997), pp. 178–179.

32 *45 Days: The Life and Death of a Broiler Chicken*, Dokumentarvideo, Washington, DC, 2004.

33 "Factsheet—January 2000", National Cattlemen's Beef Association.

34 Gail Eisnitz, *Slaughterhouse: The Shocking Story of Greed, Neglect, and Inhumane Treatment Inside the U.S. Meat Industry* (Amherst, NY: Prometheus Books, 1997), p. 219.

35 Ibid., p. 175.

36 Ibid., p. 177.

37 Julie Vorman, "US Groups Seek Food Safety Warning Label on Meat", Reuters News Service, 13. Januar 2000.

38 "Microbiologists Battle E. coli", *Meat Industry Insights*, 26. Oktober 1999.

39 Eisnitz, pp. 174–175.

40 Ibid., p. 173.

41 Ibid., p. 183.

42 Ibid., p. 167.

43 Ibid., p. 168.

44 Ibid., p. 287

45 John McDougall, "Diet and Diabetes: The Meat of the Matter", *EarthSave Magazine*, November 2002, p. 4.

46 Ibid., p. 22.

47 Dean Ornish, *Eat More, Weigh Less*, (New York: HarperCollins, 1993).

48 Eine lehrreiche Diskussion des Placeboeffekts im Zusammenhang mit verschiedenen medizinischen Therapien und Heiltechniken, die dem Leser die Augen öffnet, findet sich in Andrew Weil, *Health and Healing*, pp. 199–274. (Deutsch: *Heilung aus eigener Kraft*, *A.d.Ü.*) Siehe auch Lolette Kuby, *Faith and the Placebo Effect* (Novato, CA: Origin Press, 2001).

49 Jeffrey Hildner, "Destination: Healing", *The Christian Science Journal*, November 2003, pp. 6-7.

50 "Subway: The New King of Fast Food", Organic Consumers Association, Juli 2004. Siehe www.organicconsumers.org/corp/subway071504.cfm.

51 Weil, *Eight Weeks to Optimum Health*, op. cit., p. 104.

52 Brenda Davis und Vesanto Melina, *Becoming Vegan* (Summertown, TN: Book Publishing Company, 2000).

53 *World Health Organization Technical Report Series 916. Diet, Nutrition and the Prevention of Chronic Diseases* (Genf, 2003).

54 *European Journal of Clinical Nutrition*, 57, August 2003, p. 947. Ebenso: USDA, *Food and Nutrient Intakes by Individuals in the United States, by Region, 1994–1996*. Zitiert in Michael Greger, "Latest in Human Nutrition", *Dr. Michael Greger's Monthly Newsletter*, September 2003. (www.drgreger.org/september2003.html).

55 Howard Lyman betont in *Mad Cowboy* (New York: Scribner, 1998, p. 126), dass nicht nur gewaltige Mengen an pestizidbelastetem Getreide notwendig sind, um die tierischen Lebensmittel zu erzeugen, die wir konsumieren, sondern dass außerdem „staatliche Beschränkungen, so lasch sie beim Gebrauch von Pestiziden für die menschliche Ernährung sind, bei Kulturen, die als Viehfutter dienen, überhaupt nicht angewandt werden. Der Löwenanteil der agrochemischen Gifte, die in die Luft gesprüht werden und auf den Boden herabrieseln, dient der Fleischproduktion."

56 Howard Lyman, Autor von *Mad Cowboy*, op. cit., verwendet bei Gelegenheit diese Metapher in seinen öffentlichen Reden.

KAPITEL SECHS ◎ JAGD UND ZUCHT DER WASSERFAUNA

1   Farley Mowat, *Sea of Slaughter* (New York: Atlantic Monthly Press, 1984), p. 404.
2   Minority Staff of the U.S. Senate Committee on Agriculture, Nutrition, and Forestry, "Animal Waste Pollution in America: An Emerging National Problem", Dezember 1997.
3   Michael Satchel, "The Cell from Hell", *U.S. News and World Report,* 28. Juli 1997, pp. 26–28.
4   Tim Beardsley, "Death in the Deep: 'Dead Zone' in the Gulf of Mexico Challenges Regulators", *Scientific American*, November 1997, pp. 17–18.
5   Lewis Regenstein, *How to Survive in America the Poisoned* (New York: Acropolis, 1982), p. 103.
6   K. Noren, "Levels of organochloride contaminants in human milk in relation to the dietary habits of the mothers", *Acta Paediatrica Scandinavica*, 72(6), November 1983, pp. 811–816.
7   Michael Klaper, *Vegan Nutrition: Pure and Simple* (Paia, HI: Gentle World, 1998), pp. 26–27. Aufgrund seiner Korrespondenz mit dem Autor im Februar 2004 wurde diese Passage im Buch von Dr. Klaper geringfügig geändert und aktualisiert.
8   Brenda Davis und Vesanto Melina, *Becoming Vegan* op. cit., pp. 60–76.
9   Office of Pollution Prevention and Toxics, EPA, "Management of Polychlorinated Biphenyls in the United States" (Washington, DC: Government Printing Office, 1997).
10 Siehe www.fao.org/docrep/005/y7300e/y7300e00.htm für einen Überblick der weltweiten Fischgründe.
11 Christie Aschwanden, "Is Salmon Good for You?" *Alternative Medicine*, Juni 2005, p. 71. Siehe auch www.fishinghurts.com.
12 Canthaxanthin, das pinkfarbene Lachs-Pigment, das vom Pharma-Giganten Hoffman-LaRoche vermarktet wird, wurde mit Schädigungen der Netzhaut in Verbindung gebracht. Trotzdem ist seine Verwendung in der kommerziellen Fischzuchtindustrie nach wie vor erlaubt. Es wird auch dem Futter von Legehennen zugesetzt, um den Eidottern eine intensivere Färbung zu geben. Siehe "Fish Farms Become Feedlots of the Sea", *Los Angeles Times*, 9. Dezember 2002.
13 "Fishy Business" *New Internationalist*, Juli 2000, p. 11.
14 Ann P. McGinn, "Blue Revolution—The Promises and Pitfalls of Fish Farming", *World-Watch*, März/April 1988, p. 10.
15 Cornelia Dean, "Fish Farms Tied in Study to Imperiling Wild Salmon", *New York Times*, 30. März 2005; siehe auch "The Fish Business", Animal Aid (U.K.) unter www.animalaid.org.uk.
16 Mowat, p. 167.
17 S. Holt, "The Food Resources of the Ocean", *Scientific American*, 22, 1969, pp. 178–94.
18 Siehe www.fishinghurts.com/HealthConcerns.asp.
19 "America's Fish: Fair or Foul?", *Consumer Reports*, Februar 2001.
20 Siehe www.fishinghurts.com/EnvironmentalConcerns.asp.
21 Siehe www.environmentaldefense.org/seafood/oceansinperil.cfm.
22 Paul Watson, "Consider the Fishes", *VegNews*, März/April 2003, p. 27.
23 Ibid.
24 Paul Watson, *Sea Shepherd Log* #58, 2002, p. 20.
25 Ibid.
26 Ibid., p. 10.
27 Ibid.

28   Rod Fujita, *Heal the Ocean: Solutions for Saving Our Seas* (Gabriola Island, BC: New Society Publishers, 2003), p. 125.
29   Barry Kent MacKay, "Catch and Release", *Animal Issues*, Frühjahr 2003, p. 20.
30   Richard H. Schwartz, "Troubled Waters: The Case Against Eating Fish", *Vegetarian Voice*, Frühjahr 2004, p. 7.
31   Ibid., pp. 22–23.
32   Joan Dunayer, *Animal Equality* (Derwood, MD: Ryce Publishing, 2001), p. 69.
33   Barry Kent MacKay, p. 20.
34   BBC News, "Scientists Highlight Fish 'Intelligence,'" nachgedruckt in Animal Rights Online, 7. September 2003. Siehe http://news.bbc.co.uk/1/hi/england/west_yorkshire/3189941.stm.
35   Ibid.
36   Zitiert in Dawn Carr, "They Die Slowly..." *PETA's Animal Times*, Sommer 2003, p. 9.
37   Paul Watson und Joseph Connelly, "The VN Interview: Captain Paul Watson", *VegNews*, März/April.

KAPITEL SIEBEN ◎ DIE HERRSCHAFT ÜBER DAS WEIBLICHE

1   Karen Davis, *Prisoned Chickens, Poisoned Eggs: An Inside Look at the Modern Poultry Industry* (Summertown, TN: Book Publishing, 1996), p. 50.
2   Mary Baker Eddy, *Science and Health with Key to the Scriptures* (Boston: The First Church of Christ, Scientist, 1903), p. 449.
3   Thomas Lynn Rodgers, seit vierzig Jahren Milchbauer, in einem aufgezeichneten und transkribierten Interview von August 1997 in Salt Lake City.
4   Jim Mason und Peter Singer, *Animal Factories* (New York: Harmony Books, 1990), p. 92.
5   Siehe www.organicconsumers.org/monlink.html.
6   Rodgers, Interview.
7   Mason und Singer, *Animal Factories*, p. 129.
8   Rodgers, Interview.
9   Ibid.
10   Frank Oski, *Don't Drink Your Milk: Frightening Medical Facts About the World's Most Overrated Nutrient* (Brushtown, NY: Teach Services, 1983), pp. 15–45.
11   *Practical Techniques for Dairy Farmers*, 3rd Edition, University of Minnesota, 2000. http://www.ansci.umn.edu/practical-techniques/book.htm.
12   Ibid.
13   Shirley Roenfeldt, "Stop BLV", *Dairy Herd Management*, Dezember 1998.
14   *Journal of Infectious Diseases* 161 (1990): 467–472. Zitiert in Michael Greger, "Latest Meat and Dairy Infection Risks: Have Millions of Americans Been Infected with a Cow Cancer Virus?", *Dr. Michael Greger's Monthly Newsletter*, Januar 2004.
15   Mason und Singer, *Animal Factories*, p. 14.
16   Jeramia Trotter, "Hogwashed", *Waterkeeper Magazine*, Sommer 2004, p. 23. Trotter fügt im Artikel hinzu: „Das sind fünfundzwanzig Millionen Pfund Antibiotika, die für Zwecke eingesetzt werden, die nichts mit der Bekämpfung von Krankheiten zu tun haben, verglichen mit den ungefähr drei Millionen Pfund, die Menschen einnehmen."
17   J.M. Tanner, "Trend Towards Earlier Menarche in London, Oslo, Copenhagen, the Netherlands, and Hungary", *Nature*, 243,1973, pp. 75–76. Zitiert in Kerrie Saunders, *The Vegan Diet as Chronic Disease Prevention* (New York: Lantern Books, 2003), p. 137. Saunders schreibt: „Die Weltgesundheitsorganisation hat über viele Jahre statistische Daten zum weltweiten Pubertätsalter gesammelt. Im Jahr 1840 lag das Durchschnittsalter der Puber-

tät bei weiblichen Jugendlichen bei 17 Jahren. Heute liegt es bei 12,5 Jahren. Das Pubertätsalter sinkt darüber hinaus in England, Norwegen, Dänemark und Finnland – weitere Länder, die der ‚westlichen' Ernährungsweise anhängen."

18 Kagawa, Y., "Impact of Westernization on the Nutrition of Japanese: Changes in Physique, Cancer, Longevity, and Centenarians", *Preventive Medicine*, 7, 1978, pp. 205–217. Zitiert in Saunders, p. 137.

19 Saunders, p.137.

20 Vicki Griffin, Diane Griffin und Virgil Hulse, *Moooove Over Milk*, Vorwort von Attwood und Campbell (Hot Springs, NC: Let's Eat!, 1997), p. vii.

21 Siehe www.lifesave.org für weitere Informationen zur geringen Anzahl von Pathogenen in Getreide, Gemüse, Obst, Hülsenfrüchten und Nüssen.

22 Oski, p. 54. Der *U.S. Public Health Service*, ein Teil des Gesundheitsministeriums der Vereinigten Staaten, erlaubt eine Keimbelastung von 20.000 pro Milliliter pasteurisierter Milch, was 4.800.000 Keimen pro Tasse entspricht.

23 "Milk: Why is the Quality so Low?", *Consumer Reports*, Januar 1974, p. 70.

24 Oski, pp. 64–65.

25 Ibid., pp. 17–59.

26 T. Colin Campbell, "New York Times: Reality Check Needed", www.vegsource.com/articles/campbell_nyt_brody2.htm, 28. November 2000.

27 Zitiert in Griffin, Griffin und Hulse, *Moooove Over Milk*, p. 102.

28 Davis, *Prisoned Chickens, Poisoned Eggs*, p. 54.

29 Ibid., pp. 56–64.

30 USDA – *National Agricultural Statistics Service (NASS)*, Agricultural Statistics 2001.

31 Page Smith und Charles Daniel, *The Chicken Book: Being an Inquiry into the Rise and Fall, Use and Abuse, Triumph and Tragedy of Gallus Domesticus* (Boston: Little, Brown, 1975), p. 180, zitiert in Karen Davis, op. cit., p. 39.

32 C. David Coats, *Old McDonald's Factory Farm: The Myth of the Traditional Farm and the Shocking Truth about Animal Suffering in Today's Agribusiness* (New York: Continuum, 1989), pp. 93–94, zitiert in Karen Davis, op. cit., pp. 39–40.

33 Für weitere Informationen zur „Freilandhaltung" siehe www.upc-online.org/freerange. html.

KAPITEL ACHT METAPHYSIK DER NAHRUNG

1 Ken Wilber, *A Brief History of Everything* (Boston: Shambhala, 1966), p. 4.

2 D. Olwens, et al. "Circulating Testosterone Levels and Aggression in Adolescent Males: A Causal Analysis", *Psychosomatic Medicine*, 50, 1988, pp. 261–272.

3 Neal Barnard, *Eat Right, Live Longer* (New York: Crown Books, 1993).

4 Ibid.

5 Jianghong Liu, et al., "Early Nutrition and Antisocial Behavior", *American Journal of Psychiatry*, November 2004. Siehe www.newstarget.com/006194.html sowie www.usc. edu/uscnews/stories/10773.html.

6 Die Heisenbergsche Unschärferelation gründet sich auf die in den 1920er-Jahren gewonnene Erkenntnis, dass Licht in Abhängigkeit von der Einstellung und dem Willen des Beobachters zwei Erscheinungsformen kennt: Es kann als nichtlokale kontinuierliche Welle oder als diskrete Teilchen auftreten. Es existiert eine inhärente Unschärfe oder Unbestimmtheit bei der Beobachtung von kleinen Teilchen, denn es ist unmöglich, gleichzeitig und mit hoher Präzision sowohl die Position als auch den Impuls eines Partikels wie beispielsweise eines Elektrons oder Photons zu bestimmen. Die Handlung der Beobachtung

und Messung an sich verändert die Natur des Teilchens/der Welle. Der Beobachtereffekt basiert auf der Erkenntnis der Wissenschaft (nicht nur der „harten" Wissenschaften wie der Physik, sondern auch der Anthropologie und anderer Wissenschaften), dass die Handlung der Beobachtung zwangsläufig das, was beobachtet wird, beeinflusst. Die scheinbare Dichotomie von Subjekt und Objekt wird zunehmend als illusionär erkannt. Für mehr Informationen zu diesen Zusammenhängen siehe Fritjof Capra, *The Tao of Physics* und *The Turning Point*; Gary Zukav, *The Dancing Wu Li Masters*; Ishtak Bentov, *Stalking the Wild Pendulum*; Fred Alan Wolf, *Mind Into Matter*; Amit Goswami, *The Self-Aware Universe: How Consciousness Creates the Material World*; und weitere.

7   Zitiert in Gregg Braden, "Living in the Mind of God", *Horizons Magazine*, Februar 2003, p. 9.

8   Andrew Weil, *Health and Healing* (New York: Houghton Mifflin, 1998), pp. 199–254. (Deutsch: *Heilung aus eigener Kraft, A.d.Ü.*)

9   Siehe J. Alan Boone, *Kinship With All Life* (New York: Harper Collins, 1954), sowie vorher zitierte Werke von Rupert Sheldrake.

10 Thich Nhat Hanh, *Peace is Every Step* (New York: Bantam, 1991), p. 24. (Deutsch: *Friede mit jedem Schritt*, A.d.Ü.)

11 Thich Nhat Hanh, *Anger* (New York: Penguin Putnam, 2001), pp. 15–16. (Deutsch: *Ärger*, A.d.Ü.)

12 Charles Fillmore, "As to Meat Eating", Unity Magazine, Oktober 1903.

13 Charles Fillmore, "Flesh-Eating Metaphysically Considered", Unity Magazine, Mai 1910.

14 Wendy Melillo, "Doctor's Group Blasts Milk Ads", *Adweek*, 7. Mai 2001, p. 8.

15 "Reverence", *Albert Schweitzer Fellowship Quarterly*, Herbst 1997, p. 27.

16 Shabkar, *Food of Bodhisattvas*, übersetzt von der Padmakara Translation Group (Boston: Shambhala, 2004), p. 60.

17 Lobsang Lhalungpa, tr., *The Life of Milarepa* (New York: Penguin, 1977), p. 154.

18 Zitiert in Andrew Linzey, *Animal Theology* (Urbana and Chicago: University of Illinois Press, 1995), p. 56.

19 J. R. Hyland, *God's Covenant With Animals: A Biblical Basis for the Humane Treatment of All Creatures* (New York: Lantern, 2000), p. xii.

20 Misri, wiedergegeben in Ellen Kei Hua, ed., *Meditations of the Masters*, zitiert in Andrea Wiebers und David Wiebers, *Souls Like Ourselves,* op. cit., p. 42.

21 Albert Einstein, Brief von 1950, wiedergegeben in H. Eves, *Mathematical Circles Adieu*, 1977.

22 Michael Dilbeck, et al., "Consciousness as Field: The Transcendental Meditation and TM-Siddhi Program and Changes in Social Indicators." *The Journal of Mind and Behavior*, Winter 1987.

23 Siehe Larry Dossey, *Healing Words: The Power of Prayer and the Practice of Medicine* (New York: Harper, 1994); sowie Larry Dossey, *Reinventing Medicine* (New York: HarperCollins, 1999).

KAPITEL NEUN ◎ DIE REDUKTIONISTISCHE WISSENSCHAFT UND RELIGION

1   Vandana Shiva, aus einem Interview in *A Cow At My Table*, Video, 1998.

2   Für zusätzliche Informationen siehe www.soaw.org.

3   Henryk Skolimowski, "Life, Entropy, and Education", *The American Theosophist*, Oktober 1986, p. 306.

4   Carolyn Merchant, *The Death of Nature* (New York: Harper & Row, 1980).
5   Siehe z.B. Rauni Kilde, M.D., "Microchip Implants, Mind Control & Cybernetics", *Spekula*, 3. Quartal 1999. http://www.mindcontrolforums.com/implants-kilde.htm. Abgesehen von Mikrochip-Implantaten entwickelt die US-Regierung *Pulsed Energy Projectiles* (PEPs), eine Energiewaffe, die „aus einer Entfernung von bis zu zwei Kilometern einen entsetzlichen Schmerzreiz verursacht". Siehe David Hambling, "Maximum Pain is Aim of New U.S. Weapon", *New Scientist*, März 5, 2005. Diese Geräte werden ausgiebig an Tieren getestet.
6   David Streitfeld, "First Humans to Receive ID Chips", *Los Angeles Times*, 9. Mai, 2002, p. A-1. Siehe auch Will Weissert, "Chip Implanted in Mexico Judicial Workers", Associated Press, 14. Juli 2004.
7   Ibid.
8   "Swine Producer Protein Sources LLP Implements Digital Angel's PigSMART(TM) System for Improved Herd Management and Data Collection", *PRNewswire*, June 8, 2004.
9   Z.B. Lynn McTaggart, *The Field: The Quest for the Secret Force of the Universe* (New York: Harper Collins, 2002), p. 227.
10 Siehe z.B. McTaggart, *The Field,* für eine aktuelle Dokumentation der Arbeiten holistisch ausgerichteter Wissenschaftler.
11 Steven Rosen, *Diet for Transcendence* (Badger, CA: Torchlight, 1997), p. 23.
12 J.R. Hyland, *God's Covenant With Animals: A Biblical Basis for the Humane Treatment of All Creatures* (New York: Lantern Books, 2000).
13 Matthew Fox, *Original Blessing* (New York: Tarcher/Putnam, 1983/2000).
14 Joseph Campbell, *The Masks of God*, Band 1 (New York: Penguin, 1978), p. 77. (Deutsch: *Die Masken Gottes*, A.d.Ü.)
15 Ibid., p. 129.

KAPITEL ZEHN ◎ DAS DILEMMA DER ARBEIT

1. Matthew Fox, *The Reinvention of Work* (New York: Harper 1994), p. 128.
2. Ralph Waldo Emerson, "Fate", *The Conduct of Life*, 1860.
3. Laura Moretti, "Another Death in the Family", *The Animals Voice: Of Animal Rights and Its Defenders,* www.animalsvoice.com/PAGES/home.html.
4. Gail Eisnitz, *Slaughterhouse: The Shocking Story of Greed, Neglect, and Inhumane Treatment Inside the U.S. Meat Industry* (Amherst, NY: Prometheus Books, 1997), p. 271.
5. John Byrnes, *Hog Farm Management*, September 1976.
6. People for the Ethical Treatment of Animals, *North Carolina Pig Farm Investigation*, gesprochen von James Cromwell, Video.
7. Eisnitz, *Slaughterhouse*, p. 75.
8. *A Cow at My Table*, Flying Eye Productions, 2001.
9. Joby Warrick, "Modern Meat: A Brutal Harvest. They Die Piece by Piece", *Washington Post*, 11. April, 2001.
10. Lance Gompa, Professor für Arbeitsbeziehungen (*industrial and labor relations*) an der *Cornell University*, Forschungsleiter des Berichts der Organisation *Human Rights Watch* mit dem Titel *Blood Sweat, and Fear: Workers' Rights in U.S. Meat and Poultry Plants*, Januar 2005. Siehe auch Steven Greenhouse, "Human Rights Watch Report Condemns U.S. Meat Packing Industry For Violating Basic Human And Worker Rights", *New York Times*, 25. Januar 2005. Gompa stellt fest: „Gefährliche Arbeitsbedingungen sind billiger für Firmen – und die Regierung geht praktisch nicht dagegen vor."
11. Eisnitz, *Slaughterhouse,* pp. 172, 174, 271, 274.

12. Ibid., p. 273.
13. Weder die Industrie noch die Regierung erfassen Zahlen zum Prozentsatz der Tiere, die nicht korrekt betäubt werden, bevor sie geschlachtet, ausgeblutet und gehäutet bzw. abgebrüht werden. Sie möchten tunlichst vermeiden, dass Außenstehende von diesen Dingen erfahren. Daher müssen wir uns auf die Zeugenaussagen der Arbeiter selbst verlassen, wie sie z.B. in *Slaughterhouse* von Gail Eisnitz wiedergegeben werden. Der Seite farmedanimal.org zufolge wurde bei einer Studie an Hühnern in Deutschland festgestellt, dass ein Drittel der Tiere ungenügend betäubt waren, ein Drittel korrekt betäubt und ein Drittel übermäßig betäubt.
14. People for the Ethical Treatment of Animals, *Victims of Indulgence*, Video.
15. Donald McNeil, "KFC Supplier Accused of Animal Cruelty", *New York Times*, 20. Juli 2004.
16. Eisnitz, pp. 92-93.
17. Ibid., p. 87.
18. Fox, p. 95.

KAPITEL ELF VON DER ZERSTÖRUNG PROFITIEREN

1. The Fertilizer Institute, *U.S. Fertilizer Statistics*, http://www.tfi.org/Statistics/USfertuse2.asp.
2. Albert Gore, Einleitung zu Rachel Carson, *Silent Spring* (Boston: Houghton Mifflin, 1962, 1994), p. xix, zitiert in Howard Lyman, *Mad Cowboy* (New York: Scribner, 1998), p. 72.
3. Lee Hitchcox, *Long Life Now* (Berkeley: Celestial Hearts, 1996), p. 59.
4. Ron Eisenberg und Virgil Williams, "Cost of a Meat-based Diet—for your Body and for the Planet", *The Argus: 4-Bay Area Living*, 2. Juni 2000.
5. Robin Hur und David Fields, "Are High-Fat Diets Killing Our Forests?" *Vegetarian Times*, Februar 1984; zitiert in John Robbins, *Diet for a New America*, pp. 360–361. Die Schätzungen von Hur und Fields belaufen sich auf ca. 105 Mio. Hektar (260 Mio. Acres) an entwaldetem Land, was 1,05 Mio. Quadratkilometer (406.000 Quadratmeilen) entspricht, und sie geben eine Rate von ca. 4.000 m² (1 Acre) pro 5 Sekunden an. Wenn man diese Werte vorsichtig ansetzt und auf ca. 4.000 m² pro 8,5 Sekunden reduziert, kommt man auf die Schätzungen im Text.
6. Ibid.
7. Mario Giampietro und David Pimentel, *Food, Land, Population and the U.S. Economy, Executive Summary*, Carrying Capacity Network, November 1994.
8. Eisenberg und Williams, op. cit.
9. Giampietro und Pimentel, *Food, Land, Population and the U.S. Economy*.
10. William Lagrone, "The Great Plains", in *Another Revolution in US Farming?*, Scherz, et al., USDA, ESCS, Agricultural Economic Report No. 441, Dezember 1979, zitiert in John Robbins, *Diet For a New America* (Walpole, NH: StillPoint, 1987), p. 370.
11. John Robbins, *The Food Revolution*, p. 237.
12. Zitiert in Ibid., p. 237.
13. Ibid., p. 266.
14. Für mehr Informationen zum Zusammenhang zwischen gesteigerter Nahrungsmittelproduktion und Bevölkerungszuwachs siehe Daniel Quinn, "Population: A Systems Approach." Center for Biotechnology Policy and Ethics, Texas A&M University, nachgedruckt in Quinn, The Story of B (New York: Bantam, 1996).

15. Mario Giampietro und David Pimentel, "Land, Energy and Water: The Constraints Governing Ideal U.S. Population Size", *Focus*, Frühjahr 1991.

16. Worldwatch Institute, *Vital Signs 1999* (Washington, DC: 1999), p. 114. „Gegenwärtig sind annähernd 1.000 der hauptsächlichen landwirtschaftlichen Schädlingsarten – darunter etwa 550 Insekten- und Mottenarten, 230 Pflanzenkrankheiten und 220 Unkräuter – immun gegen Pestizide, eine Entwicklung, die in der Mitte des (20.) Jahrhunderts nahezu unbekannt war."

17. Giampietro und Pimentel, *Food, Land, Population and the U.S. Economy.*

18. Ibid.

19. Richard Heinberg, *The Party's Over: Oil, War and the Fate of Industrial Societies* (Gabriola Island, BC: New Society Publishers, 2003). (Deutsch: *Öl-Ende: ‚The Party's Over' - Die Zukunft der industrialisierten Welt ohne Öl*, A.d.Ü.)

20. Colin J. Campbell, *Peak Oil*, Präsentation an der Technischen Universität Clausthal, Dezember 2000. Siehe Seite 7 auf http://energycrisis.org/de/lecture.html.

21. Ibid, p. 2.

22. *Adbusters Journal*, November/Dezember 2002.

23. "Animal Waste Pollution in America: An Emerging National Problem", report of the Minority Staff of the U.S. Senate Committee on Agriculture, Nutrition, and Forestry, Dezember 1997, p. 1.

24. John Robbins, *Diet for a New America*, p. 373.

25. "Scientists Fear Antibiotics Fed to Animals Pollute Streams", *Iowa Farmer Today Online*, 29. März 2001.

26. Elliot Diringer, "In Central Valley, Defiant Dairies Foul the Water", *San Francisco Chronicle*, 7. Juli 1997, p. A1.

27. Der Bericht des Sierra Club von 2002 mit dem Titel "Rap Sheet on Animal Factories", ein Bericht, der auf der Grundlage einer nahezu dreijährigen Durchsicht von Akten der Regulierungsbehörden auf nationaler und bundesstaatlicher Ebene zustande gekommen ist, hält fest: „Millionen Liter flüssiger Exkremente und Urin sickerten aufgrund von schadhaften, leckenden oder übergelaufenen Speicherbecken in die Umgebung und drangen in die Bäche, Flüsse, Seen, Feuchtgebiete und ins Grundwasser ein."

28. "U.S. Sets New Farm-Animal Pollution Curbs", *New York Times*, 16. Dezember 2002.

29. "Concentrating on Clean Water: The Challenge of Concentrated Animal Feeding Operations", *Iowa Policy Project*, April 2005. Siehe auch "Report Says Factory Farms Cost Taxpayers", WOI-TV / Associated Press, 6. April 2005.

30. "Smogburgers Would Be Out Under Air-Quality Plan", *San Jose Mercury News*, 6. September 1994, p. 3B.

31. C. Spedding, "The Effect of Dietary Changes on Agriculture", in B. Lewis and G. Assmann, eds., *The Social and Economic Contexts of Coronary Prevention* (London: Current Medical Literature, 1990), zitiert in John Robbins, *The Food Revolution: How Your Diet Can Save Your Life and the World* (Berkeley: Conari Press, 2001), p. 294.

32. "Diverse Diets, with Meat and Milk, Endanger World Food Supply", *Hearst News Service*, 8. März 1997.

33. Robbins, *Diet for a New America*, p. 277.

34. Vasu Murti, *They Shall Not Hurt or Destroy: Animal Rights and Vegetarianism in the Western Religious Traditions* (Cleveland: Vegetarian Advocates Press, 2003), p. 127.

35. Marion Nestle, *Food Politics* (Berkeley: University of California Press, 2002), p. 3.

36. Für eine historische Analyse, wie Konzerne allmählich zu den mächtigen „Personen" wurden, die sie heutzutage gesetzlich und wirtschaftlich gesehen sind, siehe David Korten, *When Corporations Rule the World* (West Hartford, CT: Kumarian Press, 1995).

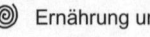

37. "Top Ten Drugs of 2001", *Pharmacy Times*, April 2002; 68(4), pp. 10–15.
38. Mickey Z., "Pills a Go-Go" *VegNews*, März/April 2003, p. 12.

KAPITEL ZWÖLF EINIGE ANTWORTEN AUF EINWÄNDE

1. Peter Kropotkin, *Mutual Aid: A Factor in Evolution* (New York: Penguin, 1939).
2. Jim Mason, *An Unnatural Order: Why We Are Destroying the Planet And Each Other* (New York: Continuum, 1993), p. 72.
3. Hart und Sussman, p. 244. Diesen Anthropologen zufolge waren frühe Hominiden wie *Australopithecus* (vor 2,5–7 Mio. Jahren) „hauptsächlich abhängig von Früchten, Kräutern, Gräsern und Samen sowie faseriger Nahrung wie Wurzeln, Rhizomen und Knollen. Tierisches Eiweiß machte einen sehr kleinen Anteil ihrer Ernährung aus; dabei handelte es sich vorwiegend um staatenbildende Insekten (Ameisen und Termiten) und bisweilen kleine Wirbeltiere, die gefangen wurden, wenn sich eine Gelegenheit dafür ergab."
4. Mason, p. 70. Der von M. Teaford und P. Ungar durchgeführten Fossilanalyse zufolge waren „die frühen Hominiden von ihren Zähnen her nicht an den Fleischverzehr angepasst – sie verfügten einfach nicht über die scharfen, wechselseitig konkaven schneidenden Klingen, die erforderlich sind, um derartige Nahrung festzuhalten und zu zerteilen." ("Diet and the Evolution of the Earliest Hominids", *Proceedings of the National Academy of Science 97* (25): 13, p. 511.)
5. Ibid., p. 81.
6. Hart und Sussman, p. 190.
7. Plutarch, "On Eating Flesh", *Moralia*, Volume 5, Tract 1. (Deutsch: „Über das Fleischessen, erste Abhandlung", *Plutarchs moralische Abhandlungen*, Siebenter Band. A.d.Ü.)
8. Peter D'Adamo, *Eat Right for Your Type* (New York: Putnam, 1996).
9. Für einen Überblick über viele dieser Stimmen siehe Steven Rosen, *Diet for Transcendence: Vegetarianism and the World Religions* (Badger, CA: Torchlight, 1997).
10. Keith Akers, *The Lost Religion of Jesus* (New York: Lantern Books, 2000), p. 117.
11. Siehe Matthäus 15:11 bis 15:20 für die gesamte relevante Passage.
12. Matthäus 15:19.
13. Gary Zukav, *Seat of the Soul* (New York: Simon and Schuster, 1989), p. 276. (Deutsch: *Die Spur zur Seele*, A.d.Ü.)
14. Ibid., p. 278.
15. Siehe Marjorie Spiegel, *The Dreaded Comparison: Human and Animal Slavery* (New York: Mirror Books, 1999), für mehr Informationen zur Behandlung schwarzer Sklaven wie Vieh in Bezug auf Standardpraktiken wie extrem beengte Transportbedingungen, Auseinanderreißen von Familien, Brandmarken, Verstümmelung und Unterjochung. Siehe Sam Keen, *Faces of the Enemy: Reflections of the Hostile Imagination* (San Francisco: Harper and Row, 1986) sowie seine PBS-Dokumentation mit demselben Titel für mehr Informationen dazu, wie wir Menschen anderen Menschen ihre Menschlichkeit abgesprochen haben, denen wir systematisch und vorsätzlich Leid zufügen wollten (wie Sklaven oder Feinde), indem wir sie als Untermenschen eingeordnet haben – als Tiere. Keen zeigt, dass beispielsweise die Nazi-Propagandafilme jüdische Menschen mit Ratten gleichstellten. Die US-Propaganda im Zweiten Weltkrieg stellte u.a. japanische Menschen in Filmen und auf Postern als ein Heer von Käfern dar.
16. Georgio Cerquetti, *The Vegetarian Revolution* (Badger, CA: Torchlight, 1997), p. 31.
17. Ibid., p. 30.
18. Howard Lyman, *Mad Cowboy* (New York: Simon & Schuster, 1998), p. 125.

19. Siehe Lynn Jacobs, *Waste of the West*, für eine eingehende Diskussion und Darstellung der verheerenden Auswirkungen der Rinderhaltung im Westen Amerikas. Siehe auch Howard Lyman, "Bovine Planet", in *Mad Cowboy*, pp. 121–153.

KAPITEL DREIZEHN ENTWICKLUNG ODER ZERFALL

1. Helen Caldicott, *The New Nuclear Danger* (New York: The New Press, 2002), p. 1.
2. Basierend auf den Statistiken des Landwirtschaftsministeriums für die Schlachtung von über 10 Milliarden Säugetieren und Vögeln in den Vereinigten Staaten im Jahr 2002 und dem US-Militäretat von 400 Milliarden Dollar im Jahr 2004.
3. The World Game Institute, in "What the World Wants." Zitiert in Helen Caldicott, *The New Nuclear Danger*. Siehe www.worldgame.org; außerdem www.idealog.us/2004/02/ever_hear_of_th.html.
4. Zehn Milliarden geschlachtete Landtiere jährlich ergeben umgerechnet dreihundert pro Sekunde in den Vereinigten Staaten getötete Tiere. Um eine Vorstellung von dieser abstrakten Zahl zu bekommen, stelle man sich eine Reihe von Tieren vor, die nebeneinander an der Seitenlinie eines *Football*-Spielfelds aufgestellt sind, wobei jedes von ihnen ungefähr einen Fuß breit (ca. 30 cm) Platz hat. Mit jeder Sekunde, rund um die Uhr, rauscht eine neue, einhundert Yard (91 m) breite Reihe vorbei.
5. Katsuki Sekida, *Zen Training* (New York: Weatherhill, 1975), p. 62.
6. Steven Rosen, *Diet for Transcendence* (Badger, CA: Torchlight, 1997), pp. 59–76. Siehe auch Vasu Murti, *They Shall Not Hurt or Destroy: Animal Rights and Vegetarianism in the Western Religious Traditions* (Cleveland: Vegetarian Advocates Press, 2003), pp. 101–106.
7. Norm Phelps, *The Dominion of Love* (New York: Lantern Books, 2002), p. 33.
8. Peter Walker, "Makah Whaling Also A Political Issue", *Whales Alive!*, Cetacean Society International, 4. October 1999; siehe http://csiwhalesalive.org/csi99409.html.
9. Dan Kindlon und Michael Thompson, *The Emotional Life of Boys* (New York: Ballantine, 1999), p. 250.
10. Ibid., p. 87.
11. Matthew Scully, *Dominion: The Power of Man, the Suffering of Animals, and the Call to Mercy* (New York: St. Martin's Press, 2002), pp. 199–226.
12. Zitiert in Beverly-Collene Galyean, *MindSight: Learning Through Imagery* (Long Beach: Center for Integrative Learning, 1983), p. 5.

KAPITEL VIERZEHN REISE DER VERWANDLUNG

1. "Dalai Lama Campaigns to End Wildlife Trade", *Environmental News Service*, 8. April 2005.
2. Obwohl die meisten tibetischen Lamas Fleisch essen, gibt es auch eine starke Tradition im Tibetischen Buddhismus, auf Fleisch zu verzichten und den Tieren große Güte entgegenzubringen und Respekt zu zollen. Das raue tibetische Klima spielt natürlich eine Rolle bei der Ernährung. Für mehr Einzelheiten siehe Shabkar, *Food of Bodhisattvas*, übersetzt von der Padmakara Translation Group (Boston: Shambhala, 2004) und Norm Phelps, *The Great Compassion: Buddhism and Animal Rights* (New York: Lantern Books, 2004). Neben dem Dalai Lama haben auch weitere renommierte zeitgenössische geistige buddhistische Führer Mitgefühl für Tiere explizit gelehrt und vorgelebt, insbesondere Thich Nhat Hanh, Bhiksuni Cheng Yen, S. N. Goenka, A. T. Ariyaratne sowie der kürzlich

verstorbene Roshi Philip Kapleau und Tripitaka Meister Hsuan Hua.
3. Eisler, *The Chalice and the Blade: Our History, Our Future* (New York: Harper Collins, 1987), pp. 42–103.

KAPITEL FÜNFZEHN DIE REVOLUTION LEBEN

1. Thich Nhat Hanh, *Creating True Peace* (New York: Simon & Schuster, 2003), p. 77.
2. Jeremy Rifkin, "The World's Problems on a Plate: Meat Production Is Making the Rich Ill and the Poor Hungry", The Guardian, 17. Mai 2002.
3. Siehe www.foodnotbombs.org für weitergehende Informationen.
4. Siehe www.godsdirectcontact.org für weitergehende Informationen. Ching Hai sagte: „Würde sich jeder Mensch in Meditation üben und eine vollwertige Kost bevorzugen, die keine Tötung erfordert, hätte die Welt schon lange zu einem friedlichen Zustand gefunden. Es ist nicht notwendig, seinen Besitz aufzugeben; gebt einfach die fleischbasierte Ernährung auf. Das allein würde genügen, um die Welt zu retten."
5. Charles Fillmore, "The Twins: Eating and Drinking", *Unity Magazine*, Juni 1915.
6. Siehe Carol Simontacchi, *The CrazyMakers*.
7. Für die vollständige Geschichte und das Interview mit Dr. Pam Popper vom "Wellness Forum" siehe http://www.madcowboy.com/02_MCIview02.000.html.
8. Mary Spicuzza, "Eating on the Edge", *The Seattle Times*, 3. September 2003. Siehe auch http://www.nationaleatingdisorders.org.
9. Es gibt viele Wege, um dieses innere Feld der liebenden Güte und des Mitgefühls zu kultivieren. Ein gutes Hilfsmittel ist Judy Carmans Buch *Peace to All Beings* (New York: Lantern, 2003), das Gebete, Meditationen und Geschichten enthält, die dem Leser helfen, seine spirituelle Verbindung mit Tieren zu vertiefen. Ein anderes Mittel ist die CD *Four Viharas Guided Meditation* vom Autor dieses Buchs, die eine 2.500 Jahre alte Meditationspraktik lehrt, welche uns darin unterstützt, wieder mit unserem inneren spirituellen Ort der liebenden Güte, des Mitgefühls, der Freude und der Gelassenheit in Kontakt zu treten. Ein drittes Mittel ist das CD-Album *AnimalSongs*, ebenfalls vom Autor, das eigenkomponierte Klaviermusik enthält, die mit Tierstimmen unterlegt ist, wobei besonders Tierarten Berücksichtigung finden, die wir zu Ernährungszwecken gebrauchen. Siehe unter „Quellen" für weitere Informationen.
10. Thomas Byrom (Übs.), *The Dhammapada*, Gautama Buddha zugeschrieben (New York: Bantam, 1986).
11. Dennis Kucinich, "Spirit and Stardust", Rede auf der Konferenz "The Alchemy of Peacebuilding" in Dubrovnik, 4.-11. Juni 2002.

INDEX

QUELLEN

Die hier aufgeführten Quellen sowie zusätzliche deutschsprachige Quellen sind in aufrufbarer Form auf der Website zum Buch verfügbar: ernaehrungundbewusstsein.de

Audiovisuelle Quellen

Video

45 Days: The Life and Death of a Broiler Chicken. Dokumentiert die grausame Behandlung, der die acht Milliarden „Brathähnchen" durch die Industrie unterzogen werden, die in den USA jährlich geschlachtet werden. 12 Minuten. Produziert von Compassion Over Killing, P. O. Box 9773, Washington, DC 20016; 301-891-2458; cok-online.org.

Animal Rights: The Psychology of Animal Cruelty. 22 Minuten. Erhältlich bei PETA (People for the Ethical Treatment of Animals), 501 Front Street, Norfolk, VA 23510; 757-622-7382; peta.org.

Animals Are Not Ours to Eat. Enthält 6 Beiträge, die nur auf DVD erhältlich sind, darunter *Meet Your Meat, Victims of Indulgence, Pig Farm Investigations* und *Egg Farm Investigation;* erhältlich bei PETA (s.o.).

The Auction Block: An Inside Look at Farmed Animal Sales. Dokumentarfilm über Viehversteigerungen. 19 Minuten. Produziert von Compassion Over Killing (s.o.).

Behavior of Rescued Factory-Farmed Chickens in a Sanctuary Setting. 12 Minuten. Produziert von United Poultry Concerns, P.O. Box 150, Machipongo, VA 23405; 757-678-7875; upc-online.org.

A Cow at My Table. Dokumentarfilm über Fleischproduktion. 90 Minuten. Erhältlich bei PETA (s.o.).

Cull of the Wild. Dokumentiert die Grausamkeit der Fallenstellerei und ihre zerstörerische Wirkung auf die Umwelt. 24 Minuten. Erhältlich bei PETA (s.o.).

A Day in the Life of a Massachusetts Slaughterhouse. Dies ist kein mit versteckter Kamera gedrehtes Filmmaterial, sondern wurde vom Schlachthof selbst produziert. 87 Minuten. Erhältlich bei PETA (s.o.).

Diet for a New America: Your Health, Your Planet. Konzentriert sich auf die umwelt- und gesundheitsrelevanten Folgen des Verzehrs tierischer Nahrung. 60 Minuten. Präsentiert von John Robbins, produziert von KCET, Community Television of Southern California. Erhältlich auf telefonische Nachfrage unter 800-343-4727.

Eating. Der Schwerpunkt liegt primär auf den Vorzügen des Veganismus hinsichtlich der Nährstoffzufuhr; außerdem wird das Problem der Grausamkeit gegenüber den Tieren und der Umweltverschmutzung thematisiert. 100 Minuten. Produziert von BeaconDV.org; ebenfalls erhältlich bei PETA (s.o.).

Hope for the Hopeless: An Investigation and Rescue at a Battery Egg Facility. 18 Minuten. Produziert von Compassion Over Killing (s.o.).

Inside a Live Poultry Market. Nimmt den Zuschauer mit auf einen Besuch auf einem typischen Lebendgeflügelmarkt in New York City und zeigt die herzlose Behandlung und Schlachtung in Kleinbetrieben. 11 Minuten. Produziert von United Poultry Concerns (s.o.).

Life behind Bars: The Sad Truth about Factory Farming. Allgemeiner Überblick über die grausamen Haltungsbedingungen in Tierfabriken. 13 Minuten. Gesprochen von Mary Tyler Moore, produziert von Farm Sanctuary, P. O. Box 150, Watkins Glen, NY 14891; 607-583-2225; farmsanctuary.org.

Mad Cowboy: The Documentary. Untersucht die Gefahren von Rinderwahn und dokumentiert den Lebensweg von Howard Lyman, einem Ranchbesitzer in vierter Generation, der Veganer und engagierter Umweltschützer wurde. 100 Minuten. www.madcowboy.com.

Meet Your Meat. Dokumentiert die Grausamkeit in Tierfabriken und Schlachthöfen, die mit der Produktion von Eiern, Milch und Fleisch einhergeht. 13 Minuten. Gesprochen von Alec Baldwin, produziert von PETA (s.o.).

North Carolina Pig Farm Investigation. Verdeckt gedrehtes Filmmaterial, das schwerwiegenden Missbrauch an Schweinen in einer Tierfabrik belegt. 9 Minuten. Gesprochen von James Cromwell, produziert von PETA (s.o.).

Peaceable Kingdom. Zeigt Tiere, die zu Ernährungszwecken benutzt wer-

den, einerseits als Individuen und andererseits als Produktionseinheiten im kommerziellen Agrobusiness. 71 Minuten. Produziert von
Tribe of Heart, P.O. Box 149, Ithaca, NY; TribeOfHeart.org.

Silent Suffering. Dokumentiert grausame Behandlung von Hühnern in
Ohios größtem Eierbetrieb. 23 Minuten. Produziert von Mercy for
Animals, P. O. Box 363, Columbus, OH 43216; 937-652-8258; Mer-
cyForAnimals.org.

Varmints. Dokumentiert die gängige Einstellung gegenüber Präriehunden
als „Schädlingen" und ihre Vernichtung durch Rancher und Bauern.
91 Minuten. Produziert von High Plains Films, P.O. Box 8796, Mis-
soula, MT 59807; 406-543-6726; highplainsfilms.org.

Victims of Indulgence. Dokumentiert die grausame Zwangsfütterung, das
Stopfen, von Enten und Gänsen für die Herstellung von Foie gras
(Stopfleber). 10 Minuten. Produziert von PETA (s.o.).

A Voice in the Wilderness: An Exposé of Wildlife Management. Dokumentiert das Zerstörungspotenzial für die Umwelt, die Grausamkeit und
die Politik des „Jagdsports". Erhältlich bei The Committee to Abolish
Sport Hunting, P. O. Box 562, New Paltz, NY 12561; 845-256-1400.

The Witness. Begleitet eine Person bei ihrer bemerkenswerten Verwandlung und behandelt das Thema Tiernutzung in der Nahrungsmittelherstellung und insbesondere in der Pelzherstellung. 43 Minuten.
Produziert von Tribe of Heart (s.o.).

Audio

AnimalSongs. Will Tuttle. Originale Klaviermusik unterlegt mit Tierstimmen; der Schwerpunkt liegt auf Tieren, die für die menschliche Ernährung benutzt werden. 61 Minuten. Produziert von Karuna
Music & Art, 1083 Vine St., Healdsburg, CA 95448; 800-697-6614;
willtuttle.com.

Christianity and Vegetarianism. John Dear, ein katholischer Jesuitenpater,
erörtert religiöse und ethische Sichtweisen im Christentum, die zum
Vegetarismus ermahnen. 40 Minuten. Produziert von PETA (s.o.).

Four Viharas Guided Meditation. Will Tuttle. Buddhistische Meditation
über liebende Güte, Mitgefühl, Freude und Frieden, mit dem Ziel,
innere Harmonie herzustellen und alle Lebewesen mit unserem Segen
zu erfüllen. 45 Minuten. Produziert von Karuna Music & Art (s.o.).

Living in Harmony With All Life. Dr. Will Tuttle. Fundierte Erörterung
der wichtigsten Gedanken, die in diesem Buch präsentiert werden.
75 Minuten. Produziert von Karuna Music & Art (s.o.).
Veganism in a Nutshell. Bruce Friedrich. Breitgefächerter Monolog zu den
wesentlichen Gründen, sich für eine pflanzliche Ernährungsweise zu
entscheiden. 67 Minuten. Produziert von PETA (s.o.).

Internet-Quellen

*AnimalsVoice.com, goveg.com, vegsource.com, vegforlife.com, vegweb.
com* und *vegan.com* sind gute Ausgangspunkte, um Internetquellen
zum Thema Veganismus und Tierrechte zu erkunden, denn sie bieten Hunderte von Verweisen zu anderen Webseiten, Organisationen,
Publikationen und Informationen.

Circleofcompassion.org ist die Website des Prayer Circle for Animals, der
von Will Tuttle und Judy Carman gegründet wurde, damit sich Menschen zusammenfinden können, um gemeinsam affirmative Gebete
für die Befreiung und das Wohl aller Tiere anzuwenden. Die deutsche
Version der Website ist *KreisdesMitgefuehls.de.*

FarmedAnimal.net ist eine nützliche Anlaufstelle, die einen informativen
Newsletter verschickt.

Weitere empfehlenswerte Webseiten und Newsletter sind:

Animal Rights Online Newsletter: Englandgal@aol.com

Christian Vegetarian Society: christianveg.com

Compassion in World Farming: ciwf.org

Compassion Over Killing: cok.net

Compassionate Spirit: compassionatespirit.com

Dairy Education Board: notmilk.com

DawnWatch: news@dawnwatch.com

EarthSave International: earthsave.org

Farm Animal Reform Movement: farmusa.org

Farm Sanctuary: farmsanctuary.org

Humane Farming Association: hfa.org

Humane Society of the U.S.: hsus.org

In Defense of Animals: idausa.org

Kinship Circle: kinshipcircle.org

Mad Cowboy Newsletter: Mad_Cowboy-owner@yahoogroups.com

The McDougall Newsletter: drmcdougall.com
Mercy for Animals: mercyforanimals.org
People for the Ethical Treatment of Animals: peta.org
Sea Shepherd Conservation Society: seashepherd.org
Society of Ethical and Religious Vegetarians: serv-online.org
United Poultry Concerns: upc-online.org
Vegan Action: vegan.org
Vegan Outreach: veganoutreach.org
VivaUSA: vivausa.org

AUSGEWÄHLTE BIBLIOGRAPHIE

Adams, Carol J. *The Inner Art of Vegetarianism.* New York: Lantern Books, 2002.

Living among Meat Eaters. New York: Three Rivers Press, 2001.

The Pornography of Meat. New York: Continuum, 2003.

The Sexual Politics of Meat: A Feminist-Vegetarian Critical Theory. New York: Continuum, 1998.

Adams, Carol J. und Josephine Donovan, eds. *Animals and Women: Feminist Theoretical Explorations.* Durham: Duke University Press, 1995.

Akers, Keith. *The Lost Religion of Jesus: Simple Living and Nonviolence in Early Christianity.* New York: Lantern Books, 2000.

Altman, Nathaniel. *Ahimsa: Dynamic Compassion.* Wheaton, IL: Quest Books, 1980.

Amory, Cleveland. *Man Kind? Our Incredible War on Wildlife.* New York: Harper and Row, 1974.

Badiner, Allen, ed. *Mindfulness in the Marketplace: Compassionate Responses to Consumerism.* Berkeley: Parallax Press, 2002.

Baker, Ron. *The American Hunting Myth.* New York: Vantage Press, 1985.

Barnard, Neal. *Breaking the Food Seduction.* New York: St. Martin's Press, 2003.

Turn Off the Fat Genes. New York: Three Rivers Press, 2001.

Bateson, Gregory. *Mind and Nature.* New York: Bantam, 1979.

Bauston, Gene. *Battered Birds, Crated Herds.* Watkins Glen, NY: Farm Sanctuary, 1996.

Berman, Morris. *The Reenchantment of the World.* Ithaca: Cornell University Press, 1981.

Berry, Rynn. *Famous Vegetarians and Their Favorite Recipes.* New York: Pythagorean Publishers, 1999.

Food for the Gods: Vegetarianism and the World's Religions. New York: Pythagorean Publishers, 1998.

Boone, J. Allen. *Kinship with All Life.* New York: HarperCollins, 1954.

Bowlby, Rex. *Plant Roots: 101 Reasons Why the Human Diet Is Rooted Exclusively in Plants.* Burbank, CA: Outside the Box Publishing, 2003.

Bradshaw, John. *Bradshaw on: The Family.* Deerfield Beach, FL: Health Communications, 1988, 1996.

Burwash, Peter. *Total Health.* Badger, CA: Torchlight Publishing, 1997.

Bucke, R. M. *Cosmic Consciousness.* New York: Dutton, 1901/1969.

Byrom, Thomas (Übs.). *The Dhammapada.* New York: Random House, 1976.

Caldicott, Helen. *The New Nuclear Danger.* New York: The New Press, 2002.

Campbell, Joseph. *The Masks of God.* New York: Penguin, 1978.

Campbell, T. Colin. *The China Study: The Most Comprehensive Study of Nutrition Ever Conducted and the Startling Implications for Diet, Weight Loss and Long-term Health.* Dallas: Benbella Books, 2004.

Campolo, Tony. *How to Rescue the Earth without Worshipping Nature: A Christian Call to Save Creation.* Nashville: Thomas Nelson Publishers, 1992.

Capra, Fritjof. *The Tao of Physics.* New York: Bantam, 1975.

The Turning Point. New York: Simon & Schuster, 1982.

Carman, Judy. *Peace to All Beings: Veggie Soup for the Chicken's Soul.* New York: Lantern Books, 2003.

Carson, Rachel. *Silent Spring.* Boston: Houghton Mifflin, 1962, 1994.

Cerquetti, Giorgio. *The Vegetarian Revolution.* Badger, CA: Torchlight Publishing, CA, 1997.

Chang, Garma C.C. *The Buddhist Teaching of Totality.* University Park, PA: Pennsylvania State University Press, 1971.

Ching Hai, The Supreme Master. *I Have Come to Take You Home.* San Jose: ISMCHMA, 1995.

Churchman, C. West. *The Systems Approach and Its Enemies.* New York: Basic Books, 1979.

Coats, C. David. *Old McDonald's Factory Farm: The Myth of the Traditional Farm and the Shocking Truth about Animal Suffering in Today's Agribusiness.* New York: Continuum, 1989.

Coe, Sue. *Dead Meat*. New York: Four Walls Eight Windows, 1996.

Cohen, Robert. *Milk: The Deadly Poison*. Englewood Cliffs, NJ: Argus Publishing, 1998.

Milk A-Z, Englewood Cliffs, NJ: Argus Publishing, 2001.

Critser, Greg. *Fat Land*. New York: Houghton Mifflin, 2003.

Davis, Brenda und Vesanto Melina. *Becoming Vegan*. Summertown, TN: Book Publishing Company, 2000.

Davis, Gail. *Vegetarian Food for Thought*. Troutdale, OR: Sage Press, 1999.

Davis, Karen. *More Than a Meal: The Turkey in History, Myth, Ritual, and Reality*. New York: Lantern Books, 2001.

Prisoned Chickens, Poisoned Eggs. Summertown, TN: Book Publishing Company, 1996.

Deval, Bill und George Sessions. *Deep Ecology*. New York: Peregrine Smith, 1985.

Diamond, Harvey und Marilyn. *Fit for Life*. New York: Warner Books, 1987.

Dossey, Larry. *Healing Words: The Power of Prayer and the Practice of Medicine*. San Francisco: HarperSanFrancisco, 1993.

Reinventing Medicine, New York: HarperCollins, 1999.

Dunayer, Joan. *Animal Equality*. Derwood, MD: Ryce Publishing, 2001.

Eddy, Mary Baker. *Science and Health with Key to the Scriptures*. Boston: The First Church of Christ, Scientist, 1903.

Eisler, Riane. *The Chalice and the Blade: Our History, Our Future*. New York: Harper & Row, 1987.

Sacred Pleasure: Sex, Myth, and the Politics of the Body—New Paths to Power and Love, HarperCollins, New York, 1995.

Eisnitz, Gail. *Slaughterhouse: The Shocking Story of Greed, Neglect, and Inhumane Treatment Inside the U.S. Meat Industry*. New York: Prometheus Books, 1997.

Fillmore, Charles. *The Twelve Powers of Man*. Unity Village, MO: Unity Books, 1930.

Fox, Matthew. *Original Blessing*. New York: Tarcher/Putnam, 1983/2000.

The Reinvention of Work: A New Vision of Livelihood for Our Time. San Francisco: HarperSanFrancisco, 1994.

Fox, Michael W. *The Boundless Circle*. Wheaton, IL: Quest Books, 1996.

Fox, Nicholas. *Spoiled: The Dangerous Truth about a Food Chain Gone Haywire.* New York: Basic Books, 1997.

Francione, Gary. *Introduction to Animal Rights: Your Child or the Dog?* Philadelphia: Temple University Press, 2000.

Freire, Paulo. *Pedagogy of the Oppressed.* New York: Continuum, 1953.

Fromm, Erich. *Escape from Freedom.* New York: Farrar and Rinehart, 1941.

Geertz, Clifford. *The Interpretation of Cultures.* New York: Basic Books, 1973.

Geldard, Richard. *The Spiritual Teachings of Ralph Waldo Emerson.* Great Barrington, MA: Lindisfarne Books, 2001.

Goodman, Ronald. *Circumcision, the Hidden Trauma: How an American Cultural Practice Affects Infants and Ultimately Us All.* Boston: Vanguard Publications, 1997.

Goswami, Amit. *The Self-Aware Universe: How Consciousness Creates the Material World.* New York: Tarcher/Putnam, 1993.

Govinda, Lama Anagarika. *Insights of a Himalayan Pilgrim.* Berkeley: Dharma Publishing, 1991.

Grandin, Temple. *Thinking in Pictures and Other Reports of My Life with Autism.* New York: Doubleday, 1995.

Griffin, Vicki, Diane Griffin und Virgil Hulse. *Moooove Over Milk.* Hot Springs, NC: Let's Eat! Books, 1997.

Hall, Edward T. *The Hidden Dimension.* New York: Doubleday, 1966.

Hammitzsch, Horst. *Zen in the Art of the Tea Ceremony.* New York: Avon, 1982.

Harris, William. *The Scientific Basis of Vegetarianism.* Honolulu: Hawaii Health Publishers, 1995.

Heinberg, Richard. *The Party's Over: Oil, War and the Fate of Industrial Societies.* Gabriola Island, BC: New Society Publishers, 2003.

Houston, Jean. *Mystical Dogs: Animals as Guides to Our Inner Life.* Makawao, HI: Inner Ocean Publishing, 2002.

Hubbard, Barbara Marx. *The Revelation: Our Crisis Is a Birth.* Novato, CA: Nataraj Publishing, 1993.

Hyland, J.R. *God's Covenant with Animals: A Biblical Basis for the Humane Treatment of All Creatures.* New York: Lantern Books, 2000.

Icke, David. *Alice in Wonderland and the World Trade Center Disaster.* Wildwood, MO: Bridge of Love Publishers, 2002.

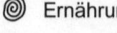

Jacobs, Lynn. *Waste of the West.* Tucson: Lynn Jacobs, 1991.

Kaufman Stephen R. und Nathan Braun. *Good News for All Creation: Vegetarianism as Christian Stewardship.* Cleveland: Vegetarian Advocates Press, 2002.

Kapleau, Philip. *To Cherish All Life: A Buddhist Case for Becoming Vegetarian.* Rochester, NY: The Zen Center, 1986.

Kindlon, Dan und Michael Thompson. *Raising Cain: Protecting the Emotional Life of Boys.* New York: Ballantine, 1999.

Klaper, Michael. *Pregnancy, Children, and the Vegan Diet.* Paia, HI: Gentle World, 1994.

Vegan Nutrition: Pure and Simple. Paia, HI: Gentle World, 1998.

Kliment, Felicia Drury. *The Acid-Alkaline Balance Diet.* New York: Contemporary Books, 2002.

Korten, David. *When Corporations Rule the World.* West Hartford, CT: Kumarian Press, 1995.

Kowalski, Gary. *The Souls of Animals.* Walpole, NH: Stillpoint Publishing, 1991.

Krishnamurti, J. *Beyond Violence.* New York: Harper & Row, 1973.

Kropotkin, Peter. *Mutual Aid: A Factor in Evolution.* New York: Penguin, 1939.

Kuby, Lolette. *Faith and the Placebo Effect: An Argument for Self-Healing.* Novato, CA: Origin Press, 2001.

Kuhn, Thomas. *The Structure of Scientific Revolutions.* 2nd ed. Chicago: University of Chicago Press, 1962, 1970.

Lappé, Frances Moore. *Diet for a Small Planet.* 2nd rev. ed. New York: Ballantine, 1987.

Lappé, Frances Moore und Joseph Collins. *Food First: Beyond the Myth of Scarcity.* Boston: Houghton Mifflin, 1977.

Lappé, Frances Moore und Anna Lappé. *Hope's Edge: The Next Diet for a Small Planet.* New York: Penguin Putnam, 2002.

Lhalungpa, Lobsang, tr. *The Life of Milarepa.* New York: Penguin, 1977.

Linzey, Andrew, *Animal Gospel.* Louisville: Westminster John Knox Press, 2000.

Animal Theology. Urbana: University of Illinois Press, 1995.

Luk, Charles, tr. *The Surangama Sutra.* London: Rider, 1966.

Macy, Joanna. *Dharma and Development: Religion as Resource in the Sarvodaya Self-Help Movement.* West Hartford, CT: Kumarian Press, 1983.

Marcus, Erik. *Vegan: The New Ethics of Eating.* Ithaca, NY: McBooks Press, 1998.

Mason, Jim und Peter Singer. *Animal Factories: What Agribusiness Is Doing to the Family Farm, the Environment, and Your Health.* New York: Harmony Books, 1990.

Mason, Jim. *An Unnatural Order: Why We Are Destroying the Planet and Each Other.* New York: Continuum, 1993.

Masson, Jeffrey Moussaieff. *The Pig Who Sang to the Moon: The Emotional World of Farm Animals.* New York: Ballantine, 2003.

Masson, Jeffrey Moussaieff und Susan McCarthy. *When Elephants Weep: The Emotional Lives of Animals.* New York: Delacorte Press, 1995.

McDougall, John. *McDougall's Medicine.* Piscataway, NJ: New Century Publishers, 1985.

The McDougall Plan. Piscataway, NJ: New Century Publishers, 1983.

McElroy, Susan. *Animals as Teachers and Healers: True Stories and Reflections.* New York: Ballantine, 1996.

Merchant, Carolyn. *The Death of Nature.* New York: Harper & Row, 1980.

Mitroff, Ian und F. Sagasti. "Epistemology as General Systems Theory: An Approach to the Design of Complex Decision-Making Experiments." In *Philosophy of the Social Sciences,* 3:1973.

Moran, Victoria. *Compassion: The Ultimate Ethic, An Exploration of Veganism.* Wellingborough, UK: Thorsons Publishers Limited, 1985.

Moretti, Laura A., ed. *All Heaven in a Rage: Essays on the Eating of Animals.* Chico, CA: MBK Publishing, 1999.

Mowat, Farley. *Sea of Slaughter.* New York: Atlantic Monthly Press, 1984.

Murti, Vasu. *They Shall Not Hurt or Destroy: Moral and Theological Objections to the Human Exploitation of Nonhuman Animals.* Cleveland: Vegetarian Advocates Press, 2003.

Nestle, Marion. *Food Politics.* Berkeley: University of California Press, 2002.

Newkirk, Ingrid. *Free the Animals.* New York: Lantern Books, 2000.

Nhat Hanh, Thich. *Anger.* New York: Penguin Putnam, 2001.

Creating True Peace. New York: Simon & Schuster, 2003.

Peace is Every Step. New York: Bantam, 1991.

Noddings, Nell. *Caring: A Feminine Approach to Ethics and Moral Education.* Berkeley: University of California Press, 1984.

O'Barry, Richard. *To Free a Dolphin.* Los Angeles: Renaissance Books, 2000.

Oski, Frank. *Don't Drink Your Milk.* Brushtown, NY: Teach Services, 1983.

Page, Tony. *Buddhism and Animals: A Buddhist Vision of Humanity's Rightful Relationship with the Animal Kingdom.* London: UKAVIS Publications, 1999.

Patterson, Charles. *Eternal Treblinka: Our Treatment of Animals and the Holocaust.* New York: Lantern Books, 2002.

Phelps, Norm. *The Dominion of Love.* New York: Lantern Books, 2002.
The Great Compassion: Buddhism and Animal Rights. New York: Lantern Books, 2004.

Pipher, Mary. *Reviving Ophelia: Saving the Selves of Adolescent Girls.* New York: Ballantine, 1994.

Rampton, Sheldon und John Stauber. *Mad Cow U.S.A.* Monroe, ME: Common Courage Press, 1997.

Randour, Mary Lou, Ph.D. *Animal Grace: Entering a Spiritual Relationship with Our Fellow Creatures.* Novato, CA: New World Library, 2000.

Regan, Tom. *The Case for Animal Rights.* Berkeley: University of California Press, 1983.

Regenstein, Lewis. *How to Survive in America the Poisoned.* New York: Acropolis, 1982.

Reinhardt, Mark Warren. *The Perfectly Contented Meat-Eater's Guide to Vegetarianism.* New York: Continuum, 1999.

Rifkin, Jeremy. *Beyond Beef: The Rise and Fall of the Cattle Culture.* New York: Dutton, 1992.

Robbins, John. *Diet for a New America.* Walpole, NH: StillPoint, 1987.
The Food Revolution: How Your Diet Can Save Your Life and the World. Berkeley: Conari Press, 2001.
Reclaiming Our Health. Tiburon, CA: H. J. Kramer, 1996.

Rosen, Steven. *Diet for Transcendence: Vegetarianism and the World Religions.* Badger, CA: Torchlight Publishing, 1997.

Ruesch, Hans. *Slaughter of the Innocent: Animals in Medical Research.* New York: Bantam, 1978.

Russell, Peter. *The Global Brain.* Los Angeles: Tarcher, 1983.

Schoen, Allen M. *Kindred Spirits: How the Remarkable Bond between Humans and Animals Can Change the Way We Live.* New York: Broadway Books, 2001.

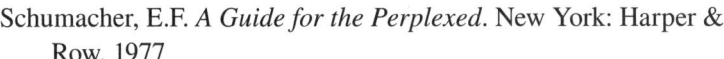

Schumacher, E.F. *A Guide for the Perplexed*. New York: Harper & Row, 1977

Scully, Matthew. *Dominion: The Power of Man, the Suffering of Animals, and the Call to Mercy*. New York: St. Martin's Press, 2002.

Sekida, Katsuki. *Zen Training*. New York: Weatherhill, 1975.

Shabkar. *Food of Bodhisattvas*. Translated by the Padmakara Translation Group, Boston: Shambhala Publications, 2004.

Sheldrake, Rupert. *Dogs That Know When Their Owners Are Coming Home and Other Unexplained Powers of Animals*. New York: Three Rivers Press, 1999.

Seven Experiments That Would Change the World. New York: Inner Traditions, 2002.

Simontacchi, Carol. *The CrazyMakers: How the Food Industry Is Destroying Our Brains and Harming Our Children*. New York: Putnam, 2000.

Sinclair, Upton. *The Jungle*. New York: Bantam, 1906, 1981.

Singer, Peter. *Animal Liberation*. New York: Random House, 1990.

Skolimowski, Henryk. *The Theatre of the Mind*. Wheaton, IL, Quest Books, 1984.

Sorokin, Pitirim. *The Reconstruction of Humanity*. Boston: Beacon Press, 1948.

Spiegel, Marjorie. *The Dreaded Comparison: Human and Animal Slavery*. New York: Mirror Books, 1999.

Stepaniak, Joanne. *Being Vegan: Living with Conscience, Conviction, and Compassion*. Los Angeles: Lowell House, 2000.

Suzuki, D.T. *Essays in Zen Buddhism*. Series 1-3. New York: Samuel Weiser, 1971.

(Übs.) *The Lankavatara Sutra*. Boulder: Prajna, 1978.

Thoreau, Henry David. *Walden and Other Writings*. New York: Bantam, 1854, 1981.

Watson, Paul. *Ocean Warrior*. Key Porter Books, Toronto, 1994.

Webb, Stephen H. *Good Eating*. Grand Rapids, MI: Brazos Press, 2001.

Weil, Andrew. *Eight Weeks to Optimum Health*. New York: Random House, 1997.

Health and Healing. New York, Houghton Mifflin, 1998.

Spontaneous Healing. New York: Random House, 1995.

Weil, Simone. "The Iliad or the Poem of Force." In *Politics*, November 1945.

Wiebers, Andrea und David Wiebers. *Souls Like Ourselves*. Rochester, MN: Sojourn Press, 2000.

Wilber, Ken. *A Brief History of Everything*. Boston: Shambhala Publications, 1996.

Up from Eden. Boston: Shambhala Publications, 1984.

Wolf, Fred Alan. *Mind into Matter: A New Alchemy of Science and Spirit*. Portsmouth, NH: Moment Point Press, 2001.

Young, Richard Alan. *Is God a Vegetarian? Christianity, Vegetarianism, and Animal Rights*. Peru, IL: Open Court, 1999.

Young, Robert O. und Shelley R. Young. *The pH Miracle*. Warner, New York, 2002.

Zukav, Gary. *The Dancing Wu Li Masters*. New York: Bantam, 1979.

Seat of the Soul. New York: Simon & Schuster, 1989.

„Dr. Larry Dosseys gewaltiges und erhellendes Buch präsentiert unter anderem überzeugende Beweise für die enge geistige Verbindung zwischen Menschen und Tieren. Eine fesselnde Lektüre!"

Dr. Russell Targ

LARRY DOSSEY

ONE MIND

Warum unsere individuelle Intelligenz
Teil eines größeren Bewusstseins ist

„Larry Dosseys ausgezeichnetes Buch legt den Grundstein für das kommende globale Erwachen des Bewusstseins und erschließt den Weg dorthin."
Eben Alexander

Crotona

Larry Dossey
ONE MIND
Alles ist mit allem verbunden

Larry Dossey ist seit Jahrzehnten einer der wichtigsten Vordenker für ein neues Bewusstsein. Er hat bahnbrechende Arbeiten über den Einfluss von Gedanken auf Heilungsprozesse bei Krankheiten verfasst. Er gilt als entscheidender Brückenbauer zwischen der Avantgarde der modernen Naturwissenschaft und den spirituellen Traditionen der Welt.

Mit ONE MIND legt er seine große Gesamtschau über die verschiedenen Erkenntniswege der Menschheit dar und enthüllt auf beeindruckende Weise, dass hinter allen Phänomenen und Ereignissen EIN BEWUSSTSEIN waltet. Alles ist mit allem verbunden; und nur wer die innere Vernetztheit und Verwobenheit des Lebens versteht, vermag den tieferen SINN hinter allen Geschehnissen zu entdecken!

Das Schlüsselwerk zum Verständnis des kommenden großen Bewusstseinswandels!

ISBN: 978-3-86191-051-0
450 Seiten, Hardcover